学生综合素质评价系统研究与开发

杜毓贞　王殿军　著

清华大学出版社
北京

内容简介

世界各国都在学生综合素质评价领域进行了多年探索。清华大学附属中学(以下简称清华附中)开发的学生综合素质生成性评价模型,强调用多把尺子衡量学生,注重以学生行为为依据,关注学生成长的过程性与发展性;注重参与主体、评价体系、结果呈现和发展趋向的多元性;注重数据的动态量化和真实性。其根本目的是帮助学生真实地了解自我,让每个学生都找到适合自己成长的方式,实现学生发展和学校教育教学管理、各级学校人才选拔的双向共赢,发挥综合素质评价育人导向与评价选拔的双重功能。

本书面向全国各地教育行政部门、学校,全面详细地介绍了清华附中学生综合素质评价系统的研发背景、清华附中一体化学校及其他省市地区的实践探索经验和成果等内容。适合基础教育工作者、中小学教师和学生家长阅读。

本书封面贴有清华大学出版社防伪标签,无标签者不得销售。
版权所有,侵权必究。举报: 010-62782989, beiqinquan@tup.tsinghua.edu.cn。

图书在版编目(CIP)数据

学生综合素质评价系统研究与开发/杜毓贞,王殿军著. -- 北京:清华大学出版社,2025.1. -- ISBN 978-7-302-68206-6
Ⅰ. G632.47
中国国家版本馆 CIP 数据核字第 2025YM9735 号

责任编辑:刘士平
封面设计:傅瑞学
责任校对:李 梅
责任印制:沈 露

出版发行:清华大学出版社
网　　址:https://www.tup.com.cn, https://www.wqxuetang.com
地　　址:北京清华大学学研大厦 A 座　　邮　编:100084
社 总 机:010-83470000　　邮　购:010-62786544
投稿与读者服务:010-62776969, c-service@tup.tsinghua.edu.cn
质量反馈:010-62772015, zhiliang@tup.tsinghua.edu.cn
课件下载:https://www.tup.com.cn, 010-83470410
印 装 者:三河市龙大印装有限公司
经　　销:全国新华书店
开　　本:185mm×260mm　　印 张:21　　字　数:480 千字
版　　次:2025 年 3 月第 1 版　　印　次:2025 年 3 月第 1 次印刷
定　　价:98.00 元

产品编号:098919-01

本书编委会

（以姓氏拼音首字母排序）

主　编	杜毓贞	王殿军		
副主编	白雪峰	刘　露	潘　鑫	
编　委	车晓佳	段　晨	何　龙	郎　艳
	李天爽	罗宗勇	孟卫东	聂文婷
	孙书明	王　岚	王　田	王亚莉
	辛　颖	张　波	张　红	郑笑彤

前　言

　　国家全面落实立德树人根本任务、贯彻落实社会主义核心价值观、培养学生发展核心素养的政策精神,为学生综合素质评价工作指明了前进的方向。在基础教育阶段,学生综合素质评价成为如何更好地促进学生发展的关键性问题。学生综合素质评价是推进教育改革的现实之需,是全球教育领域关注的焦点,是学校人才培养的重要途径。随着新招生考试制度改革正式拉开序幕,各地区的综合素质评价实施意见相继出台,全国大部分省、直辖市、自治区都出台了单独的综合素质评价文件。从整体上来看,我国的学生综合素质评价政策呈现出"稳中有变""稳中有进"的气象与格局,学生综合素质评价利益主体更明确、学生综合素质评价的结果更可信、学生综合素质评价的作用有提升、学生综合素质评价的育人功能更凸显。

　　为了进一步推动学生综合素质评价的落地实施,课题组从以下四个方面开展了研究。

　　第一,完善学生综合素质生成性评价模型。课题组对清华附中学生综合素质评价方案的实践进行了梳理和总结,发现运行中还存在指标体系需进一步分解、达成目标素养情况有待测量等问题。课题组坚持科学性、可评价性和全面性三个原则,充分研究借鉴国内外教育教学相关理论,如伯恩斯坦的"表意性秩序"理论等,完善了综合素质评价指标体系,保障指标内容的切实可行。

　　第二,升级学生综合素质评价技术与方法。课题组经过不断的调查、抽样试验、多方面反馈和调整,升级完善了学生综合素质生成性评价平台。一方面,提高综合素质评价测量指标与技术的适切性。统筹兼顾各类指标及其等级与比例划分的合理性、不同指标测量方法的科学性以及不同指标测量结果的整合性。另一方面,加强综合素质评价信息大数据平台的建设。合理规划了综合素质评价信息数据的功能模块,注重统计分析和反馈指导,为学生全面且个性的发展提供了更加精准的倾向性能力判断与升学指导建议。

　　第三,推动学生综合素质评价系统本土化实践。课题组根据《教育部关于加强和改进普通高中学生综合素质评价的意见》和北京市相关教育政策文件,进一步完善了评价系统。升级后的系统在清华附中十余所一体化学校和近十个地区使用。使用过程中,许多教师、学生、家长及学校管理人员从各自角度对系统提出了建设性的意见和建议,推动系统不断优化,逐步完善。基于学生行为的大数据,系统不断反演推理,从而找出行为背后的思想内核,给予学生较有针对性的引导,最终实现评价的全覆盖。

　　第四,拓展学生综合素质评价系统的学段范围。教育评价要关注学生的可持续发展,课题组在研究中发现对学生发展性评价不能局限于某一个学段,要建立全过程、全时空的进阶性评价,所以课题组在初中、高中学段研究的基础上,向小学和学前阶段进行了延伸,开发设计了适合低学龄段的评价模型,在设计上具有可操作性,符合学生的年龄特点,使教师、家长、学生都易于、乐于参与。在评价内容上，更关注学生的习惯养成、品德发展、体育健康、艺术审美和个性特点等。

从学校和区域的实践来看，进一步印证了课题的研究成果。

第一，有效促进学生全面且有个性的发展。一方面，引导学生关注自身发展，发掘自身潜能与特长，逐渐寻找到自身生涯发展的方向；另一方面，引导学生关注同伴发展，实现同伴学习与朋辈激励。帮助学生及时发现自己的优势，调整到最佳的发展状态，有利于促进每个学生的个性、自主、健康和全面的发展。

第二，切实提高学校教育教学质量。一方面，有利于构建新型的学生管理模式，将学生综合素质评价作为学校一项日常性、规范性的工作，落实培养目标，全面推进素质教育。另一方面，可以充分发挥综合素质评价改进日常教育教学实践的功能，促进教师转变教育观念和教学方式，因材施教，不断提升自身专业水平。

第三，有效服务各级各类学校选拔人才的工作。综合素质评价结果使高校在招录学生时，有了更全面的信息。不仅能够获取学生的成绩单，更能看到学生整个的成长记录；不仅能获取学生认知方面的发展水平，更能了解学生全面的素质状况，以便遴选理想的生源。

立德树人是教育工作的根本任务，也是促进教学改革的核心任务，更是教育质量观的价值基础与核心。本课题研发的学生综合素质评价系统，作为一个分层次、多类型的评价体系，涵盖德、智、体、美、劳多维度的素质表现，兼顾了可测量的客观性指标与难以测量的主观性指标。课题研究以清华附中为基点，逐步在清华附中一体化学校推进校本化，在全国各地探索可持续实施的路径。在后续的研究中还可以从以下几方面深入：一是在现有研究基础上，总结丰富的典型案例，将学校的育人目标转化为学生看得见、看得懂的成长追求，用符合学生的方式激励学生自觉主动地成长；二是探究如何在更多学校、更多地区进行校本化、本土化开发，因地、因校制宜开发学生综合素质评价系统；三是研究如何借助"学生综合素质评价系统"更好地把小学和学前阶段立德树人根本任务和"五育"并举育人目标更好的落地、落细、落实。

作　者

2024 年 8 月

目 录

1 引 言 1
  1.1 问题的提出 1
    1.1.1 学生综合素质评价是推进教育改革的必要手段 1
    1.1.2 学生综合素质评价工作是全球教育领域关注的焦点 3
    1.1.3 学生综合素质评价是学校人才培养的重要途径 7
  1.2 研究综述 8
    1.2.1 学生综合素质评价在教育政策中的变化 8
    1.2.2 各地学生综合素质评价指导意见 12
    1.2.3 国内文献综述 14
    1.2.4 国外综合素质评价现状综述 16
    1.2.5 国内外研究述评 22
  1.3 研究过程 24
    1.3.1 第一阶段：通过聚类和相关性分析，确定"高影响力"活动类型 ... 24
    1.3.2 第二阶段：结合相关教育理论，构建学生综合素质生成性评价
         模型 24
    1.3.3 第三阶段：利用大数据分析，开发学生综合素质生成性评价系统 ... 26
    1.3.4 第四阶段：依据国家政策完善系统，在全国范围内推广使用 ... 26
  1.4 主要内容 27
    1.4.1 评价指标细化的思路 27
    1.4.2 系统记录方式的思路 27
  1.5 创新点 28
    1.5.1 过程性 28
    1.5.2 多元性 28
    1.5.3 实测性 29
    1.5.4 因地制宜、动态量化 29

2 各范围的实践探索 31
  2.1 清华附中本部的实践 31
    2.1.1 早期初探（2009—2012 年） 31
    2.1.2 探索时期（2012—2017 年） 33

2.1.3　规范与完善时期(2017—2019 年) ·· 36
　　　2.1.4　进一步发展时期(2019 年至今) ·· 55
　　　2.1.5　清华附中师生与综合素质评价的故事 ································· 64
　2.2　清华附中一体化学校的实践 ··· 74
　　　2.2.1　清华附中永丰学校的实践 ··· 74
　　　2.2.2　清华附中上地学校的实践 ··· 87
　　　2.2.3　清华附中上地小学的实践 ··· 98
　　　2.2.4　清华附中广华学校的实践 ··· 109
　　　2.2.5　清华附中望京学校的实践 ··· 121
　　　2.2.6　清华附中管庄学校的实践 ··· 142
　　　2.2.7　清华附中广华幼儿园的实践 ·· 151
　2.3　其他区域的实践 ··· 157
　　　2.3.1　QZ 中学的实践 ·· 157
　　　2.3.2　B 市的实践——学生综合素质评价大数据促进校内督导工作 ······ 163
　　　2.3.3　其他省市的实践——推进学生综合素质评价的本地化 ············ 172

3　系统平台 ··· 206
　3.1　迭代过程 ·· 206
　　　3.1.1　学生综合素质评价系统实验版 1 ······································· 206
　　　3.1.2　学生综合素质评价系统实验版 2 ······································· 207
　　　3.1.3　学生综合素质评价系统正式版 ··· 209
　　　3.1.4　北京市普通高中综合素质评价电子平台 ···························· 232
　　　3.1.5　学生综合素质评价系统新系统 ··· 235
　　　3.1.6　学生综合素质评价系统新系统高招模块设计 ······················ 242
　　　3.1.7　学生综合素质评价系统 3.0 版、4.0 版功能优化与升级 ········ 248
　　　3.1.8　统一平台设计 ·· 251
　3.2　系统平台介绍 ·· 252
　　　3.2.1　中学校级平台架构 ·· 252
　　　3.2.2　中学区域级平台架构 ··· 261
　　　3.2.3　高校招生平台架构 ·· 264
　　　3.2.4　小学、幼儿园平台架构 ·· 272
　3.3　运维实施 ·· 277
　　　3.3.1　实施办法 ··· 277
　　　3.3.2　校级层面实施 ·· 279
　　　3.3.3　区域级层面实施 ··· 289
　　　3.3.4　B 市实施 ··· 290
　3.4　应用成果 ·· 299

4 研究成果与影响力传播 ······ 311
4.1 研究成果 ······ 311
4.2 组织教育评价高峰论坛会议 ······ 311
4.2.1 2018综合素质评价解决方案高峰论坛邀请函 ······ 311
4.2.2 2018综合素质评价解决方案高峰论坛通知 ······ 312
4.2.3 2018综合素质评价解决方案高峰论坛流程 ······ 313
4.2.4 2018综合素质评价解决方案高峰论坛现场 ······ 313
4.2.5 2018综合素质评价解决方案高峰论坛新闻报道 ······ 314
4.3 建设教育评价专业委员会 ······ 314
4.3.1 举办"教育高质量发展与教育评价改革"论坛 ······ 314
4.3.2 教育评价专家委员会第一次全国会员代表大会、第一届理事会成立大会 ······ 316
4.3.3 教育评价专业委员会成员名单 ······ 319
4.3.4 教育评价专业委员会五年发展规划(2022—2026年) ······ 320
4.3.5 教育评价专业委员会2022年度工作要点 ······ 323
4.3.6 举办"2022年'未来教育与学习科学'系列学术讲座" ······ 324

1 引　言

1.1 问题的提出

  培养什么人,是教育的首要问题。我国是中国共产党领导的社会主义国家,这就决定了我们的教育必须把培养社会主义建设者和接班人作为根本任务,培养一代又一代拥护中国共产党领导和我国社会主义制度、立志为中国特色社会主义奋斗终身的有用人才。这是教育工作的根本任务,也是教育现代化的方向目标。

——习近平总书记在全国教育大会
2018.09.10

  党的十八大以来,国家全面落实立德树人根本任务、贯彻落实社会主义核心价值观、培养学生发展核心素养的政策精神,为学生综合素质评价工作指明了前进方向。因此,在基础教育阶段,评价和发展学生的综合素质成为亟待解决的关键性问题。

1.1.1 学生综合素质评价是推进教育改革的必要手段

  早在2002年,《教育部关于积极推进中小学评价与考试制度改革的通知》[1]即指出,要"综合评价学生的发展,充分发挥评价的促进发展的功能"。2010年,国务院发布《国家中长期教育改革和发展规划纲要(2010—2020年)》[2],明确提出要全面提高学生综合素质。2014年9月,《国务院关于深化考试招生制度改革的实施意见》[3]中提出到2020年基本建立中国特色现代教育考试招生制度,形成分类考试、综合评价、多元录取的考试招生模式,健全促进公平、科学选才、监督有力的体制机制。同年12月,《教育部关于加强和改进普通高中学生综合素质评价的意见》[4]作为重要配套政策,对综合素质评价的内容、程序、材料使用等工作提出具体规定,同时明确要求各地结合实际,研究制定实施办法。2016年9月,

---

  [1] 教育部关于积极推进中小学评价与考试制度改革的通知[EB/OL]. http://www.moe.gov.cn/srcsite/A26/s7054/200212/t20021218_78509.html.
  [2] 国家中长期教育改革和发展规划纲要(2010—2020年)[EB/OL]. http://www.moe.gov.cn/srcsite/A01/s7048/201007/t20100729_171904.html.
  [3] 国务院关于深化考试招生制度改革的实施意见[EB/OL]. http://www.moe.gov.cn/jyb_xxgk/moe_1777/moe_1778/201409/t20140904_174543.html.
  [4] 教育部关于加强和改进普通高中学生综合素质评价的意见[EB/OL]. http://www.moe.gov.cn/srcsite/A06/s3732/201808/t20180807_344612.html.

《教育部关于进一步推进高中阶段学校考试招生制度改革的指导意见》①要求根据义务教育的性质、学生年龄特点,结合教育教学实际,细化和完善学生综合素质评价内容和要求,并改革招生录取办法,积极探索基于初中学业水平考试成绩、结合综合素质评价的招生录取模式。

2019年6月,《国务院办公厅关于新时代推进普通高中育人方式改革的指导意见》②要求完善综合素质评价,把综合素质评价作为发展素质教育、转变育人方式的重要制度,强化其对促进学生全面发展的重要导向作用。2020年10月,中共中央、国务院印发《深化新时代教育评价改革总体方案》③,明确要求坚持科学有效,改进结果评价,强化过程评价,探索增值评价,健全综合评价,充分利用信息技术,提高教育评价的科学性、专业性、客观性;创新评价工具,利用人工智能、大数据等现代信息技术,探索开展学生各年级学习情况全过程纵向评价、德智体美劳全要素横向评价;完善评价结果运用,综合发挥导向、鉴定、诊断、调控和改进作用。

2021年3月,习近平总书记在看望参加全国政协十三届四次会议的医药卫生界、教育界委员并参加联组会时强调,"要围绕建设高质量教育体系,以教育评价改革为牵引,统筹推进育人方式、办学模式、管理体制、保障机制改革"。习近平总书记的重要讲话,体现了我们应更加注重改革的系统性、整体性、协同性,为在教育改革中充分发挥教育评价的指挥棒作用指明了努力方向。同月,第十三届全国人民代表大会第四次会议通过《中华人民共和国国民经济和社会发展第十四个五年规划和2035年远景目标纲要》④,提出"深化新时代教育评价改革,建立健全教育评价制度和机制,发展素质教育,更加注重学生爱国情怀、创新精神和健康人格培养",同时明确了"建设高质量教育体系"的任务要求。教育高质量发展归根结底是学生的持续成长,以教育评价改革为牵引,统筹推进育人方式、办学模式、管理体制、保障机制改革,是推动教育高质量发展的重要抓手。

为进一步贯彻落实国务院、教育部文件精神,开展教育综合改革,实施学生综合素质评价势在必行。在明确科学规范的中学生综合素质评价体系和方式的基础上,建立学生综合素质评价系统可以提高实施的效率和效果。

1. 学生综合素质评价是素质教育的内涵

教育的首要问题在于培养什么人,怎样培养人。素质教育重视人的思想道德素质、能力培养、个性发展、身体健康和心理健康教育,它与应试教育相对应,目标在于"育人"而非"育分"。综合素质评价的五个评价方面与素质教育的培养方向相吻合,但在实际操作中,综合素质评价的育人功能通常被忽略,因此学校需要更新人才培养目标,转变人才培养模式,注重在各类教育教学活动中培养和提升学生综合素质,这样有助于推进素质教育,推

---

① 教育部关于进一步推进高中阶段学校考试招生制度改革的指导意见[EB/OL]. http://www.moe.gov.cn/srcsite/A06/s3732/201609/t20160920_281610.html.
② 国务院办公厅关于新时代推进普通高中育人方式改革的指导意见[EB/OL]. http://www.moe.gov.cn/jyb_xxgk/moe_1777/moe_1778/201906/t20190619_386539.html.
③ 中共中央、国务院印发《深化新时代教育评价改革总体方案》[EB/OL]. http://www.gov.cn/zhengce/2020-10/13/content_5551032.htm.
④ 中华人民共和国国民经济和社会发展第十四个五年规划和2035年远景目标纲要[EB/OL]. http://www.moe.gov.cn/jyb_xwfb/xw_zt/moe_357/2021/2021_zt01/yw/202103/t20210315_519738.html.

动教育模式由"应试"向"育人"转变。

有学者指出,教育应当是以培养"人"为目的的活动,而绝不是知识的"传输带"。传统的育人模式把学生视为教育这台"机器"上的"零件",这样学生作为一个活生生的"人",便被埋没和忽略了[①]。长期以来,在升学考试的压力下,考试成绩是最重要的评价指标,这使基础教育的发展趋向于工业流水线,培养的学生容易产生缺乏个性、主动性和创新性的问题,而招生考试改革不落实,新一轮课程改革也会束缚在应试教育的阴影中。深化基础教育育人模式改革,全体教育者育人观念的转变是前提。基础教育从教者应当从促进人的全面发展的高度去认识和探寻教育活动的"育人"本质,从以传授知识为首要目标转变到关注学生的个体发展上来,使每个学生的潜能得到最大限度的开发,使学生成为自主自觉、优化和谐、全面发展的健全个人。

2. 学生综合素质评价是招生改革的内涵

改革开放以来,特别是党的十八大以来,我国教育事业取得了举世瞩目的成就。但由于受中高考"指挥棒"的强大影响,我国教育事业,特别是基础教育长期陷于围绕应试运转的局面,党的德智体美劳全面发展的教育方针贯彻不力,立德树人的根本任务落实不到位,创新精神和实践能力的培养成效不彰。导致这一局面的原因是复杂的、多方面的、系统的,但不能不说,片面的、偏颇的、功利的教育评价和考试招生制度脱不了干系[②]。因此,想要全面贯彻党的教育方针,落实立德树人的根本任务,就必须加快考试评价制度改革,建立以发展素质教育为导向的科学评价体系,扎实开展学生综合素质评价,促进学生全面而有个性地发展。

2014年,《国务院关于深化考试招生制度改革的实施意见》(以下简称《实施意见》)提出"两依据一参考"的招生录取机制,使综合素质评价成为新一轮考试招生制度改革的聚焦点。《实施意见》把"改革考试形式和内容、改革招生录取机制"等作为改革的重要任务和措施,目的在于通过改革考试形式和内容来实现高考的科学性和选择性,推进学生的全面发展。之后,国务院和教育部接连发文,提出"综合素质评价是对学生全面发展状况的观察、记录、分析,是发现和培育学生良好个性的重要手段,是深入推进素质教育的一项重要制度"。学生综合素质评价工作的重要性更加凸显,亟须在操作层面落地。原有的学生综合素质评价方式在一定程度上支持了学生综合素质评价工作。但在新的历史时期,尤其是在信息技术飞速发展的背景下,只有充分利用信息技术打造的学生综合素质生成性评价系统,才能真正对接政策实施的"最后一公里"。

1.1.2 学生综合素质评价工作是全球教育领域关注的焦点

世界各国都在学生综合素质评价领域进行了多年探索。在学生综合素质评价的方式、学生综合素质评价结果的使用、学生综合素质评价过程的监督机制等方面,美国、英国、加拿大、新加坡、韩国等国家的方案各有特色。

在学生综合素质评价的方式上,大致可以分为三种类型:一是通过学年考试或平时课

---

① 刘晓红.以"全人教育"理念引领基础教育育人模式改革[J].基础教育研究,2013(5):3-6.
② 张志勇,杨玉春.综合评价是考试招生制度改革的根本方向[J].中国考试,2020(8):11-15.

程成绩等形式组成的科目考试进行评价,例如,英国资格与课程委员会的"受控评价",就是在模拟环境中评价学生的行为表现;二是采用表现性评价的方式评价学生的某些非学术能力,例如我国香港地区采用的校本审核机制就是根据学生课后情况进行评分;三是通过学生提交的证明材料对学生综合素质进行评价,具体分为两种情况,如新加坡明确界定了提交材料的活动类型、具体行为表现标准及分数比重,美国则是由学生自主选择有价值的材料上报。

在学生综合素质评价结果的使用上,分为两种类型:一是如同韩国和新加坡等国家,直接将综合素质评价的成绩作为大学入学成绩的一部分;二是类似加拿大的高中报告单,仅作为高校招生的参考依据。

在学生综合素质评价过程的监督机制上,也大致有两种不同的倾向。一种倾向是加强评分的客观性。例如,新加坡将非学术能力的计分方式都做了严格的量化处理,这虽然提高了综合素质评价与使用的可操作性,但对学生的描述性较差,灵活度低,弊端明显。另一种倾向则是依赖良好的社会诚信文化。这种所谓"依赖",其实也是高度诚信与严厉惩罚并存的完善的机制,使非诚信的后果大于可能获得的潜在利益。

当然,由于各国的国情和各自面临的教育问题迥然不同,对各方的经验做法必然不能直接照搬复制。例如,诸多国家在综合素质评价结果的使用上直接用于大学招生工作,注重的是大学对学生素质的评价,这是建立在大学高度自主权和良好社会诚信文化的支撑上的,民众对于招生此类"高利害关系"的事件也持有较大的宽容。但是,其中诸多设计的闪光之处,仍可作为我国学生综合素质评价自主研发的灵感源泉。

但令人遗憾的是,目前还没有哪一种方案能够在全球范围内进行推广。究其原因,其一,由于各国国情和面临的教育问题迥然不同,对各方的经验做法必然不可照搬复制;另外,许多国家将评价学生综合素质的标准视为绝对机密,并不轻易示人。这就让其他国家只能学其"形",而难以学其"神"。其二,已经开展综合素质评价工作的"先行者"本身也在进行着"破而后立"的新尝试。以美国为例,其学生综合素质评价的相关研究开始时间早,理论研究较为深入,实践成果也较为丰富,为美国高等教育选拔人才发挥了积极作用。

1. 美国高中联盟的做法

2017年5月10日,由逾百所美国顶尖私立高中组成的联盟 Mastery Transcript Consortium(MTC)正式推出了一种学生评价体系"新模式"(A New Model)。

"新模式"的发起人为全美排名前25的俄亥俄州霍肯高中的校长 Scott Looney,他同时也是 MTC 联盟发起人。他于2016年3月在美国私立学校协会年度会议上首次提出自己的构想,该构想很快吸引到不少顶级私立高中的响应。"新模式"包含两个突出特点。

(1) 没有分数,没有级别

"新模式"只是持续追踪、记录、评估学生的8种核心能力的特点,报告学生在8种核心能力上的"掌握学分",用描述性的评价取代分数评价,并配以直观的放射图说明。这8种核心能力的评估包含61项具体的指标,如表1-1所示。

表 1-1 综合素质评价体系新模式(8 种能力和 61 项指标)

能　　力	指　　标
分析思维和创新思维	识别、处理和设法解决复杂问题
	发现偏见,区分可靠信息和不可靠信息
	控制信息过量
	形成有意义的提问
	分析和创造观点与知识
	使用试错法,提出并且检验问题的解决方案
	构想替代方案
	增强跨学科的知识和视野
	进行持续推理
	具备综合能力与适应能力
	解决没有规则可循的新问题
	运用已有知识和创新意识解决复杂的实际问题
复杂交流(口头沟通和书面表达)	用不少于两种语言理解和表达想法
	与不同背景的受众清楚明白地交流
	倾听
	有效陈述
	针对各类受众清楚准确地书写
	解释信息并能说服他人相信其意义
领导力和团队精神	提出新想法
	通过影响力来领导
	建立信任,解决争端,提供支持
	促进小组讨论,达成一致意见,磋商可能结果
	指导、训练和劝告他人
	寻求帮助
	协调任务,管理团队,划分责任
	执行决策并达到目标
	分享荣誉
数字素养和定量素养	理解和运用数字技术
	创造数字知识和数字媒体
	以不同形式使用多媒体资源进行有效的思想交流
	掌握并使用更高层次的数学
	理解以下学科中传统课题和新兴课题:数学、科学和技术,环境科学,机器人学,分形学,细胞自动机,纳米技术,生物技术

续表

能　力	指　标
全球视野	具有开放心态,尤其要尊重他人的价值观和习俗
	理解非西方历史、政治、宗教和文化
	用不少于一种国际语言增强才能
	使用技术将全球人物和事件联系起来
	发展社会技能和智力技能,找到正确方法有效解决跨文化问题
	使用21世纪技能理解和解决全球性问题
	向具有不同文化、宗教和生活方式的人员学习,与他们协作开展工作,相互尊重,坦诚对话
	利用社会和文化差异建立新观念并获得成功
适应性、独创性和冒险精神	培养灵活性、敏锐性和适应性
	有勇气面对不熟悉环境
	探索和尝试
	在不明确并且变化的形势下有效开展工作
	视失败为学习机会,并且承认创新既会有小成功也经常会出错
	培养独立精神,探索新角色、新理念、新策略
	增强创业素养
诚实正直和伦理道德决策	具有同情怜悯心
	培养正直、诚实、公平和尊重他人等品行
	面对不公平情形敢于伸张正义
	为行动负责,将大多数人的利益和幸福牢记于心
	不断理解新媒体和新技术引起的新伦理问题和新困境
	针对复杂问题做出理性和符合伦理道德的决策
思维习惯	履行职责,勤勉认真
	具有创新意识
	热爱学习,充满好奇心
	具备适应力和恢复能力
	做事专注
	具有自我效能
	具备压力管理能力
	具备时间管理能力

(2) 成绩报告与课程脱钩

在关于学生的成绩报告中没有课程和科目的名称,仅仅包含学生的"掌握学分"和相关描述。

"新模式"会在开学伊始便为每个学生建立档案,并持续更新动态。到了毕业升学时,学生可以将档案一键提交给想申请的高校,高校招生人员会根据学校需求提取学生的相关材料进行筛选。

美国高中联盟的"新模式"不仅能够评价学习结果,还能将学生的努力过程完整地呈现出来,这样有利于保证评价的公开透明和公平公正,因此"新模式"一出现就受到社会的广泛好评。美国大学申请系统也对这一模式表示高度认可。

2. 美国大学申请系统的做法

美国大学申请系统(Coalition for Access, Affordability and Success, CAAS),是由美国83所高校共同创建的一个全新的大学申请系统,意在成为一个提供更多升学机会,让更多学生能够接受大学教育并获得学术成功的申请沟通平台。CAAS系统强调过程记录,该系统建议学生在9年级(相当于中国的初三)就注册账号,然后不断填充里面的内容,不仅是期末成绩,像平常的小测验成绩、美术作品、音乐作品、科技论文等,都可以上传。这可以理解成是申请者的成长日志,有利于高校更加立体地考查申请者的情况。

目前大约一共有122所大学采用了CASS申请系统,包括哈佛和耶鲁等名校,后续还将会有更多的学校加入到CAAS中。

创建CAAS系统的初衷,很大程度上是源于高校对美国大学通用申请系统设置的不满,认为旧系统无法立体展示学生的情况。所以希望通过新系统,改善这一情况,从而招收到更多具有美式批判思维、人文修养高、演讲能力高,而不单是学术背景优秀的学生。

真实性、科学性、诚信度的保证问题,质性与量化的问题,统一与个性的问题,权威性的保障问题,这些问题的复杂程度,使得学生综合素质评价问题成为一个世界性的难题。通过对比以上两种评价模式不难发现,众多学生综合素质评价的研究者都希望借助最新的互联网技术,通过真实记录学生成长历程中的点点滴滴,弱化标准化考试分数,强化能力素养评估,颠覆传统的评价模式,解决这些难题,为教育改革注入新的活力。清华大学附属中学(以下简称清华附中)研发的学生综合素质评价系统本着相同的教育理念,全面强化对学生能力素养方面的评估,充分重视教育的过程性与发展性。可以说,其评价理念及实操价值均走在了国际领先位置。

1.1.3 学生综合素质评价是学校人才培养的重要途径

2018年9月10日,习近平总书记在全国教育大会上指出,我们的教育必须把培养社会主义建设者和接班人作为根本任务,培养一代又一代拥护中国共产党领导和我国社会主义制度、立志为中国特色社会主义奋斗终身的有用人才。同时指出,我们要以更高远的历史站位、更宽广的国际视野、更深邃的战略眼光,对加快推进教育现代化、建设教育强国作出总体部署和战略设计,使教育发展同我国综合国力和国际地位相匹配。

2019年6月,中共中央、国务院印发《关于深化教育教学改革全面提高义务教育质量的意见》①，强调坚持以习近平新时代中国特色社会主义思想为指导，全面贯彻党的教育方针，落实立德树人根本任务，树立科学的教育质量观念，坚持德育为先、全面发展、面向全体、知行合一，培养德智体美劳全面发展的社会主义建设者和接班人。提出了全面提高义务教育质量的主要任务之一是坚持"五育"并举，全面发展素质教育。认真落实党中央、国务院关于"发展素质教育"的新要求，强化德育、体育、美育和劳动教育应有地位，突出德育实效，提升智育水平，强化体育锻炼，增强美育熏陶，加强劳动教育，促进学生全面发展。

综合素质评价不仅关注"认知""结果""校内表现"的评价，同时还重视"行为""过程"的评价。综合素质评价包括的五大评价内容，涵盖了科学、人文、信息、技术四大国民基本素养的基本要求。因此，学校实施综合素质评价的过程，就是推进素质教育的过程，综合素质评价落实到位就意味着素质教育实施到位。可以说，综合素质评价是学校实施素质教育的最有力抓手。

学生综合素质评价体系的建立是学校人才培养的需要。随着社会竞争的日益激烈和就业形势的日益严峻，社会对人才的标准提出了更为严格的要求，学校的人才培养目标也随之发生变化。学生综合素质测评是学校对学生的主要评价方式之一，它对学生的发展起到关键的引导作用。在新形势下，学生综合素质测评应以人才培养目标的变化而进行改革完善，使之更好地起到引导和促进学生全面发展、提高学生综合素质、培养社会主义合格建设者和接班人的作用，这是清华附中的初心。

1.2 研究综述

中国的基础教育不能很好地贯彻素质教育，表面上看是培养的问题，其实最根本的原因是评价和选拔的问题。评价是选拔的依据，所以评价成了最关键的问题。评价的问题最为复杂和困难。

——清华大学附属中学校长王殿军

1.2.1 学生综合素质评价在教育政策中的变化

1. 各时期教育政策对综合素质评价的阐述

2004年4月，教育部办公厅印发《国家基础教育课程改革实验区2004年初中毕业考试与普通高中招生制度改革的指导意见》②，"综合素质评价"首次以整词的形式出现在教育政策文件中。在2004年的指导意见中，规定了评价内容应以道德品质、公民素养、学习能力、交流与合作、运动与健康、审美与表现六个方面的基础性发展目标为基本依据，同时明确了评价主体，即充分尊重学生的自我评价，并在同学互评和学生成长纪录的基础上，经集体讨论，给予学生客观、公正的评价。

评价结果由综合性评语和等级两部分组成。综合性评语是教师对学生的综合素质予

---

① 中共中央、国务院关于深化教育教学改革全面提高义务教育质量的意见[EB/OL]. http://www.moe.gov.cn/jyb_xxgk/moe_1777/moe_1778/201907/t20190708_389416.html.
② 教育部颁布国家课改实验区二〇〇四年中考和中招改革的指导意见[J]. 人民教育，2004(6).

以整体描述，突出学生的特点、特长和潜能。等级是教师对学生做出量化的评价，建议采用优、良、合格、不合格四档。综合素质评价结果是衡量学生是否达到毕业标准的主要依据，也是高中阶段学校招生的重要参考依据之一。这是国家首次以政策文件的形式提出了要对学生进行"综合素质评价"，初步规定了评价的内容和结果呈现方式，而且要求将评价结果作为学生毕业和升学的重要依据。

这一政策颁布后，其评价方式和评价结果的呈现形式在实施过程中存在许多问题，客观性和公正性未能得到很好的保障，综合素质评价也流于形式，没能真正发挥其应有的作用。

2007—2008年，先后印发《教育部关于做好2007年普通高等学校招生工作的通知》[①]和《教育部关于普通高中新课程省份深化高校招生考试改革的指导意见》[②]，对综合素质评价在招生考试中的作用做出了进一步的阐释。综合素质评价被纳入到高一级学校招生选拔评价体系之中，唯分选才走向多元选才，我国招生考试制度迎来了一次较大突破。

2010年7月，中共中央、国务院印发《国家中长期教育改革和发展规划纲要（2010—2020年）》[③]，提出建立科学的教育质量评价体系，全面实施高中学业水平考试和综合素质评价，逐步形成分类考试、综合评价、多元录取的考试招生制度。

2013年11月，《中共中央关于全面深化改革若干重大问题的决定》[④]明确指出要推行初高中学业水平考试和综合素质评价和基于高考和学业水平考试成绩的综合评价多元录取机制。

2014年9月，《国务院关于深化考试招生制度改革的实施意见》[⑤]中，正式将学生综合素质评价纳入我国考试招生制度改革的范畴，指出综合素质评价主要反映学生德智体美劳全面发展情况，是学生毕业和升学的重要参考。规定学生思想品德、学业水平、身心健康、兴趣特长、社会实践等为评价内容。同年12月，《教育部关于加强和改进普通高中学生综合素质评价的意见》对学生综合素质评价的内容、程序及组织管理等进行规范。明确评价程序为"写实记录—整理遴选—公示审核—形成档案—材料使用"，提出各省（区、市）要提出高中学生综合素质评价基本要求，制定具体的实施办法。

2016年9月，《教育部关于进一步推进高中阶段学校考试招生制度改革的指导意见》要求根据义务教育的性质、学生年龄特点，结合教育教学实际，细化和完善学生综合素质评价内容和要求，并改革招生录取办法，积极探索基于初中学业水平考试成绩、结合综合素质评价的招生录取模式。

基于学生综合素质评价实践过程中的问题，为扭转片面应试教育倾向，综合素质评价的内容、实施方式、地位都得到不断改进。全面实施高中学生综合素质评价，已成为我国

---

① 关于做好2007年普通高等学校招生工作的通知[EB/OL]. http://www.moe.gov.cn/srcsite/A15/moe_776/s3258/200702/t20070209_79900.html.

② 教育部关于普通高中新课程省份深化高校招生考试改革的指导意见[EB/OL]. http://www.moe.gov.cn/srcsite/A15/moe_776/s3258/200801/t20080110_79887.html.

③ 国家中长期教育改革和发展规划纲要（2010—2020年）[EB/OL]. http://www.moe.gov.cn/srcsite/A01/s7048/201007/t20100729_171904.html.

④ 中共中央关于全面深化改革若干重大问题的决定[M]. 北京：人民出版社，2013.

⑤ 国务院关于深化考试招生制度改革的实施意见[EB/OL]. http://www.moe.gov.cn/jyb_xxgk/moe_1777/moe_1778/201409/t20140904_174543.html.

一项基本教育政策,受到越来越多人们的关注和重视。

从整体上来看,我国的学生综合素质评价政策呈现出"稳中有变""稳中有进"的气象与格局。学生综合素质评价的内容一直围绕着德智体美劳几个方面展开,符合我国对于培养社会主义建设者和接班人的内在要求。

在新时期,我国综合素质评价政策的价值定位表现为在"立法"和"破法"之间游走,其利益主体开始由高中学校向高等院校转化、实施逻辑由主观判断向客观纪实转化,功能诉求由偏重"选拔"向注重"育人"转化,效能发挥由形式化向"高利害"转化①。综合素质评价在其利益主体、结果、地位、功能等方面也发生了许多内在变化。

2. 综合素质评价的各方面变化

(1) 学生综合素质评价的利益主体更明确

学生综合素质评价的利益主体已全面覆盖了小学、中学和高等院校。有学者指出,从评价利益相关者的角度来看,与学生综合素质评价关联最为紧密的是高中学校和高等院校。这是由于高考中,高中学校始终渴望提高升学率,促使更多毕业生考入高校。高校则希望选到与本学校及各专业的要求、特色相符合的人才。可见,双方在学生综合素质评价的评价过程中担任不同的角色,对于学生综合素质评价结果的运用也有很大差异。但是在以往的政策文本中,并没有对这两种主体加以区分,作出价值判断的一般只是高中学校。而高中学校为了提高升学率,则会美化评价结果,使评价尽可能地呈现高分或优秀等级,使评价结果看起来更"漂亮"。由于综合素质评价结果缺乏真实性,导致学生综合素质评价难以真正在招生录取过程中起到"重要参考"或"重要依据"的作用。

2014年12月,《教育部关于加强和改进普通高中学生综合素质评价的意见》(以下简称《意见》)中对高中与高校在学生综合素质评价工作中承担的角色做出了明确区分。高校招生时,要制定符合自身办学特色和人才培养目标的综合素质评价办法,组织专业人员对学生综合素质评价材料进行分析和评价,以作为招生录取的参考。也就是说,招生过程中,对学生综合素质作出价值判断的不再是高中学校,而是高等院校。这一要求充分尊重高校的招生自主权,体现了"谁使用,谁评价"的原则。

(2) 学生综合素质评价的结果更可信

综合性评语、等级划分、自评、他评是2014年之前的政策文本中有关评价方式常见的词语。尽管这一类的评价方式有促进学生全面发展、提高课堂教学质量等教学意义,但是其区分度不高,语义模糊,客观性和公正性难以保障,在实际操作过程中难免陷入困境。

为了消除学生综合素质评价过程中由评价主体的主观性所带来的负面效应,2014年12月的《意见》中突出强调了写实记录的基础性作用。"教师要指导学生客观记录在成长过程中集中反映综合素质主要内容的具体活动,收集相关事实材料,及时填写活动记录单。一般性的活动不必记录。活动记录、事实材料要真实、有据可查。"对于评价方式的转变,教育部相关负责人就《意见》答记者问时做出如下解读:

"长期以来我们对学生的综合素质发展是有要求的,如热爱集体、关心他人、有社会责

---

① 王洪席. 我国综合素质评价政策的演进历程及特征分析——基于(1999—2014年)政策文本的分析[J]. 课程·教材·教法, 2016(12):30-36.

任感等,这些要求比较抽象,难以直接把握。为此,《意见》强调综合素质评价注重考查学生的行为表现,特别是通过学生在有关活动中的具体表现来反映其全面发展情况和个性特长。如思想品德方面,不仅要看学生参加公益劳动、志愿服务活动的具体内容,还要看参加的次数、持续时间等,学生在这些活动中的行为表现是可以考查、可以比较的。"

"写实记录由学生自己填写活动记录单,教师做指导,不是代替学生记。要及时记录,突出重点,注重写实。"

可见,写实记录是学生综合素质评价的第一步,不仅要记录学生做了什么活动,还要记录学生的活动时间、活动频率、活动成效,做到更全面、更客观地评价学生行为,而不只是主观评价。综合素质评价政策变化的最大特点即由主观评价向写实记录、客观评价转变,凸显证据文化,强调客观纪实而非主观判断成为本轮综合素质评价实施制度逻辑的关键特征[①]。

同时,本着"谁使用,谁评价"的原则,上级学校可以根据自身需求设计评价规则,不再根据自评和他评结果赋分或赋等级。以写实记录为基础,呈现综合素质评价报告,报告包含:主要的成长记录,包括思想品德、学业水平、身心健康、艺术素养、社会实践五个方面的突出表现;学生毕业时的简要自我陈述报告和教师在学生毕业时撰写的简要评语;典型事实材料及相关证明。这样做既保证了评价的真实性、客观性,也有助于上级学校根据自身要求,通过本学校制定的综合素质评价规则,选取符合要求的学生。

(3) 学生综合素质评价的地位有提升

不同时期的政策文本对于学生综合素质评价结果在招生录取过程中的作用,在"重要依据"和"重要参考"之间摇摆。从"更好地提高学生的综合素质和教师的教学水平,为学校实施素质教育提供保障"到"发现和培育学生良好个性的重要手段",人们对于综合素质评价在人才培养中作用的认识更加细致、明确。

学生综合素质评价在招生录取中的作用经历了"参考—依据—参考"的转变。对于其中蕴含的教育意义,不能单独从字面理解,而要结合学生综合素质评价在实际操作过程中的运用情况和发挥的作用加以阐述。"参考"和"依据"相比,似乎显示学生综合素质评价的地位降低,然而此前的"重要依据"在实践中几乎完全被虚化了,综合素质评价与招生录取实则是"软挂钩""假挂钩"的关系。现在表述为"重要参考",反给政策实施回旋的余地[②]。事实上,综合素质评价的地位应该是提升了。

(4) 学生综合素质评价的育人功能更凸显

学生综合素质评价在政策文本的演变中,始终强调其在人才培养中的作用,且不断细化育人要求。从"培养综合素质"到"培育良好个性",教育对人的关注也更倾向于全面且有特色的发展。

然而,在实际推行过程中,尽管招生考试改革已在全国范围内广泛开展,各地也出台了自身的考试招生改革文件,但是仍有许多基层学校对于学生综合素质评价的开展感到"头痛"。在升学压力面前,选拔功能仍然占据主体地位,育人功能得到削弱。究其原因,一方面

---

① 张会杰.基于纪实的实施逻辑:学生综合素质评价政策的特征分析及思考[J].考试研究,2015(4).
② 杨九诠."移步换形"看政策——谈如何解读浙江省高考试点方案[N].中国教育报,2015-03-18(9).

是因为综合素质评价没有融入学校的日常教育教学工作,为了保证学生的考试成绩不受影响,学校很可能将综合素质评价这一看似干扰正常课堂教学的工作推迟进行,多半在学期末突击完成,应付检查。另一方面,许多学校开展综合素质评价工作之前缺乏系统的学习培训和整体的规范。许多教师对如何开展好综合素质评价都是一头雾水,更遑论指导学生。

评价的根本目的是育人。在人才选拔过程中,对于下一级学校而言,实施学生综合素质评价就是为了倒逼学校深化教育教学改革,达成素质教育的目的,抛弃唯分数论的顽瘴痼疾,打造健康、有活力的教学环境。学生综合素质评价应该融入学校的教育教学工作中,成为日常教学的一部分。设立活动课程、开展实践活动、帮助学生在活动中自然而然地得到成长,使学生综合素质评价的育人功能得以完全施展。

1.2.2 各地学生综合素质评价指导意见

2014年开始,随着新招生考试制度改革正式拉开序幕,各地区的综合素质评价实施意见相继出台。除重庆市、黑龙江省、云南省、甘肃省、新疆维吾尔自治区、内蒙古自治区等地尚未最后颁布综合素质评价实施办法之外,全国大部分省、自治区、直辖市都出台了单独的综合素质评价文件,合计25个。

在梳理各地综合素质评价实施意见的过程中,通过对各省、自治区、直辖市已出台的综合素质评价实施意见进行对比,总结出了我国现阶段综合素质评价的政策现状。

1. 学生综合素质评价的指导思想可以更具地方特色

通过总结各地综合素质评价实施意见发现,各地按照国务院和教育部的相关要求,在综合素质评价的指导思想上,坚持围绕以德树人、推进素质教育、践行社会主义核心价值观、促进高校选拔招生、培养学生核心素养等内容展开。

《教育部关于加强和改进普通高中学生综合素质评价的意见》指出,高中学校要基于学生发展的年龄特征,结合当地教育教学实际,科学确定学生综合素质评价的具体内容和要求。在综合素质评价落实到各地的过程中,应该结合各地特色,从各地的建设发展目标出发,将人才培养融入区域建设,可以更好地适应本地的实际情况,使综合素质评价真正做到因地制宜,反过来推动当地建设。

目前,我国社会经济发展水平的区域差别和城乡差别仍然较大,区域之间、城乡之间的教育发展水平还很不均衡,差距有进一步拉大的可能。在这种情况下,制定区域教育政策,更要以国务院和教育部文件为指导,结合本地实际,突出地方特色。以北京市政策为例,其学生综合素质评价办法中明确规定了"突出首都特色,主动适应北京'四个中心'城市功能定位和国际一流和谐宜居之都建设对多样化高素质人才的需求",并围绕着身为政治中心、文化中心、国际交往中心、科技创新中心及国家首都的城市身份,将地方特色融入综合素质评价工作中。

在这样密切贴合地方实际的思想指导下,北京市学生综合素质评价工作紧密围绕其城市特色开展。如评价指标中的思想道德一项,下设北京市特有的"一十百千工程",紧密围绕其"四个中心"的城市定位,带领学生走进一次国家博物馆、首都博物馆和抗日战争纪念馆;至少参加十次集体组织的社会公益活动;观看百部优秀影视作品,阅读百本优秀图书,学习了解百位中外英雄人物、先进人物的典型事迹和优秀品格;在图书馆、博物馆等千余个社会资源单位培养和聘用千名课外辅导教师,邀请千名传统文化名家、非物质文化遗产传承人等进校园、进课堂,有效地利用当地的政治文化资源,在活动中培养学生的爱国情怀与文化自信,使学生的综合素质在活动中得以提升。

2. 学生综合素质评价的原则得到进一步丰富

通过整理各地综合素质评价实施办法中的原则发现,出现频次最高的词语依次是客观、公正、指导、方向、发展、全面等,见表1-2。

表1-2 各地学生综合素质评价基本原则高频词

原 则	教 育 厅	频次
客观/真实	北京、天津、河北、山东、青海、宁夏、江西、湖南、上海、陕西、海南、福建、湖北、广西、四川、吉林、江苏、辽宁、河南、安徽、广东、西藏、贵州、浙江、山西	25
公正	北京、天津、河北、山东、青海、宁夏、江西、湖南、海南、福建、湖北、广西、四川、吉林、江苏、辽宁、山西、安徽、广东、贵州、浙江	21
指导	北京、天津、河北、山东、青海、宁夏、江西、湖南、上海、陕西、湖北、广西、四川、吉林、山西、广东、西藏	17
方向/导向	天津、河北、山东、青海、宁夏、江西、湖南、湖北、广西、四川、吉林、广东、西藏、贵州	14
发展	北京、上海、陕西、海南、福建、江苏、辽宁、安徽、广东、西藏、贵州	11
全面有特色	北京、上海、陕西、辽宁、河南、安徽、广东、浙江、西藏	9
公开/监督	上海、陕西、辽宁、江苏、山西、安徽、浙江	7
易于操作	海南、福建、吉林、江苏、河南	5
公平	北京、上海、陕西、辽宁	4
因地制宜	江西、湖南	2

客观真实性成为各地教育主管部门最看重的原则,在全部综合素质评价文件中均有出现。该原则确保如实记录学生成长过程中的突出表现,真实反映学生的发展状况,以事实为依据进行评价,是综合素质评价政策推进过程中,教育主管部门、学生、家长和教师最看重的要素。

出现频率较高的还有公正、公开或公平。在以往的综合素质评价实践中,由于评价的主观性较强,人为因素影响较大,人们对于其公正性一直不乐观。因此,在出台综合素质评价政策时,各地教育部门充分意识到,保证客观评价、公正评价,使社会相信评价的过程和结果,才能使评价结果有说服力。

全面有特色在全部文件中共出现9次,占比只有36%,频次不高。然而作为第一批试点地区的上海市和浙江省都提到了这一原则。可见,综合素质评价工作在最初的实践探索中,教育主管部门考虑到育人的导向和作用,将人才培养的目标内化为学生综合素质评价的原则,即在关注学生全方位发展的同时,也注重对学生个性、特长的培养。

因地制宜一词只出现2次。然而也有未出现这一词汇却体现其内涵的文件,如北京在指导思想中对于综合素质评价应贴合城市定位的阐述。因地制宜原则不仅体现在各地制定政策时应根据地方经济文化的实际，将人才培养与地区建设的目标全面结合，也体现在各个学校在综合素质评价政策的指导下，结合自身特色，将综合素质评价工作融入日常教学工作。

许多区域教育主管部门在教育部规定的方向性、指导性、客观性、公正性的基础上进行了微调，使学生综合素质评价的原则更贴合当地教育实际，为后续工作的开展奠定基础。

3. 学生综合素质评价的内容稳中有变

在综合素质评价的内容上，各地遵守教育部的要求，将综合素质评价内容划分为思想品德、学业水平、身心健康、艺术素养和社会实践等方面，其中江苏省增加"自我认知与生涯规划"一项，共划分出六个方面。自我认知与生涯规划主要考查学生加强自我认知、树立专业志向、学会选择课程、实现主动发展等情况，重点是学生修习发展指导课程的情况、主动发展的意识、对自我的客观认识与评价、对未来的生涯规划等，并突出其他五个方面评价内容无法涵盖的个性特长等方面。自我认知与生涯规划以学生自我陈述的方式呈现，将新高考的"三驾马车"进行了连通，针对学生个人发展做出了更详细的阐述，使综合素质评价更有针对性、引领性、操作性和有效性。

4. 综合素质评价的流程应高效实用

在已出台综合素质评价实施意见的25个省、自治区、直辖市中，大部分地区将综合素质评价的实施程序划分为写实记录、整理遴选、公示审核、形成档案、材料使用，或写实记录、整理遴选、公示审核、录入系统、形成档案。北京市与河南省的实施意见与其他地区有明显不同，二者剔除了整理遴选这一环节。北京市教委设定的综合素质评价程序：真实记录、公示确认、材料应用；河南省教育厅设定的综合素质评价程序：写实记录、公示确认、形成档案。

教育的首要问题是培养什么人，教育的根本任务在于立德树人。综合素质评价工作的意义首先在于促进学生全面而有特色的发展，其次在于提升教师对课堂的把握，为深入开展素质教育提供可行路径。同时，有助于对区域学情的把控，助力教育发展。

在整理遴选环节中，如何确定筛选材料，由谁确定筛选材料，判断什么样的材料是有用的成了争议较大的问题。

在学期末再次对材料进行梳理的过程可能会增加师生的额外工作负担，因为师生需要额外付出时间和精力才能应对年度综合素质评价的整理。

此外，在综合素质评价的推行学段方面，江苏省、吉林省、内蒙古自治区、青海省除了在高中阶段推行综合素质评价工作外，还要求初中开展综合素质评价工作。山西省和西藏自治区则着手在整个义务教育阶段进行综合素质评价的推进工作。

1.2.3　国内文献综述

1. 对综合素质评价本质的研究

我国综合素质评价是伴随素质教育的推进而产生的，目的在于构建基础教育阶段的评价体系。对于综合素质评价的本质，学者做出了不同区分，认为它既是一种评价观，又是一种评价方式。

作为一种评价观,它是素质教育评价体系的基本价值取向。学者认为综合素质评价应该作为整个评价政策的一部分,而不只是归结为"非学术能力表现"[①]。

作为一种评价方式,它与招生考试等外部评价互动、结合,共同构成素质教育评价体系的基本内容。综合素质评价的本质是个性发展评价,也是真实性、过程性评价,同时还是内部评价[②]。综合素质评价应依据卢梭的"自然教育思想"和杜威的"社会教育思想",关注人的基础成长和成才基础;应立足于成长规律、认知发展规律和成才规律,以"伦理、道德与品质;审美、情感与价值;健康、运动与操作;独立、交流与合作;认知、探究与应用"为目标,面向学生全面成长和个性化发展的"德、智、体、美、实践、创新"等方面进行综合评价。

2. 综合素质评价的实施问题与建议

随着新中高考改革工作的不断推进,评价改革政策的不断宣导,以及相应督导检查工作的逐步落实,学生综合素质评价工作的重要性开始被越来越多的教育相关方所了解。然而,从"了解"到"明白"再到"认同"直至"践行",往往还有相当的距离。在学生综合素质评价的实践中,相关方往往还是"雾里看花终隔一层",这就使得工作中仍存在较多问题,其中比较突出的问题有两点:一是各方对学生综合素质评价的目的认识不清,官僚化、工具化倾向严重;二是未能充分彰显学生的主体地位,应试化、功利化思想突出。同时,伴随着"目的不清"的,还有一个重要的问题,即"主体不明"。在学生综合素质评价中,排在前面的首先是"学生"两个字,但在诸多形形色色的学生综合素质评价形式中,学生却往往处在一个被动的地位,仅作为被评价的对象存在。

随着综合素质评价实践工作的不断深入,学者针对其实施过程中的现状及问题也开展了大量研究。杨九诠指出,综合素质评价在政策文本中的概念、内涵和功能未能清晰界定,且尚未进入真正的教育评价领域,缺乏属于自己的评价理论和方法[③]。洪志忠在通过参考美国大学入学申请制度,指出我国综合素质评价存在的问题在于核心概念界定不清、评价维度混乱、评价指标不合理、评价方法使用不当、监督机制不到位、使用目的不明确等[④]。刘志军等从高校招生的角度出发,提出申请材料的真实性风险、综合素质评价的效度风险、招生技术的专业性风险、评价人员的公正性风险、成本投入等风险是综合素质评价在高校招生过程中使用的潜在问题[⑤]。

据此,学者提出应对综合素质评价的内涵进行不断的探索、梳理,同时建立综合素质评价的多级电子平台或信息化平台,提高综合素质评价的真实性、有效性。开展教师等综合素质评价多元主体的业务培训、建立专业的综合素质评价机构,提升学生综合素质评价工作的专业性。

3. 综合素质评价与高校建设

2017年12月,《教育部关于推动高校形成就业与招生计划人才培养联动机制的指导

---

① 崔允漷,柯政.关于普通高中学生综合素质评价研究[J].全球教育展望,2010(9):3-8.
② 李雁冰.论综合素质评价的本质[J].教育发展研究,2011(24):58-64.
③ 杨九诠.综合素质评价的困境与出路[J].华东师范大学学报(教育科学版),2013,31(4):68-70.
④ 洪志忠.美国高中综合素质评价对我国的启示[J].当代教育科学,2010(24):17-19.
⑤ 刘志军,张红霞,王洪席,等.新高考背景下综合素质评价的意蕴、实施与应用[J].华东师范大学学报(教育科学版),2018,36(3):57-68.

意见》，提出要进一步深化考试招生制度改革。改革招生录取机制，探索基于统一高考和高中学业水平考试成绩、参考综合素质评价的多元录取机制。要按照统筹规划、试点先行、分步实施、有序推进的原则，积极稳妥实施高考综合改革，增强高考与高中学习、高校专业培养的关联性。高等学校要主动适应高考综合改革，根据自身办学定位和专业培养目标，研究提出对考生高中学业水平考试科目报考要求和综合素质评价使用办法，增强人才选拔的科学性和协同性。

董秀华等指出，招生工作日益成为高校人才培养的重要环节[①]。随着高校越来越呈现出优质、特色化的发展趋势，人才培养作为高校最原始、最终极的职能，其作用日益凸显。它不仅决定了学校的办学特色和质量声誉，还对高等学校人才培养质量和目标的实现具有根本性影响。以分选人的传统容易造成高校人才选拔意识不强，选拔能力差，选拔环节与培养环节衔接不顺等后果。学校要将招生作为人才培养的一个重要环节，主动出击，选拔最适合自身办学定位的学生。

1.2.4 国外综合素质评价现状综述

1. ABET

美国对工程人才的基本训练是通过大学毕业后的企业培训来实现的。因此，对企业的需求十分重视。美国工程技术认证委员会（Accreditation Board for Engineering and Technology，ABET）是美国最为权威的专业认证机构之一。ABET 作为华盛顿协议的六个发起组织之一，获得了广泛的国际认可。1997 年，ABET 推出工程认证标准 2000（Engineering Criteria 2000，EC2000），其特点为：从强调教学过程转变为强调学生学习成效、强调实现专业培养目标的"持续改进"、鼓励专业创新、鼓励新的评价和改进方法。

ABET 与工程实业界紧密联系，并不断适应社会市场的需求，将工程专业认证标准的评价对象逐渐从以教学投入为主转向以成果产出为主。新认证标准《工程标准 2000》更倾向于对学生个体能力的评价，并专门对毕业生必备知识和技能提出要求，而对课程要求却未有提及。即强调学生在毕业时掌握了什么，能做什么，不再强调学校教给了什么，开设了什么样的课程。由此可见，毕业生及其科研质量成为美国工程教育专业认证目标的主要方向。《工程标准 2000》从雇主角度出发对工程师提出了共计 11 个方面的基本素质要求，见表 1-3。

表 1-3 《工程标准 2000》提出的工程师基本素质要求

序号	毕 业 生 特 征	能力分类
1	数学、科学与工程等理论知识的应用能力	以科学素质为基础的能力
2	设计并开展实验及分析处理数据的能力	
3	根据需要设计部件、系统或过程的能力，并满足经济、环境、社会、政治、伦理、健康、安全、可制造性及可持续性等要求	
4	有发现、阐述并解决工程问题的能力	

---

① 董秀华,王薇,王歆妙.新高考改革:高校招生面临的挑战与变革[J].复旦教育论坛,2018(3):43-50.

续表

序号	毕业生特征	能力分类
5	有效表达与交流的能力	以人文素质为基础的能力
6	工程对经济和社会背景影响的理解力	
7	对时事问题的观察力	
8	具备终生学习的能力	
9	在多学科协同工作中发挥作用的能力	
10	利用各种技术和现代工程工具解决实际问题的能力	
11	职业道德及社会伦理的责任意识	工程伦理

这 11 项能力大致可分为三类。

第一类是以科学素质为基础的能力。单一知识背景的专门人才无法系统地考察工程问题，也无法满足超越工程领域本身的综合性要求。大专业知识旨在培养工程人才的大专业素质，大专业素质是工程人才的核心素质，是工程人才区别于其他专业人才的关键素质，也是工程人才综合能力、伦理素质形成的基础。

第二类是以人文素质为基础的能力。由此可知，工程人才综合能力以科学素质和人文素质为基础。

第三类是对于工程伦理的要求。ABET 明确要求"工程师在履行其职业责任时应当将公众的安全、健康与福祉放在首位。"对公众的安全、健康与福祉的关怀是工程人才应具备的基本伦理素质，体现工程人才对人的最基本伦理关怀的三个渐进层次。人的安全与健康是最起码的伦理规范，只有在安全的基础上才能健康，也只有在安全、健康的基础上才能享有福祉。

2. CDIO

20 世纪 90 年代末，美国麻省理工学院航空航天系不断收到校友和工业界的反馈，二者认为该系毕业生虽然具有优秀的工程技术基础知识，但是缺乏某些能力，例如，团队协作能力、批判性思考能力和综合思考解决问题的意识等，见表 1-4 和表 1-5。

表 1-4 工科毕业生在能力方面存在的明显不足之处

工作中最重要的能力	教育在能力培养方面最大的不足之处
在团队中有效地工作	商业途径
分析信息	管理能力
有效沟通	项目管理方法
搜集信息	保证质量的方法
自学有效	进行沟通的能力
	市场原则的知识
	道德和职业责任

表 1-5　波音公司列出的工程师所需的理想特质

一级指标	二级指标
良好理解工程科学基础	数学(包括统计学) 物理和生命科学 信息技术(远多于计算机扫盲)
良好理解设计和制造的过程	
具有多学科、系统视角	
对工程实践的背景环境的基本了解	经济(包括企业实践) 历史 环境 顾客和社会的需求
良好的交流能力	书写、口头、图表、倾听
高职业道德标准	
批判性和创造性的思维——无论是独立还是合作环境下	
适应性,即适应快速或重大变化的能力和自信	
好奇心和终身学习能力	
深刻理解团队合作的重要性	

　　航空航天系认真对待来自"消费者"的意见。该系教师开始在较小范围内探讨如何把理论知识的传授和实践能力的培养结合起来,于是开始推动 CDIO 教育改革计划。CDIO 代表构思(conceive)、设计(design)、实现(implement)和运作(operate),它以产品从研发到运行的生命周期为载体,为学生提供实践、理论课程之间有机知识关联的教学情景,鼓励学生以主动的方式学习工程学。该改革计划的主旨是,在真实工程情景中,向学生一边传授工程专业的基础理论知识,一边通过构思、设计、实现和运作促其动手实践能力的发展。

　　该计划围绕三个核心问题展开:当代社会需要培养什么样的工科毕业生?工科毕业生应掌握怎样的知识、能力和态度?其水平应达到什么样的程度?

　　首先征集在校生、教师、职工、校友及工业界等与工程教育的直接相关者提出的需求,然后在此基础上进行修改,由此 CDIO 培养模式便诞生了。其目的是重新对工程教育的现有能力需求进行系统的论述,结论是:在团队合作的现代工程环境背景中,每个工科毕业生都应具备能够构思、设计、实现和运作复杂的具有附加值的工程产品、过程及系统的能力。

　　能力大纲包括四个大方面的要求,具体见表 1-6。

　　"技术知识和推理"下面的第二层具体内容及其关系:现代工程基于"基础科学知识";"核心工程基础知识"则是基于核心科学;"高级工程基础知识"使学生拥有实际工作所必备的能力。

　　把技术知识和推理能力放在教学大纲的最前面,目的是提醒人们技术基础知识的深层应用是工程教育的基本目标。大纲中保留了包括工科毕业生所需的所有知识、能力和态度这三部分的内容。

另外,大纲尽量对所有的专业使用明确的术语,以便在不同的工程领域的具体应用时,可对这些术语进行转译和解释。

表1-6 CDIO能力大纲一览表(1)

序号	名 称	一级纲要	二级纲要
1	技术知识和推理能力	基础科学知识	
		核心工程基础知识	
		高级工程基础知识	
2	个人职业技能和职业道德	工程推理和解决问题	认识和系统表述问题
			建立模型
			判断和定性分析
			不确定性因素分析
			解决方法和建议
		实验与知识发现	建立假设
			查询相关书刊或者电子文献
			实验探索
			假设检验和论证
		系统思维	整体思维
			系统内的紧急性和互交性
			确定优先级和焦点
			决议时权衡、判断和平衡
		个人技能和态度	主动和愿意冒险
			执着与变通
			创造性思维
			批评性思维
			自省个人的知识、技能、态度
			求知欲和终生学习
			时间和资源的管理
		职业技能和道德	职业道德、正直、责任感和负责任
			职业行为
			主动规划个人职业
			与世界工程界保持同步

续表

序号	名　称	一级纲要	二级纲要
3	人际交往技能：团队协作和交流	团队精神	组建高效团队
			团队工作运行
			团队成长和演变
			领导能力
			技术协作
		交流	交流战略
			交流结构
			写作交流
			电子和多媒体交流
			图表交流
			口头表达和人际交流
		外语交流	英语
			其他欧洲语言
			其他外语
4	企业和社会的构思，设计，实现和运作系统	外部和社会环境	工程师的角色和责任
			工程界对社会的影响
			社会对工程界的规范
			历史和文化环境
			现时的焦点和价值观
			发展全球观
		企业及商业环境	认识不同的企业文化
			企业策略、目标和计划
			技术创业
			成功地在一个团队中工作
		构思与工程系统	设立系统目标和要求
			定义功能、概念和体系结构
			系统建模并确保目标可能达成
			项目发展的管理
		设计	设计过程
			设计过程分期与方法
			设计中对知识的利用

续表

序号	名称	一级纲要	二级纲要
4	企业和社会的构思、设计、实现和运作系统	设计	学科专业设计
			跨学科专业设计
			多体综合设计
		实现	设计实施的过程
			硬件制造过程
			软件实现过程
		运作	硬件、软件的结合
			测试、验证、认证及取得证书
			实施过程管理
			设计和优化操作
			培训及操作
			支持系统的生命周期
			系统改进和演变
			弃置处理与产品报废问题
			运行管理

在企业和社会环境中，"构思、设计、实现及运作系统"是一个框架，说明开发一个产品、过程或系统的四个阶段：构思与建造系统，设计，实现和运作，这些名词可用硬件、软件、系统和过程工业四个方面来进行描述。

"构思"是指从市场定位或通过高级概念设计选择机会这一过程，同时还包括开发与项目管理。"设计"则包括设计过程，以及学科、多学科和多目标设计等方面。"实现"包括硬件与软件实现过程、测试与证明，以及实现过程的设计和管理。"运作"包含了从设计和运作管理，再到支持产品、过程与系统的生命周期和改进，最后到生命周期终结的规划等多方面问题。

在企业和商业环境中，工程师必须懂得有效进行产品、过程和系统的创建与运作。在任何类型和规模的企业中，工程师需要具备能够理解企业文化和发展战略的能力，并且懂得以一名企业家的方式发挥作用。同样，企业也是在一个更大的外部与社会环境中生存。这方面的知识和能力包括对社会与工程之间关系的认识，以及对广泛的历史、文化和全球情况的了解。

下面将工程师在五个不同的职业类型所需的一般能力进行对比，所有职业类型所需的一般能力包括：工程推理和解决问题、个人技能和态度、职业技能和道德；多学科团队协作、交流，用一种外语交流；外部和社会环境。根据工程师的个人能力和兴趣，他们至少可以从事五种不同的职业类型，见表1-7。

表1-7 CDIO教学大纲中隐含的职业工程师的职业生涯

一般能力	进阶能力	职业
工程推理和解决问题、个人技能和态度、职业技能和道德、多学科团队协作、交流、外语交流、外部和社会环境	实践与认知发现	研究员
	系统思维 构思与操控系统	系统设计师
	设计 实现	设备/过程设计师/开发人员
	运作	产品/过程支持/操作工程师
	企业和商业环境	企业工程师/管理人员

CDIO的重要性在于它抓住了工程教育史上的几个核心问题,并给出了自己的答案:①工程教育中工程专业知识与数学、自然科学的关系问题。CDIO的回答是,任何工程技术专业的课程方案,在提供工程科学和某专业技术知识的同时,要重视数学和自然科学基础。②工程专业学生的实际动手能力、沟通交往能力等是否可以在不需要工程实践的环境中得到有效培养?CDIO的回答是,工程专业学生个人的知识和能力、人际交往及沟通能力,对产品、产品生产制造过程的系统建构技能等,必须在真实的工程实践中得到锻炼和培养。③就教学方法而言,CDIO坚持把工程科学基础和工程专业知识紧密地糅合在一起进行教学,学生仍然需要坚实的科学基础,熟练的、精心准备过的课堂讲授仍然是最有趣的学习和教授经验,CDIO计划坚信这一观念。

1.2.5 国内外研究述评

综合素质的培养是全球教育共同关注的问题,各国通过推行不同的计划、政策不断完善其内涵。

各国和地区在对学生进行评价时,都非常关注学生的综合素质。学生的学术能力和非学术能力是国外学生评价的主要内容。例如,在美国高中,学习成绩不是判断学生综合能力的唯一标准,任何能够说明学生在非学术方面取得成就的材料都可以作为评价内容;新加坡的学生综合素质评价包括学生的学术能力/学业成绩与非学术能力两个方面。近年来,OECD、联合国教科文组织和欧盟等国际组织纷纷成立核心素养研究项目,并将研究结果以报告的形式公布,核心素养也被视为新的评价内容受到了普遍关注。

人才培养目标是社会对教育所要培养人才的质量标准和规格要求的总设想,它既反映了学校与社会发展之间的关系(即社会发展对人才的需求),又体现了学校与学生个人发展之间的关系(即学生提高自身素质的需求)。

国外的学生综合素质评价将学生的学习作为评价对象,即将学生与教师、同学、书本及其他教育资源的交互过程作为评价对象,淡化学生评价的甄别功能而凸显评价对学生实际学习的促进作用。国外有些国家的学生评价方式具有自己的特点,如韩国的遂行评价,它所评价的不是是否选出正确答案,而是得到答案的方法,更重视获得结果的过程。遂行评价不但重视学生"学到些什么",而且注重"如何学到的",综合地评价学生个人的变化与发展,强调全面的、持续进行的评价。

纵观国内外关于综合素质评价的政策规范和理论研究,"谁使用,谁评价"是国内外关于学生综合素质评价的通用检验标准。

国内经过十余年教育政策的变迁,确定了以学生写实记录为基础,将综合素质评价提供给上级学校,由上级学校制定符合自身需求的评价模板,从而进行人才选拔。国外则根据企业的用人需求,形成从事某一类工作人才所要达到的标准。

各国对学生进行综合素质评价的目标除了促进学生的学习以外,还有为招生单位提供信息。有些国家把学生评价结果作为招生单位的入学成绩的一部分,如美国的学生综合素质评价被看作是一个整体,主要以模糊评价为主,各大学在招生时并没有明确系统的评价指标,而是采用大量评语进行评价,一份完整的大学入学申请材料包括入学申请和附属材料两部分,综合素质的内容在这两部分中均得到了很好的体现。有些综合素质评价成绩直接成为大学入学成绩的一部分,如韩国、新加坡等,而有些综合素质评价成绩只是大学招生的参考依据,如我国的高中生综合素质评价报告册、加拿大的高中报告单等。

针对学生综合素质评价,我国学术界和教育界广泛探索了具有本土特色的综合素质评价[1][2]和源自联合国经合组织(OECD)的核心素养评价[3][4]。在理论层面,以综合素质和核心素养为中心的开放性和多样化学生综合评价框架不断被提出、修订和优化,例如针对前者的《义务教育质量评价指南》[5],以及针对后者的《中国学生发展核心素养框架》等[6];在实践层面,各个地区依据综合素质评价实施办法和自身实际情况构建了各具特色的多层级指标体系和多元化评价方式[7],并形成了德智体美劳五育并举的分立性评价结果。

尽管学生综合素质评价实践已在我国大部分地区全面铺开,但从其实际效果来看,现有工作普遍存在理论概念和实践方法不足的问题:理论概念上,综合素质和核心素养的概念内涵各有侧重、不够全面,而且内容维度的分立性使得测评结果无法反映学生的综合表现[8][9];实践方法上,数据采集方式单一、分析过程不明、评测结果输出不全、实际用途指向不定等问题使得测评结果的客观性、科学性、公正性和实效性受到极大挑战,解决学生综合素质评价的教育实践难题还需要在理论概念和实践方法上进行双重突破。

总体来看,国内外对于学生综合素质评价进行了大量的研究,尤其是国内学者对于综合素质评价本质、实际操作中存在的问题等都提出足够的思考。随着招生考试改革的不断推进,综合素质评价的地位更加显著,面临的形势与任务也更严峻。在各地逐步推出综

---

[1] 卢海弘,张也.综合素质评价研究:最新进展、主要难点及破解思路[J].现代教育管理,2020(5):46-50.
[2] 王小明,丁念金.历史与嬗变:普通高中学生综合素质评价改革十年[J].现代教育管理,2015(11):74-79.
[3] 褚宏启.核心素养的国际视野与中国立场——21世纪中国的国民素质提升与教育目标转型[J].教育研究,2016,37(11):8-18.
[4] 雷浩,崔允漷.核心素养评价的质量标准:背景、内容与应用[J].中国教育学刊,2020(3):87-92.
[5] 教育部等六部门关于印发《义务教育质量评价指南》的通知[EB/OL].http://www.moe.gov.cn/srccsite/A06/s3321/202103/t20210317_520238.html,2021-03-17.
[6] 林崇德.构建中国化的学生发展核心素养[J].北京师范大学学报(社会科学版),2017(1):66-73.
[7] 刘志军,张红霞.普通高中学生综合素质评价:现状、问题与展望[J].课程·教材·教法,2013,33(1):18-23.
[8] 程岭.纳入高等学校招生体系的综合素质评价:"难为"审思与"能为"创建[J].教育研究,2020,41(12):111-120.
[9] 辛涛,张世夷,等.综合素质评价落地:困顿与突破[J].清华大学教育研究,2019,40(2):11-16.

合素质评价政策的环境下,如何保证综合素质评价持续、有效地开展,使综合素质评价能够发挥最大的作用,帮助教学效果的提升,成为学者更为关注的问题。

1.3 研究过程

1.3.1 第一阶段:通过聚类和相关性分析,确定"高影响力"活动类型

清华附中倡导为学生创造教育的大舞台,课堂内外相结合,开展了多种多样的促进学生成长的活动。2009年开始,学校认真梳理了学生在校期间的教育行为,统计发现学生三年在校期间参与的教育教学活动近100项,涉及思想品德、人文艺术修养、领导力、公益活动、体育锻炼、团队合作和国际视野等多个方面,每一项活动都蕴含着丰富的教育价值。在此基础上,学校采用聚类分析和相关性分析方法,梳理对学生成长助益较大的活动和经历,考查不同活动对学生发展的相关影响程度,搞清楚学生能做什么,应该鼓励学生做什么,进而加以总结归类,将其分为八个部分:"社会公益及志愿服务"旨在培养学生志愿服务精神、社会责任感和主动回报社会的意识;"学术志趣及偏好发展"旨在鼓励学生发现个人学术偏好并在个人偏好方面主动付出;"艺术素养及特长培养"旨在促使学生主动提升个人艺术修养,丰富自身生活,为未来幸福人生奠基;"体质健康与体育锻炼"旨在改善和提高学生体能,磨炼意志品质,培养团队精神;"感动感悟与交流沟通"旨在培养学生的感恩之心,引导学生正确面对学习、生活和交往中遇到的困难和问题,提高抗挫折能力;"读书分享与人文思索"旨在引导学生养成读书的习惯,做到爱读书、会读书;"社会调查与勤工助学"旨在引导学生了解社会,锻炼自己,更客观地规划自己的未来;"阶段小结与个人反思"旨在培养学生反思的习惯,在总结和反思中不断提升自己。

1.3.2 第二阶段:结合相关教育理论,构建学生综合素质生成性评价模型

20世纪50年代以来,教育教学理论取得了长足的发展。其中,许多思想为清华附中学生综合素质生成性评价提供了有力的支撑。例如,泰勒在八年研究中总结出"评价不仅仅是一两个测验,而是一个过程"的理论;加德纳的多元智能理论提出,判断一个人的能力,要看这个人的实际解决问题的能力,以及在自然合理环境下的创造力;斯腾伯格的成功智力理论主张学校要拓宽对学生的评价标准,打破单一的评价方式,采用多元评价;埃里克森的自我认知理论认为每个人对自己的想法、期望、行为及人格特征的判断与评估,是自我调节的重要条件,认识自我是自我调节和人格完善的重要前提。

其中,伯恩斯坦的"表意性秩序"理论认为,学校传递品行、品格与态度的相关行为与活动,可以称之为表意性秩序(expressive order)。学习特定技能的行为与活动,则称之为工具性秩序(instrumental order),如图1-1所示。

鉴于此,可以得出,"表意性秩序"是综合素质评价所追求的重要教育效果。而面对表意性秩序建立过程中可能存在的客观考量、群体认同、观念冲突和秩序竞争等问题,清华附中也提出了相应的解决策略,见表1-8。

图 1-1 伯恩斯坦的"表意性秩序"理论

表 1-8 清华附中的解决策略

潜在问题	集 中 表 现	解决策略
客观考量	特定技能通常能够以相当客观的方法来考试和评量,但是这些方式却无法用于品行、性格与态度的表达的评量	客观记录 正确引导
群体认同	学校教育中的表意性秩序所倡导的道德秩序无法和不能被学校内部所有的团体和群体所接受	动态量化 多样选择
观念冲突	学校本身的表意性秩序与社会的道德表达和价值观念之间有矛盾或冲突	诚志立信 引领世风
秩序竞争	过度参与工具性秩序,某种条件下,也可能削弱学生对于表意性秩序及其所传递的价值的参与	双向考量 良性竞争

借鉴伯恩斯坦的思想,可以将学校的活动分为共识性活动和特色性活动两类,如图 1-2 所示。

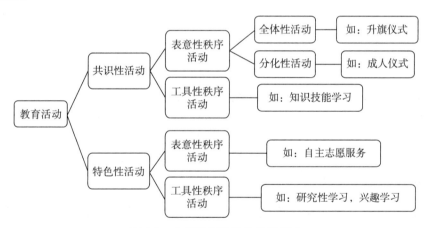

图 1-2 共识性活动和特色性活动

综合素质评价系统的建设绝不仅仅是要搭建一个系统平台,而是以学校为龙头,通过促进学校的基本秩序的提升、完善、发展,构建健康的人才培养体系,培养学生终生的学习习惯,充分发挥教育对于社会发展的促进作用。健康的综合素质评价模型,一方面能切实帮助学校进行表意性秩序(德育教育)的构建,另一方面可进一步促进学校工具性秩序(智育教育)考量方式的健康转型,而这两者恰恰决定着学校教育的成败。同时,在发展共识性活动的基础上,也要重视鼓励和保护学生个性化的发展,加强对特色性活动的建设和记录,这是对伯恩斯坦理论在实践层面的丰富。

教育评价,是以教育目标为依据,运用有效的评价技术和手段,对教育活动的过程和结果进行测定、分析、比较,并给以价值判断的过程。教育评价是对教育结果的一个价值判断,教育评价最重要的目的并不是得出一个结果,而是通过教育评价反过来影响、引导、改进教育过程,促进教育更好地发展,激发教育的活力,这才是评价的重要意义之所在。基于此,清华附中构建了学生综合素质生成性评价模型,采取自下而上的方式对学生各个方面进行观察、记录、分析,建立了包含9个模块、46个维度的行为记录内容,全面记录学生校内外的成长轨迹,从中挖掘学生未来发展潜能和倾向,为每一个学生的个性、自主、健康和全面发展创造条件。

1.3.3 第三阶段:利用大数据分析,开发学生综合素质生成性评价系统

在理论的指导下,清华附中开始进行综合素质生成性评价系统的研发。过程中不难发现,采取自上而下的思路,即综合素质评价先设置一级指标,往下细化出若干二级指标,再进一步得出三级指标,会遇到三个难题。第一,目标素养指标体系很难进一步分解和描述;第二,学生达成目标素养情况很难观察、测量和评价;第三,学生的评价主体地位及评价过程的权威性、科学性、客观性难以保障。

多年的教育教学实践表明,学生综合素质可通过学校教育来发展,可通过学生行为来体现,可通过行为记录、过程累计和发展变化来评价。通过仔细思考和梳理分析综合素质评价的内容、目的和意义,得出学生综合素质评价更适合采取自下而上的方式来设计的结论。于是,将剩余问题细化为三类:一是选择学生行为记录内容、方式和提交记录的主体;二是保证学生行为记录的真实性、客观性;三是根据大量的学生行为记录,生成学生综合素质过程性、发展性的评价报告。

经过不断的调查、抽样试验、多方面反馈和调整,建立了学生综合素质生成性评价模型。该模型全面涵盖学生校内外的发展轨迹,所有记录均要求具有"写实性、客观性、过程性"。该模型注重以学生行为为依据,注重学生成长的过程性与发展性,注重参与主体、评价体系、结果呈现和发展趋向的多元性,并且学校和区域都可因地制宜地对该模型系统进行使用及调整。2012年起,清华附中借助互联网技术研发了学生综合素质生成性评价系统的实验版,首次实现了云计算、大数据与综合素质评价相结合,利用信息技术深度挖掘教育数据价值,充分发挥"评价过程"的影响力。

1.3.4 第四阶段:依据国家政策完善系统,在全国范围内推广使用

2014年,"立德树人"根本任务的提出,进一步明确了学生综合素质评价工作的方向。根据《教育部关于加强和改进普通高中学生综合素质评价的意见》和北京市相关教育政策文件,清华附中进一步完善了评价系统,先后推出了学生综合素质生成性评价系统的1.0版本、1.5版本和2.0版本。升级后的系统在清华附中一体化学校使用,并受邀在教育部、多个省市教育主管部门和学校介绍经验,应教育部原基础教育二司委托对系统进一步研发、完善和推广。目前,系统得到北京市教委采用,将在全市高中学校正式使用。系统收集的学生记录超过1000万条,可为每位系统中的学生提供实时的综合素质发展报告单。使用过程中,许多教师、学生、家长及学校管理人员从各自角度对系统提出了诸多建设性的意见建议,使得系统不断优化,逐步完善。基于学生行为大数据,系统不断反演推理,从而找出行为背后的思想内核,给予学生较有针对性的引导,最终实现评价的全覆盖。

1.4 主要内容

教育问题的核心是"培养什么人""怎么培养人"。其中,"培养什么人"为核心之根本,因为它内在地规定了"如何培养人"。学生的综合素质是对人发展内涵的规定,具体回答了"培养什么人"的问题。鉴于此,清华附中构建了基于大数据的学生综合素质生成性评价系统。

清华附中开发的学生综合素质生成性评价系统,强调用多把尺子去衡量学生,对学生各个方面的"观察、记录、分析",注重以学生行为为依据,关注学生成长的过程性与发展性,注重参与主体、评价体系、结果呈现和发展趋向的多元性,注重数据的动态量化和真实性。其根本目的是帮助学生真实地了解自我,明晰自身的优势特长和发展短板,让每个学生都找到适合自己成长的方式,实现学生发展和学校教育教学管理、各级学校人才选拔的双向共赢,发挥综合素质评价育人导向与评价选拔的双重功能。

1.4.1 评价指标细化的思路

教育部《关于加强和改进普通高中学生综合素质评价的意见》中指出,学生综合素质的评价要从五个方面进行,即思想品德、学业水平、身心健康、艺术素养和社会实践。从德智体美劳五个方面对人的发展进行了全面考察。

为了提升综合素质评价的可实施性,促进政策的落地,清华附中根据多年的教育教学经验对这五个方面不断细化。过程中不难发现,通过指标的不断细化,无法穷尽地去描述一个学生发展的全过程。也就是说,学生综合素质的发展目标很难细化、分解和描述,学生综合素质发展的结果很难观察、测量和评价。因此,应该尽可能地从学生的行为出发,记录其在校期间发生的所有教学活动。根据学生在校期间的教育教学行为,统计分析学生在校期间的活动,在教育部文件的要求下对这些活动进行分类归纳,使其完全涵盖了五个维度,在推广使用的同时,根据各学校、各地区的实际教学情况进行调整。按照这样自下而上的思路对学生综合素质进行价值判断,做到尊重学生的主体地位,兼顾权威性、科学性、客观性。

1.4.2 系统记录方式的思路

在评价中强调学生的评价主体地位,让学生随时通过登录系统平台添加评价记录来自行完成评价。各地也可结合自身实际情况,灵活安排学生定期填写。一方面学生在日常的自评中可以"三省吾身"从而发现自己的不足;另一方面也可以培养学生的诚信和责任意识。

学生添加各项评价记录获得相应的积分,其中重要奖励记录经学生提交后还需特定教师审核。而教师需要添加的评价记录与教师日常工作密切相关,既能完成评价又能促进教学工作的开展,可在工作的同时完成评价记录的提交,不会增添学生、教师负担。

为保证评价记录的真实性、可用性,除学业成绩等隐私性较强的记录可按需设置不公开外,其他所有添加的记录均可在同学圈进行公示,接受全校师生的监督。由学生添加的记录除个别维度可设置为隐私外,其他记录均会公开。师生可便捷地在同学圈浏览、评价记录并进行评论,对于有疑问的记录可通过质疑选项启动复议仲裁程序,从而促进公平、公正,提高工作效率。

教师可以在同学圈对达到评级标准的记录做出中肯的星级评价,不同的星级按照实际情况设有相应的额外加分,引导学生更多地参加有意义、有价值的活动,提高评价记录的质量。

坚持以学生行为作为评价依据,着眼于学生的成长规律与学习生活轨迹,在此基础上发现学生的个性特长,帮助学生真实地了解自我,并在过程中不断改进提升,发展自我。评价模板全部维度可进行赋分量化,所有维度可根据不同市县、学校特点与招生学校特色、要求重新设置维度分值。学生提交记录"即完成、即提交",记录展现每个学期、每个学年、整个中学所有阶段记录,并且学年包含寒假、暑假,全方位记录学生成长过程。

1.5 创 新 点

1.5.1 过程性

清华附中学生综合素质生成性评价坚持以学生行为作为评价依据,着眼于学生的成长规律与学习生活轨迹,在此基础上发现学生的个性特长,帮助学生真实地了解自我,并在过程中不断改进提升,发展自我。相较于传统的基于预设指标的评价理念,该成果更容易记录、观察和使用,看到了学生成长的无限发展可能。过程性强调"以发展的眼光看学生",而不是以结果来评价学生,从而实现三个"统一":注重非预期的结果,将学校培养目标与学生发展目标相统一;注重学生发展的增量,将关注"结果优秀"与鼓励"进步明显"相统一;注重"诊断"而非"结论",将给出结论与给出建议相统一。

1.5.2 多元性

1. 多元主体

主体多元一方面是指在系统使用过程当中,学生、教育主管部门、教师、家长和社会组织等多元主体共同参与。各参与主体对学生信息进行分散填写,化整为零,在减少各方工作量的同时,可将信息完整地呈现给各方。另外,学生对自身的评价与他人对学生的评价往往存在出入,多元评价主体的评价内容可帮助学生通过评价的差异全面地认识自己,实事求是地评价自己,清晰自己与周围人们相处的关系以及自己在集体中的位置与作用等,从而更深层次地进行自我调节与人格完善。另一方面,参与的主体多元是指多方参与,各司其职,通过履行各自的主体责任,增强系统信息的公信力。评价的维度多元:按照学生的成长规律与学习生活轨迹,设计9大模块、46个维度的记录内容,并且在实际的使用过程中,还可因地制宜地调整模块与维度。

2. 结果多元

评价的结果能够用多种方式呈现,高一级学校可以根据人才选拔需求设计特色评价方案。

3. 趋势多元

系统设计理念,以更多元的价值判断标准,为各参与主体提供更多选择,力求实现"记录在中学,受益在学生,谁使用谁评价"的重要教育思想。

1.5.3 实测性

学生综合素质生成性评价的实测性,一是注重"实地",即因地制宜地开展评价。其具体表现为动态量化的系统特点。所谓"动态量化",一方面指可以动态调整系统指标,服务使用者因地制宜开展评价,切实指导教育教学;另一方面指可以动态调整模块或维度的权重,服务高校、高中招生部门,自主筛选信息,选拔需要的人才。该系统可对学生行为进行统计分析,并以清晰易懂、多种形式的图表加以直观呈现。二是注重"实时",对学生进行全息画像的描述。不同于以往对学生行为的点状记录,本系统通过对学生行为数据的实时记录,深度挖掘纵向数据,可以实现勾勒学生发展轨迹、预测学生发展趋向、对学生进行个性化指导和帮助的功能。同时,通过严格的填写、质疑、复议、仲裁制度和记录的终身保存及严厉的惩罚机制,可保证系统记录的真实性。评价系统数据的客观性、可信性及可用性,在推进诚信教育、完善社会诚信体系及强化社会诚信文化建设方面发挥了不可替代的作用。

为落实学生综合素质生成性评价,清华附中借助云计算、大数据等现代信息科技,经过五年的不懈努力,组织力量自主开发了学生综合素质生成性评价体系的技术平台系统。该系统通过对学生上传的海量数据进行整理、分析与挖掘,为学生的综合素质发展建立模型,通过不断反演推理,从而找出行为背后有价值的信息,实现了评价内容全覆盖、评价引导全过程和评价应用全方位的评价效果。系统在评价内容上可因地制宜动态化调整,评价结果可根据使用者需求动态量化设计,全方位地满足了多方对评价体系的需求。

1.5.4 因地制宜、动态量化

针对在评价过程中怎样保证地方、学校既统一方针又富有特色个性的问题,系统设计了"动态量化"的系统平台思路。区域(或地市级)可在默认评价维度的基础上"动态"定制自己的评价标准,即素质模块和记录维度,如图1-3所示。如北京市教委采用该系统时,就增加了"一十百千工程""游学经历"等特色维度。学校可在区域模板的基础上,"动态"添加学校特色维度,来体现各校的不同特点。如清华附中校内就增加了"综合实践考察课程""学生生涯发展"等特色维度,让综合素质评价的维度更加多元,而不是"千篇一律"。同时系统对所有记录都可以进行"量化"处理,设计综合素质评价记录积分赋分模板机制,实现综合素质评价记录的数据化。学校可根据教学和管理需求修改校内分值模板,为学校进行"量化"分析提供数据依据,该积分仅在校内有效。区域(或地市级)以统一标准对这些原始记录进行重新赋分,实现教育区域的"量化"分析并配合教育督导。大学使用综合素质评价系统作为招生参考依据时,可选择关注的评价维度并统一调整赋分原则,满足不同高校对人才评价选拔的个性化需求。同时高校也能查看到同一学生在不同学段(学期)的综合素质评价排名情况,有助于高校准确地了解学生的发展全过程。

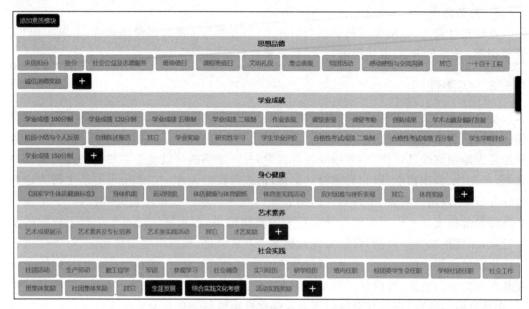

图 1-3　综合素质评价系统学校自主添加特色维度功能

2 各范围的实践探索

清华附中的学生综合素质评价系统是清华附中立足于多年的教育教学实践经验研制而成，获得教育部基础教育司的委托项目，通过总结学生在校期间的教育行为，梳理对学生成长助益较大的活动和经历，考查不同活动对学生发展的相关影响程度，进而加以总结归类，开展行之有效的学生综合素质评价工作。其理论研究过程得到清华大学教育研究院的大力支持，技术模型开发过程得到清华大学计算机系、软件学院的协助，有效保证其先进性、科学性和权威性。

清华附中及其一体化学校已全面使用学生综合素质评价系统多年；北京市、青海省、贵州省、黑龙江省、陕西省等多个省级教育厅已全面应用综合素质评价系统，不仅在各地的中学有广泛的应用，小学生综合素质评价系统的模型也在专家的指导下初步建立，预计将综合素质评价工作开展到基础教育的全部阶段，助力素质教育全面落地，对学生全面有特色的发展保驾护航，从"起跑线"延续到"最后一公里"。

清华附中学生综合素质评价系统先后荣获中国教育创新成果 SERVE 奖最高奖、北京市教学成果奖特等奖和国家级教学成果奖二等奖。这既是对系统的支持、肯定，更是鼓励与鞭策。

2.1 清华附中本部的实践

2.1.1 早期初探（2009—2012 年）

清华附中对学生综合素质评价的初探可追溯至十年前。促进学生综合素质提高，是素质教育的基本内涵与要求。但当前，中国的"应试教育"倾向较明显，"分数"仍是作为评价学生的唯一标准。进入千禧年，随着基础教育改革的推进，"综合素质评价"开始进入人们的视野，北京市综合素质评价工作也逐渐启动，"一考定终身"的传统逐步被打破。清华附中紧跟时代发展步伐、紧握教育发展规律，在综合素质评价的实践中积累经验、创新思路，经过多年探索，清华附中最终寻到撬动基础教育改革的支点——以"评价"为切入点推动综合素质评价工作落地落实落细。

1. 综合素质评价的政策支持

党的十九大以来，国家全面落实立德树人根本任务，贯彻落实社会主义核心价值观，选拔和培养德智体美全面发展的社会主义建设者和接班人。《教育部关于做好 2018 年普通高校招生工作的通知》中明确指出，"要积极推进综合素质评价改革""将学生综合素质评价结果作为招生录取的重要参考"。随着课程改革的不断推进，考试招生制度改革日益深化,作为招考改革配套措施的学生综合素质评价被提升到了前所未有的高度。

综合素质评价是以学生参与各种课内外活动为基础,通过对活动过程及结果进行记录,采取以学生自我评价为主,多主体共同参与的方式,对学生思想品德、学业成就、身心健康、艺术素养、社会实践等方面的素质发展状况进行分析和评价的活动,其目的在于促进学生在全面发展基础上的个性化发展,即学生通过写实记录、展示交流、总结反思,表达自我认识、自我反思、自我规划,从而实现自我的自主发展。《教育部关于加强和改进普通高中学生综合素质评价的意见》指出:"全面实施综合素质评价,有利于促进学生认识自我、规划人生,积极主动地发展。"

2. 综合素质评价的重要意义

学生综合素质评价系统是落实立德树人育人目标的重要抓手,具有极其深远的意义。首先,学生综合素质评价有利于促进学生认识自我、规划人生,积极主动地发展自我。随着教育改革的浪潮袭来,选课走班已成教育大趋势,无论是平日上课、还是中高考选考,学生都面临着各种各样的选择,教师思考如何指导学生选择、家长焦虑如何帮助孩子选择。在此背景下,综合素质评价的重要性得以凸显,多方的指导不再是无源之水、无本之木,指导由此有了依据,更显科学。其次,全面实施综合素质评价,有利于促进学校把握学生成长规律,切实转变人才培养模式。学生以综合素质评价系统作为记录自我、展示自我的平台,学校则站在高屋建瓴的角度,在宏观上把握学生成长特点。"正所谓了解是实施的必要前提",通过对学生更科学、更准确的大数据分析与把握,能帮助学校制定更合理、更符合学生成长需求的各项教育活动,从而切实搭建符合学生成长的平台。最后,全面实施综合素质评价,有利于促进评价方式改革,转变以考试成绩为唯一标准的评价学生的做法,为高校招生录取提供重要参考。综合素质评价切实保障大中衔接、中小衔接的客观性,在衔接与选拔方面,更能做到客观、公正,更体现公平。

3. 早期综合素质评价的不完善之处

清华附中一向注重对学生智育、德育的多向培养,学校也较早开始对原综合素质评价的实践。从整体而言,此评价方式具有一定的操作性,但在最初的使用过程中,仍存在一些弊端,如评价指标体系尚不完善、系统对学生区分度低、教师使用负担较重、客观性无法保证、评价内容相对固化等。在传统的学生评价中,教师担任着主体角色,学生处于被评价的被动地位,学生在学校学习生活中的主体地位无法得以充分体现。教师在学期末,甚至是学年末对学生的"突击评价",是对学生很长一段时间的总体表现进行定性描述,很难保证真实、客观、科学。同时,最初的学生综合素质评价很难把握学生成长的规律,没办法涵盖学生发展的全过程,无法满足学校特色发展与学生个性需要。

诚然,学生综合素质评价是一项相当复杂的工作,如何评价?以什么标准评价?评价如何呈现?评价方法与评价结果如何表达?实践中遇到的这一系列挑战与难题,横亘在无数教育者面前。

4. 找准撬动基础教育的支点——评价

基于以上现状,为应对实践中的种种挑战,改变综合素质评价现状,从而助力基础教育创新改革,清华附中立足学校多年教育教学实际经验,对其他教育发达国家和地区在学生综合素质评价方面的经验与做法进行比较研究,于 2009 年开始了对学生综合素质评价系统的初步探索,对如何推动与完善当前学生综合素质评价提出了思考。

清华附中研究团队在实践积累的基础上,翻阅了国内外众多相关文献与研究报告,研究中国古代评价官员的方法,借鉴了多元理论等西方教育理论,如加德纳的"多元智能理论"、斯滕伯格的"成功智能理论"、伯恩斯坦的"表意性秩序理论"等,并对这些理论进行实践层面的进一步丰富。诸多探索,旨在进一步着力于制定分类明确、层次清晰的评价指标体系,增设并完善评价环节,健全评价的诚信监督机制。清华附中以"评价"作为切入点,精准地找到了撬动基础教育弊端的突破口,这对中国的基础教育而言,是一次有突破、有胆量、负责任的尝试,日后的实践证明,清华附中的创新引领了中国基础教育改革。

2.1.2 探索时期(2012—2017年)

清华附中进行了综合素质评价实施的校本化探索,形成了一些典型做法,主要表现在评价内容更加全面、主体更加多元,方法更加多样等方面,并分别在初中及高中推广使用。下面将以初15级使用综合素质评价系统的实践来做具体说明。

清华附中初15级年级组于2015年开始进行综合素质评价系统的实验,至2018年历时三年,积累了一定的实践经验。

1. 明确指导思想,指明综合素质评价意义

初15级年级组秉承充分发挥学生主动性的原则,鼓励学生能够养成对平时点滴进行记录的习惯,用自己平时点点滴滴的生活描绘出自己的初中生活,形成自己的成长轨迹。通过学生、教师、家长、学校多个方位的记录和评价,促进学生认识自我、规划人生,能够积极主动地发展,从而促进学生全面发展、个性发展、健康发展。

2. 年级推进综合素质评价系统的具体方式

(1) 成立"综合素质评价系统"核心小组,研究具体操作方法。

(2) 对学生、家长进行培训。通过讲座、微视频指导、经验汇报等多种形式,明确综合素质评价系统的使用办法和操作流程。

(3) 对班主任、任课教师进行培训。全面开展对教师的培训,以期明确任务,真实记录学生的日常表现,明确导向,促进学生成长;明确作用,进行规范管理。

(4) 及时调查汇总使用反馈,及时调整。设计问卷调查,收集各班教师、学生和家长的使用反馈感受,及时汇总反馈意见,及时调整。

(5) 定期打印报告单,反馈系统使用情况,分别对教师使用和学生使用优秀者进行表彰。

3. 从教师、家长、学生等多角度,总结综合素质评价系统使用效果

自2015年9月全面投入使用以来,清华附中综合素质评价系统不断影响与推进着初15级年级组的教育教学、班级建设与学生成长,并在充分吸收各方意见的同时,做着更加人性化、全面化的精致调整,深刻影响着教师、学生和家长参与的方方面面。具体而言,主要体现在以下几个方面。

(1) 为班主任班级管理提供了更加广阔的思路和支持

一直以来,在班级管理中,班主任容易遇到一个困境:对学生的综合素质评价被定义为主观化。例如,当班主任反馈学生个人生活习惯不够良好时,家长或者学生会追问:教师凭借哪天、哪项表现定义为不好?教师怎么断言某一次的表现对学生整体发展的影响程度?长此以往,就会对班级管理造成一定困难。

但综合素质评价系统从两个角度解决了该问题:学生综合素质的细化和考量生成的科学化。首先,从学生综合素质细化上看,综合素质评价系统分为九个板块、四十六个点,涵盖了学生学习生活的各个方面。教师在作出评价时可以具化到某一天某一次的活动,评价的同时其他学生和教师也可以进行评论,使得记录更加严谨客观,有据可查。其次,从考量生成科学化上,教师和学生只负责内容的填写,最终结果的生成由电脑按照既定比例合成。这种方式降低了对学生整体性评价主观性因素的影响,为学生毕业和升学提供了科学结论支撑。

(2) 推进教育教学的科学化

综合素质评价系统的使用有力地支撑了任课教师的日常教育教学工作。例如,在综合素质评价系统中教师可以详细记录学生每次作业与课堂表现情况。这就可以打消部分学生"我只要考试考得好就可以"的想法,有力支持教师将教学落到日常,有条不紊、层层递进地推进教学工作的开展。

(3) 促使学生发展的全面化

虽然素质教育已成为现代教育的主流,并且在教学实施过程中,学校也大力推广德育和智育全面发展,但在综合素质评价系统推出之前,"一考定升学""成绩来掌权"等思想依旧深刻地影响着学生的认知。综合素质评价系统的推出及其重要地位,促使学生自觉按照综合素质评价要求的各个方面不断发展自己,并且积极取得有力旁证。这就潜移默化地促使学生形成全面发展的意识,多角度、多元化地实现个人进步。

(4) 拓展家长知情渠道,促进家长对学生成长的参与

一直以来,家长对于学生在校情况的了解多仅限于和教师有限的沟通,这导致家长对于孩子的发展情况了解得不够全面深入。而综合素质评价系统的推出,使家长可以及时查看孩子各个方面的具体表现,实时了解孩子日常功课进展,多方面知晓其他学生进度,从而对自己孩子的现状作出全面客观的评价,进而及时明确孩子前进方向。也使得家长能够有的放矢,更好地参与到对孩子的培养中来。

4. 综合素质评价系统使用的策略

由于学生综合素质评价系统刚刚推广开来,教师教学任务、学生学习压力都比较重,所以很多时候不能对综合素质评价给予充分的重视,这便导致了系统不能及时投入使用。初15级年级组在整体使用过程中,也遇到过类似的困难。对此,年级组群策群力,思考并探索了一些小策略。

(1) 充分调动家长资源

教师在和学生的直面教学中,经常遇到的一个问题就是"现在的孩子,多大的事都不当回事",这点在综合素质评价上也有体现。例如,学生刚出校门就把账号密码扔了,不知道自己该添加什么内容,从不告诉家长要填写综合素质评价等。

面对类似的问题,首先应充分调动家长资源。对于综合素质评价系统的重要性和使用方法,年级除了给学生、教师开展专题培训以外,还应面向家长通过家长会专门组织了讲座辅导。并且在会议结束当天、第一次教师评价当天、重要评价日当天,都需调动班主任力量向家长推送通知,要求家长登录系统,检查后在微信群接龙回复。一方面确认了系

统的正常运转；另一方面确保了学生在操作上有成年人进行监督。

(2) 公开评价，凸显综合素质评价的重要性

学生很多时候都不够重视教师做出的评价，大多认为"老师只是吓唬一下""不会落到实处""老师为了我们中考也不会给差评"等。这导致了"教师评价千百回，学生一次都不走心"现象的产生，该现象很可能会使学生在升学时遇到麻烦，再回来追责。毕竟综合素质评价系统的使用是希望通过过程性评价，促使学生不断调整自己，而不是在升学中制造障碍。所以，从学校、教师的角度出发，是十分希望学生可以正视综合素质评价系统的重要性。

对于学生的这类情况，年级组会同班主任基于学龄儿童教学心理学的相关理论，在班级实施了"评价日"。在评价日当天，班主任会正式召集学生，宣布该日要录入的各项评价，随后当场将电脑接入大屏幕，登录系统开始评价。让学生明确所有评价都是有据可循的，应非常认真严肃地对待。

事实证明，在两次"评价日"后，全体学生对于综合素质评价的态度普遍性严肃起来，十分注意自己的日常言行和学习的改善。

5. 列举师生在使用过程中反馈的感受与建议

基于综合素质评价系统的使用情况，初 15 级年级组专门设计了问卷调查，并多次收集各方的使用反馈感受，下面简要列举其中一些反馈与建议。

(1) 教师反馈摘录

① 作为一名事无巨细地进行班级常规管理工作和以班级规范化为带班理念的班主任，我发现借助诚信道德维度下方的集会表现版块，在引导学生加强自律意识，从而对其行为有所调整有所规范方面超于传统方式所达到的效度。此反馈对于创新班这样的集体尤为有效，对这样一群一到了公众场合就有些管不住自己、较易失态的同学们来说，每一次自带综合素质评价记录"杀伤力"属性的集会都比班主任强调多次的观礼、观赛、集会礼仪有约束力得多。这里的反馈有一点需要注意，也是解放班主任、缓和师生关系重要的一环：每次集会表现的反馈都确保绝大多数同学得"优"；表现得不太好但之后对自己的行为有所察觉，有所改变的姑且给他个"中"；一直无法做到自律或是偷着聊天违反纪律的同学才是"差"。每次集会之后，让得"差"的同学当下知道他的不足，虽然无法完全改变他下次的行为，但实践证明，这名同学下次一定会表现得比上次更好，更自律，即使无法更深刻地理解这个概念，也能就此而养成习惯。

② 分享一下我个人对于综合素质评价系统平台(X+1).0 版本的一点建议。

a. 开放更多的权限给班主任。作为本班班主任，因我的权限里没有诸如"班级考勤"这样的版块，所以对于自己班级的迟到现象，我虽一直坚持记录，却始终无法尽早反馈给学生，以示严重，并及时帮助其修正迟到行为。

另外，在"班内任职"这个版块(隶属组织协调能力维度)班主任也没有评价反馈的权限，希望下放此权限，从而帮助班主任更大限度地利用综合素质评价系统平台对班委的带头作用以及对学生行为表现进行规范和监督的作用。

b. 常用版块对应的评价标准的完善。希望科任教师对于学生作业的反馈标准更为趋同。比如，现在有的教师是每次作业都生成综合素质评价；有的教师则是随机，几次作业中

只以某一次的为准在平台上记录下来;还有的老师是根据多次的作业情况取一平均值(因综合素质评价系统平台目前均为等级制评分,即好、中、差三档,所以难免有"大约"之嫌)。

c. 应有权重的体现。初一与初三的培养重点不尽相同,有所突破,有的放矢。初一可以更加关注行为习惯方面,如考勤、卫生、作业及课堂表现。那么与上面第2点呼应,各年级的常用模块可能会因培养侧重点不同而有所差异,一旦常用版块确立,那么评价标准也会随之近似统一,或至少不冲突。如此,综合素质评价系统对于学生的反馈和评价才更为真实和有效,这个平台才真正能被每一个年级、每一位教师、每一名学生所了解、认可和信赖。

(2) 学生反馈摘录

积极意义表现在以下方面。

① 内容丰富生动,很像微信的"朋友圈",所以很容易上手,并不感到枯燥或者难以使用。

② 加强了关于学业进展的交流,不仅可以看到同学们在同学圈更新的动态,还能让老师及时反馈同学们的成绩和课堂表现。

③ 营造了良好的竞技氛围,让同学们互相比拼、互相欣赏、互相监督,并且每次成绩都可以及时生成积分,让同学们觉得很有成就感。

④ 多科目老师参与打分,全方位的评价,使得所有同学都有了发挥特长的机会,而不再让学霸垄断"市场"。

⑤ 希望在"个人信息"板块中增加班级信息,可以记录所在班级获得奖项,从而调动大家为班级做出贡献的积极性。

⑥ 评价使用实名制,增加了威信力与可信度。

通常在以下方面会存在问题。

① 支持的浏览器太少,十分不方便,并且系统不稳定,登录十分困难,而且经常在想添加信息时显示系统关闭,事后大家就没有积极性再补了,最后导致其不愿意去记录。

② 设计版面过于朴素,颜色过于单调和凝重,页面让学生觉得死气沉沉,不符合中学生的特点与活力。

③ 很多家长不允许学生频繁使用电脑,这使得学生有时候会错过信息,不知道什么时候登录合适,如果系统可以绑定手机号,在每次老师打分或者同学更新时通过短信提示,就会方便很多。

④ 系统审查不够严格,虽然可以质疑,但没有给出明确的处理措施,导致很多同学甚至把自己小学、幼儿园得的奖项都发上去了,然而系统还是给他们加了分数,这很不公平。

2.1.3 规范与完善时期(2017—2019年)

清华附中综合素质评价系统在实践中不断完善理念、更新升级系统平台,以适应时代发展。进入到2017年,综合素质评价系统日臻完善,学校的综合素质评价工作进一步向前推进。

1. 综合素质评价系统推进举措

清华附中主要通过建章立制、开展培训、明确职责、及时答疑、统计反馈等举措来推进学生综合素质评级工作,各个环节积极有效地推动了此项工作的进展。

(1) 总揽全局协调各方

学生发展中心按照市教委关于学生综合素质评价系统的要求,总揽全局,协调各方,每学年及时、准确地将综合素质评价通知下发至全校师生及家长。做到五个"第一"、四个"确保",即综合素质评价系统使用第一时间培训、综合素质评价系统开通第一时间通知、综合素质评价系统填写第一时间答疑、综合素质评价使用效果第一时间监督、综合素质评价系统的建议与意见第一时间收集;确保师生及家长及时知悉北京市教委关于综合素质评价系统的政策精神与通知要求(如开通时间、公示期等)、确保师生及家长熟悉综合素质评价系统并能熟练操作、确保综合素质评价系统使用过程中产生的疑问得到及时解答、确保综合素质评价系统良好健康地运行与发展。图2-1是清华附中下发给家长的通知截图。

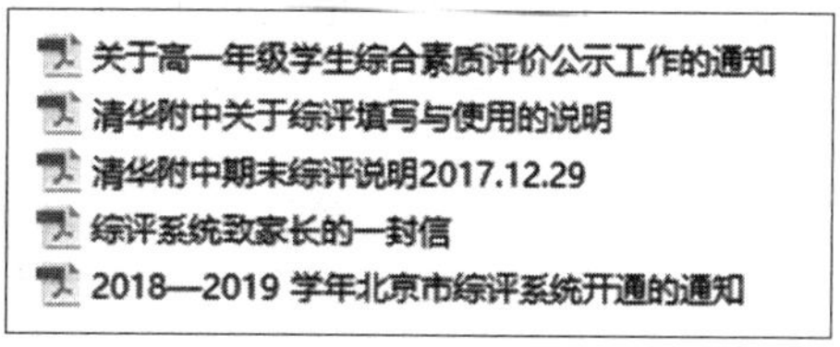

> 关于高一年级学生综合素质评价公示工作的通知
> 清华附中关于综评填写与使用的说明
> 清华附中期末综评说明2017.12.29
> 综评系统致家长的一封信
> 2018—2019学年北京市综评系统开通的通知

图 2-1 通知截图

按照《清华附中学生综合素质评价工作实施办法(管理制度)及工作方案》的规定,明确各项工作负责小组,如综合素质评价领导管理者、校级综合素质评价管理员、综合素质评价德育负责人、质疑仲裁小组成员及复议小组成员。明确职责以便更好地推进综合素质评价工作的开展与进行,确保学生及教师能够知道在使用系统过程中、填写后,遇到问题能知道求助于谁、咨询谁。

学生综合素质评价(简称综评)系统日臻成熟,需要多部门携手合作,相互配合(图2-2)。如教务部门每学年将学生信息、课程信息等表格制作好,学生发展中心将社团表格整理好后,由网络中心的综合素质评价管理员进行数据对接,将各类数据、表格导入系统。在综合素质评价系统的日常使用中,学生发展中心负责通知、答疑、统计等工作,并与网络中心管理员实时联系,确保综合素质评价疑难得到及时解决。

综评系统工作组织架构及职责分工		
办公室	负责人	主要职责
教学管理中心	张霞	整理学生信息
		整理课程信息
技术保障办公室	孙书明	每学期整理学校课程信息,将其导入系统并进行日常课程维护
		进行教师、学生技术使用培训
		掌握综评平台最新更新功能并及时通知教师、学生使用
		解决师生日常综评使用中的常见技术问题等
综评系统学校办公室	王田	负责管理学校学生综合素质评价工作
		组织培训与宣传工作
		负责制定符合校情的《综合素质评价方案和细则》
		组织实施学生综合素质评价工作,及时对评价实施的过程、效果进行监督
		审定评价公示结果,受理咨询、申诉和复议申请
		统计综评系统填写情况,分析综评系统填写效果
		接待教师、学生及家长的咨询
综评系统年级工作小组	年级组长	根据学校统一安排,以班级为单位成立班级综评小组并组织各项目的评价填写工作,班主任是各班的第一责任人
		按照学校要求对学生及家长进行综评系统的宣传与基础培训
		监督和指导各班综合素质评价工作
		提交学生获奖记录

图 2-2 综合素质评价工作分工表

（2）多种方式全员培训

清华附中每学年伊始会对初中及高中起始年级开展系统、完整、立体的综合素质评价服务工作，如开展系统操作培训、下发操作手册等。

① 使用手册、微视频。向起始年级的每一位同学、教师发放综合素质评价系统学生手册、教师手册及模块填写说明，学校网络中心还专门录制了综合素质评价填写的微视频，方便师生与家长随时观看学习（图2-3）。

图2-3　部分使用手册

② 面向全体学生的集体培训。为促进学生全面发展，使新入学的新生尽快掌握学生综合素质评价系统的使用方法，学生发展中心联合网络中心组织初一、高一学生开展综合素质评价系统学生专题培训活动。培训方式不拘泥于传统面授，还会采取录制现场与教师分场直播等。多样化的培训形式，旨在让学生对综合素质评价系统的使用有更直观、更清晰的了解，为学生在未来实际使用综合素质评价系统奠定技能基础，见图2-4。

图2-4　学生在教室观看综合素质评价系统现场直播

③ 每班设立综合素质评价顾问。图2-5为对班级素质顾问的答疑指导。

图2-5　定期对班级的综合素质评价顾问进行专门的答疑和指导

④ 在机房对教师进行实操培训。学校分别针对年级组长、班主任、任课教师、教辅人员等不同类型的对象开展不同层次的、不同方面的培训会，并下发综合素质评价系统教师手册及模块填写说明，如图2-6所示。对上述人员的培训各有侧重，其中，对年级组长的

培训侧重讲述学生综合素质评价系统的核心理念与重要意义;对班主任的培训则注重从德育功能强调综合素质评价系统的使用;对一线教师则从具体使用与操作方面来培训;对德育教师等教辅人员的培训则主要在于处理学生质疑、学生奖项认定等奖惩措施。

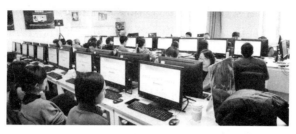

图 2-6 教师实操培训

与此同时,学校还会在新生家长会上对家长进行综合素质评价培训,从建设学生综合素质评价系统的作用与意义出发,向家长们强调系统对学生素质提升的重要性,并详细阐述综合素质评价系统的设计理念、创新特色和优势特点。

(3) 多维渠道集中答疑

① 常见问题集。在清华附中多部门的合作协调下,学生发展中心与网络中心对家长、教师、学生的提问进行有效解答,并且进行系统梳理,将重点难点问题进行整合,整理形成《常见问题解答》等文字性成果,并以家长信附录的形式发放给家长知悉,如图 2-7 所示。

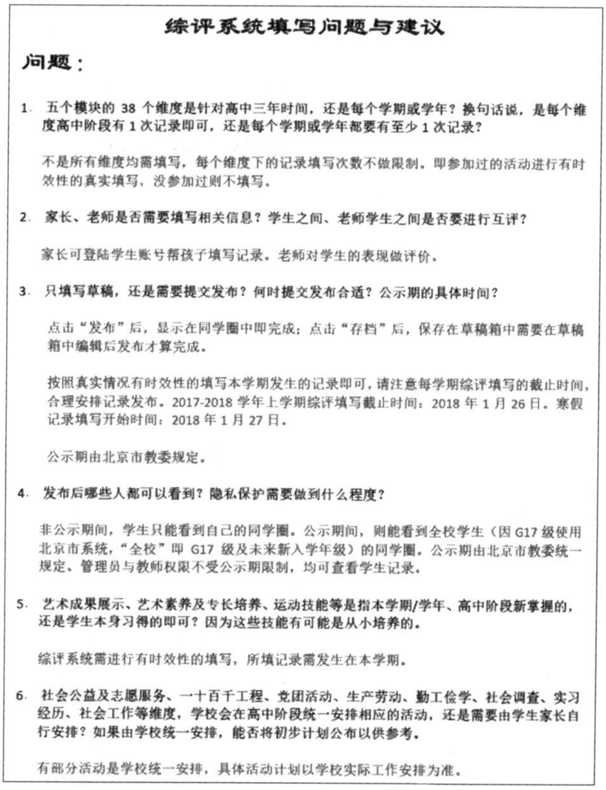

综评系统填写问题与建议

问题:

1. **五个模块的 38 个维度是针对高中三年时间,还是每个学期或学年?换句话说,是每个维度高中阶段有 1 次记录即可,还是每个学期或学年都要有至少 1 次记录?**

   不是所有维度均需填写,每个维度下的记录填写次数不做限制。即参加过的活动进行有时效性的真实填写,没参加过则不填写。

2. **家长、老师是否需要填写相关信息?学生之间、老师学生之间是否要进行互评?**

   家长可登陆学生账号帮孩子填写记录。老师对学生的表现做评价。

3. **只填写草稿,还是需要提交发布?何时提交发布合适?公示期的具体时间?**

   点击“发布”后,显示在同学圈中即完成;点击“存档”后,保存在草稿箱中需要在草稿箱中编辑后发布才算完成。

   按照真实情况有时效性的填写本学期发生的记录即可,请注意每学期综评填写的截止时间,合理安排记录发布。2017-2018 学年上学期综评填写截止时间:2018 年 1 月 26 日。寒假记录填写开始时间:2018 年 1 月 27 日。

   公示期由北京市教委规定。

4. **发布后哪些人都可以看到?隐私保护需要做到什么程度?**

   非公示期间,学生只能看到自己的同学圈。公示期间,则能看到全校学生(因 G17 级使用北京市系统,“全校”即 G17 级及未来新入学年级)的同学圈。公示期由北京市教委统一规定。管理员与教师权限不受公示期限制,均可查看学生记录。

5. **艺术成果展示、艺术素养及专长培养、运动技能等是指本学期/学年、高中阶段新掌握的,还是学生本身习得的即可?因为这些技能有可能是从小培养的。**

   综评系统需进行有时效性的填写,所填记录需发生在本学期。

6. **社会公益及志愿服务、一十百千工程、党团活动、生产劳动、勤工俭学、社会调查、实习经历、社会工作等维度,学校会在高中阶段统一安排相应的活动,还是需要由学生家长自行安排?如果由学校统一安排,能否将初步计划公布以供参考。**

   有部分活动是学校统一安排,具体活动计划以学校实际工作安排为准。

图 2-7 综合素质评价系统填写问题与建议

② 多元渠道答疑。通过多元化渠道答疑,如微信群、公众号、热线电话、来访接待等线下线上多维渠道进行答疑。各答疑渠道均设有专人进行解答,如果遇到个别无法及时予以解答的技术性难题,会记录在案,并在第一时间反馈给相关技术老师,同时我们会跟踪答疑进展,力求给师生良好的综合素质评价体验,以保障综合素质评价系统的顺利实施。

我们的多维答疑渠道广泛、高效、准确。答疑渠道的开通,一方面及时解决了师生及家长关于综合素质评价的疑问,促进系统的有效使用;另一方面也为综合素质评价系统的优化升级提供了有效的资料积累。

图 2-8(a)是解答家长疑问的截图,对家长提出的问题进行了有针对性的解答。同时,我们也会利用微信群征集教师们对综合素质评价系统的建议,如图 2-8(b)所示,为未来综合素质评价的进一步升级奠定基础。

(a) 微信群解答家长疑问　　(b) 建立微信群及时反馈

图 2-8　多元渠道答疑

③ 定期征集学生反馈。基于综合素质评价系统的使用情况,清华附中多次向学生征集使用反馈感受,见图 2-9。

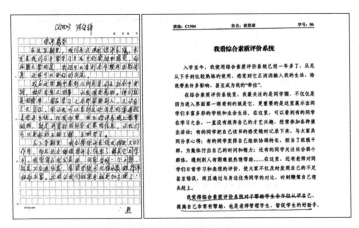

图 2-9　学生反馈意见

④ 定期进行家长访谈。对使用综合素质评价系统较为积极的学生家长进行定期访谈，了解综合素质评价系统的使用情况，听取家长的意见和建议，如图 2-10 所示。

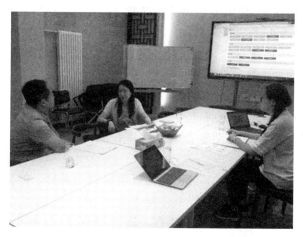

图 2-10　李雅轩家长访谈

⑤ 定期征集教师反馈并开展访谈。清华附中信息组同时兼任高中副班主任的老师是这样说的，如图 2-11 所示。

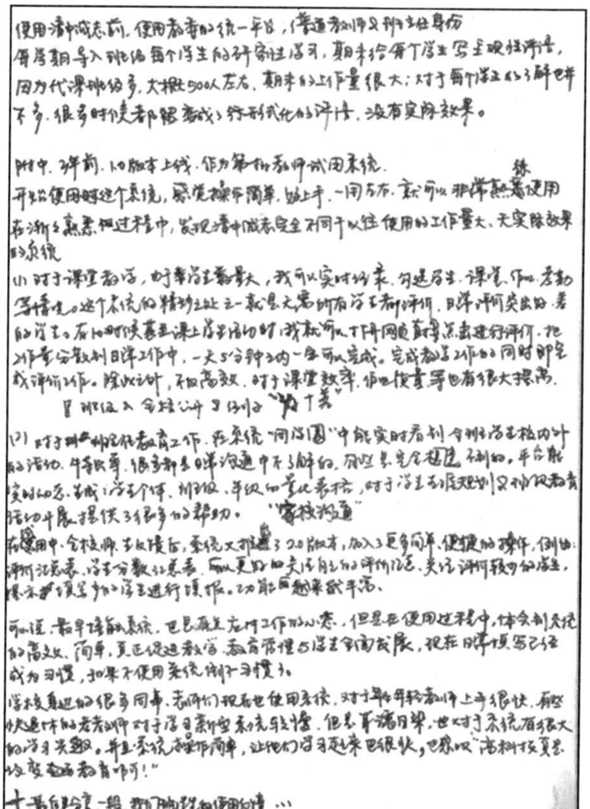

使用清华成志前，使用教委的统一平台，作为普通教师及副班主任身份
每学期导入班级每个学生的研究性学习，期末给每个学生写主观性评语，
因为代课班级多，大概500人左右，期末的工作量很大；对于每个学生的了解也并
不多，很多时候都只能变成了形式化的评语，没有实际效果。

附中，3年前，1.0版本上线，作为第一批教师试用系统。
开始使用时这个系统，感觉操作简单，好上手，一周左右，就可以非常熟练使用
在逐渐熟悉的过程中，发现清华成志完全不同于以往使用的工作量大、无实际效果
的系统
(1) 对于课堂教学，对每个学生都了解，我可以实时记录，勾选学生，课堂、作业、考勤
等情况。这个系统的精妙之处之一就是大家所有学生都评价，日常评价突出的、差
的学生，在[illegible]时候甚至课上学生活动时，我就可以打开网页直接点击进行评价，把
工作量分散到日常工作中，一天5分钟之内一会就可以完成。完成教学工作的同时即完
成评价工作。除此之外，[illegible]高效，对于课堂教学，作业质量等也有很大提高。
[illegible]
(2) 对于副班主任教育工作，在系统"同学圈"中能实时看到全班学生校内外
的活动、学习状况，很多都是日常沟通中不了解的，同时是完全[illegible]不到的。平台能
实时如实记录学生个体、班级、年级的变化表格，对于学生和班级的了解以及教育
活动开展提供了很多的帮助。"家校沟通"
在使用中，全校师生反馈后，系统又推出了2.0版本，加入了更多简单、便捷的操作，例如：
评价记录表、学生分数记录表，可以更好地关注自己的评价记录，关注评价较少的学生，
根据实际情况对学生进行评价。功能越来越完善。
所以说，[illegible]系统，也是为了应付工作而使用，但是在使用过程中，体会到系统
的高效、简单，真正促进教学、教育管理与学生全面发展，现在日常填写已经
成为习惯，如果不使用系统倒不习惯了。
学校身边的很多同事、老师们现在也使用系统，对于年轻教师上手很快，而那
些快退休的老教师对于学习新的系统较慢，但是简单明了，也对于系统有很大
的学习兴趣。并且系统操作简单，让他们学习起来也很快，也就是"活到老学到老
[illegible]"
十[illegible]一线，我们[illegible]使用[illegible]……

图 2-11　教师反馈意见

(4) 根据需要建章立制

为了达到高效综合素质评价、科学综合素质评价、民主综合素质评价的目标,学生发展中心深入研究、不断探索,形成了一套科学严谨、分工明确、协调高效的工作体系。该工作体系由德育副校长牵头,年级组长负责,德育办公室具体实施,具体表现在对学生获奖的认定、对质疑/复议的仲裁、删除申请制度、将综合素质评价纳入校级评优、将校级处分记入综合素质评价、增加学校特色指标等方面。

① 对于学生获奖的认定包括以下内容。

a. 学生自主参加比赛所获奖项——奖励审核。具体内容如下。

流程:学生提交奖励记录→系统自动发送责任老师→教师审核定级→同学圈公示反馈。

学生提交奖励记录,所获分值不因奖励等级而有较大差异。经责任教师(年级助理)审核定级后,再根据奖项酌情增分。等级分为 A、B、C、D。

奖励认定标准:市级以下奖项,由学生自主提交,不需认定;市级及以上、国家、国际正规竞赛所获奖项,需由年级助理认定(后期可逐步将此权限开放给班主任)。

b. 学校组织活动所获奖项。由学校教师带领参加的比赛,学生在学科、艺术、科技方面所获奖项,由相关老师提交记录。市三好、市优秀班干部等通过学校申报而获得的奖励,由负责老师提交记录。

注:北京市综合素质评价平台,所有学生获得的奖项都由教师填写。以上方案针对初中年级。

② 对质疑/复议的仲裁。质疑发生后,系统会自动发送给质疑仲裁小组教师(年级组长/年级助理),对"被质疑"记录进行仲裁后,记录将显示出仲裁结果:"质疑有效"或"质疑无效"。当结果为"质疑有效"时,记录提出者可以提出复议;当结果为"质疑无效"时,质疑者可以提出复议。职责分工表,见表2-1。

表2-1 质疑/复议的职责分工

职责	负责人
仲裁	年级组长/年级助理
复议、处分	专门的负责老师

以发生质疑为例,学生发展中心专门设计了完整的处理流程——《清华附中综合素质评价问题填写通知单》(图2-12)。

当学生被质疑后,我们会将此单下发给被质疑学生,并要求其就被质疑的事项提供文字说明。了解整个事情之后,在告知当事人的前提下,再以管理员的身份,将被质疑记录进行删除。同时,做好记录删除的过程性留底(图2-13)。

③ 删除申请制度。学生在综合素质评价内想申请记录删除,需提交《清华附中申请综合素质评价记录删除表》(图2-14)并填写基本信息和删除理由,由年级领导、班主任、家长签字后交至学生发展中心处进行删除操作,并记录留档(图2-15)。

清华附中综合素质评价问题填写通知单

清华附中________班，________同学，因____问题，请于__________之前，提交书面说明至学生发展中心（B103）办公室。学生发展中心将进行调查，根据实际情况进行相应处理并记录在案。

清华附中学生发展中心

图 2-12　清华附中综合素质评价问题填写通知单

关于综评系统两次提交记录的说明

G17[redacted] 田[redacted]

在机器人实验室中，经过谭洪政老师的指导，第一次课独立实现了三个数排序算法制作，源代码如下：

```
if(a>b){t=a;a=b;b=t;}
  if(a>c){t=a;a=c;c=t;}
if(b>c){t=b;b=c;c=t}
printf("%d%d%d",a,b,c);
```

第二次课实现了三角形星号阵的排布，源代码如下：

```
#include<stdio.h>
void main()
{
   int a,b;
   for(a=0;a<=4;a++)
   {
      for(b=4-a;b>=0;b--)
         printf(" ");
      for(b=1;b<=a*2+1;b++)
         printf("*");
      printf("\n");
   }
}
```

图 2-13　问题通知单范本及高 17 级田学生提交的问题说明

④ 将综合素质评价纳入校级评优中。建章立制还能更好地保障德育工作民主科学的开展。例如，以往我们在推选各类区级和校级候选人时，由于没有足够的量化指标作为参考依据，所以学生、家长可能对结果产生相应的质疑。而现今我们拥有了自主开发的综合素质评价系统，在不同类别、不同方面都设置了细化指标。拥有了科学的量化指标，便拥有了充足的信服力。

自 2019 年 1 月 1 日起，学生综合素质评价结果将作为清华附中校级及以上个人评优候选人推荐的重要参考依据。此规定以《致家长信》的方式进行通知，如图 2-16 所示。此项举措的开展，将进一步在家长群中贯彻综合素质评价系统的深远意义，提高学生及家长对综合素质评价的重视度，促进综合素质评价系统的高效使用，切实做到以评价促发展。

申请综评记录删除表

姓名：		学号：		登录账号：	
记录发表日期					
记录所属模块					
记录所属维度					
记录综评得分					
记录标题					
记录主要内容					
记录附件类型及数量	图片数量			PDF 文件数量	
删除此条综评记录理由					

图 2-14 清华附中申请综合素质评价记录删除表

综 评

序号	姓名	学号	班主任	删除记录日期	删除者	备注	记录条数	进度
1	陈**	C171303	余绍江	2017.12.20	聂文婷	系统原因3个月以上记录删不了		2017.12.21系统修复 记录已删
2	杜**	G171106	白传江	2017.12.22	聂文婷			已删
3	张**	C160734	丁戊辰	2017.12.22	聂文婷			已删
4	甄**	C150134	周维炜	2017.12.29	聂文婷			已删
5	朱*	C150137	周维炜	2017.12.29	聂文婷			已删
6	袁**	C171034	曹佩	2018.1.3	聂文婷	选错了模块，删掉重填	8	已删
7	徐**	C171026	曹佩	2018.1.3				已删
8	晏**	C170544	牛艳红	2018.1.3		2017.9.1之前获奖记录		
9	洪*	C171111	陈冬梅	2018.1.4	聂文婷	时间不符合要求，小学奖项	11	已删
10	曹**	C151403	杜婵	2018.1.4	聂文婷	重复提交	4	已删
11	陈**	C160904	张娜	2018.1.4	聂文婷	记录所属模块不合适	2	已删
12	郑**	C151436	杜婵				7	未删
13	陈**	C160503				班主任未签字	2	未删
14	魏**	C160422	肖娜	2018.1.10	聂文婷		1	已删
15	刘**	C171115	陈冬梅	2018.1.10	聂文婷		1	已删
16	陈**	C171405	朱莹	2018.1.12	聂文婷		1	已删

图 2-15 记录删除的过程性留底

> **致家长的一封信**
>
> **——关于学生综合素质评价系统的说明**
>
> 尊敬的家长：
>
> 　　您好！
>
> 　　本学期学生综合素质评价系统已在全校范围推广使用。综合素质评价工作伊始，清华附中向初、高中起始年级下发了"综评系统指导手册"及系统操作微视频，手册包括学生手册、教师手册、模块填写说明等，以确保教师与学生尽快熟悉系统。学生发展中心举办了年级教师及学生的综合素质评价系统培训会、开设综合素质评价系统答疑公众号，及时解答师生在使用过程中的疑问。在填写过程中，学生发展中心不断完善监督机制，收集师生填写疑惑、意见和建议，及时解答反馈。
>
> 　　Q：学生评优时是否会参考综合素质评价得分？
>
> 　　A：学校自 2019 年 1 月 1 日开始，学生综合素质评价结果将作为清华附中校级及以上个人类评优候选人推荐（三好学生、优秀团员、优秀学生干部、启迪奖等）的重要参考依据。具体参考方式为：上一学年的综评成绩排名进入年级或班级前二分之一的同学方有资格成为校级、区级个人类评优推荐的候选人。

图 2-16 《致家长信》部分节选

⑤ 将校级处分记录在综合素质评价系统中。学生发展中心在惩罚机制上也因综合素质评价系统而有了更好的抓手。以往德育惩戒都是短效机制，而使用综合素质评价系统后能形成良好的长效手段。因为在综合素质评价里的惩戒记录，对孩子可形成鞭策作用、增强其警觉意识，从而起到良好的德育效果。

【案例】 2016 年 7 月 4 日的期末考试中，孙同学携带手机进入考场，违反了考试纪律，学校给予其警告处分，并如实上传至综合素质评价系统中（图 2-17）。

学生综合素质评价发展报告单

学生信息	姓名：孙**	性别：女	学籍号：10150418
	电子邮箱：sunxiao.tsinghua.edu.cn		
学段选择	学年：2016—2017学年		
生成日期	2018年1月18日		
打分模板	清华大学附属中学		
综评积分	1		
素质模块	模块总分	记录维度	维度总分
模块1-诚信道德	-1	处分	0
素质模块	模块总分	记录维度	维度总分
模块2-学业水平	2	课堂表现	2

图 2-17 综合素质评价系统处分记录

⑥ 增加学校特色指标。与时俱进，不断更新，清华附中在每学期不定期开展丰富多样的学生课程，为了保障系统的实时更新，学生发展中心会与教务部门、年级组、团委等部

门一同收集活动信息,整理归纳后反馈给网络中心技术教师,及时在系统里根据学校教育教学需要添加维度,设置课程,并实时更新系统中的数据。例如,增加的维度包括综合实践文化考察课程、生涯发展等;开设体育社团课程等(图2-18)。

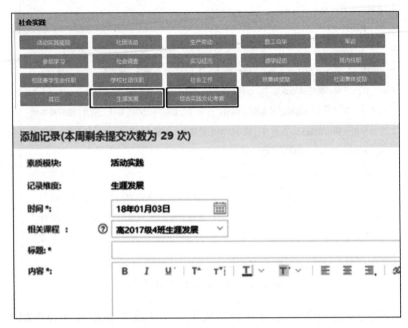

图 2-18　学校特色指标

【案例】　清华附中于2018年3月开设了初中体育社团活动,来自北京体育大学的十五个体育类社团吸引了初一、初二学生踊跃报名。学生发展中心发挥主观能动性,充分利用综合素质评价系统的资源优势,联合网络中心在系统中增设"体育社团课程"。报名参加体育社团各类课程的学生中,每参加一次活动,且课堂表现优异者,在综合素质评价系统中可获得"+1"分的鼓励;期末上交课程总结,且作业优异者,在综合素质评价系统中可获得"+5"分的鼓励。学生发展中心此举,充分将学生活动与综合素质评价系统结合起来,以活动促进学生综合素质评价系统的填写,以综合素质评价系统激励学生不断参与活动,不断收获成长(图2-19)。

图 2-19　学生积极参与活动

(5) 定期统计及时反馈

为了实时了解学生综合素质评价系统使用情况,学生发展中心每个月会梳理综合素质评价系统的使用数据,分析已提交数据的"量"与"质",建立长期数据库,储备相关资料。

具体表现在:利用综合素质评价系统的统计功能,以及自己设计的统计程序,将各年级数据结果进行全面统计、科学对比、结果分析,第一时间反馈给部门领导、年级教师,以方便及时调整工作,更好地推进综合素质评价工作。同时,各年级会根据实际情况有选择地将部分统计结果发给家长,以提醒综合素质评价系统使用不积极的学生充分利用系统,记录成长。

【案例】 在2018年11月初,学生发展中心统计了初18、初17、高18、高17四个年级的学生在2018—2019学年第一学期的综合素质评价填写情况,并分别在年级、班级的范围,按综合素质评价积分排序,同时将每位学生的"记录条数"与"综合素质评价积分"与相应的年级平均值作对比(图2-20)。此综合素质评价积分将会被裁成小纸条,分别发至每位学生手中。

姓名	学号	记录条数	平均值	综评积分	平均值
杨×	c180116	26	5	35.5	7
胡×	c180103	18	5	25	7
左×	c180121	18	5	28	7
刘×	c180106	17	5	35	7
州×	c180109	17	5	26	7
唐×	c180111	16	5	22	7
王×	c180112	16	5	21	7
郑×	c180120	16	5	22	7
成×		15	5	23	7

初18级综评积分统计(2018.11.2)

图 2-20 综合素质评价积分统计

此举推广了综合素质评价系统在各年级的使用,继续深化"综合素质评价助力成长"的理念认识;同时也进一步助力综合素质评价系统的开发及完善,拓展平台功能,提高平台使用效率。

综合素质评价系统统计的对象不仅有学生,还有教师。每学期定期统计未登录系统、未对学生做出评价的教师名单,并将此名单发至年级,以敦促教师及时完成对学生的评价。

【案例】 下面以2018年5月的综合素质评价调研为例,对学生发展中心的综合素质评价系统的统计工作做详细说明。

(1) 综合素质评价系统使用概况

① 年级数据纵向搜集。以具体数据为例。截至2018年5月15日,综合素质评价系统中非毕业年级(初17、初16、高17、高16年级)2369人中,有1041名同学登录系统进行记录填写,占学生总数的43.94%。完成了10条以上记录填写的有241人,占总人数的10.17%,占登录人数的23.15%。四个年级的总记录条数为9310条,生均记录3.9条。见图2-21。

年级	学生人数	系统人数	登陆系统人数	总记录条数	登陆人数占比	完成10条记录人数	完成10条人数占总人数比重	完成10条人数占登陆人数比重
高17	636	597	208	2459	34.84%	63	10.55%	30.29%
高16	619	616	296	1188	48.05%	3	0.49%	1.01%
初17	605	596	356	3514	59.73%	87	14.60%	24.44%
初16	545	560	181	2149	32.32%	88	15.71%	48.62%
合计	2405	2369	1041	9310	43.94%	241	10.17%	23.15%

图 2-21 填写数据对比

在"思想品德""学业成就""社会实践""艺术素养"及"身心健康"模块中,"学业成就"模块的填写记录最多,为 5797 条记录,占总记录条数的 62.27%;"思想品德"模块占比 10.11%;"社会实践"模块占比 9.29%;"身心健康"模块占比 11.3%;"艺术素养"模块记录最少,占比 7.1%(图 2-22)。

年级	思想品德		学业成就		社会实践		艺术素养		身心健康	
	条数	占比	条数	占比	条数	占比	条数	占比	条数	占比
高17	577	23.46%	562	22.85%	563	22.90%	258	10.49%	499	20.29%
高16	58	4.88%	1122	94.44%	2	0.17%	4	0.34%	2	0.17%
初17	292	8.31%	2148	61.13%	254	7.23%	334	9.50%	486	13.83%
初16	14	0.65%	1965	91.44%	46	2.14%	65	3.02%	65	3.02%
合计	941	10.11%	5797	62.27%	865	9.29%	661	7.10%	1052	11.30%

图 2-22 各维度填写数据

从以上数据可以非常直观地看出各年级综合素质评价系统使用情况。年级在拿到数据后,也能更有针对性地提醒学生积极使用综合素质评价系统,促进学生身心全面发展。再来看一个半月后的数据(图 2-23),登录人数明显增多、记录条数显著上涨。由此可见,每月定期统计并反馈的举措极具意义。

2017—2018学年下学期 非毕业年级综评系统使用情况统计(截至2018.7.2)

年级	系统人数	登陆系统人数	总记录条数	登陆人数占比	完成10条记录人数	完成10条人数占总人数比重	完成10条人数占登陆人数比重
高17	604	577	13574	95.53%	424	70.20%	73.48%
高16	616	615	9878	99.84%	440	71.43%	71.54%
初17	596	508	7640	85.23%	190	31.88%	37.40%
初16	560	253	2923	45.18%	105	18.75%	41.50%
合计	2376	1953	34015	82.20%	1159	48.78%	59.34%

图 2-23 一个半月后填写数据

② 班级数据横向搜集。按班级来看,高 17 级所有班级均已登录系统,但登录人数仅占年级总人数的 35%,生均记录 4.1 条。其中,高 10 班、高 11 班、高 7 班登录人数相对较多,记录条数最多的班级为高 11 班(696 条)、高 10 班(643 条)次之,但整个年级完成 10 条记录的人数并不多(图 2-24)。

年级	班级	学籍	学生人数	系统人数	登陆系统人数	总记录条数	登陆人数占比	完成10条记录人数	完成10条人数占总人数比重	完成10条人数占登陆人数比重
高17(按班级统计)	1	附中	29	17	1	6	6%	0	0.00%	0.00%
	2	附中	25	22	5	8	23%	0	0.00%	0.00%
	3	附中	44	43	8	22	19%	0	0.00%	0.00%
	4	附中	43	40	9	46	23%	1	2.50%	11.11%
	5	附中	44	41	7	14	17%	0	0.00%	0.00%
	6	附中	43	41	13	99	32%	5	12.20%	38.46%
	7	附中	44	40	24	41	60%	0	0.00%	0.00%
	8	附中	43	40	12	96	30%	4	10.00%	33.33%
	9	附中	43	43	19	237	44%	4	9.30%	21.05%
	10	附中	44	44	31	643	70%	22	50.00%	70.97%
	11	附中	44	44	25	696	57%	15	34.09%	60.00%
	12	附中	44	44	19	430	43%	10	22.73%	52.63%
	13	附中	44	44	6	14	14%	0	0.00%	0.00%
	14	实验	51	47	9	14	19%	0	0.00%	0.00%
	15	实验	51	47	20	93	43%	2	4.26%	10.00%
	合计			597	208	2459	35%	63	10.55%	30.29%

图 2-24　高 17 年级横向数据收集图

高 16 级登录人数占年级总人数的比例为 48.05%，年级总记录数 1188 条，生均记录 1.9 条。其中，有三个班未登录系统，分别是高 1 班、高 7 班、高 10 班；填写较积极的班级有高 13 班(293 条)、高 11 班(268 条)、高 5 班(214 条)、高 4 班(169 条)(图 2-25)。

年级	班级	学籍	学生人数	系统人数	登陆系统人数	总记录条数	登陆人数占比	完成10条记录人数	完成10条人数占总人数比重	完成10条人数占登陆人数比重
高16(按班级统计)	1	附中	34	34	0	0	0%	0	0.00%	#DIV/0!
	2	附中	21	22	21	22	95%	0	0.00%	0.00%
	3	附中/实验	43	37	32	93	86%	0	0.00%	0.00%
	4	附中/实验	43	43	25	169	58%	0	0.00%	0.00%
	5	附中	44	46	42	214	91%	0	0.00%	0.00%
	6	附中	43	47	46	46	98%	0	0.00%	0.00%
	7	附中	42	46	0	0	0%	0	0.00%	#DIV/0!
	8	附中	44	49	1	7	2%	0	0.00%	0.00%
	9	附中	44	46	3	11	7%	0	0.00%	0.00%
	10	附中	44	45	0	0	0%	0	0.00%	#DIV/0!
	11	附中	43	46	46	268	100%	3	6.52%	6.52%
	12	附中	43	45	1	3	2%	0	0.00%	0.00%
	13	附中	43	46	46	293	100%	0	0.00%	0.00%
	14	实验	44	33	2	2	6%	0	0.00%	0.00%
	15	实验	44	31	31	60	100%	0	0.00%	0.00%
	合计			616	296	1188	48.05%	3	0.49%	1.01%

图 2-25　高 16 年级横向数据收集图

初 17 级每个班均登录系统填写记录，生均记录 5.9 条，但完成 10 条记录的人数较少。其中，初 9 班(784 条)、初 2 班(550 条)和初 3 班(494 条)记录条数较多(图 2-26)。

年级	班级	学籍	学生人数	系统人数	登陆系统人数	总记录条数	登陆人数占比	完成10条记录人数	完成10条人数占总人数比重	完成10条人数占登陆人数比重
初17(按班级统计)	1	附中	41	43	8	29	19%	1	2.33%	12.50%
	2	附中	46	46	26	550	57%	12	26.09%	46.15%
	3	实验	45	45	45	494	100%	14	31.11%	31.11%
	4	实验	44	43	33	94	77%	2	4.65%	6.06%
	5	实验	46	44	43	323	98%	8	18.18%	18.60%
	6	实验	46	42	29	157	69%	4	9.52%	13.79%
	7	实验	46	44	18	135	41%	4	9.09%	22.22%
	8	实验	46	46	18	227	39%	5	10.87%	27.78%
	9	实验	43	43	40	784	93%	12	27.91%	30.00%
	10	实验	43	42	27	318	64%	11	26.19%	40.74%
	11	实验	41	41	26	172	63%	6	14.63%	23.08%
	12	实验	41	40	16	118	40%	4	10.00%	25.00%
	13	附中	39	39	11	58	28%	2	5.13%	18.18%
	14	附中	38	38	16	55	42%	2	5.26%	12.50%
	合计			596	356	3514	60%	87	14.60%	24.44%

图 2-26　初 17 年级横向数据收集图

初16级每个班均登录,其中,初6班、初7班登录人数与记录数远高其他班,初1班、初5班、初11班填写情况不乐观(图2-27)。

年级	班级	学籍	学生人数	系统人数	登陆系统人数	总记录条数	登陆人数占比	完成10条记录人数	完成10条人数占总人数比重	完成10条人数占登陆人数比重
初16(按班级统计)	1	实验	39	40	2	7	5%	0	0.00%	0.00%
	2	实验	40	40	4	62	10%	1	25.00%	25.00%
	3	实验	41	40	6	17	15%	0	0.00%	0.00%
	4	实验	39	40	4	11	10%	0	0.00%	0.00%
	5	实验	40	39	4	6	10%	0	0.00%	0.00%
	6	实验	40	40	39	842	98%	39	100.00%	100.00%
	7	实验	38	41	37	843	90%	37	100.00%	100.00%
	8	实验	40	40	15	96	38%	3	20.00%	20.00%
	9	实验	40	40	40	109	100%	3	7.50%	7.50%
	10	附中	38	41	6	54	15%	3	50.00%	50.00%
	11	附中	35	40	4	4	10%	0	0.00%	0.00%
	12	附中	36	40	3	10	8%	0	0.00%	0.00%
	13	附中	39	40	10	34	25%	0	0.00%	0.00%
	14	附中	38	39	7	254	18%	2	28.57%	28.57%
合计			560	181	2149		32%	88	15.71%	48.62%

图2-27 初16年级横向数据收集图

(2) 数据比较分析

① 纵向数据比较。按年级来看,四个年级中初17级登录人数占比最高,为59.73%,即系统人数596人中,有356人进行记录填写。系统中一共有3514条记录,其中学业成绩模块记录2148条,占比61.13%,是五个模块里最高比例。高17级登录人数占比为34.84%,高一五大模块的记录是四个年级中最均衡的,除艺术素养模块条数占比10%外,其他模块条数占比均为20%左右。高16级登录人数占比略低于初17级,高于另外两个年级,但记录填写不容乐观,总记录条数1188条,为四个年级中最少,其中完成10条人数仅3人。初16级完成10条记录的人数最多,为88人,其中大部分记录属学业成就模块,达到1965条,占总记录条数的91.44%。

② 班级数据比较。对班级层面已获得的数据进行比较,整体呈现"重登录轻提交、使用高低相错"的格局现状。

从班级内部已提交的数据数量来看,部分学生高频提交(提交10条以上有效记录),部分学生低效操作,即仅登录不操作提交,呈现"重登录轻提交"的现象。

年级内部不同类型班级在平台实践操作过程中,出现部分班级使用频率极高,部分班级学生登录人数不多,记录提交数不多,甚至个别班级未曾登录系统的情况,差异性较大,整体"使用高低相错",可能是班级内部重视程度差异所致。

2. 综合素质评价系统的具体使用效果

(1) 利于学生全面而有个性地成长

清华附中学生综合素质评价系统的评价维度细致、明确、有针对性。一方面,引导学生关注自身发展,发掘自身潜能与特长,逐渐找到自身生涯发展的方向;另一方面,引导学生关注同伴发展,实现同伴学习与同辈激励。同时,本系统有利于学生展示自我多方面的特长与特点,能激励学生积极主动发现并发展自己;综合素质评价系统还帮助家长与学生有计划地安排学习实践活动,做到"活动前有规划,活动中有记录,活动后有总结"。

【案例】图2-28是高18级综合素质模块分布图,此饼图"非常好看","学业成就""思想品德""社会实践""艺术素养""身心健康"五大模块的分布较为均衡。清华附中始终坚持对学生进行全方面培养,此图即可印证。

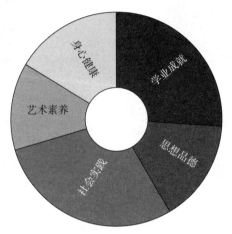

图 2-28 高 18 级综合素质模块分布图

高 18 年级在平行分班的基础上,还设有美术特长班、实验班,这两个班型的素质分布图也非常鲜明地反映出清华附中学生个性化发展的趋势(图 2-29)。

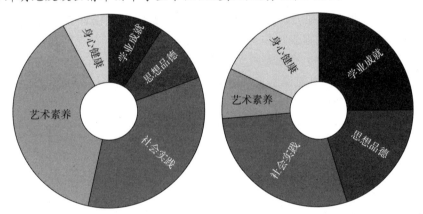

(a) 高18级美术特长班素质分布（2018-11-14）   (b) 高18级某实验班素质分布（2018-11-14）

图 2-29 班级素质分布

从图 2-29(a)可以看出,美术班在"艺术素养"与"社会实践"模块更为侧重,这与其班型特点相一致。学生充分利用综合素质评价系统展示自我特长,同时也能以综合素质评价统计为镜,照出自身不足,对于相对弱项的模块,以期在后续学习过程中进行弥补。再看图 2-29(b)的素质分布图,某实验班在五大模块均衡发展的基础上,对"学业成就""社会实践"稍有偏重,这也反映出其班型特点,有助于更好地激励学生继续积极主动发现并发展自己,全面而有个性地成长。

综合素质评价系统有效地激励了学生的成长,鼓励学生更加全面多元地发展,同时也关注个性发展。李雅轩同学与陈非同同学的素质分布图,均是在全面发展的基础上,兼顾个性发展(图 2-30)。通过系统中翔实、直观的各类图标,学生能够及时发现自己的优势,调整到极佳的发展状态,有利于促进每个学生的个性、自主、健康和全面的发展。

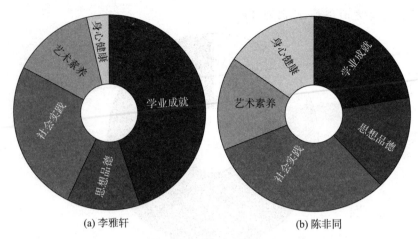

(a) 李雅轩　　　　　　　　　(b) 陈非同

图 2-30　学生全方面发展

（2）对教育教学具有指导作用

在使用过程中，清华附中学生综合素质评价系统对于学校的教育教学起到了极大的促进作用。具体表现在以下方面。

① 课堂教学效果明显提升。课堂中学生的突出表现会由任课教师课后记入综合素质生成性评价系统，学习过程表现作为综合素质记录在案，对于存在问题的学生起到了提醒作用，而对于表现好的学生则无疑成为极大的鼓励（图 2-31）。目前，系统使用学校的大部分教师已经将指标体系中的课堂表现、作业表现、集会表现等作为课堂教学管理的重要参考。

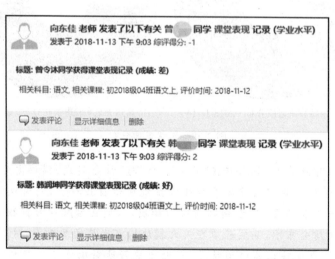

图 2-31　教师对学生表现进行记录

② 促进学校高效管理。通过系统，学校管理员可随时关注不同年级的水平和特色、不同班级的素质模块分布，以及各班级在年级中的水平。学校可以基于数据对班级、年级进行调控，动态调整管理模式与所要开展的学生活动；可以基于大数据分析不同学段的学生特点，有针对性地调整此学段学生的教学过程与活动。

【案例】 图 2-32 为某一学期某段时间的两个班级的素质分布图。学校发现高 1710 班近期学生发展稍有偏颇,学生实践活动不足。于是对教育教学计划进行动态调整,增加班级活动。

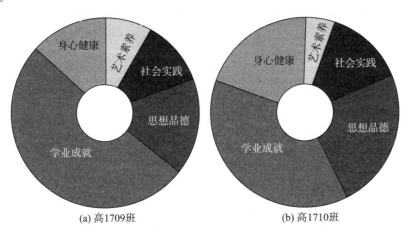

图 2-32 两班素质分布图

高 1702 班为美术班,艺术素养高于年级平均水平,学业水平不仅没有落下,反而超越年级平均水平。但在这一时期其他几大模块发展稍显不足,班主任利用德育班会时间向学生分析现状,引导学生多维发展(图 2-33)。

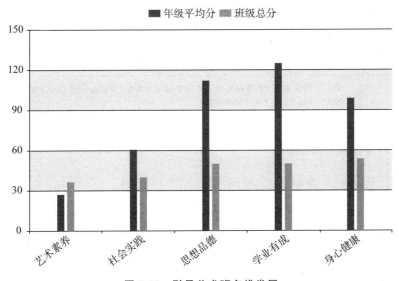

图 2-33 引导美术班多维发展

(3)进一步增强了家校的实时沟通

学生和教师在学校学习工作中实时提交数据,可使家长及时了解孩子的表现与素质发展情况,以及在学校、年级、班级层面与其他同学发展水平的差异,帮助家长有针对性地引导孩子的发展并制定生涯规划。

【案例】 期中考试刚刚过去,不少同学都利用综合素质评价系统记录了自己的学习反思,通过学生的自述,家长能较客观地掌握孩子的学习动态,这对引导孩子正确应对学业压力与考试焦虑具有重要参考(图 2-34)。

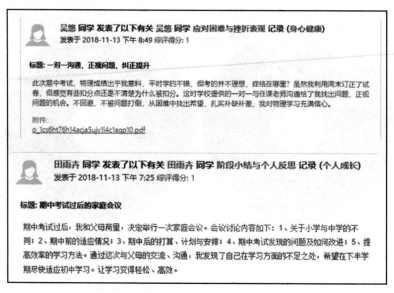

图 2-34　家长实时掌握学生动态

3. 综合素质评价系统遇到的问题与思考

(1) 部分师生、家长对综合素质评价系统的认识不深入,部分学生与家长不够重视,以至于学生之间的填写数量差距较大。存在个别学生填写记录较为敷衍,记录质量不高现象(图 2-35)。

图 2-35　敷衍记录

(2) 综合素质评价系统存在稳定性不够高,偶有登录不成功的现象,这导致学生、家长及老师不能快速顺利地登录平台,延误了填写工作,反复操作增大了工作量。

4. 改进措施

(1) 提高系统稳定性,确保网站登录顺畅;
(2) 完善系统 App 上线,以便于师生及家长能够及时、高效地登录填写;
(3) 严格管理综合素质评价过程,促进制度有效落实。

清华附中学生综合素质评价工作,从筹划到布置,从布置到实施,从实施到反馈,历经了近十年的时光。在这十年时光中,清华附中不断创新体制机制,开拓思路方法,力求做到极致与完善。但事实是,任重而道远,现今已进入教育的新时代,更加需要用新理念、新思路、新方法来开展新作为,正如我们的综合素质评价服务理念——以人为本、学生至上、服务为先、全面成长。

2.1.4 进一步发展时期(2019年至今)

1. 新时期学生综合素质评价理念引领

2018年9月10日,习近平总书记在全国教育大会上指出,我们的教育必须把培养社会主义建设者和接班人作为根本任务,这就是我国教育事业发展的"初心"。素质教育重视人的思想道德素质、能力培养、个性发展、身体健康和心理健康教育,它与应试教育相对应,目标在于"育人"而非"育分"。学生综合素质评价,便是强力扭转"唯分数论"的重要抓手,是培养学生个性特长,促进学生德智体美劳全面发展的重要手段。

学生综合素质测评,是学校对学生的重要评价方式之一,对学生的发展起到关键的引导作用。在新形势下,学生综合素质测评应以人才培养目标的变化而进行改革完善,使之更好地起到引导和促进学生全面发展、提高学生综合素质、培养社会主义合格建设者和接班人的作用,这是清华附中的初心。

综合素质评价系统自推行以来,系统在实践中日臻完善与成熟,过去几年经过探索与改革,逐步形成了"建章立制、全员培训、定期统计、集中答疑"的长效机制,每学年初开展系统、完整的综合素质评价理念与操作培训,充分强调综合素质评价系统的评价作用。定期统计,科学对比分析数据,及时调整工作;统计结果将作为评优评先的重要参考。通过多维渠道对师生关于综合素质评价的疑问进行解答与梳理。综合素质评价与班主任管理、社团活动、实践活动、评优评先及奖惩相结合,极大地增加了学生参与活动的积极性,提高了德育效力,以评价促发展得以落到实处。学生综合素质评价的育人功能得以完全施展。

综合素质评价系统成为学校教育教学的重要"抓手"。目前,清华附中初、高中各年级均积极使用综合素质评价系统,任课教师可对学生进行评价,具体包括"课堂考勤""课堂表现""作业表现"。其中,班主任还可在特色维度"班级表现""课间操表现"中对学生进行个性化评价。同时,学生参与的校级活动或相关社团,如篮球赛、合唱表演等,可按照《清华附中综合素质评价系统加分实施细则》进行加分评价,并按照学生参与活动的角色(如组织者、参与者等)予以分数区别。以上事例均显示出,综合素质评价系统对学校的教育教学活动起到极大的助力作用。

2. 优化系统功能,突出综合素质评价系统的工具性作用

自2019年以来,学校继续充分研习综合素质评价系统的功能,并对广泛使用综合素质评价系统的师生开展问卷调查、访谈,详细了解该系统的使用情况并征求他们的建议与意见。调研师生的综合素质评价需求,深入研究、不断探索,在已有综合素质评价实践的基础上,探索出了一些新举措。

当前,教育的根本任务是"立德树人"。德育是实施立德树人教育的重要途径,它贯穿于学校教育教学的全过程和学生日常生活的方方面面,渗透在智育、体育、美育和劳动教育中。而综合素质评价系统作为提高德育管理工作效率的重要"抓手",极大提高了德育工作实效性。

在近几年的综合素质评价系统实践应用中,学校完善了《清华附中综合素质评价系统加分实施细则》;并借助"清华附中三全育人"微信公众号,开辟了"综合素质评价系统"专栏;通过综合素质评价系统统计功能,为德育措施提供管理依据;通过综合素质评价系统进行课堂考勤、学生表现等评价。实践证明,通过该系统的使用可以有效地提高中学德育管理的效率,加强学校德育工作的过程化管理,促进德育管理的精细化,从而促进中学德育工作的实效性。

(1)制定《清华附中综合素质评价系统加分实施细则》,提供评价依据

根据学生综合素质评价系统的已有功能,并结合学校实际,制定了符合校情、生情的《清华附中学生综合素质评价系统加分实施细则》,从学生活动、校级社团、班主任及任课教师的维度分别阐述了具体的加分细则。此细则为学校各类学生活动、课程提供了统一、流程化的加分依据,也为教师对学生在不同活动与课程中的过程性评价奠定基础(图2-36)。

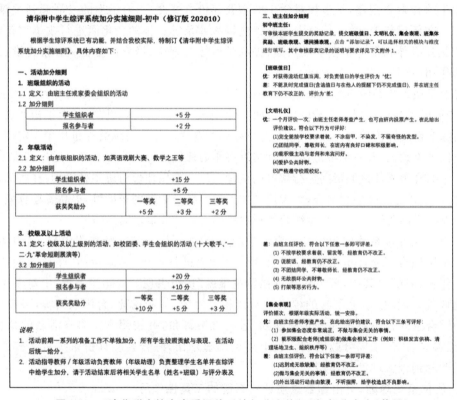

图2-36 《清华附中综合素质评价系统加分实施细则》部分内容(截图)

(2)综合素质评价系统统计分析,为德育措施提供管理依据

通过系统的统计功能,德育管理部门可以实时地掌握全校各班级、年级的德育发展过程,进而有针对性地实施高效的德育管理,这为决策者提供了精确了解学生德育情况的渠道,为德育管理措施的制定提供管理依据。

学校会统计班主任对综合素质评价系统的使用情况,实时了解各班学生和班集体的德育动向,以便及时采取有效的德育管理手段,提高对学生的德育管理效果(图2-37和图2-38)。

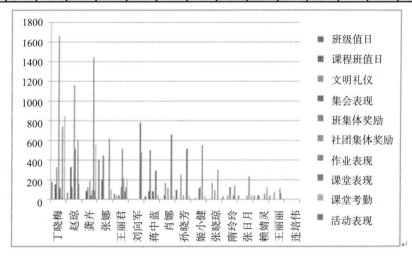

图 2-37 初19级综合素质评价维度分布图

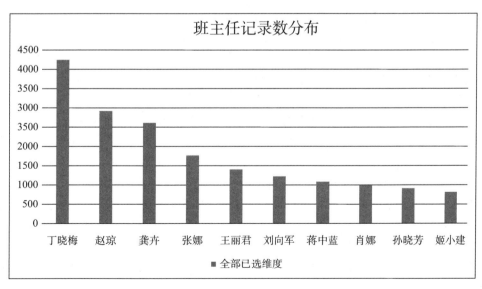

图 2-38 2020—2021学年班主任记录数

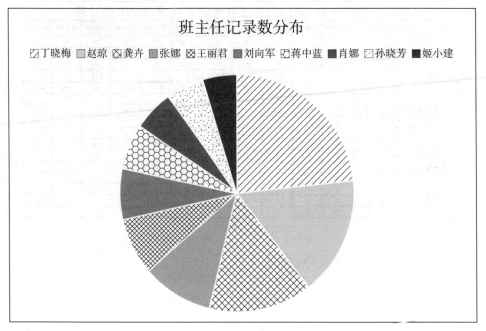

图 2-38(续)

(3) 助力校本课考勤,发挥综合素质评价系统的"工具性"功能

现代化的学校德育工作要求学校能够充分利用现代化手段,实现高效的德育管理,做到"全员参与德育管理,管理达到精细化"。清华附中开足开全几十门校本课,充分满足学生全面而个性化的学习需求。校本课具有课程多、学生走班等特点,因此传统的以授课教师记考勤,再反馈给教务处老师统计缺勤人员的方式(效率较低,反馈较慢)已不再适用,而综合素质评价系统很好地弥补了这一弊端。

每周二下午的校本课,所有校本课任课教师通过综合素质评价系统的"学生出勤"维度,对已出勤、未出勤学生进行勾选操作,后台实时导出全校各年级校本课学生出勤数据,经过简单数据统计,教务处即可快速、精准地得到全校缺勤学生名单,并及时将缺勤信息发给班主任,以加强对学生的劝诫与教育。相较于传统的考勤记录方式,综合素质评价系统极大地发挥出了"工具性"的特点,为学校教育教学管理工作带来实实在在的帮助,具有很强的现实意义。

(4) 充分利用"清华附中三全育人"微信公众号,发布综合素质评价相关资料

尽管每学年初会对起始年级开展综合素质评价相关培训,但培训的内容随着时间的推移会有遗忘。在近几年的实践过程中,师生、家长也会通过不同渠道咨询综合素质评价。经过细心收集与科学梳理,学生发展中心充分利用"清华附中三全育人"微信公众号,发布综合素质评价系统相关资料,具体内容包括《初中教师使用说明》《初中学生使用说明》《高中教师使用说明》《高中学生使用说明》《常见问题解答Q&A》,每一篇推文以言简意赅、突出重点的排版,以文字与视频相结合的形式,将综合素质评价系统的操作方法与常见疑问进行梳理与发布,最大化的方便师生学习使用,也一定程度地缓解了综合素质评价办公室的答疑压力(见图2-39)。

（5）社团课程化、活动课程化，全方位记录与评价，促进学生成长

2018年，清华附中引进了北京体育大学的优质体育社团，在初一、初二年级开展了15门体育社团课程。与此同时，综合素质评价系统同步开设相关课程，切实做到"社团课程化"，每参加一次社团课程，且课堂表现优异者，即可在综合素质评价系统中获得相应的加分。此项措施充分地将学生活动与综合素质评价系统结合起来，以活动促进学生综合素质评价系统的填写，以综合素质评价系统激励学生不断参与活动，不断收获成长。

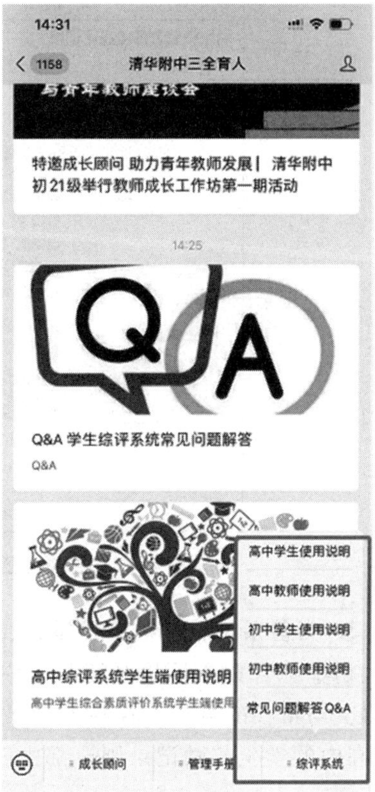

学生发展中心梳理了前两年综合素质评价系统实践过程中关于学生奖励记录存在的问题。例如，如何定义"奖项"？教师以何种标准审核"奖项"？哪些奖项不符合要求？鉴于此，我们制定了《初中综合素质评价系统奖励审核》《北京市高中综合素质评价系统学生奖励负责教师登记表》，将初中奖励记录审核的注意事项以文字的形式进行规范化，做到学生提交奖励记录"不虚不空"，教师审核奖励有理有据。

2019年至今，学校最大化地将社团活动、实践课程、劳动教育等与综合素质评价相结合，积极调动团委、年级多方参与评价，多角度、多方面地记录和促进学生成长。学生参与的绝大部分校级活动或相关社团，如篮球赛、合唱表演、校级社团活动等，均会按照《清华附中综合素质评价系统加分实施细则》进行加分评价，其中将按照学生参与活动的角色（如组织者、参与者等）予以分数区别（图2-40和图2-41）。

图 2-39　在"清华附中三全育人"微信公众号中开辟"综合素质评价系统"专栏

图 2-40　部分校级社团课程化导入表

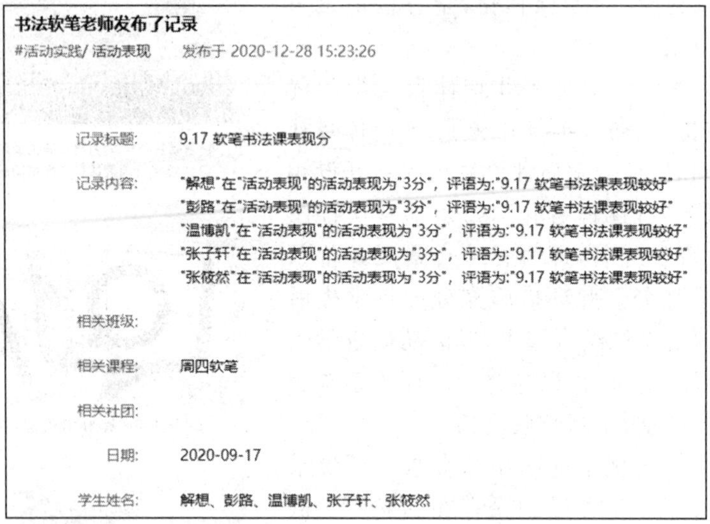

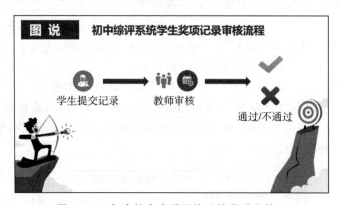

图 2-41　书法社团（示例）活动后的综合素质评价加分记录

3. 完善系统诚信机制建设，发挥综合素质评价育人导向功能

初中综合素质评价系统与高中综合素质评价系统虽然大体相似，但关于学生奖励记录提交与审核的流程却存在差异。初中的奖励记录是由学生提交，教师审核后才予以通过；高中的学生奖励记录则全部由教师提交（图 2-42～图 2-45）。

图 2-42　《初中综合素质评价系统奖励审核》1

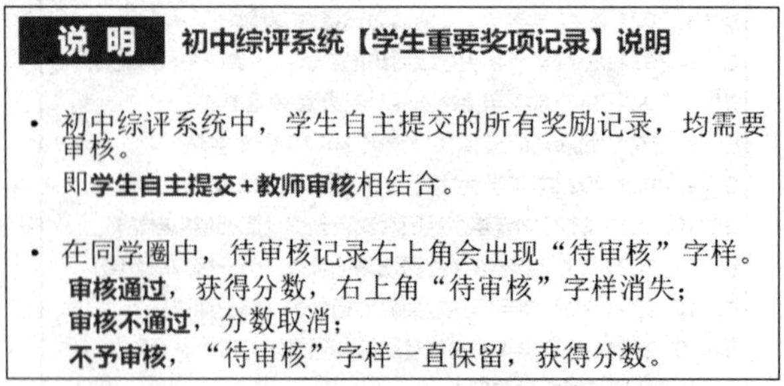

图 2-43　《初中综合素质评价系统奖励审核》2

图 2-44 《初中综合素质评价系统奖励审核》3

图 2-45 《初中综合素质评价系统奖励审核》

高中综合素质评价系统自 2017 年 9 月份开始在全市普通高中学校推广使用，系统中学生奖项记录均由教师提交，根据高三综合素质评价报告册的内容要求，学校制定了《北京市高中综合素质评价系统学生奖励负责教师登记表》，对系统中五大模块下的奖励记录进行了具体阐释与说明。如区/市三好学生奖励，需由教师提交至"思想品德"模块下的"个人荣誉"维度，学科竞赛奖项则需提交至"学科成就"模块下的"学业奖励"维度。此表清晰地指出具体奖项该如何提交，也能清楚地看出奖项由哪位教师上传操作，学生如有上传奖项的需求，就能及时找到负责教师为其上传（见图 2-46）。

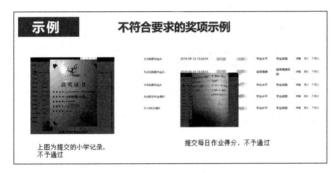

图 2-46 《北京市高中综合素质评价系统学生奖励负责教师登记表》

4. 综合素质评价系统推进成果——服务北京新高考改革

综合素质评价系统以学生自我评价为主,以多元主体参与为辅,经过多年的过程性评价,终于在高三这一年迎来关键的学生综合素质评价报告册这一成果。

自2020年3月至2022年5月,学校已经进行了三次北京市高中毕业生综合素质评价报告册工作,从研习教委的文件精神与培训材料,到结合附中实际校情,成立清华附中综合素质评价报告册工作小组,通过层层工作部署会与培训会,有序、高效地开展高三综合素质评价报告册工作,学校不断总结经验,规范此项工作的推进举措。

清华附中综合素质评价报告工作小组严格按照市教委关于综合素质评价报告册工作时间安排,客观、谨慎地完成报告册"完善""遴选""公示"等环节的工作;与此同时,在推进报告册工作过程中,工作小组积极与学生、家长、班主任、综合素质评价技术客服、教委政策咨询等多方联系,确保综合素质评价疑问第一时间得到解答,切实保障高三学生报告册的顺利填写。连续三年,清华附中高三全体在籍学生报告册均按要求完成,报告册完成率达100%,因报告册工作引发的舆情与风险为零。清华附中综合素质评价报告工作小组紧跟市级部署、科学设计流程、高效通力协作,探索出了一条具有清华附中特色的综合素质评价工作发展之路,为学生升学、长远发展奠定了坚实基础。下面将对清华附中高三综合素质评价报告册的主要做法进行介绍。

(1) 研习文件　科学部署

① 科学领导,逐级部署。在收到教委文件精神与培训材料后,清华附中召开多次高三综合素质评价报告册工作部署会与一次高三学生培训会,分别是"初步网络碰头会""高三综合素质评价工作会""审核小组工作部署会""高三年级班主任综合素质评价培训会""高三学生综合素质评价培训会"等线上会议。由学生发展中心牵头、教学管理与研究中心、年级组多部门联合,明确职责分工、落实平台培训、制定综合素质评价报告册工作时间表、健全监督机制,切实发挥综合素质评价报告工作领导小组作用,构建清华附中特色的高中毕业生综合素质评价报告工作体系,健全各部门参与协作机制,有效推进综合素质评价与学校教育教学的有机融合。

② 学生线上培训突出重点,要求明确。2020年上半年处于疫情期间,清华附中采取空中课堂的形式对全体高三学生进行在线报告册填写要求培训,详细解读了教委关于报告册的填写要求、时间安排、填写注意事项等,并提供了完整的资料供学生下载参考使用。资料不仅包含教委相关政策文件与视频操作,还有结合本校校情拟定的《高中学生获奖认定清单》《学生奖项信息登记表》《综合素质评价报告册常见问题解答》等文件。

③ 综合素质评价报告工作小组各司其职。为高效、精准地完成高三报告册填写工作,学校特成立综合素质评价报告册工作小组,以协助班主任完成综合素质评价补录工作。工作小组成员来自不同部门,他们彼此分工合作、密切配合,以班为单位,对接班主任与学生。

(2) 具体推进　紧密配合

① 按报告册维度梳理学生奖项。因报告册明确要求学生奖项级别需为区级及以上,为减轻学生提交信息负担、提高报告册奖项录入效率,学校按照报告册维度要求,根据各相关部门存档的学生获奖信息,按奖项类别(如个人荣誉、学业成就、体育奖励、才艺奖

励)、按班级整理出《清华附中高中学生奖项梳理表》。梳理表按班发给学生核实查看,如果学生对奖项有异议,可发邮件给综合素质评价报告工作小组负责教师,进行调整、修改、补充。如无误,则后续工作组教师将按照梳理表中的奖项为学生补录信息。

② 规范学生奖励范围。为保证学生综合素质评价报告册质量,规避无效奖励记录,学校收集、归纳并整理出《清华附中高中学生获奖认定清单》,学生如需补录奖励,需参阅此清单范围,符合要求的信息,按《学生奖项信息登记表》填写后,方可发邮件至综合素质评价报告工作小组。

③ 综合素质评价报告工作小组高效配合。来自不同部门的小组成员,是报告册工作完善阶段的主力军,他们每人负责一至两个班,配合班主任进行学生奖励的补录工作。明确分工、前期细致的培训与工作中及时的沟通,是完善阶段补录工作顺利开展的重要因素。

(3) 及时反馈　高效解决

学生综合素质评价系统生成综合素质评价报告册,具有结构优化、展现个性、生成高效的特点。在报告册工作的第一年,新生事物难免会遇到不少新问题与新挑战,综合素质评价报告册工作就角色而言,涉及学生、教师、学校、教委、综合素质评价技术团队;而学校部门又涉及德育(含医务室、艺术办公室)、教学(含体育组)、年级组等,这是一项多维、多面的工作,其复杂性与谨慎性要求这项工作需要多方配合与通力协作,而反馈疑问与解决问题是报告册工作推进的重要一环。

高三综合素质评价报告册工作由学生发展中心牵头,在白雪峰副校长、王田主任的科学部署与精心安排下,设立专人对各方综合素质评价疑问进行解答,对于无法解决的问题,及时向专业的综合素质评价技术与教委相关部门咨询。与此同时,及时对共性问题进行整理与梳理,实时更新《清华附中高三综合素质评价报告册常见问题解答》学生版与教师版,不断完善综合素质评价工作、提高综合素质评价工作效率。

(4) 特殊问题　特殊解决

在高三综合素质评价报告册工作中,学校遇到了一些当下无法立刻解决的特殊问题,如个别学生报告册中体检与体质健康数据对接缺失、休复学学生报告册数据缺失、高二学生报考少年班无报告册等特殊情况。因综合素质评价系统生成报告册的功能自2020年才开始使用,所以上述特殊问题并无可依循参照的前例。清华附中在积极推进报告册工作过程中,及时发现问题,并反馈给上级相关部门与领导。

医务室与体育组相关负责教师,针对报告册中体检、体质健康数据缺失的学生,进行档案查阅、信息整理后,严格按照教委要求进行了数据报送工作,确保学生各项数据客观、真实。值得一提的是,清华附中在个别特殊问题的解决中尝试创造性地提出解决方案,在一定程度上为综合素质评价工作的下一步推进贡献了智慧与力量。

(5) 及时复盘　积累经验

综合素质评价报告册遵循前期部署、事中推进、事后复盘的工作思路,综合素质评价负责人向本次参与综合素质评价报告册工作的教师收集工作中的疑问与心得,并对各环节遇到的问题进行归纳整理,及时复盘,积累经验,为未来的综合素质评价报告册工作积累科学流程与工作方案。同时,高三报告册工作的经验,还将对日后高中其他年级的综合素质评价工作提供指导,如按照报告册要求,形成奖励录入的规范化程序等。

2.1.5 清华附中师生与综合素质评价的故事

清华附中走出了一条极具特色的综合素质评价之路,积累了大量的实践经验,这离不开每一位学生、教师的努力与付出。下面从教师与学生的个人视角讲述他们与综合素质评价系统的故事。

教师评价故事:综合素质评价助力多元化、个性化、过程化评价

——一次有关综合素质评价的教育实验

(高中教师 许珊珊)

立德树人,发展学生综合素质,是我国当前基础教育改革的主要价值诉求与根本任务。为了保障学生综合素质培养得以有效落实,评价就成为其中重要的环节。当前,通过评价方式的改革确保学生综合素质得到应有发展,是基础教育评价改革的一项重要任务。而基于大数据的综合素质评价可以更好地进行个性化评估,用伴随式的数据采集方式完成学生的过程性评价。作为一名一线的班主任教师,通过综合评价的激励反馈和改进作用,为学生核心素养发展助力是我一直以来的关注和探索。以下我将以所带班级中的学生小明为例,简述综合素质评价如何潜移默化地伴随他的成长,对他的综合素养的形成产生"润物细无声"的效果。

一、意外的开始:"请班级在学习以外的事情上忽略我,我只为自己的成绩而活"

在我曾经带过的班级中有这样一个学生,在高一入学的军训期间,班级需要临时班长,在男班长的物色上,我对这个在军训场上表现出顽强毅力的男孩子动了心。于是在训练的休息中,我找到了他,把希望他担任班级临时班长的意愿告诉了他。本以为他能欣然接受,或者即便谦虚推辞,作为班主任的我也早已想好了一套足以说服他的说辞。然而我还没开始动之以情晓之以理,就受到了这个男孩的果断拒绝,而理由更是让我瞠目:"高中三年,请班级在学习以外的事情上忽略我,这三年我只想好好学习,我只为自己的成绩而活。"

在军训结束后,学生们迎来了日常的学习生活,我也开始更加全面地观察这个男孩。在班级同学中,这个男孩并没有像我想得那样受欢迎、有领导力,反而有点"不受待见"。在日常的交流中他总是展现出较为偏激的一面,在一次班级班委意向调查中,他写道:"在班级中最好的处事方式就是独善其身,班级不值得我付出。"不主动合作,只看重结果,不能发现别人的优点,带着对孩子这样的印象我又多次和小明的妈妈交流。在交流中,孩子妈妈的一些话终于让我理解了小明的想法,她认为,孩子的初中学校不好,好不容易考上了好高中,便要求孩子心无旁骛,成绩至上,成绩好才能考上好大学是硬道理。初中时班主任让孩子当干部的邀请都被妈妈拒绝了,因为小明的妈妈认为该行为与成绩无益,只会占用大量时间。

相信有这样想法的孩子和家长并不是"唯一"。他们并非不尊重班主任,只是自我的价值体系太坚硬。而在"综合素质评价系统"开始要求学生填报时,我们之间的冲突终于爆发了。

在介绍"综合评价系统"的班会上,当所有同学认真听我阐述完"综合素质评价"的意义和使用方法后,小明举手提问:"老师,请问如果我不填综合素质评价系统,那么会影响高考吗?"我说:"应该不会影响高考成绩。"听闻后他立刻轻松起来,"那就好,那就不用管综合素质评价了,有那个时间不如多刷几道《五三》的题"。班里同学面面相觑,我想起他一直以来信奉的成绩至上论,也一时语塞,不知道该说什么,但我意识到,这场改造虽然不知道结果如何,但是必须要开始了。

二、关注与引导:万物都有缝隙,那是光照进来的地方

对于小明的改造并非仅为他一人,这也是班风塑就的一部分。作为班主任,我不希望我的班级培养出的是"精致的利己主义者",从远处看,那"无穷的远方,无尽的人们都应与我有关";往近处看,西方的多元智能理论早已为我们提供了新支点:每个正常人都在一定程度上拥有多项智能,只要给予适当的教育和训练,这些潜能都可能发展到一个很高的水平。对于学生的培养应是全方位智能的发掘与塑就。而借用综合素质评价系统这一平台,我试着引导学生关注自我生命潜能,培养健全人格。在高中这一人生的关键时期完成多元智能开发,平衡个体与集体、个人性与社会性的关系。

在综合评价系统刚刚开始填报时,尽管我多次在班会和家长会上强调这件事情的重要性,小明的综合素质评价系统依然总是填报数量最少的。但有一次,我发现小明在综合素质评价系统上上报了一条军训时候的训练照片,并配上文字:军训时努力训练,不负教官。我忽然想起在军训结束的前夜,年级所有学生站在操场上,教官们一字排开对学子们大声祝愿,当我们的教官刚刚说完,小明就在人群中大喊:"李教官最棒!"这甚至掀起了年级各班一阵阵"吹捧""比拼"各自教官的浪潮。这是一个好的教育契机,于是我以班主任的角度在综合评价系统上评价了小明在军训集体活动中的表现:吃苦耐劳,重情有义。并在班级总结的班会上为全体同学展示了这条班主任评价的"综合素质评价"。那天,我看到小明红了脸。

在某种程度上说,综合评价系统像是一扇窗口,让作为班主任的我不断反思,一方面是我需要在日常的对学生的伴随式教育中更多地关注学生,如上述军训中的那条综合素质评价;另一方面,利用综合评价系统引导学生去"经营"自己的高中生活,为学生综合素养的全面发展奠基。

为了合理引导,我将综合素质评价系统与班会结合,进行了一次"年终总结"的班会。班会要求每位学生将本学年自己填报"综合素质评价"系统中最"有趣"的一条或最有"意义的一条"与大家分享。分享过后,其他同学随机抽学号进行点评。让我高兴的是,同学们分享的内容涵盖方方面面,比如坚持每日打卡跑步的身影;"一二·九"戏剧节上扮演的角色;周末在社区当志愿者的经历;认真完成值日并为班级争取到的流动红旗……轮到小明的时候,我本以为他要分享比如按时交作业或者优秀的课堂表现,结果让我意外继而惊喜的是,他分享了自己参加班级的一次跑步比赛的记录。我记得那次原本不是他去参加接力赛,但是原定的男孩因为跑完1500米突发不适无法上场,作为班级唯一没有运动项目的男生,体委抱着试试的态度向他求援。大概是因为实在不忍心让其他同学的多天努力训练化为泡影,他上场跑完了接力赛。小明在他的综合素质评价中写道:班级跑步比赛,用我的汗水为班级出力。

三、并非结果：综合素质评价并非又一个记分系统,而是一个新视角,一种新标准

说不出小明具体是在哪个时候发生了改变,但是这种改变确实又是悄悄地发生了。当然,小明的综合评价系统在数量上依旧不突出,不论是他还是他的家长都不愿意花费大量的时间去刷综合素质评价或者了解综合素质评价,比如每天填报一条。但是我想,综合评价系统真正的价值和意义或许并不在于学生写得是不是足够多,像刷其他分数一样刷着综合素质评价的分数。综合素质评价真正的价值是给了不论是教育者还是被教育者一种新的视角和标准。因此,当小明在两耳不闻窗外事,一心只读圣贤书的时候,能够时不时在综合素质评价上记录一条"班级歌唱比赛,我们唱的《送别》比原唱更好听";他能和其他同学一起参加班级组织的去养老院送温暖的志愿服务活动,并在事后记录一条"老吾老以及人之老";他的妈妈能记录他成熟自如地参加学校模拟联合国的点滴……当这一切出现的时候,作为班主任的我由衷地兴奋于这种新视角和新标准的建立。万物都有裂隙,那是光照进来的地方。

班级是由个体组成的,只有每个个体对班级不言乏力、不言放弃,这个班级才有可能会越来越好。对于小明的转变,班级的其他人也看在眼里。在班级"感动人物""班级名片"等人员选举的时候,小明也曾几次被提名。在一次选举的总结大会上,我引导同学们思考：你会因为什么而被别人记住？是优异的成绩,脚踏实地的学习习惯,还是默默为班里付出的背影？是在别人跑完步后你递上去的一瓶水,还是班级歌唱时你虽然跑调却奋力地喊叫？这是我想要营造的班风——无须提醒的自律,只要有为他人着想的善良。当我们评价学生只有唯一的一重标准时,学生的发展必然是单薄的,班级风气或许也是功利的。而当评价学生的体系标准并不唯一时,学生们的生活日益丰富,形象日益丰满,素养日益全面,这或许就是综合素质评价系统的重要价值和意义。

四、一点反思：家校合力,让评价与教育相辅相成

学生综合素质评价是一个"评价—反思—改进—评价—改进"不断循环的过程。对于参与评价的学生而言,可能会经历"评价—肯定—鼓舞—提升"的过程,良好行为不断得到强化和发展;也可能会经历"评价—受挫—反思—调整"的过程,不良行为不断得到矫正和改变。对于行为主动的学生,他们会对照综合评价标准要求主动设计发展目标,不断反思、校验行为;也会按照要求参加更丰富多彩的活动,如课外活动、社团活动、志愿服务等,以寻求更广的发展空间,让自己获得长远可持续发展。而对于行为被动的学生,学校或班级评价制度层面的设计就显得更为重要。一方面,学校提供了丰富的实践活动和学习任务,学生能够通过这些活动和任务达到最基本的发展标准;另一方面,班主任老师在关注什么,又在引导什么,这对于行为被动的学生内驱力的发展又显得尤为重要。而这些不论是"生命化教育"理论,还是"多元智能"理论,都为我们指明了方向,那就是利用综合素质评价平台,发展生命、成全生命。

在和小明的这一场教育实验中,让我感慨至深的还有家校合力的重要性。学生成长不是在真空环境中进行的,而是时刻受到学校教育理念、学校氛围、课程与教学等学校教育管理方面的影响,也深受家庭教育观念、支持方式和投入力度的影响。作为主要的育人场所,学校为学生发展提供了成长的良好氛围。学校在育人目标、教育活动、班级管理和学科教学等工作中有丰富多彩的设计,如综合实践活动、志愿服务等,这都为综合素质评

价开展创造了恰当的氛围。除此之外,还为学生提供了大量的展示平台和机会,在艺术节、科技节、运动会等各式活动中,让学生潜在的素质得到充分展示,让自我评价和他人评价更加全面客观。

学校教育合理引导的同时,家庭教育是否形成了正向的合力呢？从小明的案例中可见,很多家长并不能很好地做到这一点。家庭教育的影响主要包括两个方面:一是引导和培养学生,关注学生的优势和不足,挖掘潜力,实现学生多样个性化发展,鼓励孩子坚持并形成自己的特长;二是让学生在家庭中得到充分锻炼,如让学生参与家务劳动,体验劳动过程并获得劳动技能,改变劳动观念。这些都可以在综合素质评价系统上体现,也都能助力学生的多元素养发展。

除此之外,学生的理解和认同也是综合评价顺利开展的推动力。相比学习成绩的提升,学生综合素质评价功能不是那么容易被看到、被认同的,学生会把它当作一项任务来看待,而不是和学习、成长同等重要的事情。因此有些学生通常会涌现出一种抵触、消极的情绪,认为综合素质评价似乎是"不得已"被动参与的评价,从而导致置"评价"不理、拖延记录等走过场而不走心的现象时有发生,忽略了评价内容的导向、激励作用。比如一开始的小明表示的,"我就觉得这事非常麻烦,为什么非要弄这个呢？这有什么用吗？不仅不能提升成绩,还要我花费时间去做,有这时间不如去好好整理整理我那几项弱科的知识点呢！"然而,学生对学生评价的认同处于动态发展变化中,学生最初的不认同可能是与自己的知识和经历、已有评价理念有关,也可能与家长的教育观念有关。但随着综合评价的逐步推进,学生认知会因为评价结果、教师的关注和指导、同学的互动和参与等而发生改变,认同的程度也会不断地发生变化,这其实恰恰也是一个评价与教育不断深入融合的过程,是评价结果引发了反思、改变认知并主动投入的过程。

学生不是抽象的、终极的,而是现实的、具体的;不是单一的、片面的,而是丰富的、整体的;不是封闭的、预成的,而是动态的、生成的。对教育和学生的评价本应建立在多维、多元和多面的指标之上进行综合评定,而不是在"唯分数"评价之风盛行的当下,用分数和成绩统一划线。我想,这也是小明的案例给我的启示,让综合素质评价系统所代表的多元评价标准在学生、家长和教师心中生长并应用,用多元化、个性化、过程化评价真正助力学生综合素质的培养。

学生评价故事:大数据记录伴随成长

（初中学生　俞　菲）

2019年9月,我从小学升入初中,和初19级的同学们经历了开课前的军训、畅谈、到传说中最棒的食堂用餐,大家彼此加深了了解,但对于学校的生活还是很好奇,并且充满了对中学生活的渴望。

开学不久后,我就感受到中学的管理跟小学有很大的不同,中学更多地需要自己的认识和自我管理。那么,附中的综合素质评价系统就是我全面认识学校和学习生活的一个小帮手。

最开始,我只是记录生活中的点点滴滴。逐渐地,我发现,在综合素质评价系统上不仅可以记录自己的学习、生活,还可以看到班级朋友圈,学校其他学长的记录和老师们的评价,日积月累,我也有了很多收获。附中通过综合素质评价系统,数据积累,严谨的治学风格,让我在不知不觉中,多角度、全方位地了解了自己和学校。

我们的综合素质评价系统分为诚信道德、学业水平、身心健康、艺术素养、组织协调能力、活动实践、个人成长和集体奖励等九大板块。我们填写的时候不仅仅会写学习上的收获,还会涉及生活各方面的记录,如时事新闻、社会公益活动、艺术素养等。由于我是艺术班的,所以我会上传一些自己的绘画创作作品,以及班级的公益活动记录。比如2019年12月29日,我们班组织了微公益义卖活动,同学们把自己的美术作品拿出来在线上线下展出和义卖,筹得的公益金捐给了康复中心的听障儿童。我们班所有的同学都把这件事记录在综合系统里,觉得筹办这次活动不仅帮助到了别人,也感染和激励了自己。

综合素质评价系统的神奇之处就在这里,总是会在不知不觉中给人激励。比如初一开学初的体育课,我们初次接触排球,对垫排球都不是很在行,大家起初都不知道怎么练,我起初也只能垫几个球。但是班里有领悟快的同学在系统里上传了他练球的图片和动作,我们也会私下里讨论该怎样掌握技术要领。在这几天大家都利用课间、午饭和晚间的时间集中力量练排球,短短的一两天,很多人都能连续垫球30个以上,达到了垫球数满分。我们也把这期间的变化记录到综合素质评价系统中,这也是一种收获。

初一上学期,我的选修课选择了"三走进课堂",我们利用每周三走进圆明园、走进中科院、走进清华美院。我很喜欢这个课堂,每一次走进清华美院,我都会把我的体会发到综合素质评价系统上。比如走进清华美院金属工作室,我看到那里的同学和老师们如何认真细致地制作金属丝和艺术品,被他们孜孜不倦的精神所感动。

我也会把学校中的一些活动写在综合素质评价里,其中令我印象最深的是"铁钧博士"在附中礼堂的励志演讲,他虽然身有残疾,但自立自强,对生活充满了正能量。他的演讲也给我们带来了震撼,给健全的人们更大的激励。还有,学校对我们初19的青春期讲座也是一个很好的记录,老师们针对我们这一阶段敏感而又想快点长大的心理进行了分析、疏导和关心,使我们能更加了解自己,更加客观地面对自己的内心。

2020年寒假至今,我们经历了特殊的时期和居家学习,综合素质评价系统也成为我们学生沟通的渠道,我可以从这上面看到大家都在做什么,怎么学习和锻炼的,我们会晒出在家期间整理的厚厚的卷子,也会晒出自己做饭的照片、菜谱。这期间,我参加了校团委组织的"冰心文学抗击疫情"的征稿,我的绘画作品《逆行者》也入选了优秀作品。另外,我们班里还要求每周上传体育运动的小视频。有了综合素质评价系统,我们不会感觉孤单,因为这些宅在家的点点滴滴都被我们记录在综合素质评价系统里了。

综合素质评价系统的记录,让我们更清晰地了解自己。大数据的汇集和整理功能不仅可以使记录留痕,而且还可以帮助我们分析和参考,让我们不仅关注学习,也关注国家发展和社会生活。理性的系统能够给人感性的激励,让中学生成为全面发展的人。我们爱附中!

谈"思政教育"在清华附中初中信息技术课中的落实和实践

孙书明

2019年3月18日,习近平总书记主持召开学校思想政治理论课教师座谈会并发表重要讲话,肯定了新时代学校思想政治理论课建设的重要意义;也对广大思想政治理论课教师提出殷切期望，要求教育工作者要做好青少年"立德树人"培养，努力培养担当民族复兴大任的时代新人，培养德智体美劳全面发展的社会主义建设者和接班人。清华附中党委积极响应党和国家号召，要求附中教师要积极学习和贯彻上级要求，积极开展思政课建设，加强全员育人工作，努力落实党和国家要求。

2019年9月新学期开学伊始，清华附中初一年级某学科的一次课堂上，师生正就中美贸易战有关问题进行热烈的探讨："2018年4月，美国商务部发布公告称，美国政府在未来7年内禁止中兴通讯向美国企业购买敏感产品；2018年5月，中兴通讯公告称，受拒绝令影响，本公司主要经营活动已无法进行。""2019年5月，美国总统特朗普签署行政命令，美国商务部将华为技术有限公司列入所谓的'实体管制清单'，一方面要求美国高科技公司冻结与华为的商业往来，另一方面禁止华为在美国销售通信产品和5G技术。""美国对待中兴和华为的区别又是什么，美国的目的又是什么？"

在国庆后，该学科的某节课堂上，教师正在介绍国庆节阅兵过程中出现在天安门上空的最新飞机机型，并以"任务驱动式"教学方法通过课堂互动带领同学们完成"阅兵中的空军海报的设计"。

在该学科的另一节课堂上，师生又在探讨关于"通过记账提高理性消费，培养节约美德"的话题，并提出记账的四大意义："注重节约，培养美德；提前规划，避免尴尬；理性消费，花在刀刃儿；总结支出，感恩社会，感恩父母。"

同一个学科的这三节课内容既像政治课，又像数据处理课；既像军事课，又像美术课；每一节课都给学生打开了截然不同的视野。那它到底是一门什么样的学科？其实这是新学期清华附中的初中信息技术课。

我们认真学习、研究总书记关于思政课的论述，认为思政教育不等同于思政课。思政课更像主战场，要打胜党和国家交给我们的"办好中国特色社会主义教育"的伟大目标，学校不但要开好思政课，更要将思政教育的理念和内涵落实到学生发展的全学科、全过程当中。作为信息技术课教师的我们更认为信息技术学科相对于其他学科，更善于落实思政教育，思政教育也更容易落实到课堂设计和实施过程中去，也更被学生喜欢和接受。我们根据对这一段时间的教学实践进行总结，认为存在如下三方面原因。

首先，信息技术学科的教学内容本身包含着信息科学与技术的发展、现状和未来趋势；信息科学与技术也是国家科技、经济发展的重要内容，体现着世界信息科技的前沿、国家间的竞争。看似"美国制裁中兴、华为"为导火索的中美贸易战的背后其实是中美信息科技的竞争，是中美大国地位的竞争；美国看到了中国以华为为首的一批优秀中国企业已经逐步在信息科技领域取得了先进的科技进步，为了遏制中国超越美国的势头，美国不惜发动贸易战。北京海淀区信息技术教材初一年级第一学期第一专题第三节教学内容为"透视计算机"，教师带领学生了解计算机的组成和工作原理，其中CPU芯片的工作原理是重要内容。多日来社会的重要话题也是中美贸易战和中美信息科技竞争，尤其是芯片发展的重要性和紧迫性已多次在党和国家领导人的重要讲话中被提到。于是我们对本节内容的教学进行了修改，增加了CPU芯片的制作流程内容，通过多媒体简洁地展示了信息科技可以把"沙子变成金子"，介绍了我国在中美信息科技竞争中的优势和劣势，激发了学生学习信息科技的兴趣，增强了学生们的责任感和使命感。

其次，信息技术学科不只具有专业性，更具有工具性的特点。所谓"工具性"，就是在信息化高度发达的社会，信息技术普遍成为人们工作、生活和学习的工具，人人都要不同程度地掌握。

在初一年级信息技术课程"图片处理"部分，就是学习图片处理技术，运用图片处理解决生活中的问题。在新中国成立七十周年的阅兵上，我们看到了国防科技的巨大进步，看到了空军最新的各种型号的先进战机，这些战机能够非常好地保护国家领空，学生们非常喜欢。于是通过图片处理技术的学习，完成了"国庆阅兵中的先进战机"的海报设计，充分发挥了信息技术课的"工具性"特点，通过制作精美的海报，激发学生的爱国热情，并表达自己对祖国的热爱（图2-47）。

图 2-47　部分学生作品示意图

最后，信息技术课课程目标还包含学生信息意识的培养。信息意识是指客观存在的信息和信息活动在人们头脑中的能动反映，表现为人们对所关心的事或物的信息敏感力、观察力和分析判断能力及对信息的创新能力。人们生活在一个信息化发达的社会中，要培养学生建立信息意识，更好地在信息社会中生活和学习，从而使得学生关注社会的变化，关注社会制度，并引导学生建立文化自信和制度自信。

在初一年级"数据处理"专题中结合学生生活实际，来解决生活中的问题，培养学生良好的信息意识。教学方式采取针对问题运用探究式学习方法，逐步引导学生学会使用电子表格解决生活的任务，提高学生对于社会生活的认识，提升学生的消费意识，加深对父母的感恩和对社会、国家的责任感（图2-48）。

时间	星期	配额	吃饭	零食	学习	锻炼	娱乐	社交	合计	剩余
***同学2019年11月消费支出记账表										
11月1日	星期五	500.00	20.00	15.00	100.00			20.00	155.00	345.00
11月2日	星期六		25.00	5.00		50.00	50.00		130.00	215.00
11月3日	星期日	100.00	20.00		100.00			50.00	170.00	145.00
11月4日	星期一		15.00	15.00		50.00		50.00	130.00	15.00
11月5日	星期二									
11月6日	星期三									
11月7日	星期四									
11月8日	星期五									
11月9日	星期六									
11月10日	星期日									
11月11日	星期一									
11月12日	星期二									
11月13日	星期三									
11月14日	星期四									

图 2-48　记账记录表

综上可以看出,信息技术课相对于其他的学科可以更直接地将思政教育融入到课堂内容中,不但能引导学生在技术日新月异的大环境下学会主动学习,加强所学知识在生活中的应用,使学生的能力得到培养,还能引导学生通过学习感受生活,感受生活不断前进的变化,加强学生的幸福感,激发学生的爱国精神和对于国家民族发展的担当意识。

以学生综合素质评价为引领探索落实基础教育阶段"立德树人"任务

清华大学附属中学　孙书明

习近平总书记提出"把立德树人作为教育的根本任务""要把立德树人的成效作为检验学校一切工作的根本标准"。清华附中深入理解"综合素质评价"与"中国学生发展核心素养"的关系,在清华附中育人实践中强化"学生综合素质评价"的引领作用,通过"大课程观"下的课程建设、课程实施全面落实核心素养培养,并运用清华附中研发的"学生综合素质评价系统"进行评价和反馈,指导育人工作的开展。在课程建设、实施培养、培养评价中落实总书记"立德树人"任务要求,逐渐探索出一条清晰、可行的道路。

党的十八大报告指出,"把立德树人作为教育的根本任务,培养德智体美劳全面发展的社会主义建设者和接班人",同时也将"立德树人"首次确立为教育的根本任务。习近平总书记2018年5月2日在与北京大学师生座谈时指出:"要把立德树人的成效作为检验学校一切工作的根本标准。"在教育改革大背景下,基础教育工作者们如何落实总书记"立德树人"培养任务?

"学生综合素质评价"在教育改革进程中处于何种地位?2014年教育部发布《教育部关于加强和改进普通高中学生综合素质评价的意见》(以下简称《综合素质评价意见》),2016年教育部发布《中国学生发展核心素养》(以下简称《核心素养》)。《综合素质评价意见》提出了对于学生发展评价的具体内容和要求,《核心素养》更是为了促进学生综合素质的发展而提出具体培养内容和途径。与之密切配套的教育改革也在落实之中,国家课程的标准修订,新的高考也已经在浙江、上海完成第一轮实验探索,2020年北京、天津、山东、海南四省市将进入新的高考。学生综合素质评价在高考中也会被"参考"使用,我们能想象到,在未来相当长的一段时间里也必将继续被"参考"的使命。面对新的中高考改革,人们往往关注学生综合素质评价在高考中的应用,容易忽视学生综合素质评价对于学校育人所蕴含的巨大价值。

"核心素养"中关于"课程、实践、评价"较之前的普遍理解是否会发生很大的变化?《核心素养》指出核心素养的落实主要存在三种途径,第一要通过课程改革落实核心素养。第二通过教学实践落实核心素养,在发展核心素养的引领下,学生能够明确未来的发展方向,并朝着这一目标不断努力。第三通过教育评价落实核心素养。研究者为"核心素养"的落实指明了道路,"核心素养"培养必然促进学生全面而有个性的成长。由《核心素养》所阐述的培养要素内容、途径,再到总书记提出的"立德树人"培养的任务,我们不难看出面向核心素养培养的课程改革要体现出"学科深度思维、跨学科融合、学习与实践并重、课堂内外与校内外实施并举"的新变化。

清华附中作为一所百年名校,始终坚持"为领袖人才奠基、引领基础教育创新、自觉履行社会责任"的办学使命。尤其是近十年,我们对"课程建设与培养""学生综合素质评价"

等几项重要工作有着深刻的理解和扎实的实践，特别是学生综合素质评价，甚至走在了国家改革的前面，效果也逐渐显现。清华附中历来重视素质教育，不但重视学业学习，也非常重视学生的实践，从课堂内外到校内外，积极为学生搭建全面而富有个性的发展平台。2009年学校推行的学生评价并不完全匹配学校素质教育，重要评价还是学业评价，使得学校素质教育的效果打了折扣。2009年学校启动综合素质评价的研究与实践，面向学生全面与个性发展，记录发展过程数据，对数据使用先进的信息技术进行分析和挖掘，形成指导学生发展的报告。十年来随着学生综合素质评价的研究、实践越来越深入，系统平台越来越完善，综合素质评价理念和工作已经融入学校育人过程，效果也越来越明显。清华附中在"核心素养"培养与学生综合素质评价中逐渐形成科学的培养链条，这对学校育人起到了引导作用。

首先在这样一个科学的培养链条引领下，清华附中提出了学校"大课程观"，建设了清华附中2.0课程，充分整合了国家课程，建设了校本课程，推进了学生实践活动课程化，把学校育人的载体课程化，按照课程建设的流程强调学生分析、课程设计、课程实施、关注过程、关注过程性评价和终结性评价，整个流程都渗透着学生核心素养的培养，在学生实践环节也能形成科学培养的闭环，促进课程与活动质量的不断升级，促进课程与活动质量进一步提升，形成更多的优质资源(图2-49和图2-50)。

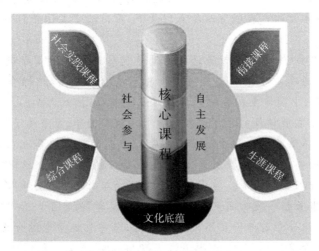

图 2-49　清华附中课程体系 2.0

清华附中学生综合素质评价引领下的学生通过学生综合素质评价系统和要求清晰学校培养目标，引领学生关注自身主动发展，也引领教师在育人中更加关注核心素养。学生在必修课程的基础上会选择适合自己的课程，不断总结发展过程，形成文字记录提交至学生综合素质评价系统；在发展的过程中学生更具有主动性，学生在学习"必修""选修"课程的同时要做选择、试错和调整；学生综合素质评价系统在设计上也体现了很多的"育人"作用。学生发展过程的总结、积累、变化都会体现在学生综合素质评价系统的数据中，大数据分析、人工智能、5G等技术可以帮助学生综合素质评价分析出更多的报告，更精准地分析学生、分析发展的过程，最后用于指导学校育人工作的开展，服务高校更科学精准地选拔学生(图2-51和图2-52)。

2 各范围的实践探索

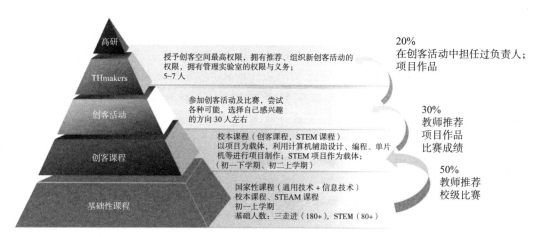

图 2-50 清华附中科技课程体系

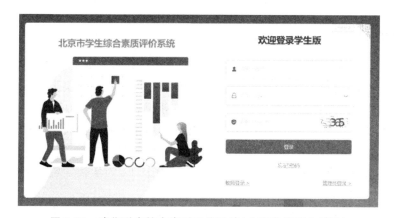

图 2-51 清华附中综合素质评价系统(北京普通高中采用)

艺术素养	学业成就	思想品德	身心健康	社会实践	合计
547	5557	1188	983	1976	10251

图 2-52 高一阶段学生综合素质分布图

随着学生综合素质评价工作逐渐成为学校育人工作的核心,与学校育人有关的各项工作正在发生着变化,包括教师发展、学校文化与管理和后勤等工作的开展,学校纷繁复杂的育人工作的科学脉络正在显现,学校办学效率和质量稳步提升。

习近平总书记提出中国教育"把立德树人作为教育的根本任务""要把立德树人的

成效作为检验学校一切工作的根本标准"。那么如何实现总书记提出的目标又如何检验呢？伴随着清华附中对教育改革的理解和实践，我们觉得"学生综合素质评价"可以成为实现这一伟大目标的有力抓手。在学生综合素质评价的引领下，"大课程观"下的课程建设要融入"立德树人"教育的内容，"立德树人"培养的成果要体现在学生发展的过程记录和素质变化上，运用学生综合素质评价进行分析和检验，反过来进一步提升"立德树人"培养过程。在学校综合素质评价系统中的记录也体现了学生很大的变化，令我们信心倍增。

在习近平新时代中国特色社会主义思想的引领下，我们会进一步加深对于教育的全面思考，并将学习成果不断进行实践，我们有理由相信在全体师生不断的努力下，未来我们一定可以迎接"立德树人"培养任务的检验。

2.2 清华附中一体化学校的实践

2.2.1 清华附中永丰学校的实践

综合素质评价是新课程改革的重要内容，学生综合素质评价工作的有效实施，既能对新课程改革起着重要的导向作用，也能对新课程培养目标的实现、课程功能的转向与落实起到积极的促进和推动作用。随着新课程改革的不断深入，新课程课堂教学要真正体现以学生为主体，摒弃过去"一张试卷定乾坤"的做法，对学生实行全面、客观、动态的管理与评价。

学生综合素质评价管理系统是在新课程改革背景下，为学校学生建立的教育信息化应用系统，也是学生自我成长的平台。

清华附中学生综合素质评价系统是由清华附中结合自身学生综合素质全面发展长期积累的经验，耗时多年自主开发研制而成的客观评价体系。学生综合素质评价系统将观察、记录、分析学生的学业成绩、社团活动、体育体能等多方面发展状况，结合学生成长发展的全部记录，采用聚类分析的方法，致力于从集体意识和合作精神、兴趣爱好和特长等方面考察学生的综合素质，发现和培育学生良好个性，对学生综合素质进行客观而公正的评价，从而帮助学生健康成长，促进学生认识自我、发展自我与完善自我。

该系统的建立是清华附中践行"以评价促发展"理念的重要举措，是探索学生综合素质全面发展过程中的积极实践，更是全国范围内学生综合素质评价方式的突破创新。

1. 学校基本情况

清华附中永丰学校由清华附中冠名并承办，是一所北京市海淀区属公办学校，涵盖小学、初中、高中三个学段。学校硬件设施齐备健全，互联网教学环境达到国内先进水平。在清华附中一体化办学理念的指导下，清华大学附中永丰学校秉承和发扬清华附中百年来在办学理念、管理模式、课程设置、教师队伍建设等方面的成熟经验，以"自强不息，厚德载物"为校训，以"德修于行，行胜于言"为校风，秉承"以育人为中心，以学生为主体，为了每一个学生的个性自由而全面发展"的办学思想，全力为学生的个性发展提供广阔空间，形成了鲜明的办学特色，培育了良好的学风。学校在"九年三步走"的办学规划的指引下，快速建设成为一所优质中学、一所海淀区北部新区的特色品牌学校,为海淀区北部新区高科技技术企业科研人员和周边居民子女提供了优质教育(图2-53)。

图2-53 清华附中永丰学校整体布局图

(1)"科技教育显特色"

清华附中永丰学校利用身处永丰高新技术产业基地、毗邻航天城的地理优势,依托清华大学的强大工科背景,坚持"育人为本、科技兴校"的发展理念,大力发展科技教育,着力培养学生的创新精神和实践能力,为未来的科学家和工程师奠基,形成了鲜明的办学特色,2013年被认定为北京市中小学科技教育示范校,有效带动了海淀北部新区中小学科技教育的发展。

(2)"北部新区争领先"

在"互联网+"时代和北京市"深综改"的背景下,学校先后制定了"2012—2021九年分三步走"发展规划和"十三五"发展规划,并指明了起步阶段、发展完善阶段、腾飞超越阶段的具体任务、具体措施。清华附中永丰人始终铭记"北部新区领先、海淀名校"的办学目标,积极探索教育改革创新。

(3)"以评价促发展"

2015年11月,清华附中永丰学校开始使用由清华附中自主研发的学生综合素质评价积分系统。从学校方面,系统的大数据可以支撑学校把握学生的成长规律,适应新时代教育改革的浪潮;从家长方面,动态化的评价便于家长及时了解学生的发展和动向,进一步推动和促进家校合作;从学生方面,全面的记录促使学生有效地进行自我规划,促进学生全面发展。通过全面观察、记录、分析学生的发展状况,发现和培育学生良好的个性,促进学生全面而健康成长。在此系统使用过程中,定期进行追踪与反馈,对学生、家长和教师提出的优化建议给予高度重视,使其更适合永丰学校的学生,更好地为学生的成长服务。

清华附中综合素质评价系统顺应教育改革的趋势,是教育改革的排头兵,为学校选拔优秀人才提供翔实的依据,为学校了解学生提供了翔实的材料,综合素质评价系统还可以和学生生涯规划指导结合,促进学生的进步和成长,为学校的发展提供助力。

2. 综合素质评价系统推进策略

自 2015 年 11 月使用清华附中学生综合素质评价系统至今,清华附中永丰学校高度重视综合素质评价工作,以清华附中综合素质评价系统为依托,积极参与和推进综合素质评价工作,不断优化,让综合素质评价真正成为全面实施素质教育的助手。

(1) 成立工作组

2015 年 11 月初,清华附中永丰学校成立综合素质评价项目工作实验组与仲裁小组,组织机构如表 2-2 所示。

表 2-2 永丰学校综合素质评价项目组

项目组组织机构	主要负责人	主 要 职 责
项目总负责人	孟卫东	执行校长;总体协调
实验组组长	张颖、何龙、王叶、王大庆	德育、教学、资源保障副校长; 负责德育、教学、信息保障工作
副组长	石莹、孔冰、罗丹	学生发展中心、教学管理中心、信息中心主任; 负责具体德育、教学、信息保障工作落实
校级管理员	杨慧君	学生发展中心干事; 负责推广与教师培训;对学生、家长、老师进行追踪和反馈
秘书	王雪楠、李恒	学生发展中心干事; 负责综合素质评价系统日常事务性工作
组员	高中一线教师(42 人)	高一年级一线教师; 高一年级学生综合素质评价日常信息维护工作
	初中一线教师(23 人)	初一年级一线教师; 高一年级学生综合素质评价日常信息维护工作
仲裁小组成员	孟卫东、张颖、何龙、王叶、王大庆	监督和指导教师、学生完成综合素质评价工作的情况; 对有争议的评分、评价进行仲裁

学校的工作组成员积极参与清华附中举办的启动会、培训会及二次开发研讨会等会议,深化了对学生综合素质评价工作的认识,提高了管理人员的思想认识。工作组主要成员基本固定,个别成员按照学校人事安排略有调整,调整后会召开会议梳理岗位职责,做到各负其责。

(2) 组织培训

在中心工作组的整体支持和配合下,学校确定了"主动学习、积极探索、整体推进、确保成效"的工作思路。

首先,参加清华附中本部的专业培训。在孙书明老师的指导下,完成前期数据导入工作。

其次,对学校一线教师进行培训。自系统平台引入后,清华附中永丰学校召开了学生综合素质评价系统培训会。清华附中杜毓贞副校长带领的学生综合素质评价系统的项目组,就综合素质评价系统的意义、效果和具体的使用策略对全体教师进行了培训(图2-54和图2-55)。

图 2-54　张颖副校长主持综合素质评价培训会议

图 2-55　参会教师全神贯注、认真学习杜毓贞副校长的培训

最后,对学生进行培训。初一、高一年级组的班主任每年都会结合培训资料,对新入校的本班学生进行综合素质评价系统学生专题培训活动。从建设学生综合素质评价系统的作用与意义出发,向学生着重强调使用综合素质评价系统在学生自身素质提升过程中的重要性,详细阐述综合素质评价系统的设计理念、创新特色和优势特点,号召学生积极填报;播放综合素质评价系统学生培训的视频,要求学生认真学习,熟练掌握使用方法和技巧,并对学生上网填报做具体指导和重点提示(图2-56)。

历年开学初,学校都会对初一、高一年级新生进行新一轮的培训工作,以确保开学后综合素质评价系统的有效运行。

（3）技术方面的准备工作

经过前期的组织和培训,清华附中永丰学校做了大量的技术方面的准备工作。

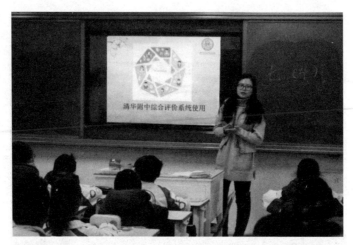

图 2-56　学校组织清华附中综合素质评价系统培训活动

① 通过教务部门的配合，把所有初一、高一学生和教师的信息进行了收集和整理，对于没有学籍和游学的学生进行了单独归类；

② 通过资源保障中心的配合，对初一、高一学生和教师的邮箱和密码进行统一设置；

③ 在以本部孙书明老师为首的技术部门指导下，对综合素质评价所需要的信息进行导入，导入过程中几个关键的问题都得到了有效解决；

④ 综合素质评价信息导入后，又增加了仲裁小组的信息。

整体来说，清华附中永丰学校从内容和技术等层面及时给予学生和家长相关指导，拓宽了家校沟通的渠道，为实现学生综合素质的全面发展提供了强大的资源保障。

3. 综合素质评价系统各维度使用效果

清华附中永丰学校在初期运行阶段通过调查问卷、半结构式访谈等方式对初 15 级学生、家长和老师的学生综合素质评价系统的使用情况进行了广泛的调研，从而对大量数据进行分析并归纳总结。截至目前，清华附中永丰学校对综合素质评价系统的使用情况整体较好，特别是初一年级的学生和教师使用特别积极；在学生全面发展、教师课堂教学、家校高效沟通等方面已初见成效(图 2-57)。

综评排名图 (素质模块：全部模块，学期：本学期，排名年级：初三，名次：前100名)

学生姓名	校内学号	综评得分
郭兆玖		374.00
赵明萱		286.00
李曈曈		235.00
计浩天		218.60
李思颖		213.00
何佳春		191.00
赵培芸		186.60
卢思宇		184.50
张梓琪		181.00
高上		163.00
蒋琪		159.00
董子涵		151.00

图 2-57　学生使用整体情况

(1) 学生角度

① 促进学生全面发展。以往对学生的评价主要依据课业表现进行评估,因此许多成绩不理想的同学丧失了自信心,对自己的未来充满恐惧,这对学生的发展是十分不利的。综合素质评价系统通过诚信道德奖励、学业奖励、创新成果、身体机能、才艺奖励、活动实践奖励、社团活动、艺术成果展示等多个模块,量化指标,动态测量,推动学生德、智、体、美、劳全面发展,同时帮助学生发现自己的闪光点,这不仅可以促进学生保持健康积极的心理状态,而且与之后的学业规划指导对接,更能为学生以后走入社会打下良好的基础(图 2-58)。

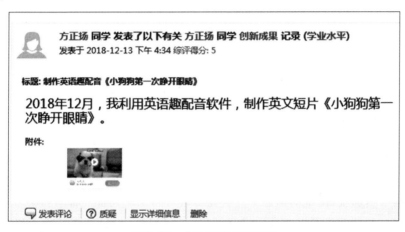

图 2-58　学生创新成果记录

② 提升学生间竞争与协作意识。通过学生综合素质评价系统,学生可以相互看到彼此的学习、生活等方方面面的情况,由此可以培养学生的竞争与协作意识,一方面让学生可以更好地认识到自己的不足及需要继续提高的方面,另一方面当学生了解到其他同学的问题时,通过引导可以更好地培养学生之间相互帮助、相互协作的意识。

(2) 教师角度

① 助力教师进行有效的课堂管理。综合素质评价系统是通过全面观察、记录、分析学生的发展状况,发现和培育学生良好的个性,促进学生全面而健康成长。因此,在日常使用的过程中,学生在某节课的突出表现会被教师记入评价系统,公正如实的记录一方面对课堂表现优异的学生有鼓励作用,同时也对于课堂表现较差的学生起到了提醒和震慑的作用,而课堂评价模块中的课堂表现、作业表现、集会表现等方面的指标是教师进行管理的重要依据,有利于教师优化教育教学管理,督促学生养成良好的行为习惯(图 2-59)。

② 为个性化辅导提供依据。每个人的精力与时间都是有限的,因此教师对学生的关注往往存在着一定的阈值上限,通过学生综合素质评价系统,教师可以对每个学生的各个维度进行全面的了解和评价,有利于教师深入了解和进一步沟通,用发展的眼光看待学生,注重过程,不以结果评价学生;综合素质评价系统可以及时地提示教师学生的发展动态,更早地发现学生存在的问题,提前预防,更好地帮助学生化解学习和生活中的问题;可以通过科学的方法实现多元化,可侧重地对学生进行综合素质评估,通过定期的汇总、查

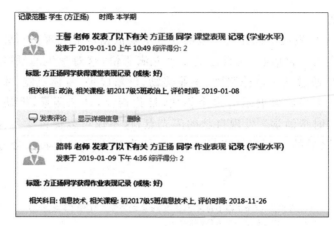

图 2-59 教师相关记录

询,可以高效地对学生一段时间以来的情况进行分析总结,进而最终实现对每个学生个性化的辅导。

(3) 家长角度

学生的成长不仅需要学校教师创设的校园环境,家庭环境对个人成长也有着重要的影响。在以往的家校互动中,往往必须通过当面交流、电话互动等方式实现家校之间的沟通,如今社会节奏加快,传统的沟通方式会耗费教师和家长大量的时间和精力。通过综合素质评价系统,教师不仅可以给学生进行评价,还可以附上原因,家长也可以在家登录家长账号,全面、直观地了解孩子在校期间的表现,做到与教师及时有针对性地沟通。

4. 基于综合素质评价系统大数据分析的本土化开发

(1) 本土化开发,明确重点关注维度

清华附中综合素质评价系统包括 9 个模块,46 个维度,几乎涵盖了学生发展的各个方面,学生可根据自身的发展状况对活动进行记录并上传相关证明。

清华附中永丰学校在引进清华附中综合素质评价系统的基础上,引导学生记录各个模块的基本内容,同时根据自身特色对某些维度进行了本土化的开发。首先,学校自建校起就确定了"科技兴校"的发展理念,学生在这一方面的素养较为突出,因此学校首先确定学业水平模块中的创新成果维度为重点关注维度;其次,由于学校地处海淀区北部农村地区,毗邻京西稻田,学校附近也有大范围的农田,具备天然生产劳动的条件,因此关注学生在生产劳动维度的表现,鼓励引导学生记录并上传相关证明。

(2) 基于大数据的分析

清华附中学生综合素质评价系统在使用过程中具有动态量化的特征,系统根据学生填报的记录自动生成综合素质评价积分,生成的大数据信息,既能对学生进行个体分析,帮助学生关注自身发展,发掘自身潜能,同时也可以实时统计一个班级、年级、学段乃至整个学校的学生发展特点,总结规律,发挥该系统的引导激励、指导发展等功能,促进教育教学策略的改进,实现学校科学有效的教学管理。

① 大数据为"科技兴校"理念提供有力佐证。"科技兴校"的教学理念自建校之初就已确立,为了找到科技教育与学生发展之间的对应关系,我们对全校初一至初三年级

624 名学生的综合素质评价得分进行了统计。由于各项总分无上限要求,因此依据每项最高分对全体学生得分进行了归一化处理,归一化方法如下:

$$\text{score\_normalization}_i = 100 \times \frac{\text{score}_i}{\text{score}_{\max}}$$

其中,score_normalization$_i$ 为每个人得分的归一化分数,score$_i$ 为每个人得分,score$_{\max}$ 为得分最高分。通过每个学生创新成果对学生进行归类,共分为四档:优秀、良好、达标、未达标。其中,优秀 156 人,良好 183 人,达标 267 人,未达标 18 人。分别对每档学生在学生综合素质评价系统学业水平、组织协调能力、活动实践、个人成长四个模块中的学业成绩、学业奖励、班内任职、班集体奖励、活动实践奖励、社团活动、学术志趣与偏好发展 7 个得分项进行了平均值及均方根值计算,计算结果如图 2-60 和图 2-61 所示。

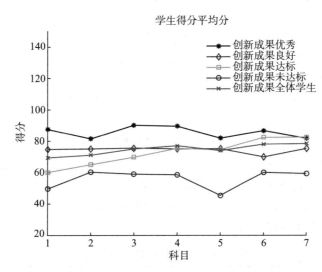

图 2-60 学生在学生综合素质评价系统 7 个得分项平均值计算结果

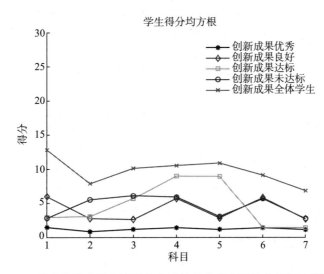

图 2-61 学生在学生综合素质评价系统 7 个得分项均方根值计算结果

由图 2-61 可知,创新成果为优秀的学生,在其他 7 个得分项的平均分也处于较高水平,尤其在学业成绩、班集体奖励、班内任职方面表现突出,诚信成果未达标的同学在活动实践奖励中的表现明显欠缺。同时创新成果优秀的学生在几项中的均方根值较小,表明成绩波动较小。因此可以得到初步结论:创新成果得分较高的同学在其他 6 个得分项也具有较高的分数,表明科技研究能力较强,创新能力突出的同学,在学业水平、组织协调能力、活动实践、个人成长方面大概率会表现出色,说明我校"科技兴校"不断推进科技教育的实践是正确且有意义的。

学生综合素质评价系统的数据分析体现了我校"科技兴校"理念的正确性,也在学校管理层面发挥了科学正确的引导功能。未来我校会继续坚持大力发展科技教育,坚持多渠道、全方位地开展科学教育,构建多元课程体系和社团体系,全面培养学生的基本科学素养,提高他们的动手能力和创造能力,形成"科技教育网络化,科技活动普及化"的科技教育特色。

② 五育并举,助力劳动教育。清华附中永丰学校地处海淀山后地区,北京北六环附近,2015 年底清华附中永丰学校接管原海淀区丰联小学,成为十二年制、九年一贯制学校。学校附近有大范围农田,生源多为附近西北旺镇农村地区的孩子,学生的业余生活中有丰富的生产实践活动。根据学校特点,该校学生在综合素质评价系统中生产劳动维度的表现值得特别关注。

我们发现,在综合素质评价中生产劳动维度表现优秀的同学在班级值日、国家学生体质健康标准方面表现较为优异,生产劳动等实践活动有利于培养学生的专注力、个人品行、社会责任感、良好的素养等。以此作为依据,学校在小学阶段就大力开展生产劳动教育,至今为止小学部已经开展了"校园中的半亩棉田"项目,初步形成了以季节为线索的"校园中的半亩棉田"课程体系建构(表 2-3)。

表 2-3 "校园中的半亩棉田"课程体系

时间	内容	学段	教育主题	实施方式
春	春分"开荒翻地"	高年级	节气知识普及、宣讲了解土地,劳动教育	语文课了解节气,利用班队会时间进行知识分享、制作校园海报;劳动体验
	谷雨"播种节"	中年级	了解节气,了解种子,播种劳动,观察探索,扎孔	语文课了解节气,背节气歌;科学课认识种子;班队会进行播种活动
	出苗"细观察"	低年级	放气	课间鼓励学生自由观察出苗情况,班队会组织学生集体为小苗地膜扎孔放气
夏	立夏"观苗作画"	低年级	了解节气,观察幼苗,田间作画	语文课了解节气,美术课田间观察、画画
	芒种"花蕾初现"	高年级	节气知识普及宣讲,棉花文化及生长周期的调查	语文课了解节气知识,广播时间进行宣讲;科学课完成对棉花文化及生长周期调查报

续表

时间	内容	学段	教育主题	实 施 方 式
夏	观测"数据、花色"	中年级	观察花色一日变化,测量植株生长高度,进行数据分析	科学课与美术课整合,对花色变化进行观测讲解和绘画;科学课和数学可进行整合,观察测量棉苗的一周变化情况,并进行数据分析,解决问题
	劳动"除虫、除草"	高年级	田间劳动,除虫除草	班队会毕业课程
秋	立秋"棉桃吐絮"	低年级	了解节气,田间观察绘画	班会课了解、分享立秋的传统;语文课朗读立秋的诗歌;美术课田间观察,画画
	秋分"丰收节"	中年级、高年级	棉花采摘,棉艺设计与制作,棉田情景剧排演,棉田歌曲创作	中午、班队会时间进行棉花采摘;美术课进行棉花创意制作;音乐课歌曲创编演唱;语文课情景剧编排
冬	霜降"棉田落幕"	低年级	了解节气,观察棉田	语文课了解节气与棉花的关系;美术课观察棉田进行绘画
	立冬"棉田建造"	高年级	棉秆收割,设计加工	班队会进行劳动收割棉秆;美术课与数学科整合进行棉秆建造的设计与制作
	小雪"纺、织、染"	中年级	体验棉花的纺线、染色、织布	班队会、美术课进行体验活动;语文课写活动感悟

半亩棉田课程以发展学生核心素养为目标,在课程评价中更注重学生兴趣、自主选择、团队合作等指向核心素养的过程性及表现性评价,致力于打造一个"自然与人文有机结合、大学与小学携手共建、非遗传承与现代文创同入课程"的和谐校园、特色校园。而这里的大部分学生将顺利升入中学部,我们将会利用综合素质评价系统对他们进行持续的数据跟踪,用过程性评价给学生最真实的反馈。

③ 引导激励个体成长,彰显育人价值。综合素质评价系统搭建了一个功能丰富而高效的学生交流互动平台,记录活动过程中的点滴,分享有意义的瞬间,存储对各类活动的记忆,通过留言、评论和互相交流等功能,传达有效信息,拉近学生之间的关系,提升学生相互沟通的能力,有利于培养学生在活动中的合作精神和创新意识。学生在上传完相应的数据后,根据系统设置的对应分数和加权,每个学生都可以看到个体的综合素质报告单,深刻展现学生个体素质发展的个性,深度挖掘综合素质发展的过程和特点,精准预测未来发展潜力,并引导和激励个体成长。

例如,初1705班方××同学在2017—2018上学期,艺术素养和活动实践维度较为突出,个人成长、集体奖励、学业水平维度较为稳定,身心健康、组织协调能力维度相对较弱;2017—2018下学期,该生在个人成长、集体奖励、学业水平和身心健康等上一学期发展欠缺的维度均有稳步提升;2018—2019上学期,该生在个人成长、集体奖励、学业水平、身心健康、组织协调能力维度有大幅进步(图2-62)。三个学期中,该生8个维度的综合素质发展越来越均衡,这说明该生在综合素质评价系统中看到了自身发展的情况,并有目的地提升短板。上述例子充分展现了学生综合素质评价系统在引导个体全面成长中的重要作用,彰显了其育人价值。

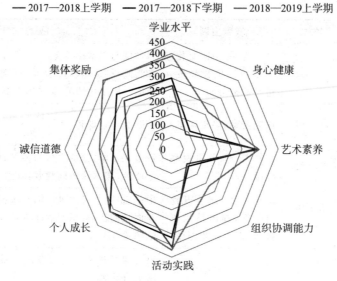

图 2-62　初 1705××学生三个学期综合素质发展雷达图

学生感言：

  时间如白驹过隙转瞬即逝，依稀记得自己刚刚入学时作为一名高一新生的懵懂。转眼间时光飞逝，我即将完成高中生涯，走进下一个人生阶段。在高中三年间，我始终坚持在综合素质评价系统中记录我在学校各类活动中的点滴变化，如第一次参加学校乐队专场音乐会演奏活动，以及第一次参加清华附中学生节的现场情况（图 2-63）。

图 2-63　学生在综合素质评价系统中记录的活动内容

  为了每次在舞台上都能呈现完美的音乐作品，上传的练习备忘录等见图 2-64。

吉他训练

吉他练习方法：1. 练习吉他时前面放块镜子，对照镜子看本人的身体、手臂和手指，确保坐姿和持吉他的姿势；

      2. 尽量让错误只呈现一次，在练吉他的进程中犯错是难免的，不能盲目地反复练习出错的地方。

#艺术素养 / 其他

图 2-64　学生在综合素质评价系统中记录的联系备忘录

在综合素质评价平台上,我可以随时上传、管理和查阅自己的作品、成果,对自己的成长及时记录,也可以和同学进行网上评价,我还可以查看老师对我的评价,综合素质评价平台对我来说是个方便、全能的社交平台。该平台不同于微信朋友圈及微博等平台,在综合素质评价平台,我可以更加专注于我们这个年龄段应该做的事情,最大限度地减少不应该有的外界干扰,认认真真地对我所喜爱的事情进行一点一滴的积累,思考自己在接下来的学习生活中应该有哪些变化,更好地为将来做规划。在这里,我也学会了分享自己的美好瞬间,无论是成果还是失败,都是经验的积累,都为我接下来的行动提供了很大的借鉴。

三年来在学校各类各项活动中的记录,对我来说是一种美好的回忆。这里有我为每一次活动所付出的辛勤汗水,有我和伙伴们团结协作所收获的成就,也有我和老师们在活动中的美好记忆。我会在接下来的学习生活中继续保持这种记录方式,时常进行总结与归纳,更好地梳理自己的人生。

——高 1902 魏德义

教师感言:

综合素质评价系统将学校管理与学生的自我成长相结合,改变了以成绩评价学生的片面模式,形成了以学生自主管理为基础的综合评价方式。这一评价方式可增强学生的自信心,例如,学生的成绩虽然不甚理想,但他可以在校园影视传媒方面获取自信心,指导教师或者辅导学生录制一期校园广播或电视节目,在学校官方微信公众号上进行展示和宣传。其他老师、家长和同学看到学生这一闪光点并加以表扬和肯定,学生因此受到鼓舞,对待学习和其他事情都加以重视和保持认真的态度,形成良性循环,这种方式对学生的成长起到很好的推动作用。同时使家长实时了解学生表现与素质发展情况,有针对性地引导学生的发展与生涯规划;了解学校、年级、班级与其他同学的发展水平,更好地开展家庭教育。

在开展校园影视传媒教育过程中,还有过这样的案例:某学生在班级学生成绩很好,但是家长给予学生的压力过大,使学生心理上产生了一定的问题,与同学的人际关系也不太好,在课堂上的表现也受到不同学科老师的质疑。然而该学生中英文语言表达能力较好,学校广播台和电视台都给了其做主持人的表现机会,这个过程加强了学生与他人的沟通和合作能力,学生将相应的表现即时上传到综合素质评价系统中,也获得了其他老师与同学、家长的赞许与肯定。只要学生有某一闪光点和优点,就值得被鼓励和肯定(图 2-65)。

图 2-65 清永校园电视台采访及展播

学生综合素质评价系统既是实施素质教育的需要,又是提高教育教学质量的需要,更是学生终身发展和生命成长的需要,大大提高了学校的工作效率,减轻了老师们的工作负担,强化了学生的自主管理意识,动态显示了全体学生的点滴进步和成长过程。

——清华附中永丰学校教师　路韩

5. 综合素质评价系统反馈思考

在使用问卷调查、半结构式访谈进行广泛调研的基础上,教师、学生和家长对系统的反馈建议如下。

教师反馈建议:教师综合素质评价系统所涵盖的项目较为全面,几乎覆盖了教学与管理的各个方面,教师的评价不仅让家长更加全面、直观地了解孩子在校表现,也为期末平时成绩提供了依据;但是这一系统使用起来并不太方便,例如,大批量地给某项加减分做说明时,需要一直复制粘贴,如果能先填写一次原因,然后只选择学生名单就更完美了;教师在评价完某个同学后,评价信息如果通过短信让班主任、家长及任课教师知道,那么会使得反馈更加及时。

学生反馈建议:系统有时候不太稳定,在点击进入网页时,常常会打不开网页或者加载错误等;在点击添加附件时,总是添加不上或者点不开,附件上传后还总是加载错误;提交的时候网页会出现卡住的现象,再次开启时,之前的内容全部清空了;计算机登录时如果有"记住密码"按钮可能会更方便;图片经常会传不上去,而且也没有标注解决的方法,造成了许多不便;建议系统可以将遇到各种问题的解决方法都增加到问题解决这一栏,若是再规划一下页面布局,那么会使更多的同学爱上综合素质评价。

6. 综合素质评价系统继续优化

在广泛调研的基础上,学生、教师、家长给予了清华附中学生综合素质评价系统高度评价,同时在软件系统优化等方面提出了很多反馈意见,经过工作组核心成员反复研讨与沟通,主要通过以下渠道继续优化系统。

(1) 自身不断推广维护

学生综合素质评价系统中心工作组教师进行数次研讨,制订科学详细的宣传与推广计划,通过开学入校第一课、课间操、班主任工作时、班会课等渠道宣传综合素质评价系统,并具体指导使用策略,每个年级配备一名系统维护员,关注综合素质评价系统使用情况,做到有问题及时处理;针对具体账号和忘记密码等学校技术部门能解决的问题,学校信息技术部门给予重要的保障工作。通过严管过程管理,促进综合素质评价系统的有效落实。

(2) 寻求帮助优化系统

针对系统优化、完善App、优化界面等问题及时反馈给清华附中本部。

清华附中永丰学校自建校以来就高度重视学生综合素质的培养,自2015年使用清华附中学生综合素质评价系统以来,从推广培训到部署实施,在调研反馈、优化提升等不同阶段中积累了一定的经验。学生综合素质评价系统集合而成的大数据能够科学地反映学生各个维度发展状况之间的相关性,为学校课程设置、发展战略的调整提供了科学的依据,体现了学生综合素质评价系统在正向引导学校发展上的优越性。

在以后的工作中,清华附中永丰学校会在继承光大清华传统基础上,继续秉承"以育人为中心,以学生为主体,为了每一个学生个性自由而全面发展"的办学思想,为海淀北部新区高新技术企业科研人员和属地居民子女提供优质教育,全力为学生的个性发展提供广阔空间,促进素质教育的实施,培养全面发展的学生。

2.2.2 清华附中上地学校的实践

1. 清华附中上地学校简介

清华附中上地学校是北京市海淀区教委所属的一所全日制公办学校,海淀区新优质学校。校园坐落在北京市海淀区中关村北大街2号,南邻清华大学和北京大学,北依北京体育大学,西接圆明园和颐和园,地理位置优越,教育资源丰富。学校建于2006年9月,原名北京市上地中学。2012年6月,学校由清华附中承办并冠名为清华大学附属中学上地学校。从此,学校进入了一个崭新的历史发展阶段。

学校秉承清华附中"自强不息,厚德载物"的校训及"德成于行,行胜于言"的校风,依托清华附中优质的教育资源,紧紧围绕教育教学中心工作,坚持"以育人为中心,以学生为主体,为了每一个学生个性自由而全面发展"的办学理念,全面提升学校的核心竞争力,逐渐形成了"坚持全面发展,注重个性培养,展现学生特长"的办学特色。

学校目前占地约15000平方米,建筑面积约18000平方米,硬件设施先进齐全:宽敞明亮的教室、现代化的实验室、图书阅览室,先进的计算机、音乐、美术专业教室,富有学术氛围的报告厅、多功能厅一应俱全。学校还建有功能完备的体育馆、健美操馆、乒乓球馆、健身房、攀岩墙、篮球场、乒乓球场,以及塑胶田径运动场、足球场等专业体育设施,是一个适合学生身心健康成长的乐园。

学校办学规模逐年扩大,目前学校共开设22个初中教学班,在校师生近千人。2022年学校获得高中办学资质,拟在9月份招收2个高中教学班。学校拥有一支教育理念先进、充满活力、团结协作、不断进取的高素质教师队伍,现有专任教师66人,其中高级教师22人,一级教师27人;博士1人,硕士研究生26人。学校注重教师队伍建设,教师专业水平逐年提升,涌现出特级教师1名,北京市学科带头人1名、骨干教师1名,海淀区学科带头人10名、班主任带头人2名、教科研带头人1名、骨干教师10名。

学校坚持以全面提升教学质量为核心工作,以内涵发展和学生需求为切入点,以教育教学研究为重点,以创新科技、体育、艺术教育等学科活动为突破口,扎实推进学校工作全面、快速发展。学校遵循全科育人、全程育人、全员育人和实践育人的育人理念,发扬"明德启智,修己树人"的教风,聚焦教育综合改革,创新综合素质评价模式,充分利用集团优势,挖掘社会资源,逐步建立起以学生为中心,德、智、体、美、劳"五育并举"的全面育人课程体系。学校从学生终身发展出发,精选课程内容,充分利用课后服务时间,开设涵盖人文素养、科学素养、身心健康、艺术素养、劳动技能、国际理解、综合实践活动七大系列综合素质提升课程。每学年开设校本课程三十余门,冬、夏令营课程二十余门。初一年级的"走进圆明园"系列课程充分利用圆明园爱国主义教育基地,传播历史文化,培养学生人文素养、科学素养,卓有成效。美术学科开设了油画、版画、青少年原创动画、篆刻等课程,均广受学生喜爱。学校重视体育教育和心理教育,学生在校每天一节体育课、两次体育大锻炼;每周一节心理课,全校定期开展心理团体活动,促进了学生身心全面、健康发展。

学校依托集团资源，聘请大学、俱乐部、集团内专业教师和本校有特长教师，开展丰富多彩的特色社团活动。现有学生社团二十余个，这些社团活动的开展丰富了学生的学习生活，培养了学生的核心素养、家国情怀和科学精神。近年来，全校师生在各级各类活动中表现优异，先后收获国际奥林匹克头脑风暴（OM 德国赛）季军、全国啦啦操锦标赛冠军、全国触式橄榄球分区赛亚军、北京市中小学足球联赛季军、北京市中小学生自然科学知识竞赛冠军、北京市海淀区单片机竞赛一等奖等重要奖项。学校合唱队在市区比赛中屡创佳绩，老舍戏剧社先后排演北京曲剧剧目《四世同堂》《正红旗下》，多次在市、区级展演活动中获奖，还创造了中学生首演老舍大剧——北京曲剧《四世同堂》的历史，献礼清华大学建校一百周年。

"积土成山，风雨兴焉；积水成渊，蛟龙生焉。"经过多年的不懈努力，学校办学成绩斐然，先后被评为中国最具幸福感学校、北京市健康促进学校、海淀区文明单位、海淀区"团建十佳"优秀学校、海淀区阳光体育明星学校、北京市学校体育设施向社会开放先进学校、海淀区校外教育先进学校、海淀区教育事业统计工作先进集体、海淀区"五型五好"智慧型党组织、海淀区教育系统工会工作先进单位、海淀区教育系统"三八"红旗集体、海淀区中小学科技教育示范学校、海淀区教育信息化工作先进单位、海淀区中小学艺术教育示范学校、北京市中小学文明校园、北京市足球特色学校、全国足球特色学校。

乘清华航母创一流名校，育杰出人才开卓越历程。新时代、新目标、新机遇、新发展，清华附中上地学校将继续认真落实新时代教育目标和立德树人根本任务，不忘初心，牢记教育使命，奋力开创学校教育的新局面。

2. 学校推进综合素质评价系统的思考

（1）领会文件精神全面部署推进

2016 年 10 月 11 日，清华附中上地学校参加了海淀区教委基教科组织的初中学生综合素质评价工作培训部署会议，在此次会议中了解到综合素质评价北京市基础教育综合改革的关键环节，综合素质评价是配套考试招生制度改革的需要。按照《北京市深化考试招生制度改革的实施方案》的精神，各校要"探索建立初中学业水平考试和综合素质评价制度"。综合素质评价从常规工作到紧急工作，尤其是结果使用的变化，对于德育管理，对于现在的初 16 级，综合素质评价有着重大意义（图 2-66）。

综合素质评价的实施具有重要意义，其目的在于满足学生发展的内在要求。

（2）从学生德育发展层面

① 有利于学生全面发展。坚持育人为本、德育为先，坚持教育教学与生产劳动、社会实践相结合，充分利用社会资源开发实施实践活动课程。全面考核义务教育阶段各学科学习情况，坚持品德、学习成绩和能力素质并重，引导学生全面发展。

② 有利于学生个性成长。关注学生不同特点和个性差异，尊重学生选择，鼓励学生个性发展。构建符合现代教育理念，健全公开、平等、竞争、择优的选拔方式，促进每个学生都能积极主动、生动活泼地成长。

③ 有利于学生特长发挥。建立科学、多样的评价标准，做好学生成长记录，完善学业水平考试和综合素质评价。考试将不再成为裁决学生的活动，而是成为体现 9 年学习积累，展示学习成果的平台。

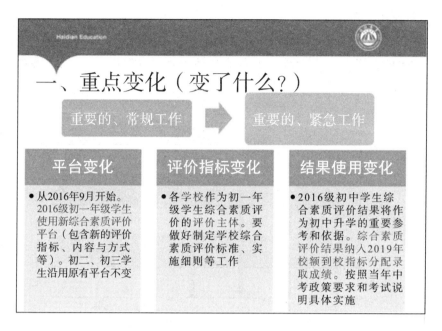

图 2-66 综合素质评价为初 16 级带来的变化

④ 有利于学生持续发展。适应经济社会发展和科技进步的要求,整体设计考试与教学改革方案克服"一考定终身"的弊端,关注学校对不同层次学生的教育加工能力。

(3) 从初 16 学生毕业升学来看

2016 级初中学生综合素质评价结果将作为初中升学的重要参考和依据,综合素质评价结果纳入 2019 年校额到校指标分配录取成绩,按照当年中考政策要求和考试说明具体实施。

清华附中结合了市区在综合素质评价上的要求后,在具体实施上进行了校本化探索,清华附中上地学校于 2016 年 11 月加入使用。

3. 德育处推进综合素质评价系统的办法

加强对学生的德育管理,是教育部着重强调的内容之一。在进一步提升学生德育管理,获取有关学生德育的大数据方面,德育管理综合评价系统正在发挥价值。

(1) 综合素质评价工作的组织形式

以班级为单位,以育人为核心,广泛调动班主任及家长的教育合力,拓宽德育途径,注重学生良好品德的养成过程(图 2-67)。

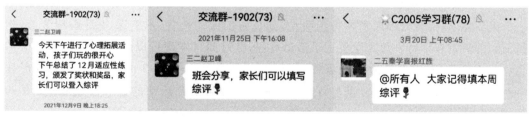

图 2-67 清华附中上地学校班主任指导学生及家长填写综合素质评价的日常工作

(2) 德育常规

为了增强学校的德育工作,清华附中上地学校全面贯彻落实德育和中学生日常行为规范,培育学生的道德水平,引领学生在优异的环境氛围中健康成长,促使德育教育的制度化、规范化(图 2-68)。

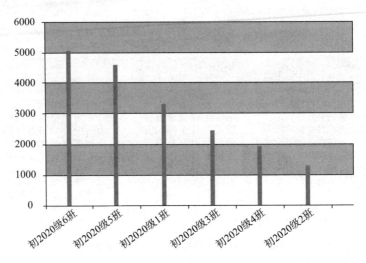

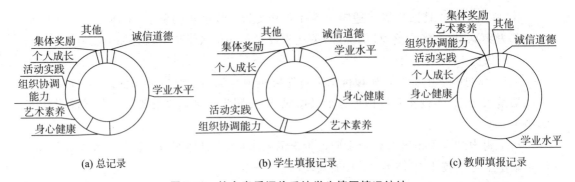

(a) 总记录　　　　　　(b) 学生填报记录　　　　　(c) 教师填报记录

图 2-68　综合素质评价系统学生填写情况统计

德育处联合各年级组长及班主任成立德育团队,拟定学生综合素质考评制度,德育处负责教师定期汇总班级德育数据,通过数据分析制成数据报表,在德育团会上一起分析,全面挖掘学生德育发展各种数据,帮助学校把握学生兴趣爱好、思想动态、价值倾向、道德变化和行为趋向,从而为班级和学校德育工作提供一定的数据支撑。

(3) 德育特色活动

近三年来,德育处形成多种特色活动,如日常的劳动教育、木工课、5月心理节等,相关活动的负责教师特别想为学生记录活动过程,经过商讨发现可以借助综合素质评价平台。每次活动前,综合素质评价负责教师添加"特色维度"(图 2-69),特色活动负责教师动员并指导学生填写综合素质评价,记录自己参与德育活动的过程及成长(图 2-70 和图 2-71)。

图 2-69　清华附中上地学校综合素质评价负责教师在综合素质评价平台添加"特色维度"

图 2-70　结合"劳动教育"学生填写综合素质评价记录

图 2-71　结合"木工课"学生填写综合素质评价记录

4. 年级推进综合素质评价系统的办法

（1）开展教师培训明确填报内容

清华附中上地学校初16级在充分领会各级会议文件精神后，在年级进行了全面部署。结合学生和教师的模块填写说明和使用培训，首先做好教师培训，明确任务——真实记录学生日常表现，促进学生成长（图2-72）。

首先明确教师填的内容如下。

诚信道德：处分、值日、集会表现、文明礼仪、违反犯罪。

学业水平：课堂考勤、课堂表现、作业表现、学业成绩。

身心健康：体质测试成绩。

集体奖励：班集体奖励、社会团体奖励等。

然后做好学生的培训——①明确综合素质评价的目的和意义，明确学生在诚信道德、学业水平、身心健康、艺术修养、组织协调能力、活动实践、个人成长等方面能填写的内容；②做好具体操作层面的指导和家长的告知工作等。

在2016年12月，清华附中上地学校初16级利用早点名时间对全体学生进行了题为"Be a better self"的培训，强调了综合素质评价的目的和意义，并对重点内容进行了相关提示（图2-73）。

图2-72 综合素质评价培训　　图2-73 强调综合素质评价的意义

"心有所敬，行有所止，言有所规，身有所正，文明行为，慎独慎微。做更好的自己，从点滴做起。"在后续的学生培训中，学校把德育教育工作渗透到综合素质评价工作中，强调了综合素质评价的常规工作，告诉学生：

① 上课准时，不迟到；

② 课堂认真完成相关学习内容，不睡觉，不说话，不影响课堂纪律等；

③ 认真完成作业，不抄袭；

④ 积极认真参加各项活动，不无故缺席；

⑤ 集会时站姿或坐姿端正，不做无关的事情；

⑥ 注意文明礼仪，特别强调不说脏话，不霸凌同学等；

⑦ 按时认真参加课间操，不能参加跑步要有假条并及时说明情况；

……

综合素质评价在很大程度上促进了年级的教育教学工作(图 2-74)。

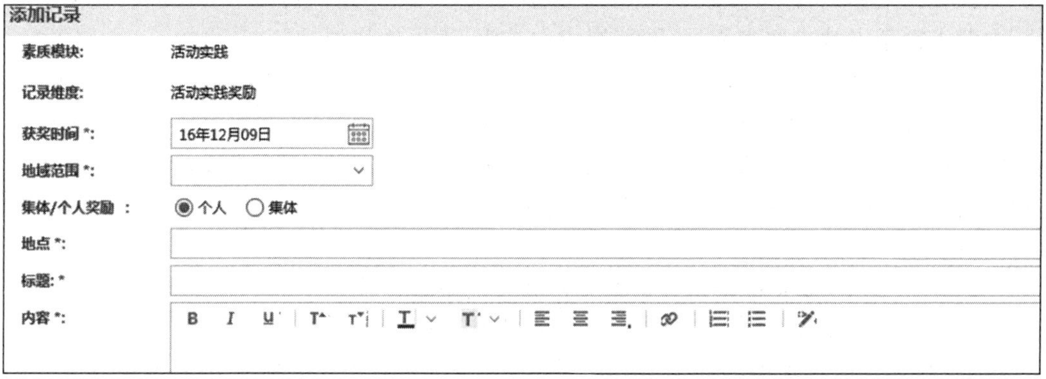

图 2-74　学生活动记录

(2) 监督实施过程及时反馈促进

① 平时班主任关注点滴,做好反馈。在综合素质评价实施的过程中,班主任及时地做好反馈工作。班主任从综合素质评价网站上及时截取学生填写的情况,在主题教育时间做好反馈,包括如何填写,填写哪些方面的内容,怎样更好地填写等。纸上得来终觉浅,绝知此事要躬行,在互相碰撞和激发中,学生逐渐明白怎样更好地填写,并且很多同学能及时地去填写(图 2-75)。

图 2-75　综合素质评价填写页面

② 学期末做好活动梳理,填写指导。在学期期末,年级会对本学期的相关活动进行总结,并且对填写做出指导:若想了解相关事件的时间,那么可以关注学校微信或学校网站,很多事件是报道过的。这些可以在相关板块上传得到加分,照片可以在年级 QQ 大群或班机 QQ 群相册中找到。相关赋分由管理员进行,并要求学生如实填写,不能抄袭,否则相应的诚信分数将会被扣掉。

以八年级下学期为例,学期末相关活动梳理如下:乐高墙、科技节之科普观影、科技小报、科普讲座、疯狂实验室、科技课程竞赛、走进中国影视大乐园之影视基地、网上祭英烈、趣味篮球活动(篮球绕杆)、走进首博、我是清上讲书人、运动会、新团员入团仪式、擦地比赛、崇尚英雄精忠报国主题班会、附中学生节、足球联赛、校本课程、上外教课（清澜山外教）、运动会志愿者、初17圆明园主题活动参与者（年级6名）"好书伴成长"援疆捐书活动、内蒙古助学支教志愿者面试、圆明园定向越野、青春秀场活动等。

③关注过程中的问题，及时反馈。在填写过程中，如果学生和家长遇到了一些问题，那么教师可以引导其关注微信公众号。在学校的公众号中，综合素质评价团队通过将问题进行系统梳理，以及将重难点问题进行整合，整理出了《常见问题解答》，有效地解答了很多问题。与此同时，学校也积极征求汇总家长意见和建议，并将问题在学校的综合素质评价会议上提出讨论。

5．教师、学生、家长使用综合素质评价系统的效果

（1）为班主任的班级管理提供了更立体、更便捷的记录

班主任都需要一个专门的工作日志本，用以记录每个学生每天发生的点滴情况。综合素质评价系统就像班主任的电子柜和电子抽屉，可以完成立体的分类记录。每个学生的"值日表现""集会表现""文明礼仪""课堂考勤"囊括了作为学生该达到的最基本的标准。综合素质评价系统有助于班主任更好地掌握班级的整体情况，了解问题较多的学生，从而制定合适的策略打造班级的良好氛围，带动和影响问题多发的学生，同时由于是发布在一视同仁的平台上，也更利于约束学生的不良行为。

（2）有助于任课教师将学科学习习惯的培养更好地落实到日常教学的点滴中

以前对于学生在课堂上的出色表现，例如流畅的理答、对难题的钻研精神、水到渠成的解题方法，还有每日优秀作业，老师只是在课堂上即时表扬赞赏。有了综合素质评价系统，就可以把这些优秀表现记录在每日的"课堂表现""作业表现"里，长久保存，其他学生和家长也都能看到这些信息。这就相当于用放大镜看学生身上优秀的品质，学生受到表扬会更加积极，同时对其他学生也起到榜样示范作用。所以，老师们辛苦一点点，随手记录下学生点滴的美好，收获的是学生乐观积极健康的心态。

（3）有助于学生自我意识的形成，使学生逐渐清晰"我是谁""我将往哪里去"

多元智能理论认为每个人都具备8种智能，区别就在于每种智能在个体中所占的比重不同。这些智能表现出来的就是每个人都有自己与众不同的特点、长处。埃里克森的人格理论指出，处于青春期的孩子最重要的是自我同一性的形成，这意味着个体对自身有充分的了解，能够将自己的过去、现在和将来组成一个有机的整体，确立自己的理想与价值观念，并对未来自我的发展作出自己的思考。综合素质评价系统中更多的电子柜和抽屉是学生自己给自己填写，当发现此项没内容可写时，学生总会有所触动。曾记得有一个娄姓孩子，其体育成绩平平，只能看着别人在"体育奖励""运动技能"中都展现个人风采，于是他利用假期时间，天天在旁边的体育大学操场里跑步，在"体质健康与体育锻炼"项中尽己所能填补空白，提升自己的运动能力。就像梁漱溟说的，一个人纵然经长久的锻炼而能有强大的体力和敏捷的技能，亦决不能赶上牛的体力和猿的敏捷，但他能超越各种动物之上，只是因为他能用他的意志来驾驭他的身体，而这种意志能增强学生的积极解决问题的意识。而在其他一些方面却经常可以长篇累牍，学生对自身的优劣势逐渐清晰。初中三年加上高中三年的综合素质评价过后，学生在选择大学以及相关专业时，一定有了更多自己的思考和见解。

(4) 为家长了解孩子在群体中的表现,打开了一扇明亮的窗

初1706班汪若珏家长:综合评价系统于我而言,更像是孩子成长的一本记录。孩子进入初中后,学校的生活可谓丰富多彩,从夏令营、军训到看升旗、值周;从班级卫生值日、板报、手抄报到田径赛、足球赛、跳绳比赛、圆明园越野跑;从课外书目阅读、疯狂实验室到10多门课程的学习、考试;从欢乐谷游园到国外研学……孩子每天回来都会将学校的事情说个不停,但她没有时间和精力完整记录下来,综合素质评价系统恰恰提供了这样一个平台,让我们多角度、全方位记录下孩子初中生活的点点滴滴。每一点付出,每一点收获,每一点感触,每一点成绩……都可以或简明扼要或长篇大论地记录在这个平台上。正是这个平台的存在,促使我们去发现和了解、去收集和整理、去记录和留存。对所有填写过的信息我也做了备份,我想这将是孩子初中生活最完整的记录和最美好的回忆。

综合素质评价系统还提供给我们了解其他同学的一个平台。在这里我们拜读过很多其他同学的优秀作文,欣赏到大量同学们的艺术作品,有的同学对所学知识一丝不苟地做思维导图,有的同学每天坚持锻炼,有的同学琴棋书画样样精通,堪称才子,有的同学为学校为班级做了大量工作,还有很多同学各科成绩出类拔萃……他山之石,可以攻玉,有了综合素质评价系统的"同学圈",我们跳出了班级的小圈圈,在系统中认识了更多优秀的同学,汲取了更多的养分,也更加清楚地看到自己的不足。

初1701班谷宇轩父亲:孩子进入初中的同时也逐渐进入叛逆期,此时孩子的思想还不够成熟,作为家长也一直担心教育的问题。学校的综合素质评价系统的确起了很好的作用,它不仅从思想、文明、学业、健康、素养、公益、创新、生活、纪律等多方向、多维度考评孩子参与实践的广度和深度,还对孩子的学习、生活、行为习惯的培养起到了非常好的指导作用。新学期开始,孩子便针对系统的所有维度,检查自己上一学期的缺项和不足之处,结合校历安排并制订自己新一学期的总体计划和重点发展方向,例如,制定了作息安排、学习规划、健身计划、活动参与等具体事项。一个学期以来,孩子在各方面有了很大的改变,其良好的表现体现了这套系统不仅仅是一个评价系统,更是一个指导孩子深入参与、全面发展的良师益友。

初1701班商浩清妈妈:首先从家长角度讲,综合素质评价系统起到了提醒家长平时多关注孩子学习、成长的过程,多了解学校的各种活动及意义,多鼓励孩子各方面进步的作用,从而帮助孩子取长补短,迎头赶上。综合素质评价系统也有利于家校合一,共同把孩子教育培养好。通过填报综合素质评价系统,我才逐渐关注孩子在学校的情况,和他有了更多的话题,这些记录也是孩子成长的最好见证。

其次,从孩子角度讲,一方面综合素质评价系统使他们增强了集体荣誉感与责任感,鼓励他们共同为班级建设出谋出力,促进了班级团结与合作。例如"一二·九"合唱比赛,大家齐心协力共同为班级赢得荣誉。另一方面综合素质评价系统对孩子的学习起到了督促和激励作用,平时作业认真,就能得到老师的好评;上课笔记好,就能得到老师的鼓励;当然考试取得好成绩更能获得奖励。

最后,从学校角度讲,综合素质评价系统的设置体现了学校对孩子的教育导向。学校提倡什么,希望孩子如何发展,自然会在综合素质评价里有所体现。例如,积极参加体育锻炼,多动手进行实验和参与创新,以及德育方面多参加公益活动等。这些也会引领学生朝着更广阔、更健康的领域发展。

初1702班严天舒爸爸：去年秋天孩子进入了清华附中上地学校，从2017年下半年开始使用学生综合素质评价系统，用以记录孩子在德智体美劳等方面的发展情况，我们感到受益匪浅，收获很大，主要有以下几点感想。

一是综合素质评价系统设计得科学合理，能够有效记录并评价孩子德智体美劳方方面面的发展情况，有利于正确判断孩子总体学习状况，发现优点，找到不足，取长补短，促进孩子全面发展。

二是通过综合素质评价系统的点滴记录，督促孩子树立学习目标，培养良好学习习惯，鞭策自己不断努力，在实现学习目标过程中提升学习方法，提高学习成绩。

三是综合素质评价系统有助于建立学校和家庭的有机联系和良性互动，在老师和家长的共同关注中帮助孩子确定学习任务，切实研判孩子的学习偏好，及时进行科学引导，合理推动孩子德智体美劳的全面发展和进步。

6. 综合素质评价系统对学校教育的影响

清华附中上地学校，自2016年9月开始，全面投入使用清华附中综合素质评价系统。经过3年的摸索，我们可以清晰地看到综合素质评价系统对学校教育的影响。在学生、教师、班主任、学校各部门的反馈中，看到了综合素质评价系统在清华附中上地学校落地生根后学校教育的可喜推进。

(1) 学生的发展有了自我规划，促进了学生全面而有个性发展

综合素质评价系统全面评价学生，在平台项目中条分缕析地设置了学生全面成长的构成要素，把综合素质评价系统分为九个板块、四十六个点，涵盖了学生学习生活的各个方面，而且对每个方面的考量及生成结果都趋于科学化。

在新生入学后，班主任会对学生进行详细讲解，并结合鲜活案例帮助学生了解相关要素对自身成长的价值与意义，逐步引导学生确定自己中学阶段的蓝图规划，真正地让学生自己设计中学生形象。这样，学校、班主任、教师逐步脱离刻板、严肃，甚至是执法者的境地。学生在成长中出现问题，班主任可以与学生一起重温入学时的"中学成长规划"，唤起学生入学之初心。此时班主任的形象是护航人、帮助者，这个时候所有的语言都有了母性的温度、父亲的理性，学生内心涌动的是后悔、愧疚，是感动、感恩。因而，从前传统意义上的摩擦瞬间就会转化为温馨的痕迹。

清华附中上地学校试图将语文教师、道德和法制教师、班主任德育队伍进行整合，充分利用综合素质评价系统，指导学生完成个性化的成长规划，真正实现教育满足学生个性化需求的目标，最大限度地减小直至消灭大班教育教学对全体关注有余，对个体教育精力不足的现象。其实也可以通过整合资源来探索并设置中学规划的校本课程，指导学生规划更科学、更符合个体发展特征的未来。

三年来，学生们通过自己的努力，看到自己中学规划由文字不断转换成不断成长的自我，这种成长的进步更不是分数可以量化的。学生用心做好自己，用心记录平时点点滴滴的生活，用文字、用照片记录自己的成长轨迹，打开综合素质评价系统，写满的是欢笑、幸福和为欢笑和幸福而付出的努力，还有那个积极进取、不断走向全面而又充满个性的自我。

(2) 学校教育工作有了更明确的方向，促进德育工作更有效而富有特色

学校的德育工作始终把培养健全、健康，有责任、有担当，有远大理想的学生作为目

标。学校的德育工作外显为规章制度的制定、运作,外显为班主任班级管理,外显为大型活动、小型竞赛、各种讲座、外出参观等。在各种升学压力的大环境下,在分数作为升学选拔标准的情形下,德育活动显得有些尴尬:活动多,有干扰教学嫌疑;活动少,学生便陷入枯燥与乏味,结果是学生情绪焦虑,甚至沦为学习的奴隶。

然而,使用清华附中综合素质评价系统后,德育工作彰显出积极主动的势头,颇受学生的欢迎。首先德育团队研究综合素质评价系统中关于德育评价的项目、类别,结合不同年级学生心理和情感发展需求,研究出切实有效、学生喜闻乐见、彰显学生个性、有影响力的活动。同时,活动的开展更是突出年级特色、强调学生主体性,包括从方案设计、方案实施、实施后评价,到成立学生和教师组成的筹备组,然后通过招募志愿者并成立不同功能部门的方法推进。更重要的是建立新闻组、摄影组,全程记录活动从无到有的全过程,记录学生的成长过程。其实,结果是水到渠成的,而效果是逐步成熟的过程,恰恰是失败或者是有缺憾的经历才能引发学生的思考,这便是德育工作的真谛。

自从使用综合素质评价系统,德育工作变得更主动化、更系统化、更接地气了,不仅受学生欢迎,还使学校的教育教学的各个环节都充满了活力、充满了朝气。

(3) 学校教学工作发生了变化,学生的主体性被提升到新高度

传统的有关教学课堂、作业、考试等方面的评价虽然基本由老师辛苦完成,但是在教改中仍是被诟病的重点。

在综合素质评价系统中教师可以详细记录学生每次作业与课堂表现情况,这就可以打消部分学生"我只要考试考得好就可以"的想法,有力支持教师将教学落到日常,有条不紊、层层递进地推进教学工作的开展。这种评价让学生充分认识到学习的结果不是老师挥笔写就的,而是自己的学习过程,在这一过程中学生会意识到自己才是学习的主人。同时学生把优秀作业晒到综合素质评价系统中,可以获得成就感,同时这份作业也成为优秀作业的典范。长此以往,这种优秀就会潜滋暗长起来,而且随着时间的推移,会如雪球般越滚越大,实现了生生互动、生生教育的目标。

在综合素质评价实施后,学校对教学积极地进行了改革,教师在课堂教学中精心设计的学生主体活动明显增多,甚至语文学科在综合性学习中多次大胆开展项目式学习,他们的教研成果、优秀范例已经被全国语文教育知名网站使用而且好评不断。比如"走进圆明园"课程让学生在潜移默化中学习了爱国精神。除此之外,作业设计也变得丰富了,学科知识也悄然地走进生活,学生也开始走上讲台分享学习成果……这些都成为综合素质评价中最富有活力的素材。教师把学习转换成游戏,学生在游戏中把书本上没有温度的文字刻在了生命里。清华附中上地学校在日常考试、学业水平考试的成绩连年走上新高度,学科竞赛成绩更是喜人。

(4) 家长积极参与学校工作,家校影响力和知名度显著提高

在信息技术高速发展与高度普及化的时代,家校沟通看似便捷而有效。而这种福利所掩盖的是一种对学校与教师工作的挑战,且不必说各种家长微信群、朋友圈,就连家长随时传递给教师的问候也会给教师的工作带来压力。"我孩子怎么样""老师,孩子昨天回来哭了""老师,我昨天和孩子谈话,孩子说您不喜欢他"……凡此种种的那一端都是渴望回复的眼神。教师该怎么办?劝慰吗?言不由衷的话对学生成长没有意义;实事求是吗?家长评

价您麻木不仁;顾左右而言他？没有诚意。教师困在"多难"的境地,甚至狼狈不堪。

而采用综合素质评价系统后,教师在作出评价时可以具化到某一天某一次的活动,评价的同时其他所有学生和教师也可以进行评论。这使得记录更加严谨客观,更丰富全面,最终成果的生成由计算机按照既定比例合成。家长可以随时打开计算机,看到多学科老师上传的资料,这不仅降低了班主任和学科教师的苦恼,也实现了学校对学生的整体性评价的客观性。综合素质评价的结果作为学生评优评先的区分条件,减少了人为的矛盾,切实地为学生毕业和升学提供了科学结论作为支撑。

家长们的关注点发生了转移,他们掌握了孩子每天在学校的生活,在填写综合素质评价系统时也改善了亲子关系,同时家长把注意力放在孩子的引导教育帮助上,积极寻求教师的帮助,甚至主动为学校提供教育资源信息,协助学校组织活动,积极参加学校活动,承担相应任务,真正实现了合作、共情。与此同时,家长常常在社交软件上分享自己孩子成长的喜悦,因此,学校的完美形象快速传递到社会,学校的知名度不断提高。

清华附中上地学校使用综合素质评价系统的时间尚短,但是综合素质评价系统对学校教学的影响已经显而易见。工作走上了科学化、合理化、形象化、温情化、和谐化,清华附中上地学校将会以研究的态度继续探索,使其富有特色,让教育教学在扎实稳健的工作中走向腾飞。

2.2.3 清华附中上地小学的实践

1. 一个初衷:从宗旨到"综合素质评价"

作为清华附中的承办校,清华附中上地小学秉承清华附中"以育人为中心,以学生为主体"的教育思想,坚守"爱为信仰 生命至上"的教育哲学,将"让纯美的生命诗意前行"作为学校的办学宗旨,构建了"尊重生命本真,守护生命美好,释放生命自由,激发生命激情"的核心文化体系和课程体系,赋予学生"自强不息、厚德载物"的育人基因,努力培养"具有中华精神,清华风度的卓越少年"。

清华附中的综合素质评价,本着"引领和促进学生全面、个性发展"的初心,聚焦每个学生的发展,关注学生成长的过程,帮助学生真实地了解自我,让每一个学生都找到适合自身成长的方式。综合素质评价系统的使用,是为了让每个学生都能更大限度地释放内在潜能,去演绎并创享自己生命的意义和价值,为学校实现育人目标助力添彩。

如何借助清华附中综合素质评价系统更好地把小学阶段立德树人根本任务和"五育"并举育人目标真正落地、落细、落实？如何将学校的育人目标转化为小学生看得见、看得懂的成长追求？如何用符合小学生天性的方式激励学生自觉主动地成长？

基于这样的思考,我们对清华附中综合素质评价系统进行了校本化实践,尝试探索出一条符合小学生年龄特点和成长规律的评价路径。下面呈现的是一些粗浅的想法和初步的尝试。

2. 四个策略:从思考到实践

（1）建立目标、课程、评价三位一体的教育链

育人目标是教育的首要问题,课程是实现育人目标的载体,而评价事关教育发展方向,有什么样的评价指挥棒,就有什么样的办学导向。我们建立了从育人目标到课程建设再到教育评价的教育链条,透过教育评价反作用于课程建设进而落实目标,形成"目标—

课程—评价—课程—目标"的完整教育闭环。

依据学校的育人目标,我们构建了"诗意前行"课程体系(图2-76),以"育人"为中心,聚焦"爱、知、情、意、行"五个目标,完善形成了学校"一心四力"课程内容。

图 2-76 "诗意前行"课程体系

依据清华附中综合素质评价系统的一级评价指标,我们进行了课程目标与评价指标的"对接"。综合素质评价系统中设置了思想品德、学业成就、身心健康、艺术素养和社会实践、个性发展六个一级评价指标,在指向上囊括了"爱、知、情、意、行"五个课程目标,二者可以直接"接轨"。这就使得我们的育人目标可以通过课程得以落实,同时可以借助综合素质评价系统开展评价。通过对课程内涵和评价指标的进一步梳理,我们发现了学生个性化需求和课程建设之间的"矛盾",这促使我们又进一步完善了课程。

例如,为满足不同学生的阅读需求,我们不断丰富完善"敬畏心养育课程";为开阔学生的阅读视野,在语文课的基础上,我们相继开发了拓展阅读课程"古诗词"课程和"阅读嘉年华"活动;为激发学生的想象力和创造力,开设了"中文戏剧""创意写作"和"诗思"课程。而综合素质评价系统也成了学生"晒"故事朗诵,"晒"诗人才华,"晒"阅读达人的平台(图2-77和图2-78)。

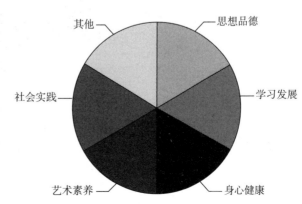

图 2-77 清华附中丰富多彩的学生活动

图 2-78　综合素质评价系统学生记录内容截图

再如，为了让每位学生都能够达到身心健康的目标，我们参照身心健康评价指标，不断创新工作思路，丰富完善体健类课程，在每天不同时段开设有针对性的体育活动课程（图 2-79）。比如，早上的晨跑活动、上午的课间操或校外小公园长跑、中午的校园吉尼斯挑战活动，下午的足球、篮球、田径、艺术体操、跳绳等社团活动。此外，每周开展跳绳达 A 挑战赛，每学期还开展足球狂欢节或者体育嘉年华的活动，旨在让学生爱上运动，养成天天锻炼的习惯。

图 2-79　学生丰富多彩的体育活动

我们将育人目标、课程体系与评价体系相结合，完善形成了学校的课程图谱（图 2-80），在横向维度上构建的五个维度的课程内容有敬畏心养育课程、思想力培植课程、审美力陶冶课程、意志力淬炼课程、实践力磨炼课程；在纵向维度上有基础性课程、拓展性课程和选择性课程。学校丰富多元的课程构建起一张课程"网"，为学生全面而有个性的发展提供了保障。

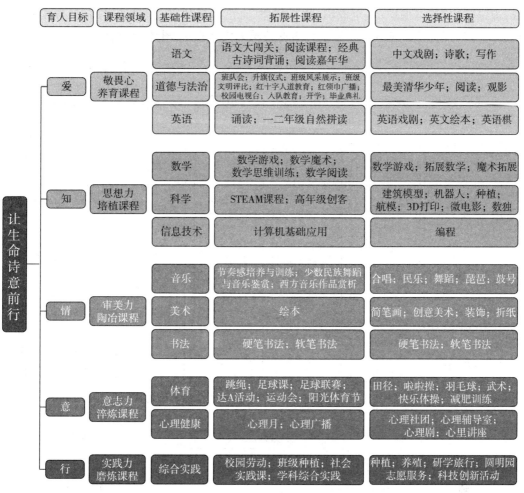

图 2-80 课程图谱

（2）将育人目标细化为评价指标

由于综合素质评价系统的一级评价指标，本身就对应课程体系中"五育"的育人目标，我们需要做的是在综合素质评价系统的一级目标下，细化形成二级目标。在对二级目标细化时发现，这与学校原有的教育和教学评价指标也是对应的，这样就可以借机将原有的学业质量评价与少先队评价体系进行统整，纳入整个综合素质评价系统。以课程体系中的敬畏心养育课程为例，敬畏心养育课程主要内容包括语文、道德与法治、英语、阅读、诗歌、主题班队会、德育主题活动等，其他课程中也要渗透敬畏心培育。那么具体有哪些评价能够体现学生的敬畏心课程的目标达成情况呢？

以往我们是通过少先队"1＋N"模式的校级"雏鹰"特色章进行评价，特色章包括进步章 1 枚和基础章 8 枚（向日葵章、五星红旗章、接力章、美德章、民族团结章、创造章、健康章、成长章）。但各类争章活动的落实也需要转化为具体可评价的指标。因此，我们将少先队评价体系的相关评价内容提炼转化为评价指标，统整到"综合素质评价"系统中，借助综合素质评价系统对各种评价内容进行统一管理。例如，二级指标中"热爱劳动、文明礼仪、遵纪守法、环境保护、安全意识、热爱集体、自己满意的事、待改进的方面"与红领巾基础章中的"向阳章"相对应。具体整合后的情况如图2-81和图2-82所示。

图2-81 清华附中一二年级评价内容整合情况1

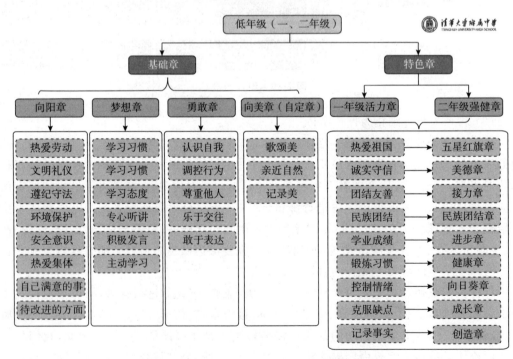

图2-82 清华附中一二年级评价内容整合情况2

借助综合素质评价系统,我们在二级指标层面实现了与原有德育教学评价系统的融通与统整,这使得学校的整体评价体系得以完善和细化,形成了校本化的综合素质评价体系。从而将学校的育人目标转化为小学生看得见、看得懂的成长追求,切实保障立德树人根本任务和育人目标真正落地、落细、落实。

(3)让评价指标转化为行动指南

我们在借助"综合素质评价"系统将育人目标转化为可见的指标后,需要进一步将看得见的指标转化为师生可操作的行动目标。要实现这样的行动目标就要满足两个条件:教师"可做"并"方便做"和学生"爱做"且"主动做"。如何让教师"可做"并"方便做"?

① 形成评价指标说明,让教师有据可循。学校课程发展中心和学生发展中心携手各科教师,制定了教育教学活动的评价指标说明,希望借助评价指标说明使得我们的评价指标可以转化为日常可以评价的教育教学活动,让老师在学生品德修养、学习习惯、艺术素养和身心健康发展方面有抓手。

以"身心健康"中的"体育活动"为例,教师将指标细化为三个评价维度:学校体育课出勤及体育课表现;参与体育社团活动情况;校运动会。希望通过这些具体指标的细化和说明,把我们的"体育活动"指标转化为教师可以操作的行为目标,将学生在体育课、体育社团活动和校运动会中的表现都纳入综合素质评价系统中,让老师们的评价变得清晰可操作。同时,也会促进学生们在日常体育课和社团活动中更积极地参与体育活动,真正落实"身心健康"的育人目标(见图2-83)。

项目		一级指标	二级指标	评价说明
体育类 身心健康	1	体育活动	1.1 学校体育课出勤及体育课表现	由任课教师期末颁发体育课表现"奖状",如"进步奖"、"成绩优秀"、"团结友爱"、"互帮互助"等
			1.2 参与体育社团活动情况	展示社团活动成果或参加相应项目比赛记录等
			1.3 校"运动会"	参加学校运动会中获单项或集体项目奖励,特别是"破记录"奖项。
	2	体育锻炼	2.1 假期参与体育活动情况	上传假期参与体育运动项目、次数及运动成果等
	3	体育奖励	3.1 参加学校单项体育比赛获奖情况	以学校颁发奖状、证书为准
			3.2 参加学区比赛获奖情况	以学区颁发奖状、证书为准,教师可根据情况对参加比赛但未获奖学生的情鼓励
			3.3 参加海淀区比赛获奖情况	以海淀区颁发奖状、证书为准,教师可根据情况对参加比赛但未获奖学生的情鼓励
			3.4 参加北京市或全国比赛获奖情况	以北京市、全国性比赛颁发奖状、证书为准,教师可根据情况对参加比赛但未获奖学生的情鼓励
	4	体质健康	4.1 体质测试95分以上,成绩优异奖	以国家学生体质健康测试综合成绩为准
			4.2 成绩进步奖	综合评价等级上升一个(或多个)等级
			4.3 奖年级单项成绩第一、二、三名	以国家学生体质健康测试综合成绩为准
	5	意志坚强	5.1	在体育课、运动训练、社团活动中表现突出,受到学校、任课教师的表扬和奖励
	6	情绪管理	6.1	在体育课、运动训练、社团活动中表现突出,受到学校、任课教师的表扬和奖励
	7	心理表现	7.1	在体育课、运动训练、社团活动中表现突出,受到学校、任课教师的表扬和奖励
	8	其他	8	

图2-83 综合素质评价系统"身心健康"模块评价指标体系

② 设计小组展示"榜",让教师有方法可依。我校一直在进行小组合作探究学习方式的探索和实践,不少老师困惑于小组合作的实效和评价,综合素质评价平台的运用无疑给老师们带来了"助力"。例如,老师在班级内建立小组,鼓励学生合作学习。采用S形排队,采取组间同质、组内异质的方法进行分组,制定小组成长计划表。分好组之后,为了给学生仪式感,可在班会课上讨论制定小组名称、目标、口号,让小组概念深化于学生内心(图2-84)。不论是课堂上的学习过程,还是课下的作业交流,同学们都可以在小组内得到成长与锻炼。同时,老师将分组情况制成表格张贴在本班教室,鼓励各组互相学习,互相激励,并将各组的成长与进步及时记录张贴,用激励展示的方式促进学生在学业方面的进

步与成长。同学们还可以将此项进展记录在自己的综合素质评价系统中。

组名	追风组	夜星组	水晶组	翱翔组	梦幻组	星辰组	智慧组	学霸组
目标								
口号								
组长								
组员								

图 2-84　学生分组表格

制定常规量化表，落实日常管理。老师们还可以借助综合素质评价系统来促进学生良好学习习惯的养成。班主任老师们商讨并制订了课堂常规量化表，给每一个具体的内容赋分，引领学生的成长。积累到一定分数后，老师们会利用班会课的时间总结颁奖。学生可以将奖项上传到综合素质评价系统中，记录自己在某一方面的进步与成长。这种外显式的记录对于学生而言，是一种公开的表扬，家长、老师可以给予评价，同学们之间也可以互相评价。不同年级和班级的教师会根据本年级本班级的学生特点和班级评比方向有针对性地设计评价内容，这些评价活动可以及时鼓励学生的点滴进步，促进学生形成良好学习习惯。

（4）将评价过程转化为自觉成长的过程

如何用符合小学生天性的方式激励学生自觉主动地成长？小学生喜欢得到老师和家长的表扬和鼓励、喜欢和同伴进行交流和分享、喜欢展示自己的收获和成长、喜欢看得到摸得着的小红花和激励卡。因此，我们依据综合素质评价系统设计了一套符合小学生天性的激励机制，让学生在老师和家长的鼓励中、在和同伴的分享交流中潜移默化地实现快乐自主成长。

① 趣味积分卡：让学生爱上它。我校的积分卡分为两类：校园卡和特色激励卡（图 2-85 和图 2-86）。校园卡选取了 12 位知名的儿童文学作家及其作品，分别制作了金卡、银卡、铜卡三种，银卡和铜卡的正面是作家的推荐书目照片，背面则是这本书的内容简介。集齐同一作家的所有银卡和铜卡可以换取同款的金卡。特色激励卡为学科教师自主设计，如科技币、诗歌卡等。这些卡的设置不仅评价了学生的学习成果，还关注了学生在审美培养、生活技能培养、学习习惯培养及社会实践能力等各个维度的成长需求。有的学生为争得一张铜卡而认真做好眼保健操，有的学生勇于承担劳动服务，还有的学生为此会在不同时段制定自己的学习小目标。这些小卡片在各类教育教学活动中"激活"了每个学生，使得学生在一次次的"集卡"活动的激励下不断成长。

② "诗意五者"清娃成长卡。成长卡是一种月激励卡，分别对应综合素质评价系统中的思想品德、社会实践、学习发展、身心健康、艺术修养五个维度（图 2-87）。学生集齐一定数量的校园"积分卡"后，即可兑换对应主题的成长卡。值得一提的是，成长卡的背面印制的是由清娃原创的绘本和冬奥主题插画，学生通过努力获得具有收藏价值的成长卡片，限量版带着成长体温的卡片激励着学生不断反思和进步。

图 2-85 校园卡

图 2-86 特色激励卡：诗歌卡和科技币

图 2-87 "诗意五者"清娃成长卡

③"诗意五者"获奖证书。证书吸纳了紫荆花、校标、清华紫等体现学校理念的清华元素，以简洁形象的图标代表所要评价的指标，配以可爱的蝴蝶结、小修饰，典雅、大气而又富有童真童趣。当成长卡积累到一定数量，即可荣获相对应的获奖证书。学生获得证

书后上传至综合素质评价系统,并附上自己的获奖感言,班主任、任课教师、同学、家长可对其进行点赞或鼓励性留言(图2-88)。

图 2-88 "诗意五者"获奖证书

通过综合素质评价系统记录学生积分情况,不仅可以展示学生的学习情况、成长状态,也为教师针对性地开展教育教学工作提供了动态依据。在"最美清娃""优秀少先队员""优秀大队干部"等评优评先的过程中,积分数据也作为参考依据。

④ 温馨"同学圈":让彼此尽情绽放。综合素质评价系统给予了学生全面而个性化的发展空间,让学生能够自主自发地成长。在这里,每个学生的独特个性都被发自内心地欣赏,这对于学生的个性发展有积极意义。"同学圈"的共享在无形中赋予了学生一种潜在的力量,学生通过角色互换,互相交流,感受着自己的成长,也欣赏着别人的成长,不仅促进同学间的健康交流,增进了感情,还增强了班级凝聚力。有家长反馈孩子变得更加留心观察自己身边的事物了。每次新读了一本书,学会了一个新技能,或者是发现了生活中有意思的事情,学生们都很愿意把这些记录下来,再上传到系统里,分享自己成长足迹的同时也期待着同学们的反馈和评价,不知不觉中收获了诸多不期而至的"惊喜",积极性就更高了。

3. 多元成长:从学校到家庭

(1) 学生:从"自然"到自觉

就学生而言,综合素质评价系统像是学生成长路上的"起搏器"。一方面,借助综合素质评价系统收藏"童年"的方式,学生们都经历了一个从"好奇"到"期待"的过程,他们从中"看"到了真实的自己。综合素质评价系统六个维度的评价使学生有机会审视自己,让学生在学会接受自己、肯定自己的同时,也理性地看待自己。正如小范同学回顾她自己参加体能集训的经历,从第一天的有点"害怕",到第二天的"腿疼",第三天的"全身都痛",第四天的"酸痛感少了一些",她开始尝试理解教练说的肌肉乳酸代谢的意思。在整个集训的过程中,虽然很累、很痛,但是她学会了不断给自己打气,学会了科学地训练,更领悟了自律和坚持的含义。

另一方面,学生在分享和激励中期待成为更好的自己,自主性被大大激发,内驱力有了较大提升,"努力"渐渐成了一种常态。在成长过程中,小学生由于年龄的特点,其情感、认知、意志、性格等方面都有"不稳定"的因素,外部"正能量"的评价会给他们带来极大的鼓舞,极大地激发他们的自主性。一个一年级的学生在寒假期间,坚持每天出去锻炼1小时,然后把照片上传到系统里,被"大小朋友"点赞,坚持了一个寒假之后,这个学生的跳绳成绩有了明显的提高,跑步也快了,二年级时跳绳达到A级。

学生在分享和激励中不仅认识了自己,遇上了更好的自己,还发现了身边的榜样同伴,促进了同学之间的良性交流和共同进步。三(2)班小闫同学喜欢画画、爬山、朗诵等,开始使用综合素质评价系统时是由妈妈协助上传创意画、爬山照片等,并和同学互相点评。之后看到同学们积极展示多方面突出的成果时,他自己也特别积极,开始独立上传自己的照片及视频。渐渐地他发现了身边"潜伏"的"榜样":张景川足球很厉害,程宇薇同学居然"深藏不露",有多个专长……他在"崇拜"其他同学的同时,也认识到自己的不足,变得更加努力也更加上进。

每个学生的智力水平、兴趣爱好、思维方式等各有差异,而综合素质评价系统恰恰给予了学生自主绽放的空间。"同学圈"的共享也赋予了学生一种潜在的力量,让处在这个"场"中的学生相互激励,浸润在积极向上的氛围中。

(2) 教师:从观察到介入

对教师而言,不了解学生的真实情况,就没有办法开展有的放矢的教育。综合素质评价系统将学生的所思、所想、所感、所获、所做都一一如实记录,教师面对的不再是一个"片面"的学生,而是一个活泼的、生动的儿童。系统中的互动功能,更是拉近了教师与学生之间的距离。

更重要的是,对照综合素质评价系统的评价指标和学生的表现,教师深刻地认识到教育目标实现的状态,反思达成教育目标的新策略。例如,有教师发现很多同学在讨论昨天严严同学发布在平台上的环保服装,便借机开展了"我们只有一个地球"的主题活动,邀请严严同学做主持人,协同科学老师、美术老师共同制订活动计划。在严严的策划下,科学老师带着学生们走进了科普知识殿堂,让学生认识了地球所面临的危机;美术老师在课堂上带着学生们画"我的地球",并且创作出宣传海报。严严本是一个不善于表达的同学,缺乏自信,但是这件事极大地鼓舞了他。后来他不仅经常和同学们探讨各种环保小知识,还和别的同学一起在班里创建了环保小卫士空间站。

也有教师看到综合素质评价系统平台上学生自主的"火苗"被点燃,就借机在班内开展"班级小岗位"招聘活动,鼓励班干部把班内所需岗位按日常岗("图书管理员""小灯官""错别字纠察员""小农夫""小策划""小秘书""眼操督查员"等)和特长岗(宣传社、文艺社、组织社等)统计出来,由同学自愿报名,颁发聘任证书,任期一学期。这样一来,就形成了人人有"小岗位",人人是"小主人"的自主管理氛围,激发了学生参与管理的热情。

(3) 家长:从陪伴到放手

一开始家长们支持综合素质评价系统的使用,是因为他们认为综合素质评价系统让他们有机会客观、全面地了解孩子的成长。正如有家长谈到的,"作为家长,我们在教育孩子时,只能出于我们自己的成长经验,考虑得往往不够全面。我们家以前非常注重孩子的学习和绘画特长的培养,对于她在劳动、体育等方面有所疏忽。但是,通过综合素质评价系统的饼图,我们可以很直观地看到孩子在哪方面做得还不够,就可以比较有针对性地帮她改进"。

伴随着家长深度参与学生成长的这种过程性评价,家长们发现综合素质评价系统的价值远远不止让家长了解孩子,还变成了亲子沟通的重要渠道。有家长在感受中写道:"我的孩子以前会出现注意力不集中、粗心大意等情况,我与孩子进行了沟通交流,可是不管我怎么说或做,总觉得不尽如人意。学校推出了综合素质评价系统后,我和孩子认真研究了此系统的内容和使用方法,每天严格按要求全面如实地填报各项内容。一个学期过去,她喜欢的绘画和朗诵有了较大提升,阳光善良的性格受到老师和同学的喜爱,各种体育锻炼使她更有活力,同时她还学会了许多家务劳动……综合素质评价系统让我深刻体会到陪伴比一切说教都来得有力量。"

不少家长在这个过程中惊喜地发现,孩子想得到更多的展示,竟然开始自己学习使用平台发布自己的动态,为同学点赞,同时也收到了同学的祝福。当越来越多的同学自主发布时,这个"同学圈"就会洋溢着独立、热情、有趣、昂扬的蓬勃氛围,这让家长们深刻感受到孩子内在力量的绽放之美。伴随着孩子自觉地成长,家长也认识到适当"放手"的重要性(图2-89)。

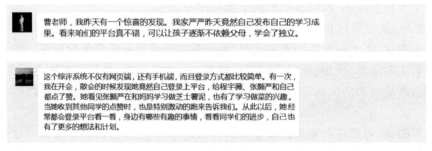

图 2-89　学生使用情况家长反馈信息

综合素质评价系统也为家长与学校的沟通搭建了一座桥梁,通过综合素质评价系统,家长们对学校的教育教学和各类活动有了更多的了解,越来越认同学校的办学理念和育人追求,这种认同与拥护让家校形成一股合力,让"诗意前行"成为每一个家庭的愿景。

(4) 学校:从可视到可期

日本教育学者梶田叡一教授在钟启泉教授的访谈中谈道:"教育评价的作用,就是要确保在教育活动中究竟开展了怎样的学习,实施了怎样的教育,然后将其结果运用于教育。"对学校而言,综合素质评价系统能将学校的教学和德育工作、学生发展和教师发展统整起来,利用综合素质评价平台了解每个学生、每个班级、每个年级的发展情况,从而明确学生获得了什么,学校是否实现了既定的目标,是否满足了社会期待。

使用综合素质评价系统后,教学工作实现了过程性和表现性评价。学生的学习态度、学习习惯、学习行为和学习结果都成为可看、可比、可评的数据,实现了真正的过程管理、动态调整。综合素质评价系统还促进了"核心问题引领+小组探究合作"学习方式的转变,过去教师最"头疼"的小组合作学习评价的问题也得以解决,教师的教研成果、优秀课例在市区举办的多项活动中得到好评。学校还正在积极探索语文、数学、英语学科的自主学习作业,并借助综合素质评价系统让学生的学习真正自主起来。

综合素质评价系统的使用也让德育工作有了新气象,形成了五个一的工作模式,即"突出一个重点,继续强化养成教育;塑造一个亮点,创新德育活动;撑好一个支点,加强队伍建设;打造一个创新,丰富课后服务提升教育温度;拓宽一个空间,形成家校共建和谐局面"。在综合素质评价系统的基础上制定的《文明班级评比方案》《班主任考核方案》等,使学校各项工作都在轨道上有序运行、并行不悖、发挥效力。

接下来,我们要在综合素质评价系统引领下,努力将学校的工作做实、做细,为学生的德智体美劳全面发展赋能,让教育过程全面引领每个人、让教育效能深度助力每个人,让每个孩子都有人生出彩机会,让学校成为老百姓满意的、没有围墙的优质育人品牌学校。

2.2.4 清华附中广华学校的实践

1. 以生为本小学生评价改革的先决问题

(1) 以小学生的什么为本

学生评价,历来是教育研究的重难点,也是政策导向的关键点。从学生综合素质评价政策的发展脉络来看,我国中小学阶段的学生综合素质评价得到了快速的发展,总体上呈现出政策取向日益科学及人本化、政策内容日趋清晰与具体、政策体系日益稳定与完整的变化特点。评价政策的持续创新发展,指引学生评价的持续实践创生。

我们认为,学校的重要功能是帮助学生完成从自然人到社会人的发展过程。从发展观的视域来看,学生是发展中的人,学生本身就具有发展性。以生为本的小学生评价改革,改革的立足点应当是以小学生的发展为本。研究表明,学生的身心发展存在着较为明显的年龄特点。从生理特点来看,小学生的生长发育比较平稳、均匀,中学生却变化急剧;从生理特点来看,小学阶段比较协调,中学阶段却犹如疾风骤雨。如果说在中学生和大学生的发展中个体内部因素作用更大的话,那么小学生的发展往往可能更多地受外部因素的影响。不同的发展阶段,学生的身心发展特点有着鲜明的差异与不同的特征。

以学生发展为本的小学生评价改革,需要整体把握小学生身心发展的年龄特点。纵观整个小学阶段,从身体发育来看,小学生的身体各部分发育比较平稳均衡,无论是体内机能还是神经系统的发育都比较均匀有序。进入高年级后,女生和男生的生长速度先后呈现出比较明显的上升趋势。从心理发展来看,脑和神经系统的平稳均衡发育,为小学生的心理协调发展提供了前提条件。从情绪情感来看,因小学生以学习为其主导活动,情绪情感的发展与学习活动及学校生活相连。师生关系、同伴关系、学业成就等,都对情绪情感有着明显的影响。来自教师及同伴的肯定性评价对于小学生的自我发展有着明显的正向促进作用。从认知特点来看,小学生好奇心强、想象力丰富,有意注意的保持时间比较短,对于活动类、操作类、情景化、体验性的活动兴趣很高。从智力发展来看,思维、记忆、知觉等能力发展迅速,逐步从具体形象思维过渡到抽象逻辑思维。从自我评价能力来看,小学生的自我意识不断增强,逐步从通过他评、师评的外部评价来认识自我走向通过自评觉知自我。以小学生的发展为本,就需要关注学生发展的阶段性,聚焦学生发展的规律性,关注学生发展的个体差异性,从而助力每一位学生获得更好的发展。

(2) 评价小学生的什么

培养什么样的人,是教育的首要问题。习近平总书记在全国教育大会上强调,坚持中国特色社会主义教育发展道路,培养德智体美劳全面发展的社会主义建设者和接班人。"德智体美劳"所组成的五育是一个有机的整体,是学生成长的五个方面。五育一体,相互依存。五育并举,不可偏废。学生评价改革,需要基于五育的系统视野,进行一体化设计与系统性实施,推进整体化构建与结构性升级。

清华附中广华学校自2019年建校以来,基于学校"为杰出人才奠基"的培养目标,努力用校本化的思考与实践回应"为谁培养人""培养什么样的人""怎样培养人"这三大核心问题。面对不确定的未来,我们思考的是如何培养学生适应未来发展变化的可持续的确定性的素养。五育协同发展,六年奠基一生。我们提出在小学阶段要帮助学生奠定一生发展的三块基石——品格之基、健康之基、能力之基。基于五育并举,整体进行品格、健康、能力之基的校本化解读。品格维度:品格是成长的原点,也是发展的原点。品格是成人之基,也是为人之本。教育学生拥有高尚的品德、高雅的情操、高洁的品质,是教育的本原性工程。健康维度:健康是成长的基点,也是幸福的起点。健康是立国之基,也是立身之本。引导学生拥有健康的体质、健身的本领、健全的心理,是教育的基础性工程。能力维度:能力是成长的支点,也是未来的锚点。能力是成才之基,也是报国之本。引领学生拥有高阶思维、创新意识、实践能力,是教育的发展性工程。

基于对"培养什么样的人"的校本理解,我们设计了四大课程路径,助力学生"全面发展且学有所长"(图2-90)。面向全体学生的基础发展需求,进行国家课程的创造性实施;面向全体学生的共性发展需求,推进国家课程的发展性补充;面向全体学生的个性发展需求,进行校本课程的个性化创生;面向不同学生的特长发展需求,进行校本课程的特色化构建。通过普适课程与特需课程的全面设计,借助必修课程与选修课程的整体构建,引导学生发现自我、确认天赋、确定热爱、持续成长。

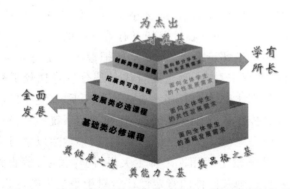

图2-90　清华大学附属中学广华学校小学部课程结构图

通过基础类必修课程、发展类必选课程夯实根基、激发兴趣、发现天赋、培养思维、培育素养;通过拓展类可选课程、创新类特选课程拓展视野、聚焦天赋、发展兴趣、培养特长、培育优势。

根据小学生身心发展的特点,基于发展的不同阶段,设置年段培养目标。以学生品格发展为例(图2-91),低中高三个年段分别以"成长、责任、梦想"为关键词,低年级重点关注习惯培养,以"自律、诚实、互助、向上"为品格发展要素,以软实力课程、衔接课程为学段特色课程;中年级重点关注品行培育,以"自信、公正、责任、向善"为品格发展要素,以志愿服务课程、成长课程为学段特色课程;高年级重点关注人格培植,以"自强、忠诚、担当、尚美"为品格发展要素,以学长学伴课程、毕业课程为学段特色课程。通过丰富的课程、多元的活动、立体的体验,整体构建小学低、中、高品格发展目标及要素体系。

图 2-91 清华大学附属中学广华学校小学生品格发展阶梯图

在推进小学生综合素质评价改革的过程中,我们始终坚持构建五育发展大视野,以评价维度的结构化、评价内容的系统性、评价方式的适切性,促进学生全面发展且学有所长。

(3) 改革评价系统的支持系统是什么

2021 年 3 月,教育部等六部门关于印发《义务教育质量评价指南》的通知,发布了地域、学校、学生三个层面的质量评价指标。《义务教育质量评价指南》将学生发展质量评价作为重要组成部分,从德智体美劳五个维度整体设计学生发展质量评价的评价指标与评价要点,旨在培养学生适应终身发展和社会发展需要的正确价值观、必备品格和关键能力。

落实立德树人的根本任务,培养德智体美劳全面发展的社会主义建设者和接班人,需要学校管理者站在国家未来发展的高点,立足五育并举的基本点,系统建构学生评价系统的支持体系。

一是多元主体参与评价。多元主体,一方面包括教师、学生、家长,甚至社会人士在内的外部评价,重在发挥他评的客观性、多维性与整体性,努力构建家校社一体育人的教育生态;另一方面还包括学生自我的内部评价,基于小学生自我意识发展的阶段性特点,不断增强学生内省觉察、自我激励、自我反思、自主管理的能力。

二是评价指南引导评价。根据中国学生发展核心素养,依据《义务教育质量评价指南》,结合学校具体的培养目标,通过"师生访谈—方案设计—方案论证—先行实验—调整优化",从而形成清华大学附属中学广华学校"紫荆花开 天天向上"小学生综合素质评价指南(表 2-4)。

表 2-4 清华附中广华学校小学部学生综合素质评价指标体系

评价维度	评价指标	相关评价要点
品德发展	理想与信念	爱国爱党,践行社会主义核心价值观,为实现中华民族伟大复兴的中国梦而奋斗;认真参加升旗仪式,唱国歌,敬队礼;积极参加各类主题活动
	道德与情操	自尊自爱,诚信友善,孝敬父母,尊重师长,团结同学,助人为乐
	行为与规范	自律自强,遵纪守法,举止文明,进行自我规划与自主管理

续表

评价维度	评价指标	相关评价要点
身心健康	体质与健康	进行自我健康管理,体质健康达标,有效保护视力,BMI指数保持正常
	技能与习惯	按时作息,充足睡眠,坚持锻炼,积极参加体育活动,学习并掌握1~2项健身技能
	心理与安全	珍爱生命,阳光向上,有效进行情绪管理,积极融入团队,乐于沟通交流
学习表现	习惯与态度	热爱学习,主动学习,掌握学习方法,坚持进行阅读,认真完成作业,积极自我反思
	发现与探究	具有问题意识,主动发现问题,积极提出问题,尝试解决问题,能合作完成具有挑战性的任务
	思维与创新	有好奇心与想象力,独立思考,大胆质疑,能从不同的角度提出自己的想法,能创造性地解决问题
审美情趣	知识与技能	掌握音乐、美术、书法、舞蹈等艺术的相关知识与技能
	鉴赏与感受	理解与尊重艺术文化的多元性,具有健康的艺术审美价值取向,体验艺术作品带来的美
	表达与创造	能用自己的喜欢的方式进行艺术表达与创造,并将艺术美运用于生活之中
劳动实践	意识与态度	尊重劳动,热爱劳动。珍惜劳动果实,尊重劳动人民
	技能与方法	主动参与家务劳动、学校劳动及社区劳动,掌握各项基本劳动技能
	实践与体验	积极参加社会调查、参观、访问等实践活动,了解各行各业职业的特点,主动参与各类公益实践活动

"紫荆花开 天天向上"小学生评价指南包括"品德发展、身心健康、学业表现、审美情趣、劳动实践"五大维度、15项关键评价指标与相关评价要点,以此导引小学生综合素质评价改革的实践推进,以自评、互评、师评、家长评等多个维度,发挥多元主体的积极功能,以全员、全程、全方位的评价改革促进小学生个体与群体的发展。

2. 以生为本小学生评价改革的模式探索

《深化新时代教育评价改革总体方案》中提出:"教育评价事关教育发展方向,有什么样的评价指挥棒,就有什么样的办学导向。""坚持科学有效,改进结果评价,强化过程评价,探索增值评价,健全综合评价",是深化新时代教育评价改革的重要原则。

(1) 聚焦过程性评价开发"成长积分管理系统"

强化过程评价,是要从根本上改变过去重结果评价而轻过程评价的现象。如何让过程可见,让发展可见,让成长可见?

我们的回答是通过"紫荆花开 天天向上"成长积分管理系统,发挥即时性评价的引导功能,凸显过程性评价的激励功能。打通课内与课后,连接校内与校外,聚焦生长与发展,助力成长与进步。根据五维评价的具体评价指标,进行日评价、周记录、月汇总、学期表彰。

正副班主任及各科任教师对于学生的一日学习及生活进行观察、记录与评价。个人或小组也可向任课教师或正副班主任提出申请对相关同学的项目进行评价加分。通过五大维度不同色彩紫荆花积分的可视化图式,引导学生"幸福成长 天天向上"。图2-92为周××学生第 4 周的紫荆花积分记录表。每周进行数据汇总,每 10 个积分可兑换 1 个紫荆花印章,记录在个人成长记录表中。

紫荆花开　天天向上

一级指标	二级指标									
品德发展	理想与信念	✿	✿	✿						
	道德与情操	✿	✿							
	行为与规范	✿	✿	✿	✿	✿				
身心健康	体质与健康	✿	✿							
	技能与习惯	✿	✿							
	心理与安全	✿	✿							
学习表现	习惯与态度	✿	✿	✿	✿					
	发现与探究	✿	✿	✿	✿	✿				
	思维与创新	✿	✿	✿	✿					
审美情趣	知识与技能	✿	✿							
	鉴赏与感受	✿	✿	✿						
	表达与创造	✿	✿							
劳动实践	意识与态度	✿	✿							
	技能与方法	✿	✿							
	实践与体验	✿	✿	✿						

图 2-92　周××同学第 4 周紫荆花积分记录表

每个月最后一个星期的班会课举行"紫荆花开　天天向上"成长分享会。首先以小组为单位进行组内分享,每位学生对照 4 周的个人成长积分记录单及个人成长记录册,进行组内分析。其次,以班级为单位进行大组分享,选派同学作为小组代表进行班级成长分享。通过分享自我的成长、交流彼此的体会,进一步发挥评价的激励功能与导向功能。最后,以"让成长看得见"为主题,由班主任、副班主任进行每月总结,鼓励进步、发现优秀、送出期待。

通过这样的日评价、周累积、月分享,每一位同学都找到了自己的优势、长处、进步,也看到了他人的特点、特长与成长。每一位教师也更全面、更科学、更动态地了解到不同学生的优势领域与成长状态,也能更有效地给予帮助与指引。每一位家长也能更及时、更充分地了解到孩子在学校的每一点努力、每一点收获及获得的每一个肯定。通过一次次点赞、一个个积分,外化为正向激励的数据,内化为向上成长的力量。

（2）凸显增值性评价设计"成长积分分析系统"

小学生综合素质评价的设计与实施,其目的不是为了鉴别,而是为了改进。在我们看来,探索增值评价,就是关注学生成长的可持续发展的增量,寻找助力学生成长的关键性常量与核心性变量。

因此，我们尤为重视增值性评价的激励作用。引导每一位教师、每一位学生、每一位家长，在关注学生的成长的每一刻的同时，用发展的眼光看待每位学生的个性与差异，看待每位学生的成长与变化。

我们在成长积分管理系统的基础上，进一步对积分的数据进行抓取与分析，从而实现为每位学生进行数据画像的目标。通过数据画像，为学生的成长留痕；基于数字画像，为学生的成长导航；借助数据画像，为学生的成长助力。

根据数据画像，我们可以关注学生五大维度的整体发展情况。图 2-93 为 2021 年 9 月份三位同学的五大维度积分的统计。人人有发展，各个有不同。尊重差异，才能更好地引领发展。从中我们可以发现每位学生的发展优势领域及需要引领的维度。

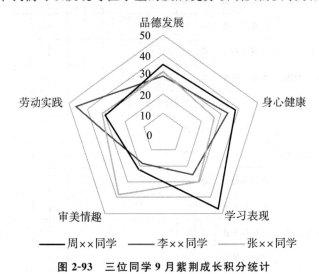

图 2-93　三位同学 9 月紫荆成长积分统计

同时，每一位学生的发展也是一个动态的过程。在进行数据分析时，不仅需要关注总量的维度分布，也需要关注一个阶段的变化发展。图 2-94 为三位同学中的周××同学在一个月中五大维度的积分变化统计图。

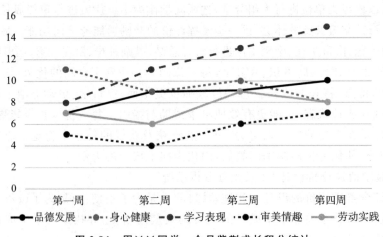

图 2-94　周××同学一个月紫荆成长积分统计

从图中,我们可以发现品德发展、审美情趣、劳动实践三个维度总体呈现出平稳增长的态势,学习表现维度有持续的较大进步,但是身心健康领域在第四周出现了较为明显的下降趋势。

通过雷达图及折线图,能够以可视化的方式展示学生在一个阶段中的发展与变化。班主任、学科教师可以和家长一起,基于图表及数据分析,更有针对性地指导学生对自己的一个阶段的成长进行总结回顾、自我反思,找到自身的优势与存在不足。通过自我对比、自我反思,从而进行自我调整与自我激励,为后续的成长确定适切的目标、找寻合适的路径。

(3) 聚焦诊断性评价设计"学科素养分析系统"

在聚焦过程性评价的同时,我们还非常重视诊断性评价的导引功能。在"双减"背景下,如何确保"学—教—练—评"的一致性?我们尝试在作业与练习设计、实施、评价与反馈中,实现学科素养分析对"学与教"的精准把脉与科学指导。

根据学科核心素养的要求,精心设计课时练习、单元练习及综合练习。基于练习过程中产生的数据,进行聚焦素养发展的整体分析。以数学学科为例,我们以《义务教育课程数学课程标准(2022年版)》核心素养为核心关注点,进行校本化、年段化、具体化的评价框架设计。

《义务教育课程数学课程标准(2022年版)》指出,第一学段(1~2年级)的目标为"能进行简单的整数四则运算,形成初步的数感、符号意识和运算能力"。同时以衔接的眼光来看四则运算。第二学段(3~4年级)的目标为"能进行较复杂的整数四则运算和简单的小数、分数的加减运算,理解运算律;形成数感、运算能力和初步的推理意识"。对于小学生而言,这些核心素养需要结合数学课程标准在小学阶段安排的具体学习内容及小学生的年龄心理特点加以界定,其具体表现也具有相应的小学数学特征。

数学教研组以二年级下册第六单元《有余数的除法》为例,从培养学生数感、符号意识、运算意识和推理意识这四大素养出发,结合学生具体学习内容,进行了素养表现分级水平的划分(表2-5)。

表2-5 《有余数的除法》素养表现水平划分

素养表现	素养内涵	水平一	水平二	水平三
数感	对数与数量、数量关系及运算结果的直观感悟	能够在真实情境中理解数的意义,能用数表示物体的个数或事物的顺序	能在简单的真实情境中进行合理估算,作出合理判断	能初步体会并表达事物蕴含的简单数量规律
符号意识	能够感悟符号的数学功能	知道符号表达的现实意义;能够初步运用符号表示数量、关系和一般规律	知道用符号表达的运算规律和推理结论具有一般性	初步体会符号的使用是数学表达和数学思考的重要形式
运算意识	根据法则和运算律进行正确运算的能力	能够明晰运算的对象和意义,理解算法与算理之间的关系	能够理解运算的问题,选择合理简洁的运算策略解决问题	能够通过运算促进数学推理能力的发展

续表

素养表现	素养内涵	水平一	水平二	水平三
推理意识	对逻辑推理过程及其意义的初步感悟	知道可以从一些事实和命题出发，依据规则推出其他命题或结论；能够通过简单的归纳或类比，猜想或发现一些初步的结论	通过法则运用，体验数学从一般到特殊的论证过程	对自己及他人的问题解决过程给出合理解释

结合以上数学核心素养的表现水平划分，精选人教版数学教材及朝阳区新目标检测及自编习题对学生进行素养水平诊断与分析，形成相应的评价标准（表2-6）。

表2-6 《有余数的除法》素养评价设计表

考察素养	考察内容	习 题 设 计	水 平 指 标
数感 运算意识 推理意识	有余数除法的含义	9支铅笔，每人分2支。可以分给（　）人，还剩（　）支。 //////// $9÷2=\square（　）人……\square（　）支$ 9支铅笔，每人分给4个人。分一分，把分的结果画出来。 ● ● ● ● 每人分（　）支，还剩（　）支。 $9÷4=\square（支）……\square（支）$ ① 画一画，填一填 ② 尝试自己画图表示 $17÷4=4……1$ ③ 说一说除数的4和商的4分别表示什么含义。 ④ 什么时候商和余数的单位相同，什么时候商和余数的单位不同？	① 能正确做出第一题，运算意识达到水平一； ② 能正确做出第二题，数感达到水平一，如能画出包含和等分两种关系的图，则数感达到水平二； ③ 能正确做出第三题，运算意识达到水平一； ④ 能说出等分关系下单位相同，包含关系下单位不同，推理意识达到水平一
运算意识	除法算式各部分的关系	计算下面各题，你有什么发现？ $46÷7=$　　$28÷5=$　　$74÷8=$ $7×6=4=$　　$5×5+3=$　　$8×9+2=$	① 能按照运算法则正确计算出题目，达到运算意识水平一； ② 在计算下面的题目时直接用上面题目的被除数，达到运算意识水平二； ③ 能够总结出：被除数＝除数×商＋余数、互逆关系或好朋友算式达到运算意识水平三
数感 运算意识	除法竖式和试商	在□中填上合适的数 $7)\overline{\square\square}$　　　$\square)\overline{35}$ 　$\underline{42}$　　　　$\square\square$ 　　1　　　　　5	① 能正确做出第1题，数感达到水平二，运算意识达到水平二； ② 能正确做出第2题，数感达到水平二，同时运算意识达到水平三

续表

考察素养	考察内容	习题设计	水平指标
数感 运算意识	用进一法解决实际问题	有38名同学去公园划船，每条小船限坐4人，每条大船限坐6人，要使每条船都坐满，一共有(　　)种方案，选择喜欢的方式展示出你思考的过程	① 用尝试调整的方法找出方案，数感达到水平二，运算意识达到水平二； ② 能用枚举法按照一定顺序找出方案，数感达到水平三，运算意识达到水平三
符号意识 运算意识 推理意识	运用除法解决规律性排列问题	1,　1,　2；　1,　1,　2；____，____，____。 A,　A,　B；　A,　A,　B；____，____，____。 □,　□,　⊟；　□,　□,　⊟；____，____，____。 ① 在横线上填上合适的数字、字母或图形； ② 第16个数字应该是什么？第16个字母是什么？第16个图形是什么？ ③ 按照黄黄红黄黄红黄黄红的规律摆小旗，第16面小旗是什么，你是怎样想的？	① 能正确填出数字、字母或图形，符号意识达到水平一； ② 能用画图法正确做出第二题，推理意识达到水平一；能用除法算式正确做出第二题，推理意识达到水平二，同时运算意识达到水平二； ③ 能用画图法正确做出第三题，推理意识达到水平一；能用除法算式正确做出第三题，推理意识达到水平二，同时运算意识达到水平二；能用类比的方式，知道1－A－□－黄是同一类事物，符号意识达到水平二

根据相应的评价标准，对二年级学生进行作业分项评价。通过对每一位学生的数据记录及全体学生的数据进行分析，形成关于除法单元学习的诊断性评价(图2-95)。

题号 核心素养	A2 数感	C1 数感	C2 数感	D 数感	A1 运算	A3 运算	B 运算	C2 运算	D 运算	E2 运算	E3 运算	E2 推理	A4 推理	E3 推理	E1 符号	E3 符号
0301	1	1	2	2	1	0	3	3	2	2	2	2		2	1	
0302	0	0	0	0	1	0	1									
0303	2	1	2	3	1	1	3	3	3	2	2	2	1	2	1	2
0304	1	1	2	3	1	1	2	3	3	2	2	2		2	1	2
0305	0	0	0	2	1		3		2							
0306	1	1	2	3	1	1	3	3	3	2	2	2	1	2	1	2
0307	0	0	0	2	1		2		2	2	2	2		2	1	
0308	1	1	2	2	1	1	2	3	2	2	2	2	1	2	1	
0309	0	1	2	2	1		1	3	2	2	2	2		2	1	2
0310	1	1	2	3	1	1	3	3	3	2	2	2		2	1	2
0311	1	1	2	2	1	1	3	3	2	2	2	2		2	1	
0312	1	1	2	3	1	1	3	3	3	2	2	2		2	1	2
0313	0	1	2	3	1		2	3	3	2	2	2		2	1	2
0314	1	1	2	0	1	1	3	3		2	2	2		2	1	
0315	1	1	2	2	1	1	2	3	2	2	2	2		2	1	

图2-95　《有余数的除法》学生素养表现水平记录

经过分析可以发现，92%的学生运算意识达到水平三，67%的学生数感达到水平二，27%的学生数感甚至达到了水平三。作为本单元的重要教学目标，学生学习达成度高。综合四大核心素养整体来看，也为教师在后续的数学教学中更加注重对学生符号意识和推理意识的培养指明了方向。而一生一表的个性化数据分析，也将推动一生一策的有效实施(图2-96)。

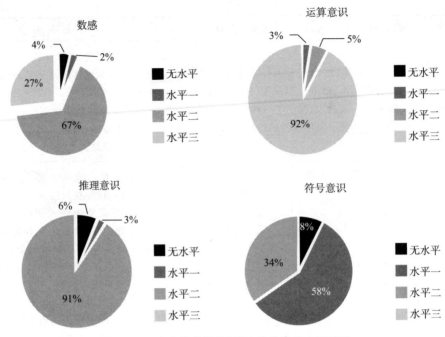

图 2-96 《有余数的除法》学生素养表现水平统计

与数学教研组类似,各个学科教师都会根据核心素养在本册内容的评价指标与相关要点,进行教研组内的练习设计、专题研讨、具体实施与调研反馈;基于学生实际练习的反馈,进行各项数据的深入分析;根据练习的反馈结果,进行分类推送、分项定制、个别辅导,帮助学生反思改进、理清概念、理解原理、掌握方法、提升素养;充分发挥评价的诊断性功能,导引有效教学的深度发生。

(4) 创新体验性评价,设计"紫荆成长计划"

每一个儿童都是天生的游戏爱好者。小学生评价改革,可以从学生乐于参与游戏化学习、角色性扮演、具身性体验的特点出发,进行创意设计。

① 以岗位性体验为依托。"紫荆成长计划"岗位性体验活动以"儿童"为核心,以"生活"为纽带,以"体验"为路径,以"评价"为依托,以"沉浸式与情境性课程"为平台,引导学生在实践中体验、在生活中感悟、在合作中成长,让儿童通过自我德育形成积极品德,通过自我体验促进智慧生长。

"紫荆成长计划"岗位性体验活动包含"紫荆山谷影院""紫荆少年邮局""紫荆诚信超市""紫荆欢乐农场""紫荆幸福市集""紫荆开心餐厅"等一系列岗位实践。学生通过"紫荆花开　天天向上"成长积分管理系统获得行为积分,兑换紫荆成长积分币,参与各类岗位体验课程。

2022 年 5 月,我们对三年级学生进行"紫荆成长计划"岗位体验活动的问卷调查。在"我最喜爱的 3 个紫荆岗位"体验活动中,"紫荆山谷影院、紫荆幸福市集、紫荆阳光午间"三个项目均有超过 50% 的学生选择(图 2-97)。

在选择原因的表述中,有 74.46% 的学生表达了情感层面的感受,感兴趣、好玩、有

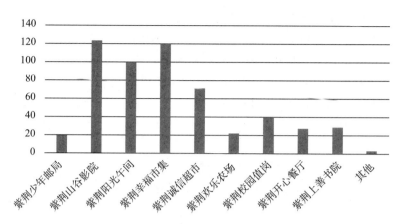

图 2-97 三年级学生最喜爱的紫荆岗位体验活动统计图

趣、喜欢、自由都是常见关键词。还有近三分之一的同学能在情感层面上,发现岗位体验活动的意义。通过岗位体验活动,学生理解了责任,学会了交往,得到了锻炼,服务了同伴,增长了见识,获得了成就感。

通过模拟邮局、影院、书院、超市、农场等,引导学生感受社会的不同分工,引领学生体会职业的不同特点,不断扩展生活领域中蕴含着丰富的资源,用这些生活素材丰富学校生活,将教学空间从课内向课外延伸,从课堂向学校、家庭和社会扩展。在双减背景下,引领学生走向广阔的社会生活,获得更为丰富、自主、充分、个性的成长。

② 以乐考嘉年华为特色。"紫荆成长计划"还通过情景化、主题式、融学科的形式,以"乐学·乐游·乐评"为宗旨创新开展嘉年华情境闯关评价,助力学生多元发展。"小脚丫游北京""线上齐相约 幸福号高铁""不一样的我 童话嘉年华""2022 冬奥:冰雪嘉年华"等系列活动成为孩子们成长的美好见证。2022 年 1 月,"冰雪嘉年华"在同学们的期盼中拉开帷幕。

我们致力于设计沉浸式体验,让评价乐起来。以冬奥主题情境为载体,以学科核心素养为基点,以学生成长样态为中心,进行系统论视野下的学生素质评价设计。通过沉浸式活动、具身化体验,改考为玩,变考为展,实现玩中考,展中得。冬奥电视台、冬奥文创馆、冰墩墩超市、裁判员中心……学生在一个个真实情境中实践探究,在一次次快乐体验中收获成长。

我们致力于构建全景化视野,让评价活起来。充分发挥评价的引导功能,引领学生从对课本这类"有字之书"的关注,走向对生活这一"无字之书"的聚焦。在"人与自我""人与自然""人与社会"的整体视野下学习、生活、成长。当冬奥与成长相遇,当教育与生活相连,评价就变得鲜活生动。在体育活动中感受冬奥,增强体质,强化品格;在科学活动中助力冬奥,以用促学,学以创新;在志愿活动中走近冬奥,友爱互助,共同成长。

我们致力于发展创造性表达,让评价动起来。2021 年 9 月 17 日,北京冬奥会、冬残奥会口号——"一起向未来"正式发布。一起向未来,需要每一个你、我、他,共同努力,携手创造。在"一起向未来"的音乐中,学生们跟随节拍尽情舞动,用身体创造律动;在冬奥吉祥物的陪伴中,学生们用画笔传递所思所想,用色彩创造美好;在冬奥项目的体验中,学生们在游戏中用勇气面对挑战,用合作创造美好。

　　2022年5月,在对二年级学生进行最喜欢的一项乐活嘉年华的问卷调查中,"2022冬奥:冰雪嘉年华"以50.47%排名第一。从调查结果来看,不排除选择项目与活动开展距今时长有一定的关系。但值得注意的是,学生印象深刻并十分喜爱的活动,前三项中有两项都是乐考嘉年华主题活动(图2-98)。

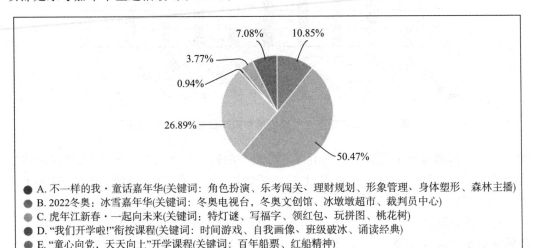

- A. 不一样的我·童话嘉年华(关键词:角色扮演、乐考闯关、理财规划、形象管理、身体塑形、森林主播)
- B. 2022冬奥:冰雪嘉年华(关键词:冬奥电视台、冬奥文创馆、冰墩墩超市、裁判员中心)
- C. 虎年江新春·一起向未来(关键词:特灯谜、写福字、领红包、玩拼图、桃花树)
- D. "我们开学啦!"衔接课程(关键词:时间游戏、自我画像、班级破冰、诵读经典)
- E. "童心向党,天天向上"开学课程(关键词:百年船票、红船精神)
- F. "学四史,迎百年,跟党走"红色运动会(关键词:四渡赤水、飞夺泸定桥、南泥湾抢收、永康穿洞、薪火相传、凝心聚力拔河……)

图2-98　一年级学生最喜爱的乐活嘉年华活动统计图

　　受年龄及文字表达能力限制,学生在表达选择的原因时,多用短语。根据调查结果中的词语出现频率,制作词云图,可以发现学生对于活动的主题"冬奥、冰雪、嘉年华"非常感兴趣,参与的情绪体验是"好玩、有趣、有意思、有意义的"。

　　在表达参加嘉年华活动的收获和感受时,制作词云图。学生在活动过程中,不仅有开心有趣的情绪体验,也有团结互助的合作体验;不仅有学科知识的提升,也有综合能力的提高;不仅有思维认知的提高,还有思想认识的提升(图2-99和图2-100)。

图2-99　最喜爱的嘉年华活动的选择原因

图2-100　参加嘉年华活动的收获与感受

3. 以生为本小学生评价改革的未来思考

(1) 推进小学生综合素质评价系统的平台性开发

　　针对目前使用"紫荆花开　天天向上"过程性评价手册中面临的操作性问题,如何提升数据的实时效能是我们需要思考的。后续将与第三方技术公司对接,完成小学生综合素质发展评价系统的平台开发。通过学生、家长及教师上传文字、图像、视频等各类学习及成长数据,实现即时性评价与数据化记录的实时对接,让成长无处不在,让评价如影随形。

(2) 推进小学生综合素质评价系统的持续性升级

面对双减政策下,课内课后一体化联动,校内校外一体化推进的教育生态改革,面对2022义务教育课程方案"目标导向 问题导向 创新导向"下的全新出台,每一所学校都需要不断回答"评价是什么""评价为什么""评价怎么做""评价做得怎么样",并在此基础上持续进行评价改革的"再改革",学生评价的"再出发"。针对调研数据,我们需要思考的是如何针对小学低中高年级学生的不同特点,细化评价指标体系?如何更好地发挥家校社协同育人的作用,推进学生评价改革?

(3) 推进"幼—小—中"学生综合素质评价系统的系列化创生

大中小德育一体化建设,充分发挥了各学段纵向衔接、各学科横向配合的作用。德育是学生综合素质评价中重要的维度之一。如何发挥学段衔接优势、发挥学科统整的特点,需要我们充分挖掘清华附中一体化学校的资源优势,建立学生发展联盟,共同聚焦学生评价体系的建构,形成覆盖幼儿园、小学、初中、高中不同年段,既聚焦发展的相关性,又关注阶段的特殊性的学生综合素质评价体系。

2.2.5 清华附中望京学校的实践

1. 学校基本情况

清华附中望京学校成立于2020年9月,学校位于北京市朝阳区大望京国际科技商务区,是一所由朝阳区教委和清华大学附属中学合作创建、由清华大学附属中学合作学校统一管理的全日制完全中学(图2-101)。

图2-101 清华附中望京学校初2020级学生作品——校园一角

学校依托清华大学附属中学和清华大学附属中学朝阳学校等合作学校的优质教育教学资源,传承和发扬清华大学附属中学合作学校在办学理念、管理建构、育人模式、课程建设、教师发展、评价体系等方面的办学经验,以"自强不息,厚德载物"为校训,以"德修于行,行胜于言"为校风,以"明德启智,修己树人"为教风,以"带着问题学进去,带着感悟学出来"为学风,促进学生和教师全面而有个性的成长。学校的使命是为领袖人才奠基(附中);让学生实现自我认知和全面而有个性的发展并实现个人价值;让教师获得成就;让学校成为促进每个人真实智慧向上发展的舞台。

2. 学校推进清华附中综合素质评价的过程

清华附中望京学校作为清华附中合作学校中的一名新成员,秉持了清华附中"以育人为中心,以学生为主体"的教育思想和办学传统,始终坚持德、智、体、美、劳五育并举,促进学生多元发展的办学理念。继承了清华附中学生综合素质评价系统中评价的五个方面(思想品德、学业水平、身心健康、艺术素养和社会实践)、九个模块、四十六个点的培养方向,更加注重育人的过程性评价、多元性评价和评价的实测性,从而推进教育教学的科学化,促进学生发展的全面化,促进家校沟通和家长对学生成长的参与,提升学生素质教育,从传统的"应试"教育逐渐转变成更加注重学生个性化发展的"育人"教育。

综合素质评价的本质是个性发展评价,也是真实性、过程性评价,同时还是内部评价。综合素质评价是伴随素质教育的推进而产生的,目的在于落实立德树人的总目标,构建基础教育阶段的评价体系,培养社会主义合格的建设者和接班人。清华附中开发的学生综合素质生成性评价模型,强调用多把尺子去衡量学生,对学生各个方面进行"观察、记录、分析",注重以学生行为为依据,关注学生成长中的过程性与发展性,注重参与主体、评价体系、结果呈现和发展趋向的多元性,注重数据的动态量化和真实性。综合素质评价的根本目的是帮助学生真实地了解自我,明晰自身的优势特长和发展短板,让每个学生都能找到适合自己成长的方式,实现学生发展和学校教育教学管理、各类学校人才选拔的双向共赢,发挥综合素质评价育人导向与评价选拔的双重功能。清华附中望京学校初一年级学生综合素质评价统计图表明,学生在思想品德、学业成就、身心健康、艺术修养和社会实践五个维度方面提升自我、展示自我和发展自我,学生的德、智、体、美、劳得到全面均衡的发展,学生各方面素质得到有效提升,如图2-102所示。

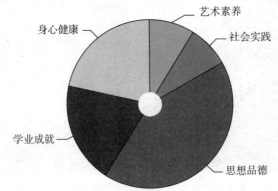

图 2-102 清华附中望京学校初一年级学生综合素质评价

为了切实落实学校育人目标,践行清华附中开发的学生综合素质评价系统中的五个维度、九个模块和四十六个点,落实和完善学校德育具体评价体系,使其具有可操作性、可达成性和可测量性,同时调动学生的积极性,激励学生自主发展,我校制定了《清华附中望京学校学生综合素质评价成长计划》如图2-103所示。其中涵盖了学生综合素质评价中的各个维度和评价要点。成长计划的落实,促使我们更加关注过程性评价,强调记录学生的成长过程;关注学生差异,强调综合素质评价和个性化指导,实现评价指标多样化;重视学生自我评价,同伴互评和学校评价,实现评价主体的多元化。

学生综合素质评价系统的「指标体系」
TSINGHUA UNIVERSITY HIGH SCHOOL

诚信道德	学业水平	身心健康	艺术素养	组织协调能力	活动实践	个人成长	集体奖励	其他
道德奖励	学业成绩 百分制	《国家学生体质健康标准》	才艺奖励	班内任职	活动实践奖励	学术志趣与偏好发展	班集体奖励	好人好事
失信扣分	学业成绩 五级制	身体机能	艺术成果展示	校团委学生会任职	党团活动	艺术素养及特长培养	社团集体奖励	……
纪律处分	学业成绩 二级制	运动技能		学校社团任职	社团活动	体质健康与体育锻炼		
违法犯罪	作业表现	体育奖励		社会工作	生产劳动	感动感悟与交流沟通		
社会公益及志愿服务	课堂表现				勤工俭学	读书分享与人文思索		
班级值日	课堂考勤				军训	阶段小结与个人反思		
课程班值日	学业奖励				参观学习			
文明礼仪	会考成绩				社会调查			

图2-103 综合素质评价九个模块和四十六个点评价指标系统

《清华附中望京学校学生综合素质评价成长计划》的制定是从思想品德、学业水平、身心健康、艺术素养、社会实践、组织协调能力、个人成长、集体奖励和好人好事九个维度出发,结合我校实际情况和学生学情,制定出的详尽的包含高影响力事件的活动计划,如图2-104所示。学校的共识性的高影响力的活动,对于培养学生综合素质和正确的世界观、人生观、价值观价值是十分重要且必要的,我校选取了一些对学生在中学阶段有着高影响力的活动,比如班会、板报设计、社团活动、志愿者服务、劳动与学科融合的活动等,它们对于学生的成长作用和综合素质的发展作用是不可替代的,详细介绍如下。

(1)思想品德

思想品德包括道德奖励、社会公益及志愿服务、班级值日、课程班值日、文明礼仪、集会表现六个点。其中,道德奖励方面,我校从爱国、爱党、爱校、守法、诚信、行为习惯方面,为学生提供相应升旗仪式活动、主题板报活动、主题班会和美德标兵评比(图2-105)、交通安全、消防安全教育进校园、法制宣传教育、国家安全教育(图2-106)、"以信待人,诚信做事"主题教育、"诚以立身,信以立德"主题班会(图2-107),以及行为习惯成长档案(图2-108)等丰富多彩,形式各异的活动。在活动中提升学生思想道德素养,用实际行动做到爱国、爱党、爱校、守法、诚信和自律。

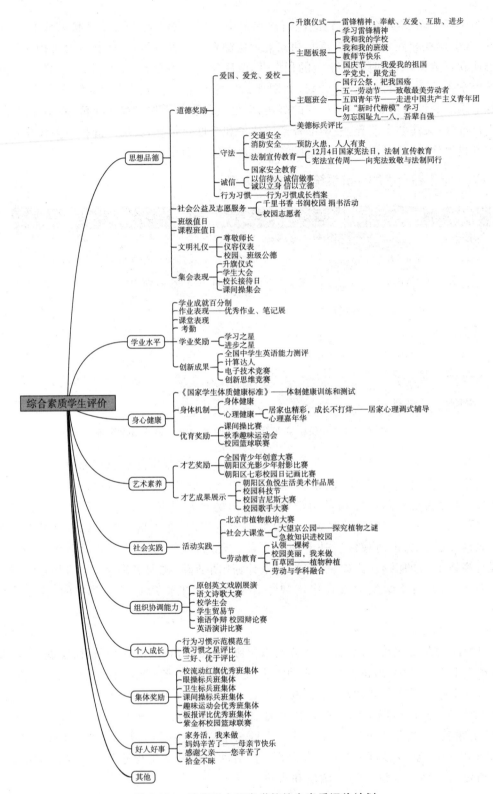

图 2-104　清华附中望京学校综合素质评价计划

图 2-105 爱国爱党爱校：升旗仪式活动、主题板报活动、主题班会和美德标兵评比

图 2-106 守法教育

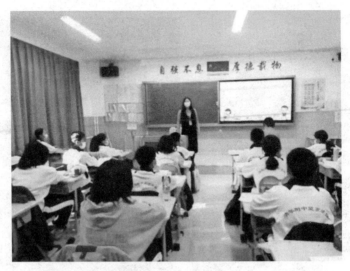

图 2-107　诚信教育

初一（）班学生日常规范记分册-校级加分项

教育ID号	姓名	校园植物的管理和维护	校园文化墙的设计和布置	其它类校园公益活动	班级好人好事	校服	班级板报的设计和布置	读书分享活动	总分
	分项目分数	2	2	2	1	1	1	1	10

图 2-108　自律教育:学生行为习惯成长档案

社会公益及志愿服务方面,学校组织学生以“千里书香,书润校园”为主题的捐书活动,为清华附中延安学校送上温暖。学生在搬运书籍、进行分类整理的同时写下寄语和祝福,并在书中夹上自己创作的校园特色的文创书签,把爱和友情传递到千里之外。为了培养学生的责任意识和奉献精神,学校为学生提供力所能及的志愿者工作,使学生在劳动中培养责任心、爱心并提升沟通协调的能力,收获助人为乐的快乐,如图 2-109 所示。

在班级值日、课程班值日、文明礼仪、集会表现方面,学校通过充分学习和理解清华附中综合素质评价系统原理和内容,并结合对班主任和学生的访谈记录,制定出《学生成长手册》(图 2-110),分为①考勤管理(考勤员负责评价);②纪律常规(纪律委员负责评价);③课间操、升旗、学生大会、校长接待日等集会表现(体育委员负责评价);④卫生值日(卫生委员负责评价);⑤文明礼仪(班长负责评价);⑥仪容仪表(班长负责评价);⑦公物维护(电教委员负责评价)。学生自我管理和评价,并细化量化的准则,在可操作的准则下参与学校组织的活动,形成操作性强的学生过程性评价,如图 2-111 所示。

图 2-109　社会公益及志愿服务

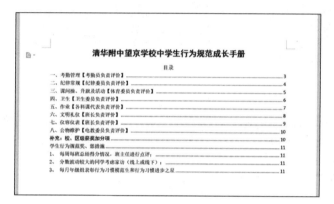

图 2-110　清华附中望京学校学生行为规范成长手册

图 2-111　学生值日、文明礼仪和集会表现

(2) 学业水平

学业水平方面包括学业成绩百分制、课堂表现、考勤、作业表现、学业奖励、创新成果几个点。其中作业表现主要通过作业评比、优秀作业、笔记展的形式促进学生间的学习和交流,如图 2-112 所示。学业奖励主要通过学习之星、进步之星评比和奖励活动体现,如图 2-113 所示。创新成果体现在全国中学生英语能力测评、计算达人、电子技术竞赛、创新思维竞赛,如图 2-114 所示。

图 2-112 "撷英拾萃,择善而从"优秀作业笔记展活动

图 2-113 学习之星、进步之星评比和奖励

图 2-114 创新成果展

(3) 身心健康

身心健康方面包括《国家学生体质健康标准》、身体机能、体育奖励三个点。我校一直秉持着"无体育不清华"的教学理念,通过体育课堂教学、篮球社、跆拳道社团等活动开展注重学生身体素质和协调性提升的锻炼,为学生提供丰富多彩的体育活动以达到体育健康训练和测试的标准并提升学生的体育精神,如图 2-115 所示。在身体机能方面注重学生的身体健康和心理健康两个点,每年组织学生体检,检测身体健康水平。针对心理健康学校组织了"居家也精彩,成长不打烊"居家心理调适辅导和心理嘉年华活动,如图 2-116 所示。

图 2-115 体育活动

图 2-116　心理嘉年华活动

在体育奖励方面，学校组织学生进行每年一次的课间操评比活动、秋季趣味运动会和校园篮球联赛等活动，学生在收获强健体魄的同时，还收获了团队凝聚力、领导力、协调力和成就感，综合素质得到全面发展和提升，如图 2-117 所示。

图 2-117　课间操比赛、秋季趣味运动会、校园篮球联赛

（4）艺术素养

艺术素养方面主要包含才艺奖励、才艺成果展示两个点。我校在才艺奖励中主要为学生提供了全国青少年创意大赛、朝阳区光影少年摄影比赛、朝阳区七彩校园日记画比赛等展示才华、提升素养的平台，丰富了学生的艺术表现，推动了创新能力的发展。学生情感品质得以提升，兴趣爱好得以尊重，个性化发展需求得以满足，如图 2-118 所示。

图 2-118　才艺奖励活动

我校在才艺成果展示中为学生提供了朝阳区愉悦生活美术作品展、校园科技节、校园吉尼斯大赛和校园歌手大赛等独具学校特色的趣味性活动,为学生提供了展示才艺的舞台,如图 2-119 所示。

图 2-119　才艺成果展示

(5)社会实践

社会实践方面,学校主要设置的是活动实践(图 2-120),包括北京市植物栽培大赛、创新思维竞赛、大望京公园——探究植物之谜和急救知识进校园的社会大课堂活动,劳动教育(认领一棵树、校园美丽、我来做、百草园——植物种植)和我校独具特色的劳动教育与学科融合的活动,培养学生形成正确的劳动价值观和良好的劳动品质。

图 2-120 活动实践

劳动教育与学科融合的过程性评价主要是评价学生在日常劳动实践活动过程中所表现出来的素养水平,如图 2-121 所示。以教育部颁布的义务教育阶段《劳动教育课程标准》为理论依据,以劳动教育目标、内容要求为具体设计依据,结合学业质量标准和学业要求,对学生日常劳动及实践活动进行有效评价,并利用评价结果改进教师的教学行为和学生的学习方式。过程性评价主要表现为课堂学习评价、作业评价及单元与期末评价三类。

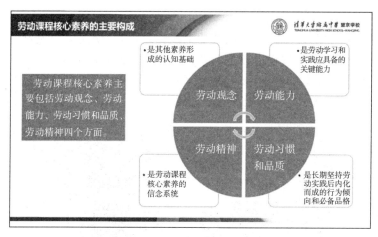

图 2-121　劳动课程核心素养

通过劳动教育与学科融合，校园成了"生态自然，生长自由"的乐园，五"育"并举，立德树人得到了真正落实。图 2-122 为学生的优秀作品展示。

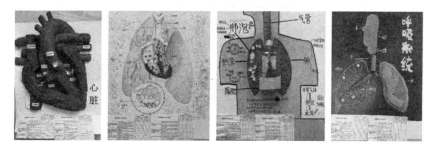

图 2-122　清华附中望京学校一学生生物模型大赛作品照片

（6）组织协调能力

在组织协调能力素质培养方面，我校为学生创设了原创英文戏剧展演、语文诗歌大赛、学生贸易节、谁与争锋——校园辩论赛、英语演讲赛和校学生会等活动和组织，活动全程由学生自主筹划、组织、协调和实施，提升了学生综合素质，如图 2-123 所示。

图 2-123　与学科融合的组织协调能力素质培养活动

（7）个人成长

在促进学生个人成长方面，学校记录学生成长过程，并设立了行为习惯示范模范生、微习惯之星和三好、优干的过程性评价和评比活动。在此过程中学生可以通过量化的指标对个人成长的各方面有一个具体并且整体的了解，同时学生在自评和互评的过程中相互学习、相互促进，如图 2-124 所示。

图 2-124　学生个人成长活动

（8）集体奖励

在集体奖励方面，学校通过制定具体的细则来量化评价指标。每周由学生会同学对班级进行考核和评比，评选出校流动红旗优秀班集体、眼操标兵班集体、卫生标兵班集体、课间操标兵班集体、趣味运动会优秀班集体、板报评比优秀班集体、紫金杯校园篮球联赛等奖项，提升了班集体凝聚力，增强了学生对班级的热爱之情，如图 2-125 所示。

图 2-125　集体奖励

（9）好人好事

在好人好事方面，学校创设了一些学生力所能及的活动，例如，家务活我来做、妈妈辛苦了——母亲节快乐、感谢父亲——您辛苦了、拾金不昧等，学生在为他人付出的过程中学会感恩并传递爱心和正能量，如图 2-126 所示。

图 2-126　好人好事

（10）其他方面

在其他方面，学校给予了学生其他综合素质方面的提升空间，实现学生综合素质发展的同时，也注重学生个性化的发展和培养，如图 2-127 所示。

图 2-127　其他方面

3. 践行综合素质评价系统对我校秉承"五育并举、培养全面发展的时代新人"的理念的指导作用

（1）以综合素质评价为抓手，促进学生养成良好行为习惯

学校德育处将班主任老师作为访谈对象，与其探讨和梳理当前德育工作中学生行为规范引导和教育的重点、难点、困惑，以及如何结合我校实际情况和学生特点落实好学生综合素质评价的各项指标内容。以《中小学德育工作指南》为指导，理论研究与实证研究结合，积极探索适合本校学生特点的行为规范成长手册和积分册，并进行具体的实践，实

施成长手册，进行定性分析和定量分析。

多元评价主体的评价内容可帮助学生通过评价的差异全面地认识自己，实事求是地评价自己，从而更深层次地进行自我调节与人格完善。每个学生都拥有自己独有的成长档案，记录成长过程，凸显结果多元。

班主任作为评价的主体，对学生的思想品德、学业成就、身心健康、艺术素养、社会实践等做出阶段性的总结和评价，帮助学生客观全面地认识自己，找到前进的方向。任课教师通过综合素质评价和学科教学相融合，在学业成就，即作业完成情况、课堂表现、学科获奖情况等方面激发学生的主动性和积极性。

综合素质评价系统使家长可以及时了解孩子各个方面的具体表现，实时了解孩子的日常功课进展，多方面知晓班级其他学生的进度，从而对孩子的现状作出全面客观的评价，缓解自己在孩子教育中的焦虑情绪，并更好地参与到对孩子的培养中来。

年级组根据学生综合素质评价成长记录，汇总出班级行为习惯积分前十名、学习之星前五名和学科单科优秀之星前两名，每个月召开一次学生会进行表彰（图2-128），并对于一周的行为习惯进行总结和提出进一步的要求，不断激励学生成为更优秀的自己，同时奖励学生的奖品都是学生设计，以学校卡通形象"清小望"为主题的文创产品，包括本子、书签、尺子、杯子和贴纸等，学生的创造才能和设计才能得到发挥和展示。

图2-128 清华附中望京学校初一年级学生行为习惯表彰会

（2）丰富多彩的主题教育是综合素质评价的重要途径

清华附中望京学校从提升学生综合素质的各个维度提供搭建好的平台，充分地给予学生探索实践、展示才能和才华的机会，开展各类主题教育活动，并在活动中培养学生的爱国情怀与文化自信，使学生的思想品德、人文艺术修养、领导力、公益活动、团队合作和国际视野等维度得以提升。每一次活动学生都是从报名开始，再到参与，最后到班级总结与学生成长手册、综合素质平台的记录。闭环的活动实施是激发学生全面发展的重要途径。

（3）以综合素质评价为媒介，让学生在科技、体育、艺术、劳动与实践活动中发挥特长

学校"德、智、体、美、劳五育并举，多元发展"的办学理念促进学生认识自我、规划人生发展自我，从而有效地对学生进行过程性、激励性和综合性的评价。通过校内科技、体育、艺术、劳动、综合实践等活动让有特长的孩子发挥优势，树立积极努力、拼搏向上的良好精

神风尚和班风班貌。在活动中由班主任老师记录学生的参赛过程与结果,并通过班会、家长会等形式,对学生进行积极的肯定与表扬,以多角度、多维度来评价学生,帮助学生取长补短。

4. 综合素质评价实施的步骤

学校首先利用教师会、班主任会让老师们明晰自身的综合素质评价填写任务,强化教师的职责意识,要以高度的责任感重视学生数据的记录与审核(图 2-129)。

其次是做好学生的培训。针对德育处下发的学生综合素质填写说明,班主任可以利用班会课进行讲解,让学生明确各个方面填写的内容。同时,班主任还需指导家长了解综合素质评价的相关内容和操作方法(图 2-130)。

图 2-129 综合素质评价教师培训材料   图 2-130 综合素质评价学生培训材料

针对学生日常的在校情况及活动参与,班主任应及时做好材料的收集与反馈,利用学生成长手册的数据,指导并监督学生填写内容,协助学生用正确的理解和文字描述进行综合素质评价的填写(图 2-131)。

图 2-131 学生综合素质评价填写页面

5. 学生、教师、家长使用综合素质评价效果

(1) 利于学生全面素质的提高和个性化成长

依托于综合素质评价的学生个性化成长档案关注学生自身发展,发掘学生自身潜能与特长,并发现学生自身有待提高的方面,指明学生发展方向,同时引导学生关注同伴发展,实现同伴学习与激励。根据综合素质评价计划的实施,以及每月各班的积分手册数据汇总情况来看,一方面,有学科特长的学生更加关注学业成就,并从中不断增加积分,有科技特长、体育特长或其他艺术才能特长的学生积分情况越发凸显,该现象表明学生对自己的特长更加热爱,并愿意投入更多的时间去实践和展示;另一方面,越来越多的初始积分较低的学生在后期的年级表彰会中得到行为习惯优秀模范生的荣誉称号,这表明综合素质评价为行为习惯比较薄弱的学生提供了明确的发展目标，使他们通过自身的努力和在同伴的评价过程中逐渐找到进步的成就感，并在此过程中成为更加优秀的自己。学生在德、智、体、美、劳各方面表现也更加积极主动，每位学生都对自己有了清晰的了解和定位，他们在发展自己个性的同时增加了对集体的认同感，更加热爱班级和学校，提升了集体的荣誉感和自豪感。

(2) 对教育教学具有指导和促进作用

班主任在使用综合素质评价计划和记录学生成长档案过程中，可以全面、清晰地了解学生发展过程中的优势和不足，能够给予学生客观和全面地评价并尊重学生个性化发展。在家校沟通中，班主任根据学生成长档案，向家长全面、立体地介绍学生在校成长过程，并和其达成有效地合作以促进学生全面发展，这样不仅使家长真正地参与学生的成长过程，还发挥了家长引导力的作用。班主任每个月会记录和汇总本班典型案例，深入分析，从而用来指导日后的教育教学，如图 2-132。

3月班主任案例总结	2022/5/13 21:26	文件夹
9月班主任案例总结	2022/2/12 13:11	文件夹
10月班主任案例总结	2022/2/12 12:59	文件夹
11月班主任案例总结	2022/2/12 12:24	文件夹
12月班主任案例总结	2022/2/12 12:11	文件夹
初一班主任每月工作案例总结	2021/9/13 17:22	DOC 文档

图 2-132　清华附中望京学校学生每月总结

6. 依托于综合素质评价下的学生成长的反馈思考

学生、班主任、教师和家长在综合素质评价的实践过程中获得了有效的教学和沟通成长的依据，学校德育、教学部门根据综合素质评价的真实、有效反馈，能更加全面系统地贯彻学生发展的目标和培养方向。特别是针对一些学生的问题，通过综合素质的评价与激励，让每个学生能在擅长的领域散发出耀眼的光芒。年级、班级、教研组结合综合素质评价的教育教学活动设计也更加贴近学生，并能有效地形成合力。在后面的工作中，学校将进一步针对学生个性化发展培养和不同学生的不同心理状况，在实操和活动设计中不断补充和完善综合素质评价维度，使其更加完整、科学、可实施和可测量。

7. 综合素质评价学生案例

(1) 学生案例 1

问题类型：自我评价不客观、荣誉意识不足。

问题描述：班里有个孩子叫 S，他知识渊博，尤好文史，反应敏捷，常常在老师问题刚抛出来时就抢答了。他长得白白净净，戴着一副黑框眼镜，外表看起来有点像哈利·波特，各科成绩拔尖，班级人送外号“学神”。S 同学在学业成就方面让老师和家长很放心，但是在行为习惯方面有些不足。他上课喜欢玩笔，喜欢侧坐，喜欢不举手就问问题，还经常打断老师的说话，课堂上学完内容后就不听老师讲课了。并且他不愿承担班级事务，有次我想调换生物课代表，就问他有没有意愿当，他一口就拒绝了我。说实话，作为班主任，我心里还是很受挫的。我当然希望这个孩子能“独乐乐不如众乐乐”。

通过对S同学各个方面的"观察、记录、分析",我认为应该以该生的行为为依据,关注该生的过程性发展,在每个阶段他呈现客观的多元的综合素质评价,使他全面并且客观地了解自己作为中学生在发展、进步中的优势和不足,明确自身发展和改进的具体目标,从而在行为习惯改善和培养方面变得更加积极、主动。

期中考试之后,S同学在行为习惯方面变化很大,经常下课到各科老师那里问作业、抱作业本,我问过他怎么这么积极,他很实诚地回答我说是有的课代表不积极,他着急写作业,想多留点时间为期末复习做准备,并且觉得做一些力所能及的事情帮助班级让他很快乐。

因为疫情原因,七年级上学期的"三好学生""优秀干部"评比推迟到了七年级下学期第一周的班会课举行,我在黑板上列出了学期内综合素质评价中表现突出,同时能达到体质健康测试85分和学业成绩在班里前50%两个条件的所有学生,这些学生是"三好学生"的候选人。在我当堂念了评选"三好学生"的标准后,S同学举手问我:"老师,我可以退选吗?"我说:"可以。"就在这时,班里爆发出一阵声音,甚至有的同学在"骂"他,为他退选的行为感到不理解甚至生气,我恰恰从这里看出来他在同学心目中有威信。就这样,"三好学生"选完了。下面该选"优秀学生干部"了。就在这个时候,我走向S同学,问他为什么退选。他回答说:"老师,我觉得您说的那些标准我除了成绩还行,其他都达不到。"我一下愣住了,原来这个孩子不是我以为的那样,他的道德感很强,道德标准也高。让我欣慰的是,他并没有把这种标准推行到所有人身上,算是做到了"宽以待人,严于律己"。我走向讲台,和大家说出我的想法,同时也把上学期记在综合素质评价个人成长档案里的S同学为班里做的事情和他的进步及改变,客观、公正地说给同学们听。我说S找老师问作业、抱作业,中午午休在自习室给数学落后的同学讲题,快到午休时间了,他看班里还有好多座位空着的,飞速跑下楼叫他们回来……好多好多事情,他在思想品德、学业成就、身心健康、组织协调能力、个人成长和好人好事等方面,通过个人的努力,都取得了不小的进步。老师和同学们也同样在日常的学习和生活中感受到了这份努力和进步。

我很坚定地看向S同学,告诉他,也告诉大家:"没有哪个人的道德是完美的,我很高兴你的道德标准这么高,但是自己能够得到的荣誉也不能放弃,如果条件更符合的人退选了,那么当选的人必然不够优秀,这样不是变相拉低了荣誉的含金量,也辜负了选民们的一番心意吗?荣誉是永远需要去够着的,它鼓励我们,也要求我们要变得更好更优秀。"

S听完后,举起手来说:"老师,这次我不退选了。"我忍不住地对他说:"这就对了!"后来,他以仅次于我班班长的票数当选了。

这个故事给了我启示,要充分利用综合素质评价对学生做好客观、系统的过程性和真实性评价,并要善于抓住好教育契机。

原因分析:对自己的认识不够客观和全面、荣誉意识不足。

解决方案:面对此类情况,要寻找教育契机,注重过程性评价、教育,并对学生进行全面客观的综合素质评价,同时进行同伴互评,帮助学生在综合素质不同维度中得到提升的同时,更加客观全面地认识自己。

理论指导:综合素质评价指标系统、树立正确的荣誉意识。

实践建议:首先,要对学生综合素质评价进行过程性记录和评价,并要抓住教育契机;其次,通过实施综合素质过程性评价,分享真实过程,在班级里树立优秀榜样。

(2) 学生案例2

问题类型:文明礼仪和集会表现的自我管理。

现象描述:学生上课爱说话,对自我管理不够,上课纪律不好。

原因分析:①个人原因层次上,该同学性格比较洒脱,喜欢表达自己的想法。有时会不经思考便表达出自己的想法,甚至会不经深思熟虑便在网络上随意散播负面言论。身体运动方面不太理想,各项体育不达标。

②家庭方面,家长从小对孩子管教不够严格,孩子是由老人带大的,母亲主要处理孩子的日常生活和学习,父亲严重缺位。一般家校联系由其母亲沟通孩子情况,家长不让联系父亲。经过班主任多次与其沟通,发现家长对孩子的关注不够,对孩子基本问题重视不够,态度挺好,就是改变不大。

解决方案:①理论指导方面,根据综合素质评价原则和多元智能理论,初中学生的才能是多元的,教师应该多维度看待学生,让学生发挥特长,通过擅长的项目带动不擅长的项目;结合人本主义理论,以学生为中心,让学生发挥所长,提升学生的期待感,给学生希望。

② 实践建议方面,a.课堂。教师在课上多提问,让学生多做其擅长的事情,并在综合素质评价个人成长档案中及时记录其成长中的变化并给予肯定性评价;让学生尽其才,在艺术素养和好人好事这两项学生擅长的维度中,多给予其展示自我的机会并及时记录和表扬,帮助学生树立自信和个人和集体的荣誉意识,然后迁移到生活和学习上。本学期该学生改变较大,课上比较积极举手回答问题。同时,通过塑造正面形象,让学生多做积极的事情,为班级服务,多做志愿服务。通过同伴评价给予学生鼓励和信息,让学生看到希望,看到老师和同学的鼓励。这样学生才能逐步放大优点,规避缺点。b.家校沟通。依据该生的综合素质评价个人成长档案,班主任主动多与家长沟通,家校合作,形成合力,鼓励和正向塑造学生。同时,在课外,建议家长多照顾孩子,陪伴孩子。据了解,该生从小学开始,每周末都泡在托管班,家长陪伴严重缺位。在此基础上,加强陪伴,在学校多正面塑造,赏识教育与规矩意识结合。

(3) 学生案例3

关注问题:懒惰心理。

现象描述:课间操系鞋带,少跑步。

原因分析:①对综合素质中的身心健康认识不足并不注重集会表现,集体意识较弱;②自理能力较差,系鞋带的方法不对,导致跑步时鞋带容易散开,需要反复系;③多名同学一起系鞋带,觉得好玩,可以偷偷说句话休息一会儿;④存在偷懒心理。在看别人跑步的时候,发现了一种躲避跑步的方法,于是盲目效仿,缺乏正确的判断力;⑤存在侥幸与炫耀心理,以为偷偷系鞋带是正当理由,老师不会说,别人在跑步,而自己却利用系鞋带的时间休息,觉得自己挺厉害。

解决方案:①针对鞋带易开,可以在跑步前做好准备工作,系双层鞋带。②与同学明确跑步的意义是锻炼身体,增强身体素质;体育是重要的中学生综合素质之一,是过程性评价重要指标。③智者有自己的判断,不能人云亦云地盲从。④对于偷懒的同学,将系鞋带少跑的圈数补上,如果反复出现,可以记录在综合素质评价个人成长档案中,提示学生成长过程中的不足,监督其改进。

结果追踪:第二天系鞋带的人少了,只有一位同学系了一次鞋带。

理论指导:"身心健康"是综合素质评价重要评判标准之一,其中身体健康包括身体机能、运动技能等。《国家学生体质健康标准》(以下简称《标准》)是国家学校教育工作的基础性指导文件和教育质量基本标准,是评价学生综合素质、评估学校工作和衡量各地教育发展的重要依据,是《国家体育锻炼标准》在学校的具体实施,适用于全日制普通小学、初中、普通高中、中等职业学校、普通高等学校的学生。小学、初中、高中、大学各组别的测试指标均为必测指标。其中,身体形态类中的身高、体重,身体机能类中的肺活量,以及身体素质类中的50米跑、坐位体前屈为各年级学生共性指标。1999年6月颁布的《中共中央国务院深化改革全面推进素质教育的决定》明确指出:"健康体魄是青少年为祖国和人民服务的基本前提,是中华民族旺盛生命力的体现。学校教育要树立'健康第一'的指导思想,切实加强体育工作,使学生掌握基本的运动技能,养成锻炼身体的良好习惯。"

实践建议:①健康成长,激发运动兴趣,培养学生的终身体育意识。②运用体育与健康资源,培养学生的体育文化素养。③当学生的自律性较弱时,可以通过他评、同伴互评和客观的综合素质评价标准和过程性评价来协助学生养成好的习惯,促进学生的身心健康。

(4) 学生案例 4

关注问题:学习用品凌乱导致丢失。

现象描述:学习用品随意放置,在上课拿出所需物品时,有的同学非常拖沓,甚至找不到,影响学习效果。

原因分析:通过综合素质评价个人成长档案记录、总结和日常观察学生的桌柜,发现有些同学按科目分类,有些同学按课本、练习册分类,但有些同学的学习用品非常凌乱,甚至混杂各种垃圾。"工欲善其事,必先利其器。"所以学生将自己的学习用品整理好,对学习有着非常积极的促进作用。

解决方案:①学习《综合素质评价》中班级值日、课程班值日、课堂表现和文明礼仪要求细则并说明良好行为习惯的重要性。②学生桌柜优秀案例及时进行图片记录并展示,树立正面榜样,并提出具体改进措施,及时组织学生进行整改,如图2-133所示。

理论指导:《清华附中综合素质评价系统加分实施细则》从学生活动、行为习惯、文明礼仪、校级社团、班主任及任课教师的维度分别阐述了具体的加分细则。此细则为学校各类学生活动、课程提供了统一、流程化的加分依据,也为老师对学生在不同活动与课程中的过程性评价奠定了基础。"习惯"是指由无数次的重复或练习而逐步固定下来、变成自动化或半自动化的行为方式。"养成教育"是指培养学生良好行为习惯的教育。用比较概括的话来讲,收拾整理的好习惯反映学生的自我管理能力,有利于帮助学生形成有条不紊的性格,提高学习效率,预防和矫正拖拖拉拉、丢三落四的坏习惯。

收拾整理的好习惯可以增强学生的责任感。学生做完自己的事情以后,还要为别人的方便考虑,有责任把场地打扫干净,把物品摆放整齐,否则就有可能妨碍别人做事,这是一个人有责任心和集体荣誉意识的体现。

图 2-133　清华附中望京学校初一年级学生整理书柜

实践建议：在文明礼仪习惯养成的过程中，应该依据《清华附中综合素质评价系统加分实施细则》，严格落实。并且关注、尊重学生的个体差异和个性化发展，允许学生在试错中成长，给学生改正的时间，记录成长过程，做出过程性和综合性评价，在帮助学生养成文明礼仪的同时，提升学业水平、身心健康、组织协调能力和个人成长等综合素质的全面发展。

2.2.6　清华附中管庄学校的实践

1. "水木毓秀，朝华东升"为杰出人才奠基

为满足朝阳区管庄地区居民对优质教育的强烈渴望，以及学生上初中的迫切需求，朝阳区教委为民办实事，积极引进名校办学。其中清华附中积极承担名校办学的社会责任，2019年8月，朝阳区教委和清华大学附属中学签署合作办学协议，由清华附中承办清华附中管庄学校。根据协议要求，清华附中管庄学校定位为引进名校办学的优质教育资源校，朝阳区教委按照国内一流学校的标准投资建设，清华附中高标准、高起点承办管庄学校。

2020年9月，清华附中管庄学校正式挂牌办学，受到了当地居民的热烈欢迎。开学典礼当天，家长代表送来了刻着"水木毓秀、朝华东升"的牌匾（图2-134），感谢清华附中到朝阳管庄地区来办学，并对学校未来的发展送上了美好的祝福。王殿军校长感动地说："我们只有鞠躬尽瘁办好清华附中管庄学校，才不会辜负孩子们和家长们对优质教育的热切期待，以及对清华附中的厚爱。"

在此背景下，清华附中管庄学校确立了以办一所老百姓家门口的，具有"清华附中品质"的学校为目标。学校将秉承和发扬清华附中在办学理念、管理模式、课程设置、学生培养、教师队伍建设等方面的办学特色和办学经验，以"自强不息、厚德载物"为校训，以"德

图 2-134　清华附中管庄学校正式挂牌办学开学典礼

修于行、行胜于言"为校风;学校将积极推进小升初的贯通培养,通过创设高阶思维的课堂教学来培养学生的高阶思维能力,探索拔尖人才培养的有效方法和途径。

清华附中管庄学校的育人目标是培养厚德自强、阳光自信、德智体美劳全面发展的学生,为国家发展需要的杰出人才奠基。为激发学生的内驱动力,变"被动"成长为"主动"成长,夯实学生未来发展的基石,帮助学生树立正确的人生观和价值观,把学生培养成为国家发展需要的杰出人才,我校在传承清华附中的学生综合素质评价系统的基础上,探索实践了"清华荣耀"综合素质评价的德育创新项目。

2."清华荣耀,我的荣耀"激发学生内驱力

清华附中的学生综合素质评价体系对学生进行过程性的、多维度的、全面的综合评价,为高校选拔人才提供了可参考的、客观的、全面的评价依据。因此,北京市所有的高中校都在使用"清华附中综合素质评价系统"来评价学生的成长。

如何借助"清华附中综合素质评价系统"更好地在初中阶段落实立德树人的根本任务和"五育"并举的育人目标?如何将学校的育人目标转化为初中生看得见、看得懂的成长追求?如何用符合初中生天性的方式激励学生自觉主动地成长?

基于这样的思考,我们对"清华附中综合素质评价系统"进行了校本化实践,尝试探索出一条符合初中生年龄特点和成长规律的评价路径。下面呈现的是我们进行的一些初步的探索和实践。

(1)"清华荣耀"介绍

"清华荣耀"德育创新项目是在传承清华附中学生综合素质评价体系的基础上,为了充分发挥综合素质评价体系过程性评价的激励功能,而创新性地设计了"超越、飞越、卓越"三个大的阶段和三十个小的级别,以激励学生不断晋级,不断超越自己。

该项目将学生在学校的学习生活分成文化基础、自主发展、社会参与三个维度,为学生构建了一条"游戏升级"式的成长路径,让学生在轻松愉悦的学习过程中体验成功,认识自己,超越自己,最终成长为自己擅长领域的"无限玩家"。

为了激发学生的参与积极性,我校面向全体学生征集了"清华荣耀"徽章设计,同时在教学楼楼道内专设宣传栏进行宣传(图 2-135)。为了更好地激励学生,我校设计了诸多晋级奖励。例如,首批晋级的学生,由校长、书记在全校大会上为其授予徽章;晋级速度快的学生,可获得学校吉祥物;达到满级成就的学生,可登上学校荣誉墙等。经过一系列的激励方式,学生为了获得更高级别的徽章你争我赶、相互激励、不断超越。

(2)"清华荣耀"实施

2020 年 10 月 19 日,我校隆重举行了"清华荣耀"德育创新项目的启动仪式,动员初中部全体师生参与到"清华荣耀"项目当中来。培养学生的主动成长意识,构建学生的全面发展意识,鼓励学生成为德、智、体、美、劳全面发展的满足国家发展需要的杰出人才,是"清华荣耀"项目追求的终极目标。

图 2-135 "清华荣耀"宣传海报

为了保障"清华荣耀"德育创新项目的顺利推进,我们制定了如下规则。

① 荣耀晋级规则如下。

a. 计划把初中三年分为三段,每段分 10 级,每一级以周为单位有一次晋级机会。

b. 1～10 级相对简单,每 100 分晋级;11～20 级相对较难,每 120 分晋一级;21～30 级最难,每 150 分晋一级,目前只有少数同学到达此分数段。

c. 由班主任、任课教师、德育处、教学处负责评价学生,够分即晋级,分不够,则可以转入下一个周累计,分满即可晋级。

d. 德育处每周六下午进行数据汇总,每周一各班派专人来德育处领取徽章,徽章规则和统计见表 2-7。

表 2-7 "清华荣耀"德育创新项目每周数据汇总

段位	级别	佩戴徽章(图案、颜色区别)	荣耀时刻
超越	超越 1 级	图案 1 颜色 1	学生获得对应级别的徽章奖励
	超越 2 级	图案 1 颜色 2	
	超越 3 级	图案 2 颜色 1	
	超越 4 级	图案 2 颜色 2	
	超越 5 级	图案 3 颜色 1	
	超越 6 级	图案 3 颜色 2	
	超越 7 级	图案 4 颜色 1	
	超越 8 级	图案 4 颜色 2	
	超越 9 级	图案 5 颜色 1	
	超越 10 级	图案 5 颜色 2	

续表

段位	级别	佩戴徽章(图案、颜色区别)	荣耀时刻
飞越	飞越1级	图案1颜色1	学生获得对应级别的徽章奖励
	飞越2级	图案1颜色2	
	飞越3级	图案2颜色1	
	飞越4级	图案2颜色2	
	飞越5级	图案3颜色1	
	飞越6级	图案3颜色2	
	飞越7级	图案4颜色1	
	飞越8级	图案4颜色2	
	飞越9级	图案5颜色1	
	飞越10级	图案5颜色2	
卓越	卓越1级	图案1颜色1	学生受邀参与校长论坛
	卓越2级	图案1颜色2	
	卓越3级	图案2颜色1	
	卓越4级	图案2颜色2	
	卓越5级	图案3颜色1	
	卓越6级	图案3颜色2	
	卓越7级	图案4颜色1	
	卓越8级	图案4颜色2	
	卓越9级	图案5颜色1	
	卓越10级	图案5颜色2	终身荣誉校友候选人

② 积分统计细则。由德育处从学校常规要求和班级常规管理两个方面来制定细则。

③ 奖励加分细则。由德育处制定加分细则,包含自我修炼、公共服务、社会影响力三个层面。

④ 项目实施细则。自"清华荣耀"项目实施以来,学生晋级以积分为标准,积分来源于德育处的每日常规检查、班级常规反馈及学生各项表现的综合评价。德育处每周对学生的积分进行汇总,在每周一的升旗仪式上对本周首轮晋级的学生进行表彰,其余学生由班主任在班会课上进行表彰。学生的积分以班级为单位进行公示,做到公开透明。

为了确保本项目的顺利推行,我校初中部德育处设立了"检查徽章佩戴"这一要求,督促学生佩戴代表自身荣誉的徽章(图2-136),保证项目从制度上落实。另外,现阶段每轮首次晋级且积分靠前的学生将获得学校吉祥物,这是一种深受学生喜爱的激励方式。为了鼓励学生通过自己的努力,尤其是通过自觉主动学习达成晋级,初中部德育处特地为学生举办了"清华荣耀"超市。前期根据对学生喜好的调研结果设计了具有校园文化特色的周边,并将学生喜欢的周边及喜闻乐见的图书、练习册、文具、体育用品等放在超市中,学生用通过自己努力获得的积分,兑换数字币,自主选择购买心仪的物品。"清华荣耀"超市每次开市的时候,都是学生最开心的时刻。学生不是通过向父母要钱来购买喜欢的物品,而是通过自己的努力获得积分,然后兑换数字币来购买自己喜欢的物品,在取得了满满的获得感和成就感的同时,也体验到了被认可的喜悦(图2-137)。

图2-136 "清华荣耀"荣誉徽章

图2-137 学生用数字币兑换"清华荣耀"超市礼品

另外,学校还会安排更多其他的晋级激励活动。学生满级后有机会登上学校的荣誉墙,与学校一起成长。

(3)"清华荣耀"效果

我校初中部全体师生都已参与到"清华荣耀"项目中来。所有教师都已经完成7轮对学生的过程性评价,如优秀作业、学科贡献等;所有班主任已经完成8轮过程性评价,包括班级贡献、班级荣誉、社会活动参与等;德育处完成50轮学生日常规考核、班级课堂反馈及其汇总公示。在按计划推行的第三十八周,全体初中部学生都已晋级超越3级,积分最高者已晋级至卓越1级。

此外,我校借助清华附中的学生综合素质评价平台(图2-138),重新开发了我校的"清华荣耀"学生综合素质评价平台。教师可通过网页或手机App对学生进行在线评价,德育处每周导出学生积分变化,进行公示,将学生一点一滴的进步都记录下来,并及时反馈给学生,对表现突出的学生给予奖励,树立学习榜样。同时,充分发挥"清华荣耀"学生综合素质评价的激励功能,激励积分靠后的学生学习榜样,查找不足,完善自我,争做榜样。

图 2-138　清华附中综合素质评价系统登录页面

自从实施"清华荣耀"项目以来,学生们有了强烈的积极向上的意识,想要通过自己的不断努力获得更多的积分,更加明确了学习的目标,在学习中积极主动、勤奋刻苦,用心对待每一次作业和练习。在参与各项活动时,很多学生一改以前敷衍了事的态度,愿意将自己的特长展示出来,愿意在团队合作中发挥自己的积极作用。

① "清华荣耀"之教师说——

你"荣耀"我,我"荣耀"你

陈立珠

"清华荣耀"是清华大学附属中学管庄学校的一大特色,是一项能够激发学生的内驱动力,帮助学生主动成长的关于综合素质评价的德育创新项目。

在"清华荣耀"积分晋级的过程中,学生渐渐体会到了晋级的欣喜和成功的乐趣,从而更加积极地寻找获得积分的机会。从开始"游戏"的态度渐渐转变到严肃的状态,在寻找机会的过程中,学生能够更准确地找到自己擅长的领域,更勇敢地超越曾经的自己。

"清华荣耀"为语文学科助力,让最难推动的背诵、默写、阅读成为学生想要争先恐后完成的内容。学科代表每个月加 2.5 分,优秀作业每个月加 10 分,提前背诵(期中前完成)加 25 分,提前默写古诗文(期中之前)加 25 分……提前背、提前默、读整本名著等"荣耀"加分项目,不仅成为学生争相完成的项目,更成为学生课余时间谈论的话题:"今天,你加荣耀分了吗?"

"清华荣耀"的推动力是惊人的。学生在"荣耀"的引领下,积极地面对每一项学习任务、德育任务,有了更加强烈的赶超别人的良性竞争意识。每一天,学生们都能主动做到提前预习、专注听讲、潜心练习。很多学有余力的学生在强大的内驱力的推动下,提前完成了学期任务,并自觉向前,又向着学年任务迈开了坚定的步伐;更有多才多艺的学生不仅积极参加市区级比赛,展现自我,又向着国家级比赛展开了满具创造力的翅膀:书法比赛、朗诵演讲大赛、故事大赛……"清华荣耀"为语文学科教学助力!

每周一的升旗仪式后,都会有越来越多的学生站在领奖台上。手拿奖状、手捧奖杯,一张张自豪的笑脸,诠释着努力的喜悦,创造着清华附中管庄学校的荣耀!

"清华荣耀"的陪伴,让学生们的字迹更加工整;"清华荣耀"的陪伴,让学生们的阅读更加积极;"清华荣耀"的陪伴,让学生们的学习更加主动;"清华荣耀"的陪伴,让学生们参加活动更加踊跃;"清华荣耀"的陪伴,让学生们的生活更加丰富多彩……

希望学生们在"清华荣耀"的陪伴下茁壮成长,立志:今日我因"清华"而荣耀,明日"清华"因我而荣耀!

清晖东出,光华日新

韩雨彤

伊川先生程颐有云:"君子之学必日新,日新者日进也。不日新者必日退,未有不进而不退者。"人皆以为知言。我在求学生涯后期,也常有"逆水行舟,不进则退"的感慨。可惜,这种体会很难用言语传达给学生。因此,当"清华荣耀"计划提出时,我感到十分惊喜。在我看来,"清华荣耀"计划所关注的,就是如何用一系列精巧的设计,将行为规范与学习习惯日常化,传递的正是日新日进之学。

首先在日常教学方面,学生的每一次作业、每一回提问都可以纳入"清华荣耀"计划的考查范围,精细了教学评价的标准和环节,帮助了青年教师更好地监测课堂反馈。具体来说,就是学生更"好管"了。因为学生都清楚地知道自己的学习行为将受到来自各个方面的评价。而为了获取更多积分,许多学生甚至会主动研究这些评价标准(对学生来讲则是游戏规则),不知不觉中也更明白了上课的规矩。我在上课时经常夸奖学生"大家越来越像一名中学生了"。

对一些学有余力的学生,提前学完本学期的知识并非难以完成的挑战,但平时很少有方法能将他们的专注力引导到提前学习和有计划地自学上来。而"清华荣耀"计划大大激发了这部分学生的能动性。开始时,学生自己看书经常抓不住重点,自学效率比较低。慢慢地,在不断碰壁和教师的适时帮助下,学生开始能够有条理地揣摩甚至剖析教材立意,更重要的是知道了"自学要学什么、怎么学"。说得长远一些,这对学生终身学习能力的培养也是大有裨益的。作为老师,我也在思考怎么将这个机遇和日常教学结合起来。后来我决定,通过期中的提前检测,减轻历史这样识记量比较大的学科的作业负担,适时落实分层作业,最终也收到了令人满意的效果。

最后我想说的是,荣耀超市看似只是对学生赚取积分的一种鼓励,但从实际效果看,未必不能促进良好学习行为习惯的养成。超市的选品都是经过老师们深思熟虑的,学生从这里换取的一个文件收纳夹、一本笔记本、一支彩色记号笔,换走的都是一种井然有序、分条析理的学习习惯和行为习惯。把写过的练习题按照专题放进收纳夹、建立专门的学科改错本、用不同颜色的笔标记常错的知识点……这些学习的小窍门都在收获奖品的同时扎根在了学生的心里。

当然,在配合"清华荣耀"计划的过程中,我也发现了一些问题。比如有一些平时比较内向的学生可能会缺乏争取晋级的动力,又或者在个别时刻,学生对积分的看重超过了活动本身……这些都需要教师即刻的教育和引导。随着年龄的增长,我越发能够体会学习之乐。如何将这种快乐也教给学生,这是我要伴随着"清华荣耀"计划一同思考的。

② "清华荣耀"之学生说——

我在"清华荣耀"中成长

初一2班/黄梦然

小学时的我是默默无闻的,我认为只要默默地做好自己就可以了,任何时候都与世无争。那时的我很被动,老师给了任务就去认真完成,没有任务也不去争取。

上了初中后,我发现自己变了:变得开朗了,很快就交到了很多新朋友;变得胆大了,主动去老师办公室请教问题;变得主动了。因为我喜欢画画,做事认真负责,开学第一天就自荐申请当宣传委员,相信自己一定可以胜任这份工作,并为班级做出贡献。

第一次任务就是设计运动会的宣传牌,当得知我们班的宣传牌获得了全校第一名的时候,我开心极了。我觉得自己得到了老师和同学们的认可,变得更加自信了。学校要开设小超市时,我第一时间就去报名了收银员工作,并且回家自豪地和妈妈说:"我要'上班'了。"一天的试营业,虽然占用中午休息时间,可为同学们服务,我一点都不觉得辛苦。

"清华荣耀"计划使我变得更加积极主动了:认真完成作业,积极参加学校各项活动。我参加了"诗词咏唱"活动,并荣获优秀作品奖;参加"书香学子吟诵比赛",获得了三等奖;参加"建党100周年板报设计",获得全校一等奖!虽然还有一些没有获得名次的活动,但在活动中我仍然受益良多,渐渐发现其实名次不重要,重在参与的过程让我成长。

通过自己的努力,我的荣耀徽章在一级一级地提升,戴在胸前可自豪了。旧的徽章我也都珍藏起来,因为这些徽章都是我努力的结果。"清华荣耀"激励着我,使我成长。

我爱你,"清华荣耀"!

青春韶华遇"荣耀",扬帆起航正当时

初一4班/陶思嘉

每每想起"清华荣耀"这四个字,我的内心都涌动着无尽的波澜。"清华荣耀"上镌刻着我的汗水,也书写着我在青春韶华之路上的一篇篇华美篇章。

当学校第一次为我们解读"清华荣耀"计划时,它的"升级"规则一下子就吸引了我,从那时起我内心就埋下了一颗小小的种子:我要为之而奋斗。

作为我们班的语文科代表,每次语文课后,我都会拿起粉笔,工工整整地在黑板上为同学们写下今日的作业;每天中午,我会把老师批改好的作业从办公室准时抱回,轻轻地发放到每一位同学的课桌上;班里同学在语文事务上出现困难,我会及时出现在他们的面前,尽力为同学排忧解难……每个月底,当我看到语文老师在我的"清华荣耀"积分栏里,郑重地填上"2分"时,我的内心欢喜着,为我兢兢业业的管理工作而欢喜。

寒假的深夜里,窗外飘着白雪,台灯前的我将下学期需要提前背诵的古诗词篇目摊开在桌面。"万里赴戎机,关山度若飞",在征途上,我仿佛看到了木兰奔赴战场时的矫健身姿;"当窗理云鬓,对镜贴花黄",在镜中,我似乎看到了木兰十年征战凯旋恢复女儿装做回自己的欣喜;"山重水复疑无路,柳暗花明又一村",那个罢官闲居家乡的爱国诗人陆游,一定在坚信人生的绝处逢生,更坚定国家的绝处逢生;"独坐幽篁里,弹琴复长啸",那是集诗情才华于

一身的王维走出半生,归来仍是少年的青春口哨……下学期开学伊始,我从容地站在老师面前,一曲曲古诗词脱口而出。老师微笑着在清华荣耀记分册上,温柔地写出"25分"。此刻,我的内心澎湃着,为诗人复杂的情怀而澎湃,也为寒假中奋斗的我而澎湃。

之后,各类荣耀纷至沓来:"我的五年规划"征文获奖,那里井井有条地写着我为青春的规划;北京市英语话剧比赛获奖,那里有我们备赛期间每日傍晚排练经典名剧的欢声笑语;学校运动会获奖,那里有着少年在操场上龙腾虎跃的一张张剪影……每次看到电子表格中那跳动变化的积分,就像看到了一颗跳动的红心。是"清华荣耀",充实了我的青春韶光。我将会继续扬帆远航,在前方追逐心中的梦想!

清华荣耀·我的荣耀

初一4班/安家畅

我想,那激动人心、催人奋进的一刻,将会永远烙印在我的心中——在全校师生的瞩目下,我自豪地站在操场主席台中央,手捧校长亲自为我颁发的"小熊"吉祥物,校长亲手为我戴上"清华荣耀"徽章,台下掌声如雷(图2-139)。是的,此时此刻,我的"清华荣耀"已成功越到18级。

图2-139　校长为学生颁发吉祥物和佩戴"清华荣耀"徽章

清华之荣耀,是拼搏劳动勤奋之人的光耀。清华大学校长邱勇说:"清华人最大的自豪,就是用自己勤劳的双手建设祖国壮丽的事业;清华人最高的荣耀,就是把自己奋斗的足迹印刻在民族复兴的伟大征程上。"而在这次活动中,我也将自己的汗水投入,将勤奋投入,获得了属于我的"清华荣耀"。

"荣耀"的计划内容及新鲜活动,无疑是激发兴趣的第一个方面。清华超市,荣耀徽章,抑或是率先晋级所获得的学校吉祥物,都对我们有着极大的激励作用。但最主要的是,它符合我们青少年内心的特点——好胜与争强。当同学的分数出现在评比公示栏上时,我们就会无意识地进行良性竞争,产生奋斗的内驱力。

在各类活动加分中,令我印象最深刻的还是提前学完本学期课程并晋级。夕阳的余晖洒进校园的教室,也洒在正于课桌前做提前考试试卷的我们的脸上。那段时间,那间教室,几乎日日都有提前考整学期学科知识的同学。连考七科,连过七科,我一跃而起,完成了真正意义上的"飞跃"。我清楚,这是为了"清华荣耀",也是为了属于我的荣耀!

在我的学习生涯中,"清华荣耀"一路伴着我唱出奋斗的凯歌;在我的求知岁月里,"清华荣耀"培养了我努力拼搏、奋勇争先的习惯;在我的人生中,"清华荣耀"书写了一段属于我的光彩绚烂的青春华章!

3. 结束语

"清华荣耀"是一项清华附中管庄学校关于学生综合素质评价的德育创新项目,在实施过程中激发了学生积极主动成长的内驱动力。他们可以在"清华荣耀"综合素质评价中不断发展、完善自我,达到自我成长的"满级"。一路走来,学生树立了强烈的规则意识,有了集体荣誉感,拥有了团队合作的能力。他们不仅获得学业上的成绩,还在德、智、体、美、劳五方面全面发展,树立了正确的人生观、价值观、世界观,获得了强健的体魄和积极乐观的心理品质,以及持续的自我革新精神,这都是"清华荣耀"项目产生的激励效应。

不断激励自己、挑战自己、超越自己,最终成长为一个"身心健康、阳光自信、勇于创新、乐于奉献、厚德自强"的王者,这是我们清华附中管庄学校的育人目标。让我们把信念印在这里、期望印在这里、激情印在这里、欢声笑语印在这里,愿学生们在有"清华荣耀"陪伴的岁月中茁壮成长!让"清华荣耀"成为我们的荣耀!

2.2.7 清华附中广华幼儿园的实践

教育评价是指挥棒,事关教育发展方向。《深化新时代教育评价改革总体方案》中"制定幼儿园保教质量评估指南""完善幼儿园质量评估标准"等内容,为学前教育高质量发展提出要求、指明方向。清华大学附属中学广华幼儿园结合办园理念、幼儿发展特点等,切实开展促进幼儿全面而富有个性发展的幼儿综合素质评价工作。《幼儿园教育指导纲要(试行)》中明确强调幼儿评价工作是以幼儿发展性为目的,提出评价是"促进每一个幼儿发展,提高教育质量的必要手段",并且指出"评价的过程,是教师运用专业知识审视教育实践,发现、分析、研究、解决问题的过程,也是其自我成长的重要途径","幼儿的行为表现和发展变化具有重要的评价意义,教师应视之为重要的评价信息和改进工作的依据"。从以上论述中我们可以看出,评价工作对于幼儿的成长有着重要的作用。基于以上,我园在"如何制定评价标准?评价落实在哪些方面?评价工作如何体现社会性发展?如何落实幼儿评价工作,有效地做好幼小衔接工作,促进幼儿身心全面发展?"等方面进行了思考,并进行了探究与实践。以下是我园开展幼儿评价工作的说明,此评价系统内容将在实践后根据实际情况进行进一步优化和调整。

1. 按大、中、小班不同年龄,构建循序渐进、螺旋上升的评价体系

3~6岁幼儿处于身心发展的黄金时期,具体表现在以下五个方面。一是身体发育:身高、体重、营养、神经、动作技能等方面取得长足进步。二是语言发展:词汇量迅速增长,逐渐明确词义并有一定的概括性,基本上掌握了各种语法结构,并可自由地与他人交谈。三是思维发展:逐步克服直觉行动思维,并逐步发展到具体形象思维。四是社会交往:喜欢与同伴一起玩,玩伴的数量随着年龄而增加,玩伴关系不稳定,经常变化。五是个性发展:3~6岁的阶段是个性形成的关键时期,幼儿在此阶段开始形成自己最初的个性倾向并会在一生中都保留其痕迹,因而这一时期在人的心理发展中具有重要作用。

明确幼儿身心发展特点后，幼儿园以《3～6岁儿童发展指南》为基础，在不断的探索与实践中，结合劳动生活、体育生活、阅读生活、艺术生活、自然探索生活、社会实践生活等内容，将评价分为健康与体能、语言与交流、品德与社会、探究与认知、美感与创造及习惯与自理六大领域，细化了评价标准，并提供了信息来源和实施措施，便于教师后续操作（图2-140～图2-142）。

科学领域评价标准					
		评价标准			信息来源
		3～4岁（表现行为1）	4～5岁（表现行为3）	5～6岁（表现行为5）	实施措施
子领域1：科学探究	1.喜欢探索	1.1.1 经常问各种问题，或好奇的探察物品	1.1.1 喜欢接触新事物经常问一下与新事物有关的刨根问底。 1.1.2 常常动手、动脑，探索物体和材料并乐在其中	1.1.1 对自己感兴趣的问题总是刨根问底。 1.1.2 能经常动手动脑寻找问题的答案。 1.1.3 在探索中有所发现时感到高兴和满足	1.观察集体教学活动、区角活动（科学区、自然角）以及游戏中幼儿的探究过程。 2.观察游戏及自由活动中幼儿的计划表达、言行为表现。 3.户外活动中幼儿认识新事物的行为表现。 4.观察幼儿使用新玩具和活动材料的行为表现。 5.家长带幼儿到新的地方进行参观，回来后可以跟伙伴们进行分享
	2.有一定的方法探究周围感兴趣的事物与现象	1.2.1 喜欢接触大自然，对感兴趣的事物能仔细观察，发现其明显特征。 1.2.2 能用多种感官和动作去探索物体，关注动作所产生的结果	1.2.1 能对事物或现象观察和比较发现其相同与不同之处，并进行简单描述。 1.2.2 能根据观察的结果提出问题并大胆猜测答案。 1.2.3 能通过简单的调查，收集自己需要的相关信息。 1.2.4 能用图画或其他符号记录自己的探究过程或结果	1.2.1 能通过观察、比较与分析，发现并描述不同种物体的特征或某个事物前后的变化，以及其原因。 1.2.2 能用一些简单的方法验证自己的猜想，并根据结果进行调整。 1.2.3 在帮助下能制定简单的调查计划，按计划收集信息。 1.2.4 能运用数字、图画、图表或其他符号记录探究过程和结果。 1.2.5 能在探究中与同伴合作，并交流自己的发现、问题、观点和结果等	
	3.在探究中认识事物与现象	1.3.1 认识常见的动植物，能注意并发现周围动植物是多种多样的。 1.3.2 能感知和发现物体和材料的软硬、光滑和粗糙特征。 1.3.3 能感知和体验天气对自己生活和活动的影响。 1.3.4 初步了解和体会动植物和人们生活的关系。 1.3.5 能初步感知常用科技产品的用途及与自己生活的关系	1.3.1 能感知和发现动植物的生长变化及其基本条件。 1.3.2 能初步感知和发现常见材料的溶解、传热等性质及在生活中的用途。 1.3.3 能感知和发现光、影、磁、摩擦等简单物理现象。 1.3.4 能感知和发现简单事物形态或位置变化等。 1.3.5 能感知和发现不同季节的特点体验季节对动植物和人的影响。 1.3.6 能感知常用科技产品与自己生活的关系并知道	1.3.1 能发现和了解各类动植物的外形特征、习性与生存环境的适应关系。 1.3.2 能了解동植物的结构和功能，发现两者之间的关系。 1.3.3 能探索与发现光、影、沉、浮、水的形态等简单物理现象产生的条件或影响因素。 1.3.5 初步了解人类生活和自然	

图2-140 六大领域（科学领域）评价标准

领域六：习惯与自理					
		评价标准			信息来源
		3～4岁（表现行为1）	4～5岁（表现行为3）	5～6岁（表现行为5）	实施措施
子领域1：生活习惯和能力	1.具有基本的生活自理能力的生活与卫生习惯	1.1.1 在提醒下，每天能按时起居，坚持午睡，保持11小时以上的睡眠时间。 1.1.2 在引导下，不偏食，不挑食。 1.1.3 愿意喝白开水。 1.1.4 在提醒下，能每天早晚刷牙，饭前便后洗手、餐前漱口。 1.1.5 在帮助下，能脱脱衣服。 1.1.6 不憋大、小便，能自己上厕所	1.1.1 每天能按时起居，坚持午睡，保持11小时左右的睡眠时间。 1.1.2 不偏食，不挑食，不暴饮暴食。 1.1.3 能喝白开水。 1.1.4 能每天早晚刷牙，饭前便后洗手，刷牙、洗手的方法基本正确。 1.1.5 能自己穿脱鞋袜、折叠衣服，并将衣服摆放整齐。 1.1.6 女孩小便后会使用便纸	1.1.1 每天能按时起居和午睡，保持11小时左右的睡眠时间。 1.1.2 进食时能细嚼慢咽。 1.1.3 能喝白开水。 1.1.4 能每天早晚刷牙，饭前便后主动洗手、刷牙、洗手的方法正确。 1.1.5 能根据自己的冷热感受增减衣服。 1.1.6 能正确使用便纸	1.观察生活环节（餐点、午睡、如厕、洗手等）。 2.观察一日生活中幼儿的行为表现，判断幼儿行为的一致性。 3.家长问卷调查及访谈
	2.具有基本生活习惯和能力的自我保护能力	1.2.1 基本了解周围生活中的安全规则，知道不跟陌生人走，不乱穿马路等。 1.2.2 在提醒下，不做玩火、钻插座等危险的事。 1.2.3 公共场所走失时，能告诉警察或相关人员自己家长的姓名、电话号码等简单信息。 1.2.4 在提醒下，不用脏脏手揉眼睛，不将异物放入口、鼻耳中，连续看电视不超过15分钟	1.2.1 不让他人触摸自己身体的隐私部位。 1.2.2 运动和游戏时能主动躲避危险。 1.2.3 公共场所活动时不远离成人，走失或遇到紧急情况时能告诉警察或提供亲人的联系电话、家庭住址等，有自我保护的简单方法。 1.2.4 不将异物放入口、鼻、耳中，知道保护眼睛，在提醒下连续看电视时间不超过20分钟。 1.2.5 认识常见的安全标志，能遵守安全规则。 1.2.6 遇到危险时，能听从家长或教师的要求行动	1.2.1 当他人触摸自己身体的隐私部位时，知道逃避和求助。 1.2.2 运动和游戏时不给他人造成危险。 1.2.3 运动中能知道自我调节运动量，注意休息和放松。 1.2.4 知道在走失和遇到紧急情况时能告知警察或提供家人的联系电话、家庭住址等，有自我保护的办法。 1.2.5 主动保护眼睛，会运用保护眼睛的方法，在提醒下连续看电视不超过30分钟。 1.2.6 遇大灾、地震等自然灾害发生时的一些基本逃生方法。 1.2.7 能识别危险，并告诉家长或教师	1.观察幼儿一日活动。 2.观察运动及户外活动中幼儿的自我保护能力。 3.户外外出活动中幼儿的行为表现。 4.家长问卷调查及访谈。 5.进行相关常识的测试，查阅相关资料。 6.开展安全模拟活动

图2-141 六大领域（习惯与自理）评价标准

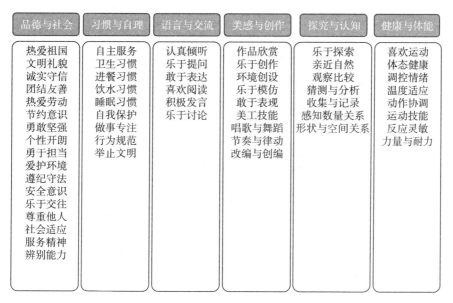

图 2-142　六大领域分领域内容

2. 以综合素质评价系统为桥梁,记录成长、发现成长、推动成长

（1）评价融入一日生活环节,促进良好行为习惯养成

著名教育学家陶行知老先生说:"生活即教育,一日生活皆课程。"幼儿在园的一日生活充满着丰富的教育契机,而一日生活中的生活环节及各项活动更是良好行为习惯养成的重要契机。例如,幼儿早来园时保持良好的情绪,体现了幼儿良好的适应能力;见到老师主动问好,离园主动与老师说再见,体现了幼儿文明礼貌的良好品质;出门前自主穿衣、拉拉链,体现了幼儿自主服务能力;加餐、进餐时不挑食和保持桌面整洁,体现了幼儿良好的进餐习惯。为有效利用生活环节培养幼儿良好的行为习惯,幼儿园开展了"清小小评价"活动（图 2-143）,以"清小小有礼貌""清小小爱运动""清小小懂节约""清小小好习惯"等榜样活动推动行为习惯的养成。

图 2-143　清小小评价

(2) 特色课程凸显评价重点,促进幼儿身心全面发展

劳动教育对于幼儿身心全面发展起到了重要作用,其中对于幼儿社会性发展尤为凸显。幼儿园将劳动课程作为园所的特色课程之一,制定幼儿劳动清单,并将劳动在园清单中的发展目标作为幼儿评价标准中的一项,以此作为幼儿发展评估中的一项参考标准(图 2-144)。

年龄段	实施途径	教育目标	劳动内容	教育建议
			幼儿在园劳动教育清单(小班)	
	生活活动	自己的事情自己做,愿意自我服务,培养基本生活自理能力	入园: 自主接受晨检,独立迅速脱外套,叠整齐,轮流做值日生,按要求完成值日生工作 进餐: 自己摆放椅子,自主独立进餐,熟练使用勺子进餐 饮水: 正确使用水杯,接适量温开水 盥洗: 能在教师指导下,饭前、便后及手脏时及时洗净双手,自取毛巾并打开毛巾擦手,饭后擦嘴漱口,方法正确 如厕: 根据需求自主如厕,能够在园自如大小便,便后冲水,整理衣裤 午睡: 睡觉前能够自主穿脱、整理衣裤、鞋袜,能够独立午睡 离园: 在教师提醒下,将玩具、图书和椅子等物归处,收拾整理个人物品,整理仪表,排队有序离园 园内劳动: 培养幼儿爱清洁,保护环境的好习惯。(室外捡垃圾、拿抹布擦拭桌子、窗台等)	对于小班幼儿的劳动要求相对简单,分量轻、时间短,以自我服务为主。在一日生活中,注意随机教育,利用儿歌、故事、游戏等形式,提醒、帮助幼儿进行自我服务,掌握正确方法后,鼓励幼儿逐渐尝试独立照料自己的生活,对幼儿劳动的过程给予耐心等待和积极鼓励,不因做不好或做得慢而包办代替

图 2-144 幼儿在园劳动清单

(3) 家校社联动,定制幼儿个性化发展计划

家庭与社会是幼儿发展不可忽视的重要元素。幼儿园在教师评价的基础上,开发了家长、社会的评价机制,达到家、园、社三位一体的评价体系。教师主要对照幼儿发展特点和发展标准来进行发展性记录和评价工作,明确教育目标是否实现,适时反思评价工作的策略是否有效,使评价工作更加具有实时性和科学性。家长可通过分领域、分维度的日常发展性记录,在学期末评估统计时了解幼儿的发展现状和发展需求。幼儿园可通过教师、家长的过程性发展评价记录,在期末生成整体评估后了解整体幼儿发展现状,制订符合幼儿身心全面健康发展的园所保教工作计划。期末生成评估统计后,教师、家长、幼儿园均可直观地了解幼儿现阶段的优势与不足,了解幼儿的特长,可有针对性地培养幼儿,使其达到全面发展(图 2-145~图 2-147)。

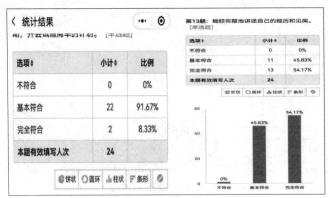

图 2-145 小班学期初幼儿发展评价统计

2 各范围的实践探索

```
张文青
探究与认知 / 探究与认知    发布时间: 2022-06-14 23:16:13

记录标题:   丫丫生长日记（2022.3.8）
记录内容:   植物角的开放吸引了石头的兴趣，老师提议指定一颗小植物进行取名并照顾，"丫丫"是石头给这株植物起
            的名字因为长得像一个丫字，，区域活动间石头都会细心的照顾丫丫，为它浇水，根据标识判断丫丫的生长
            情况，认真观察后，并会将丫丫生长过程进行记录，每次发现丫丫又长了一厘米的时候石头都会开心的到处
            分享这份喜悦。
记录图片:

相关学生:   程易辰

👍 点赞    💬 评论
```

图 2-146 幼儿过程发展性记录

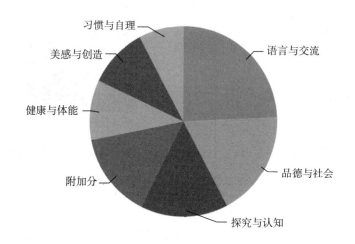

模块名称	记录分数	占比
语言与交流	50	24.27%
品德与社会	37	17.96%
探究与认知	31	15.05%
附加分	30	14.56%
健康与体能	21	10.19%
美感与创造	21	10.19%
习惯与自理	16	7.77%

图 2-147 幼儿发展性评价统计分析

【案例】 袁茗玥语言与交流维度评价内容

中班幼儿袁茗玥语言发展较好,教师将游园会活动和日常活动中袁茗玥语言发展的情况在幼儿评价系统中进行了记录(图2-148和图2-149)。

图2-148　游园会活动语言发展情况记录　　图2-149　日常活动语言发展情况记录

【案例】 袁茗玥六大维度整体分析

通过教师学期的记录,家长和教师通过袁茗玥个人评价系统整体的分析,能够清晰地了解袁茗玥在语言与表达领域较为突出的发展现状,了解现阶段的发展情况后,可在其他五大领域着重进行培养,也可在发现袁茗玥语言特长后进行专项培养,满足袁茗玥富有个性的发展(图2-150)。

图2-150　幼儿系统评价分析

模块名称	记录分数	占比
语言与交流	3	27.27%
美感与创造	3	27.27%
探究与认知	2	18.18%
附加分	2	18.18%
品德与社会	1	9.09%
健康与体能	0	0.00%
习惯与自理	0	0.00%

图 2-150(续)

2.3 其他区域的实践

2.3.1 QZ中学的实践

QZ中学初中学校使用情况见图2-151和图2-152。

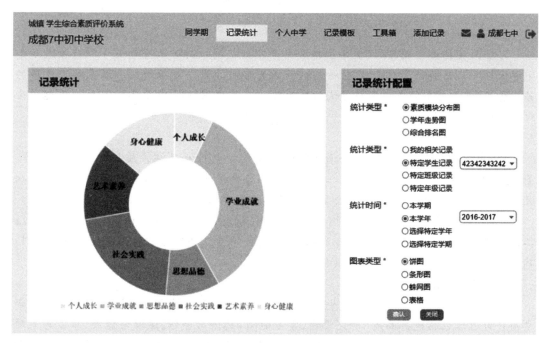

图2-151 学生素质模块分布图

学生综评发展报告单			
学生信息	姓名: 测试学生	性别: 女	学籍号: G510107201609010544
	电子邮箱: 172567901@qq.com		
学段选择	学年: 2016-2017		
生成日期	2017年09月04日		
打分模版	成都七中初中学校		
综评积分	33.4		
素质模块	模块总分	记录维度	维度总分
模块1 - 艺术素养	7.5	艺术成果展示	7.5
素质模块	模块总分	记录维度	维度总分
模块2 - 个人成长	1.5	体质健康与体育锻炼	1.5
素质模块	模块总分	记录维度	维度总分
模块3 - 诚信道德	4.4	社会公益及志愿服务	1.4
		班级值日	3
素质模块	模块总分	记录维度	维度总分
模块4 - 学业水平	13	创新成果	5
		学业成绩 百分制	8
素质模块	模块总分	记录维度	维度总分
模块5 - 组织协调能力	7	校团委学生会任职	7

图 2-152　学生综合素质评价发展报告单

QZ 中学初中学校的老师们深入总结了该校综合素质评价体系的构建和应用。

QZ 中学初中学校综合素质评价体系的构建

学生成长中心　孙　余

为全面实施素质教育，促进学生综合素质不断提高，按照《教育部关于积极推进中小学评价与考试制度改革的通知》精神，结合《教育部关于进一步推进义务教育均衡发展的若干意见》和成都市初中评价与考试制度改革的有关要求，QZ 中学已经逐步构建起学生综合素质评价体系。

（1）指导思想和基本原则

QZ 中学综合素质评价工作全面贯彻党的教育方针，全面实施素质教育，从德、智、体、美、劳等方面综合评价学生的发展。通过开展综合素质评价，真实反映学生的综合素质状况，促进学生的全面发展，适应社会主义现代化建设对人才素质的新要求。

同时，坚持“三个结合”的原则：一是坚持形成性评价与过程性评价相结合的原则；二是坚持科学性与可操作性相结合的原则；三是坚持专业评价与社会监督相结合的原则，确保评价工作科学、有序、高效地进行。

（2）评价内容

根据《教育部关于积极推进中小学评价与考试制度改革的通知》精神，中小学生综合素质评价内容包括道德品质、公民素养、学习能力、交流与合作、运动与健康、审美与表现六个方面。为准确反映学生在上述六个方面的发展情况，遵循科学性与可操作性相结合的原则，QZ 中学将上述六个方面内容进一步细化为详细的评价要素，并对各要素 A 级标准的关键表现进行了阐释。

(3) 评价过程与方法

学校采取两种方式对学生的综合素质进行评价。一是根据教育部与成都市的相关精神与文件进行的学期个人与小组评价；二是引进清华附中的综合素质评价系统，对学生进行过程性评价与记录。二者的有机融合，让学生评价更有真实依据，也能让学生对自己的成长与发展有更清晰客观的认识。

① 学期个人与小组评价。学期个人与小组评价每学期进行一次，在班级评价小组的主持下，组织学生开展学生自评与小组同学互评，之后由班级评价工作小组为每名学生作书面评语，最后由班主任认真填写学生综合素质评价登记表，并把评价表格交回学生成长中心保存。九年级第二学期进行一次终结性评价，终结性评价结果在中考招生中按成都市相关政策规定，作为升学依据之一使用。每次评价结果及时告知学生本人及家长，并接受学生及家长的质询和申诉。学校安排专人对学生综合素质评价书面结果进行妥善保管，保证学生在转学、升学的过程中能够随时调取档案，方便使用。

然而在实践过程中，老师、小组或个人的评价基本上以鼓励为主，评价流于形式，甚至出现全班均为A等的状况，评价结果丧失了真实性和区分度，看似没有打击学生的热情，其实失去了评价的意义。同时，评价的量化标准与尺度不易把握，学生和老师往往凭借主观印象来做评价，难以保证评价的客观性。而监督机制的缺乏对老师的教育理念是一个极大考验。谁又来监督老师的评价呢？

对于学期个人与小组评价中存在的缺陷，清华附中综合素质评价系统起到了有效的弥补作用。

② 清华附中综合素质评价系统。2016年学校着手引进清华附中综合素质评价系统，从2017年开始，综合素质评价系统逐渐投入使用，目前全校各班已全面使用该系统开展学生综合素质评价工作。

评价内容主要包括思想品德、学业水平、身心健康、艺术素养、社会实践五个方面。以学生在校期间的成长记录为主要评价依据，包括：思想品德与行为规范评价和成长发展的记载；各学科的学业成绩记录和学习小档案的记载；参加专题教育、社会实践活动、学校和班级及社团活动的记录；"个性特长"和获得奖励的记载；身心健康状况记载；艺术特长和基本素养记载；校本课程的考查结果等。

评价程序主要包括写实记录、整理遴选、公示审核、形成档案。学校将学生综合素质档案提供给高中阶段学校，作为高中阶段学校择优选拔新生、自主招生的重要参考或依据。

综合素质评价系统的写实性、过程性记录，辅以同学圈公开展示记录和质疑复议功能，有效地保证了记录的真实性、客观性。系统还提供图表和综合素质评价报告单，直观呈现学生的发展情况(图2-153)。

在综合素质评价系统的帮助下，学生不仅能发掘自身潜能与特长，还可以关注到同伴发展，以激励自身进步；学生通过综合素质评价系统找到志同道合的伙伴，共同对感兴趣的领域进行钻研；教师通过综合素质评价系统对学生进行过程评价，有效指导学生发展，关注学生发展趋势，与家长实时沟通，家校合力，共同促进综合素质评价工作的开展。

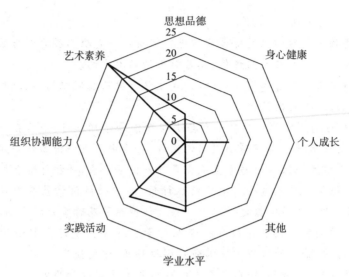

图 2-153　学生综合素质发展情况

学校提出要求，学科老师每周至少上传 1～2 条评价信息，每半学期会在教师群通报大家的使用情况，及时加以肯定与提醒；学期末通过信息中心和学生成长中心的总结，及时全面地通报学生、老师和班级的使用情况。同时通过学生综合素质评价等级的评定来关注使用情况。2019 届年级组还围绕学校国家级课题确定了子课题《关于校本德育活动课程的学生学习能力评价研究》，目前已经有阶段性成果，如图 2-154 所示。

图 2-154　综合素质评价课题

为了帮助全体教师更高效地使用综合素质评价系统，同时不断完善综合素质评价系统为学生发展服务，QZ 中学通过开展暑期教师培训、周二全校教师例会对老师的使用进行培训。同时建立了综合素质评价交流分享群（图 2-155），参加人员有清华附中负责的老师、七初负责的领导与全体班主任，大家在群里交流学习，思想碰撞，不断调整综合素质评价系统的设置，使系统趋于完善，并更贴近 QZ 中学的实际情况，推动学生综合素质评价工作的进一步发展。

图 2-155　综合素质评价交流 QQ 群

插柳成荫——综合素质评价系统对教育教学工作的帮助

QZ中学初中　曹登勇

2017年8月学校对我们新初一的老师进行了一次培训,培训内容就是学习和掌握清华附中综合素质评价系统(简称综评系统)。培训初期,许多老师的内心还是有一些抗拒的。这是因为学校的教育及教学任务本身就很繁重,一场培训下来,老师们都对于系统的每日使用感到劳心费神。然而,经过一年多的使用,大家发现该系统给我们带来了意想不到的收获。

我是一名班主任兼语文教师,自参加工作以来,都是担任班主任工作,一直以来都在班主任管理的工作上兢兢业业,没有丝毫松懈,按部就班,所带班级还经常被评为各级各类的优秀班级。尽管如此,我也总觉得有遗憾之处。当第一次接触综合素质评价系统的时候,我的心里既有疑虑,又有期待,盼望着综合素质评价系统能为自己的班主任工作增添一些亮色。事实证明,该系统能为班主任工作增色不少。

说到综合素质评价系统的优点,大家常称赞的是系统的公平性、过程性、客观性,以及充足的资料准备以减少后续纠纷等,这些优越性是毋庸置疑的。但对于我个人而言,更有以下几点"无心插柳柳成荫"的收获。

(1) 有助于开展多样化的班主任工作

综合素质评价系统顾名思义就是评价系统,常规的班主任评价通常就是期末评语等。而这里说的班主任工作,不单指给出评语这个环节,更多是班主任的日常评价工作。由于系统对评价客观性、真实性的要求,需要学生提供丰富、真实的佐证材料。为了给学生获得更多佐证材料的机会,班主任的工作内容和形式也发生了相应的变化。首先,班主任要更关注学生的细节行为,并仔细记载。只有关注了细节,我们在进行综合素质评价的时候才有依据可言。其次,佐证材料要够质够量。像我所带的班级会在每周进行一次"风云人物"的评选,这就要求我们事先印制好奖状,方便得奖的学生拍照上传。以前我们以为这样的奖状是可有可无的,结果当第一次发给学生奖状的时候,学生希望我拍照上传到家长群,一是为了表彰,二是为了在上传综合素质评价系统的时候有依有据。为了获得这样的荣誉,学生们竭尽所能,做好自己,班级的管理自然就顺风顺水了。

(2) 有助于建立学生的自我评价体系

在使用综合素质评价系统之前,班级内的评价系统主要包括班主任评语、小组长评语、操行分系统、值日班长评语这几个部分,基本上也能保证对学生开展多方面的评价。但是问题在于,被评价的主体,即学生本人,是被动的,基本上就是等着别人对自己进行评价。久而久之,造成部分同学对评价感到麻木,班级对他们的评价就失去了应有的功能。

在使用综合素质评价系统后,情况发生了很大的转变。学生自己可以上传相应的资料进行佐证,所有的评价不再是被动的了,变成自己评价自己,动力当然就源源不断了。为了得到相应的佐证材料,学生开始不断地强化自我管理,学会主动争取。最常见的情况是上课时,学生为了获得教师对自己优秀的评定,上课不能迟到,课堂中要更专注,作业上交更及时、质量更高,因为这些都是教师评价学生的重要依据,而这些依据都是靠学生自己主动生成和配合的。与之相关的各类活动更是如此,只要学生积极参与了,并通过自己的努力取得了良好的结果,那就是自己给自己的综合素质评价添上了华丽的一笔。

(3) 有助于提升家长对学生的关注

在综合素质评价工作的开展过程中,有一个群体是十分重要的,那就是学生的家长,家长对综合素质评价系统的使用率是很高的。"没有比较就没有伤害"这虽然是句玩笑话,但是家长之间的"较劲"是真实存在的。看着别人的孩子在综合素质评价系统上传着各种资料,也会激起家长的想法。一方面是督促孩子认真学习,积极参加各类活动,以期得到佐证材料,另一方面也会积极反思自己的家长职责,这样就大大促进了家长对学生在校学习和日常生活的关注,打通了家校之间的这座桥梁。

这些是我在综合素质评价系统的使用过程中的独特收获。为了使综合素质评价系统更好地服务于教育教学工作,我对系统也有一些期待。

(1) 增加更多个性化设置

古人云"因材施教",对于班级的管理,也应该如此,毕竟不同的班级有不同的特质。目前,在综合素质评价系统的模块和维度设置上,学校内部是统一的,有些记录提交还有时间限制。我希望在以后可以给每个班主任授权,使老师能够根据情况,对自己班级的部分维度进行调整,更改后须报请学校同意,校级系统管理员确认更改即可。同时对一些项目配有长效机制,延长学生提交记录的时间。

(2) 增加批量功能

希望综合素质评价系统在针对全班性的评价中,增加一键操作。这样,在学生整体表现比较优秀的课堂中,可以一键操作,然后更改个别学生评价即可。

总体上来讲,综合素质评价系统对于教育教学工作有很大的帮助。在使用过程中,不断根据实际情况做出调整,必定能对班级管理及班主任工作起到意想不到的效果。

利用"综合素质评价"打卡,改掉坏习惯

QZ 中学初中学校　姜肖

家住学校附近的 L 同学,是迟到次数最多的人。虽然从学期初开始,老师就不断提醒他务必准时到校,可第二天早上还是迟到。尽管 L 同学一而再再而三地表示自己"再不迟到",但是他在行动上却从来未能落实。

作为 L 同学的班主任,关于他的迟到问题,我曾与他的家长多次沟通。家长也表示无可奈何,尤其是冬天,天气日渐寒冷,L 同学的赖床也更严重,L 的爸爸在沟通中向我反映:"家长已经足够重视,一早就催促他起床,但次数多了他嫌烦,声音大了又嫌吵。早餐做好了来不及吃,匆忙洗脸刷牙就去上学。"

L 同学的迟到问题显然已经成了老师和家长的大难题,单靠父母每日清早的催促,似乎要演变成家庭矛盾。这让我意识到,治理 L 同学的迟到问题,仅靠家庭力量似乎不可行,如果依靠处分来约束他的行为,表面上看有威慑作用,但能起到"治标治本"的效用吗? L 同学以后就能自觉主动地按时到校吗?

根据学校的规定,班级中如果有同学迟到,礼仪委员会做记录并扣除相应同学的操行分。这让我联想到,学生按时到校是否可以获得加分呢?如何在通过加分鼓励学生按时

到校的基础上,不增加礼仪委员的工作量呢?

此时,我想到了综合素质评价系统的"考勤"功能。在这一功能下,设置有日历牌和学生的全名显示,每一条考勤记录清晰明了。如果以考勤功能为基础,设置按时到校有加分、迟到则减分的规则,会使每一名同学清楚地知道,自己的一言一行是"有分可查"的。这样既可以对学生行为进行监督管理,也可以通过分数激励学生行为。同时,综合素质评价记录可以同步传送至家长手机,使孩子到校情况一目了然,同时也使家校沟通更加简洁方便,可谓一举多得! 于是,一项利用综合素质评价系统的"考勤打卡"活动应运而生。

首先,我与L同学进行了单独沟通,告知以后再次迟到的后果,同时期待他能规正自己的行为。L同学表示自己一直渴望做到准时,无奈惰性太大,他恰恰需要"考勤打卡"这样的外界激励与约束。

而后,我在全班发起"不迟到打卡"挑战,按照好习惯养成的天数,设定了"21天不迟到"的挑战。每名学生每日考勤及时上传到"综合素质评价"系统,实行积分制,21天后获得"全勤奖"的学生,可免做值日一次。

这个活动甫一推行,便激起了学生们的胜负心,调动了大家的积极性。我注意到L同学的参与热情高涨。此后,L同学仍是全班最后一个到校的孩子,不同的是,他开始踩着到校时间的临界点进班级了,自己还会用电话手表与班级钟表核对时间,"提早了一分钟""提早了两分钟"……L同学渐渐甩掉了"迟到大王"的帽子,平时偶然迟到的同学也逐渐"消灭"了迟到记录。

于是,班级中继续推行"一个月不迟到"挑战,L同学逐渐从踩着时间点到校变成提前到校。班级的早读时间也整体提前,学生们不再以早读铃响为起点,而是自发地提前开始早读,充分利用早上的时间,学习热情高涨。

我们一致决定的下一个目标是"一学期不迟到"挑战,我期待着包括L同学在内的全班同学都可以拿到"全勤奖"!

小小"综合素质评价"系统,有大大文章可做,一个小小的"考勤"板块,就可以发挥巨大的作用,使评价成为一种激励和督促,促进每一个学生的进步。

2.3.2 B市的实践——学生综合素质评价大数据促进校内督导工作

"B市普通高中学生综合素质评价电子平台"自2017年9月使用至今共有学校用户近300所,其中学生用户超过27万,教师约10万,平台共收集记录信息8500多万条,运转情况良好。2020年7月为参加B市首届新高考的高三毕业生生成综合素质评价报告册5万份、"强基计划"报告册8000多份,有效为新高考改革在B市的平稳落地保驾护航。截至目前,平台累计生成毕业生综合素质评价报告册近15万份,"强基计划"报告册约2万份。

1. 综合素质评价系统的师生用户和记录数量统计

2020至2021学年,学籍系统与综合素质评价系统接入高中学校数量为284所。B市高中学生使用综合素质评价系统的整体数据情况统计见表2-8。

表 2-8　学籍系统对接入综合素质评价系统的师生数量

学生数量/人	教师数量/人	总记录数/条	学生记录数/条	教师记录数/条	生均/条	师均/条	总生均/条
160174	72709	65948521	5681303	60267218	35.47	376.26	411.73

注：① 学校总数指通过学籍系统接入综合素质评价系统的学校数量，即综合素质评价系统中有学生资料的学校数量。

② 学生数量是指使用综合素质评价系统的学校（即上述 284 所学校中）的学生数量；

③ 教师数量是指使用综合素质评价系统的学校的教师数量；

④ 总记录数是指学生账号下学生填写记录和教师填写记录的总和，即学生填写记录数＋教师填写记录数；

⑤ 学生记录数是指学生填写记录的总和，即学生填写记录的总条数；

⑥ 教师记录数是指教师填写记录的总和，即教师填写记录的总条数；

⑦ 生均：学生填写记录的平均值，即学生记录数/学生数量；

⑧ 师均是指教师为学生填写记录的平均值，即教师记录数/学生数量；

⑨ 总生均是指总记录数的生均值，即总记录数/学生数量。

2. 综合素质评价系统高中各年级填写情况统计

B 市高中学段 2020—2021 学年学生总生均填报数量为 411.73 条，学生生均填报数量为 35.47 条，师均填报数量为 376.26 条，在使用综合素质评价系统学校数量变化不大的情况下，三个年级总生均填报数量呈上升趋势（高一 369.69 条，高二 432.68 条，高三 444.46 条），这说明随着年级的升高，学生填写数量有所提高。

为了使 B 市高中学校能够更有针对性地开展综合素质活动、推进素质教育工作，从而做出学生综合素质评价的数据参考，可具体分析各个年级学生及教师的填写数据，现将正在使用的学校中各个年级的师生填写情况分年级统计，见图 2-156。

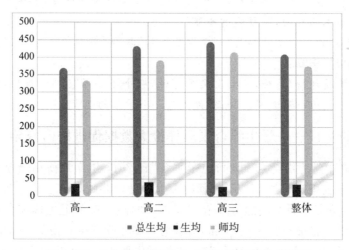

图 2-156　B 市高中学段各年级填写情况统计柱状图

3. 综合素质评价系统各区县填写情况统计

(1) 2020—2021 年度 B 市各区县师生总记录数量统计结果见图 2-157。

(2) 2020—2021 年度 B 市各区县学生总记录数量统计结果见图 2-158。

(3) 2020—2021 年度 B 市各区县教师总记录数量统计结果见图 2-159。

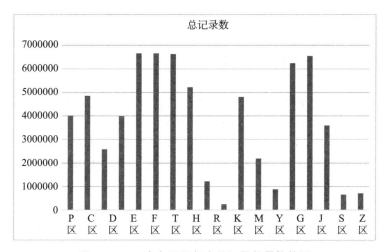

图 2-157　B 市各区县师生总记录数量柱状图

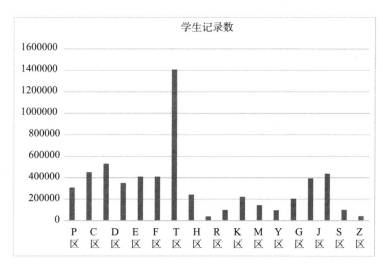

图 2-158　B 市各区县学生记录数量柱状图

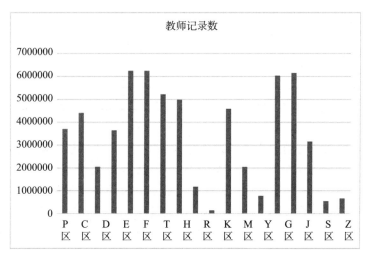

图 2-159　B 市各区县教师记录数量柱状图

从统计数据来看,B市各县区高中学校使用综合素质评价系统的情况均较为良好,教师和学生填写积极性都较高。

4. 综合素质评价系统模块填写数量统计

(1) 学生填写记录统计

对B市高中学生自主填写的记录进行统计,其中填写量最高的模块是学业成就模块,按照从高到低对五大模块进行排序,为学业成就模块、思想品德模块、社会实践模块、艺术素养模块、身心健康模块。R区的学业成就模块生均量最高,达359.29条;第二名是K区的学业成就模块,达282.96条;第三名是F区的学业成就模块,达246.64条。各区县具体统计数据如表2-9和图2-160所示。

表2-9 学生填写模块生均记录统计表

序号	区县	思想品德	学业成就	艺术素养	身心健康	社会实践
1	X区	5.94	43.67	0.06	0.02	0.39
2	C区	18.42	94.71	0.39	0.03	0.55
3	T区	15.97	238.73	0.33	0.03	0.68
4	J区	5.29	69.91	0.25	0.03	0.16
5	H区	4.86	35.68	0.48	0.02	0.7
6	M区	2.12	15.33	0.43	0.08	0.83
7	Y山	48.89	166.01	0.24	0.08	4.26
8	F区	28.44	246.64	0.6	0.02	0.38
9	Z区	58.5	180.17	1.39	0.02	1.01
10	S区	18.06	205.07	0.19	0.01	0.86
11	P区	32.47	171.79	0.27	0.05	1.98
12	D区	15.81	91.49	0.55	0.02	0.53
13	R区	89.52	359.29	0.54	0.03	2.08
14	G区	29.73	126.44	0.26	0.02	0.75
15	Y区	32.34	222.78	1.22	0.01	0.83
16	Q区	4.27	48.05	0.15	0.06	1.58
17	K区	82.61	282.96	1.39	0.04	1.38
18	E区	11.44	65.16	0.38	0.04	0.58
小计		28.04	147.99	0.51	0.03	1.09

(2) 教师填写记录统计

对B市高中教师填写的综合素质评价记录进行统计,其中填写量最高的模块是学业成就模块,按照从高到低对五大模块进行排序,为学业成就模块、思想品德模块、身心健康模块、社会实践模块、艺术素养模块。D区的学业成就模块师均量最高,达25.75条;第二名是D区的思想品德模块,达21.72条;第三名是D区的身心健康模块,达20.95条,D区各个模块师均填写量均较高,可见D区的教师填写积极性很高。各区县具体统计数据如表2-10和图2-161所示。

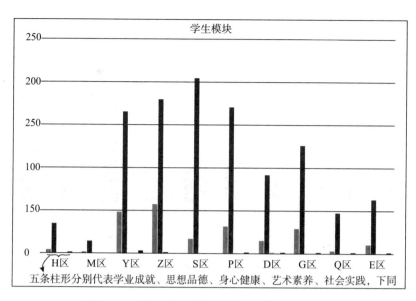

图 2-160 学生填写模块生均记录统计柱状图

表 2-10 教师填写模块师均记录统计

序号	区县	思想品德	学业成就	艺术素养	身心健康	社会实践
1	X区	4.58	4.93	4.71	2.97	3.76
2	C区	7.54	9.33	7.6	4.58	4.69
3	T区	5.94	6.42	5.52	3.1	3.72
4	J区	7.94	6.29	6.38	3.24	3.61
5	H区	8.52	8.52	7.94	4.08	5.04
6	M区	9.61	12.34	8.52	4.36	4.57
7	Y山	11.02	10.71	11.49	5.33	7.7
8	F区	19.42	14.54	11.27	4.78	6.24
9	Z区	13.44	12.77	9.64	4.93	5.5
10	S区	4.68	6.96	5.29	2.95	3.27
11	P区	12.81	16.12	12.38	5.7	6.22
12	D区	21.72	25.75	20.95	9.13	8.69
13	R区	18.11	20.68	17.46	6.14	5.72
14	G区	7.81	10.69	8.42	3.71	3.51
15	Y区	9.2	11.48	9.33	4.17	4.32
16	Q区	5.76	11.43	4.97	2.82	4.56
17	K区	7.62	11.5	10.7	4.15	4.63
18	E区	5.75	4.96	5.39	3.29	3.68
小计		10.08	11.41	9.33	4.41	4.97

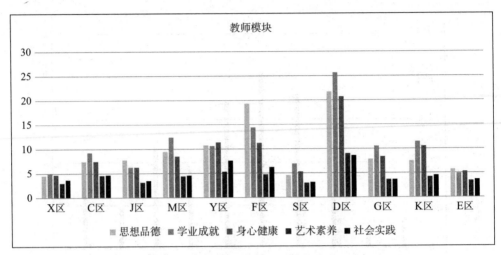

图 2-161　教师填写模块师均记录统计柱状图

5. 综合素质评价系统热门维度统计

根据 B 市综合素质评价系统中师生记录内容统计数据，即学生和老师填写的总生均对模块下各个维度进行排名（排除"其他"维度），取前 3 名为热门维度，2020—2021 学年高中学段思想品德模块中的热门维度为"课程班值日""班级值日""感动感悟与交流沟通"；学业成就模块中的热门维度为"作业表现""课堂表现""课堂考勤"；身心健康模块中的热门维度为"体质健康与体育锻炼""身体机能"；艺术素养模块中的热门维度为"艺术成果展示""艺术类实践活动""艺术素养及专长培养"；社会实践模块中的热门维度为"参观学习""生产劳动"。详情见表 2-11。

表 2-11　B 市 2020—2021 学年热门维度统计

模块名称	序号	高一 维度名称	总生均	高二 维度名称	总生均	高三 维度名称	总生均
思想品德	1	课程班值日	12.46	课程班值日	11.15	课程班值日	4.95
	2	班级值日	3.19	班级值日	3.66	班级值日	2.4
	3	感动感悟与交流沟通	2.68	感动感悟与交流沟通	3.45	感动感悟与交流沟通	2.15
学业成就	1	作业表现	45.18	作业表现	34.54	作业表现	15.74
	2	课堂表现	38.88	课堂表现	30.52	课堂表现	13.41
	3	课堂考勤	31.9	课堂考勤	25.25	课堂考勤	10.69
身心健康	1	体质健康与体育锻炼	2.56	体质健康与体育锻炼	3.58	体质健康与体育锻炼	2.12
	2	身体机能	1.49	身体机能	1.53	身体机能	1.35
	3	体育类实践活动	1.2	体育类实践活动	1	应对困难与挫折表现	1.07

续表

模块名称	序号	高一		高二		高三	
		维度名称	总生均	维度名称	总生均	维度名称	总生均
艺术素养	1	艺术成果展示	1.25	艺术成果展示	1.26	艺术成果展示	1.37
	2	艺术类实践活动	1	艺术类实践活动	0.78	艺术类实践活动	0.66
	3	艺术素养及专长培养	0.66	艺术素养及专长培养	0.7	艺术素养及专长培养	0.52
社会实践	1	参观学习	1.24	参观学习	1.02	参观学习	0.88
	2	班集体奖励	0.82	生产劳动	0.83	生产劳动	0.55
	3	生产劳动	0.74	班集体奖励	0.58	班内任职	0.44

6. 综合素质评价系统热词分析

通过大数据分析,我们在后台抓取了本市高中学生综合素质评价记录的热词,以此分析学生在各模块下综合素质发展的方向与情况,反映学生学习生活焦点和关注点。在每个模块中选取出现次数最多的热词进行统计,详情如下。

（1）思想品德模块

本模块热词:参观、阅读、感悟、升旗、班会、安全、革命、爱国、青年大学习、团员、新时代、团课等,见图 2-162。

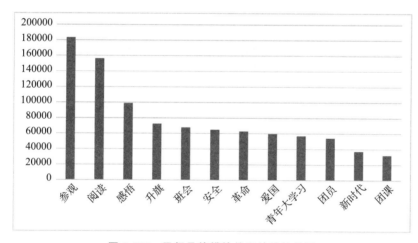

图 2-162 思想品德模块热词统计柱状图

分析:本模块主要评价学生道德认知水平和行为表现。重点是通过记录学生日常表现和突出表现、特别是践行社会主义核心价值观情况等,评价其具备的爱党爱国、遵纪守法、明礼诚信、自尊自律、团队精神、环保意识等方面的品德修养。这些热词体现了学生爱党爱国的精神面貌,突出了政治启蒙和价值观塑造,充分发挥了共青团等组织育人的作用。

（2）学业成就模块

本模块热词:作业、学习、复习、总结、阅读、高考、反思、作品、实验、小结、读书、写作等,见图 2-163。

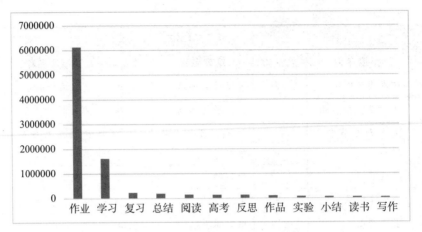

图 2-163　学业成就模块热词统计柱状图

分析：本模块主要评价学生思维发展水平和自主学习能力。重点是通过记录学生文化课程修习、课堂学习表现、作业完成情况、课外阅读、教育活动参与情况等，评价其学业表现、思维能力、学习动力、学习意志力、学习规划力、学习习惯等方面的素养，以及学业负担情况。系统中统计的热词体现了本市中学生注重考试和学习，主动拓展阅读量，在课外活动中也有出色表现，塑造了热爱阅读、崇尚知识的校园文化氛围；"实验""阅读"等热词也体现了本市各个学校提升智育水平、加强科学教育和实验教学，广泛开展多种形式的读书、演讲等活动的力度。

（3）身心健康模块

本模块热词：锻炼、跑步、疫情、篮球、足球、运动会、羽毛球、跳绳、排球、心理健康、游泳、田径、爬山、登山等，见图 2-164。

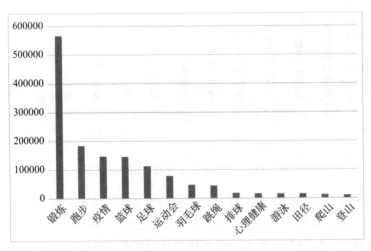

图 2-164　身心健康模块热词统计柱状图

分析：本模块主要评价学生身体素质与运动水平和心理健康水平。重点是通过记录学生体育与健康课程和心理健康教育课程的修习情况、《国家学生体质健康标准》测试数据、体育基本运动技能掌握情况、每天1小时校园体育活动表现、生活健康行为和心理健康水平等,评价其所具备的身体素质、运动技能和心理健康等方面的素养。

为深入贯彻教育部办公厅《关于开展2021年全国青少年校园足球特色学校、试点县(区)、"满天星"训练营和改革试验区申报工作的通知》(教体艺厅函〔2021〕35号)精神,加快推进"十四五"期间B市青少年校园足球发展,B市各个高中学校积极开展学校特色体育项目,大力发展校园足球。"足球""运动会"等热词体现了我市学校大力安排校园足球这一体育运动,积极开展学校特色体育项目与校园普及性体育运动。这些活动激励了我市中学生不断提升自身运动技巧、培养了学生奋勇争先的精神。

(4) 艺术素养模块

本模块热词:美术、博物馆、荣誉、摄影、春节、书法、舞蹈、素描、笛、元旦、钢琴、唱歌、朗诵、艺术节等,见图2-165。

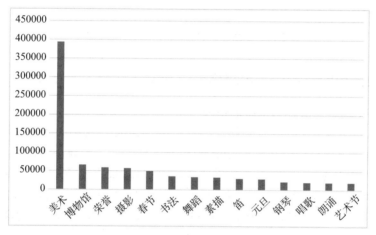

图2-165 艺术素养模块热词统计柱状图

分析:我市义务阶段教育注重加强美育工作,积极响应中共中央办公厅印发的《关于全面加强和改进新时代学校美育工作的意见》的文件精神,全市中小学积极开展美术、音乐、舞蹈、书法等艺术活动,培养学生艺术感知、创意表达、审美能力和文化理解素养。"美术""书法""舞蹈""艺术节"等热词反映了我市中小学开展素质教育的实效性和普遍性,丰富拓展校园文化,推进美术、舞蹈、唱跳等活动进校园,开设素质教育公开课、抓好素质教育与文化教育共同促进学生的健康成长的决心与成效。

(5) 社会实践模块

本模块热词:收获、劳动、垃圾分类、研学、志愿服务、打扫、志愿活动、环保、做饭、手工、脱贫、扫地、保护环境等,见图2-166。

分析:本模块主要评价学生参与物理化学生物等学科实验、参与科技创新等综合实践活动的表现。重点是通过记录学生参与物理、化学、生物等学科实验课和综合实践活动课程情况、研究性学习的经历与成果等,评价其所具备的实验基本技能、创新精神和实践能力等方面的素养。另外,"劳动""志愿服务"等热词体现了学校积极响应国家政策号召、拓宽育人渠道,加强劳动教育,利用社会资源实践育人的成果,也体现了本市学校对劳动教育政策的关注;学生参与劳动的热情高涨,通过参加劳动活动更懂得珍惜来之不易的劳动成果。

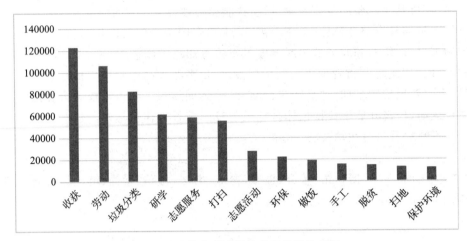

图 2-166　社会实践模块热词统计柱状图

2.3.3　其他省市的实践——推进学生综合素质评价的本地化

1．Z 市初中综合素质评价系统的使用

"Z 市初中学生综合素质评价系统"于 2019 年 3 月正式启用。教育局基于本地教育实际,借鉴清华大学附属中学先进的评价理念,依托清华大学附属中学研发的学生综合素质评价系统,并充分融合 Z 市地域特色开展相关工作,取得了良好的效果。目前,共有 370 所学校的 291113 名学生和 22720 名教师上传记录 5 亿 763 万条。Z 市首届(2018 级)初中毕业生综合素质评价报告册生成工作已圆满结束,共计为毕业生提供综合素质评价报告册 96653 份。

(1) 综合素质评价系统整体使用情况

据统计,Z 市 370 所初中学校,学生记录为 4480 万条,教师记录为 46283 万条。Z 市生均填写记录数量逐年大幅提高,2018—2021 三个学年接入综合素质评价系统的学校及师生填写情况整体使用情况统计见表 2-12。

表 2-12　Z 市整体使用情况统计

学年	学校数量/所	学生数量/人	教师数量/人	总记录数/条	学生记录数/条	教师记录数/条	生均/条
2018—2019	370	99523	22720	26002694	3940543	22062151	39.59
2019—2020	370	193048	22720	133812538	12288157	121524381	63.65
2020—2021	370	291113	22720	347821070	28576258	319244812	98.16

注:① 总记录数=学生记录数+教师记录数;
② 生均:学生添加记录的平均值,即学生记录数/学生数;
③ 2018—2019 学年:2019 年 3 月 4 日—2019 年 8 月 25 日;
④ 2019—2020 学年:2019 年 8 月 26 日—2020 年 8 月 23 日;
⑤ 2020—2021 学年:2020 年 8 月 24 日—2021 年 5 月 27 日;
⑥ 2020—2021 学年的记录统计包括毕业年级填写报告册时补录记录的数量。

(2) 综合素质评价系统学生填写情况统计

Z 市初中学校 2018—2019 学年学生生均填报数量为 39.59 条,2019—2020 学年学生生均填报数量为 63.65 条,2020—2021 学年学生生均填报数量为 98.16 条。三个学年生均填报数量逐年呈显著上升趋势。其中 2018 级学生在 2020—2021 学年生均数量最高,达 117.68 条。初中三个学年学生生均填写情况统计图见图 2-167。

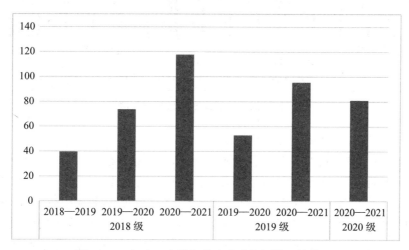

图 2-167　初中三个学年学生生均填写情况统计图

(3) 综合素质评价系统各区填写数量统计

各区县教育主管部门可实时监测查看所辖学校的综合素质评价发展情况,可按需求精确查看某一地区、某一学校、某个年级、某位具体学生的填写情况,为其后续作出科学的、符合本地实际的教育决策提供参考依据。2019 年以来,Z 市各县区及学校,积极开展综合素质评价系统应用,特别是部分偏远地区,克服各类困难,积极推动初中综合素质评价工作的有效开展。

从 Z 市各区县学校使用的实际情况来看,S 县每所学校的平均填写量均很高;H 区、B 区、F 县等生均填写情况也良好,各区县学生填写情况见图 2-168 和图 2-169。

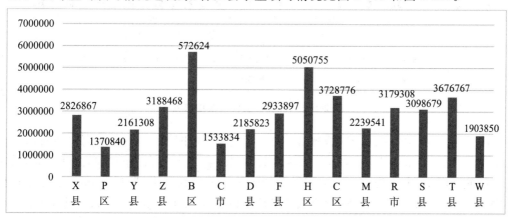

图 2-168　各区县学生记录数(3 个学年总数)柱状图

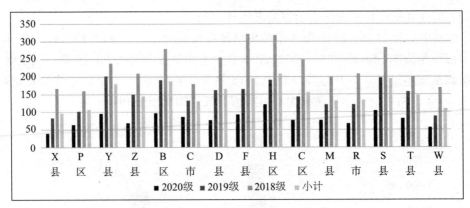

图 2-169　各区县生均填写柱状图

(4) 综合素质评价系统模块填写数量统计

综合素质评价的基础是日常综合素质活动,活动记录者的主体是学生本人,另外还有班主任老师、任课老师,下面就这两类记录主体进行分别统计。

① 以学生填写为主体的模块统计。按照综合素质评价系统中各个模块填写信息的数量排序:第一是思想品德模块,生均高达 66.25 条;第二是学业成就模块,生均为 52.50 条;其次是身心健康模块,生均为 10.23 条;填写量最少的是艺术素养模块,为 4.61 条。思想品德模块中 S 县生均最高,达 111.91 条;学业成就模块中 F 县生均最高,达 87.74 条;身心健康模块中 B 区生均最高,达 14.24 条;艺术素养模块中 Z 县生均最高,达 8.23 条;社会实践模块中 Y 县生均最高,达 15.01 条。各区县具体统计数据如图 2-170 所示。

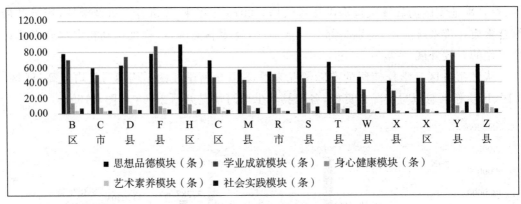

图 2-170　各模块生均记录柱状图

② 以教师填写为主体的模块统计。按照综合素质评价系统中各个模块填写信息的数量排序:第一是学业成就模块,生均高达 1144 条;第二是思想品德模块,为 421 条;其次是身心健康模块,生均为 59 条;填写量最少的是艺术素养模块,为 0.15 条。思想品德模块中 Y 县生均最高,达 918 条;学业成就模块中也是 Y 县生均最高,达 2287 条;其他 3 个模块都是 F 县生均最高。各区县具体统计数据如图 2-171 所示。

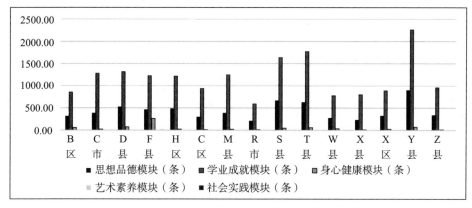

图 2-171 各模块生均记录柱状图

(5) 综合素质评价系统热门维度统计

根据 Z 市学生和教师填写的总生均对模块下各个维度进行排名(排除"其他"维度),取前 6 名为热门维度,详情见表 2-13。

表 2-13 热门维度统计

模 块	序号	维度名称	生均/条
思想品德模块	1	课程班值日	270.11
	2	班级值日	65.27
	3	文明礼仪	53.79
	4	集会表现	31.80
	5	感动感悟与交流沟通	21.36
	6	团日活动	3.86
学业成就模块	1	课堂考勤	437.71
	2	课堂表现	376.32
	3	作业表现	291.26
	4	读书分享与人文思索	29.14
	5	学业成绩 150 分制	17.13
	6	学业成绩 100 分制	13.39
身心健康模块	1	国家学生体质健康标准	42.69
	2	抗挫折能力	16.38
	3	体育奖励	2.30
	4	体育类实践活动	2.14
	5	体质健康与体育锻炼	1.85
	6	身体机能	0.46

续表

模　块	序号	维度名称	生均/条
社会实践模块	1	班集体奖励	13.81
	2	生产劳动	1.81
	3	参观学习	0.93
	4	班内任职	0.34
	5	活动实践奖励	0.24
	6	勤工俭学	0.17
艺术素养模块	1	才艺奖励	1.57
	2	艺术类实践活动	0.92
	3	艺术成果展示	0.61
	4	艺术素养	0.07
	5	艺术素养及专长培养	0.04
	6	艺术修养提升	0.04

根据Z市综合素质评价系统中初中学校师生记录内容统计数据，思想品德模块中的热门维度为"课程班值日、班级值日、文明礼仪"；学业成就模块中的热门维度为"课堂考勤、课堂表现、作业表现"；身心健康模块中的热门维度为"国家学生体质健康标准、抗挫折能力"；社会实践模块中的热门维度为"班集体奖励"；艺术素养模块中的热门维度为"才艺奖励"。

（6）综合素质评价系统热词统计

通过大数据分析在后台抓取到Z市初中学生活动的热词，以此分析学生在各模块下综合素质发展的方向与情况，反映学生学习生活焦点和关注点。思想品德模块中的热词有追溯革命历史、发表爱国感悟、70周年国庆、接受红色教育等；身心健康模块中的热词有跑步、篮球、足球、运动会等；艺术素养模块中的热词有绘画、书法、乐器演奏、舞蹈等；社会实践模块中的热词有参观类活动、参观遵义会议遗址、研学活动、环保活动等。后台抓取的部分模块中热词统计见图2-172～图2-174。

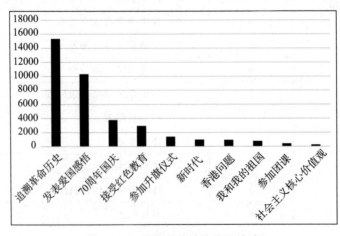

图2-172　思想品德模块热词统计

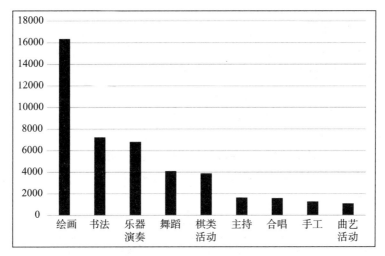

图 2-173 艺术素养模块热词统计

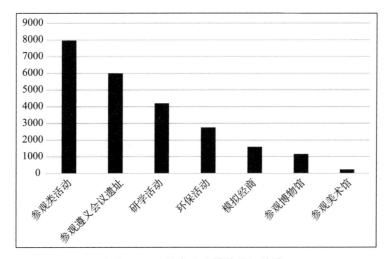

图 2-174 社会实践模块热词统计

由以上数据可知,Z 市各初中学校强调学生综合素质的全面发展,开展了丰富多彩的特色活动。此外,当地学校因地制宜、因校制宜,结合自身教育教学实际,在综合素质评价系统中添加了许多学校特色维度。截至目前,共有 46 所初中学校添加了 55 个特色维度,包括各种才艺书画活动、书法展、书写训练场、晨读、宿舍纪律、社团、班级卫生、拾金不昧、帮助家人、助人为乐等,共计 8602 名学生添加了 309265 条记录,极大地促进了学生综合素质评价的有效落地,引导学生更加全面地发展,助推学校健康快速发展。

2. G 省高中综合素质评价系统的使用

"G 省高中学生综合素质评价系统"于 2017 年正式启用,先后出台了《G 省深化考试招生制度改革实施方案》《G 省普通高中学生综合素质评价实施办法》,深入落实"两依据、一参考"的高考政策,积极探索如何将学生综合素质评价纳入高校招生考试政策中。根据国家级、省级相关政策的指引,G 省高中综合素质评价服务团队在省教育厅的支持下,结合学校管理员在实践中总结的经验,不断对平台功能进行完善、优化,加强对学生爱国情怀、遵纪守法、创新思维、体质达标、审美能力、劳动实践等方面的综合素质发展引导。通过大数据系统性的分析,可以看出综合素质发展的教育理念在教育主管部门的政策引导、模式创新、行动引领下,已逐渐显示出工作效果。

（1）综合素质评价系统提交记录统计数据

截至 2021 年 1 月,G 省综合素质评价系统共收集有效记录 1987128 条,其中学生自主填报 414396 条,教师填报 1371573 条。全省高中综合素质评价工作分批、有序开展,目前已有三批试点学校先后接入综合素质评价系统,具体使用情况如下。

首批试点学校共 15 所,于 2017 年 11 月接入系统,从平台数据统计看,部分学校整体填写情况较好(表 2-14)。

表 2-14　首批试点学校生均记录条数

学校名称	2017—2018 上学期	学校名称	2017—2018 下学期
G 师范大学附属中学	17.7	S 县第八中学	14.36
Y 市第八中学	16.1	Z 市第五中学	13.31
Y 市第三实验中学	15.1	Y 市第八中学	10.27
S 市第一高级中学	11.2	R 市第一中学	9.34
G 省实验中学	10.2	T 区第七中学	7.13
B 四中	9.8	G 师范大学附属中学	5.78
R 市第一中学	9.2	兴义中学	5.37
T 区第七中学	8.0	Y 市第三实验中学	2.57
学校名称	2018—2019 上学期	学校名称	2018—2019 下学期
G 省实验中学	33.76	Y 市第八中学	19.91
Y 市第八中学	23.11	Z 市第五中学	9.56
R 市第一中学	17.36	G 师范大学附属中学	9.42
W 民族中学	8.10	G 省实验中学	8.46
T 区第七中学	7.98	S 市第一高级中学	7.64
S 县第八中学	4.59	Y 市第三实验中学	4.89
Z 市第五中学	3.53	S 县第八中学	4.79
X 中学	3.37	W 民族中学	1.21
学校名称	2019—2020 上学期	学校名称	2019—2020 下学期
Y 市第八中学	36.00	Y 市第八中学	44.11
G 省实验中学	35.31	F 中学	18.85
S 市第一高级中学	28.62	G 省实验中学	14.88

续表

学校名称	2019—2020 上学期	学校名称	2019—2020 下学期
S 县第八中学	18.96	S 市第一高级中学	9.14
F 中学	16.15	S 县第八中学	8.74
G 师范大学附属中学	8.46	Z 市第五中学	1.91
R 市第一中学	7.82	Y 市第三实验中学	0.05
X 中学	6.58	G 师范大学附属中学	0.01
学校名称	2020—2021 上学期	学校名称	2020—2021 上学期
Y 市第八中学	61.63	S 县第八中学	8.56
Y 市第三实验中学	17.76	R 市第一中学	5.17
G 省实验中学	15.51	G 师范大学附属中学	3.66
F 中学	13.15	Z 市第五中学	1.35
S 市第一高级中学	12.18		

注：生均=(学生自主填报总数+教师为学生填报数)/学生总数。

第二批试点学校 21 所，于 2019 年 5 月接入系统。从后台数据统计看，部分学校使用情况较好(表 2-15)。

表 2-15 第二批试点学校生均记录条数

学校名称	2018—2019 下学期
Z 市第五十四中学	52.83
Y 市清华中学	15.82
F 县第一中学	11.10
S 民族中学	6.19
X 县第一中学	2.67
Y 市第五中学	1.00
学校名称	2019—2020 上学期
Z 市第五十四中学	76.31
F 县第一中学	34.44
X 县第一中学	22.90
Y 市清华中学	9.69
Y 市乌当中学	7.83
Y 市第五中学	3.00
学校名称	2019—2020 下学期
Y 乐湾国际实验学校	70.41

续表

学校名称	2019—2020 下学期
F 县第一中学	8.85
Z 市第一中学	0.16
Z 市第五十四中学	0.06

学校名称	2020—2021 上学期
Z 市第五十四中学	35.75
Y 乐湾国际实验学校	24.11
X 县第一中学	0.42
K 县第三中学	0.14

注：生均＝（学生自主填报总数＋教师为学生填报数）/学生总数。

第三批试点学校17所，于2019年11月接入系统。其中 X 市第五中学学期最高生均记录条数为11.87条，但同时也存在部分学校尚未导入数据开始使用。

(2) 综合素质评价系统模块维度填报情况

根据 G 省综合素质评价平台的学生自主填报情况，结合国务院、教育部、省厅等主管部门对于学生综合素质发展的政策要求，经过数据分析，在后台抓取了学生填报的热词，以此分析学生在各模块下综合素质发展的方向与情况，反映学生学习生活的焦点与关注点。

① 思想品德。本模块热词体现了新时代背景下的德育活动应该具有时代性。为响应习近平总书记的新时代中国特色社会主义思想和社会主义核心价值观，学校开展了多彩的活动，学生也自发接受爱国主义洗礼，以成为合格的社会主义建设者和接班人。

从统计的热词来看，G 省中学生对时事热点的关注程度颇高，不仅积极观看《新闻联播》等电视节目并发表感悟，同时对于"七十周年国庆""G 省脱贫攻坚""一带一路""香港问题""疫情""青年大学习"等热点话题也展现出丰富的见解（图2-175～图2-177）。

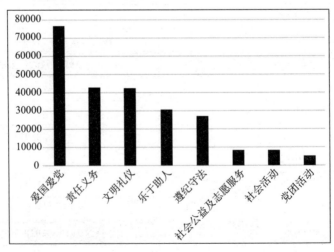

图 2-175　思想品德模块下学生自主填报数较多的维度

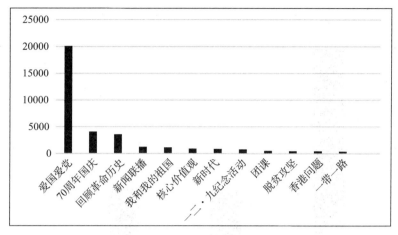

图 2-176　2017—2019 学年思想品德模块热词统计

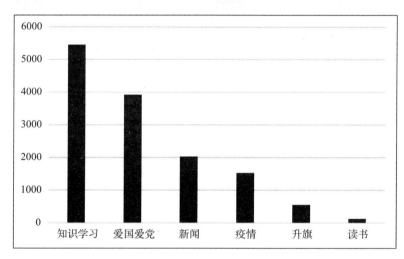

图 2-177　2020—2021 学年思想品德模块热词统计

从上图可以看出,2020 学年 G 省中学生填报的记录中,知识学习和爱国爱党、新闻、疫情、青年大学习等热词较多出现,说明学生对于时事热点以及国计民生的关注较高。在疫情期间"停课不停学"的政策指引下,学生将精力积极投入到知识学习的海洋中去。

② 学业水平。《国务院办公厅关于新时代推进普通高中育人方式改革的指导意见》明确指出,要改进科学文化教育,统筹课堂学习和课外实践,强化实验操作,建设书香校园,培养学生创新思维和实践能力,提升人文素养和科学素养。

G 省通过"倡导阅读·创建书香校园"读书活动,带动全省掀起热爱读书、了解中华优秀传统文化、学习文化知识的热潮。从试点学校综合素质评价记录的情况可以看出,学生主动拓展阅读量,在征文、演讲等相关活动中也有出色表现,塑造了热爱阅读、崇尚知识的校园文化氛围(图 2-178 和图 2-179)。

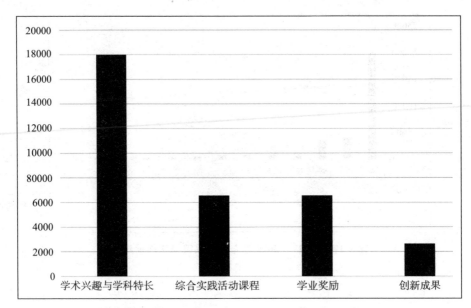

图 2-178　学业成就模块下学生自主填报数较多的维度

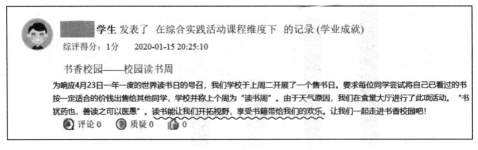

图 2-179　书香校园案例

③ 艺术素养。《国务院办公厅关于新时代推进普通高中育人方式改革的指导意见》明确指出，加强美育工作，积极开展舞蹈、戏剧、影视与数字媒体艺术等活动，培养学生艺术感知、创意表达、审美能力和文化理解素养。

在 G 省学生艺术展演、高中生交响乐（乐器）展演等活动的引领下，学生在器乐演奏、合唱、舞蹈等艺术形式下开展了丰富的活动，同时针对围棋、象棋、蹴鞠等传统艺术文化开展了大量活动（图 2-180～图 2-182）。

从上图可以看出，受疫情的影响，学生对于艺术特长的学习相比往年有所下降，但是针对像绘画、乐器演奏等不需要集中学习的艺术兴趣活动，学生仍然继续坚持学习。

④ 身心健康。中共中央、国务院《关于深化教育教学改革全面提高义务教育质量的意见》《国务院办公厅关于新时代推进普通高中育人方式改革的指导意见》等文件明确指出要强化体育锻炼，丰富运动项目和校园体育活动，使学生掌握 1～3 项体育技能，开展好学校特色体育项目，大力发展校园足球。

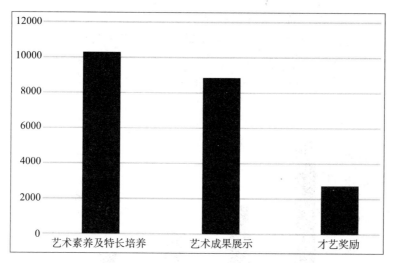

图 2-180　艺术素养模块下学生自主填报数前 3 名的维度

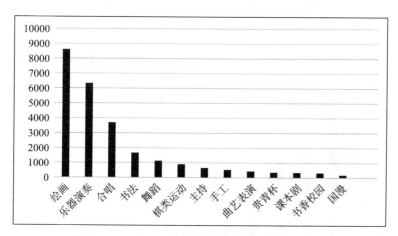

图 2-181　2017—2019 学年艺术素养模块热词统计

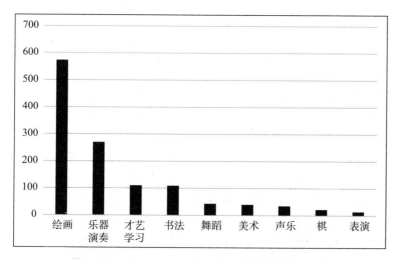

图 2-182　2020—2021 学年艺术素养模块热词统计

在 G 省中学生运动会、高中篮球比赛、高中男子足球联赛等大型竞赛的引领下,学生在田径、游泳、篮球、足球、排球、乒乓球、羽毛球、跆拳道等项目中提交了丰富多彩的综合素质评价记录(图 2-183～图 2-185)。

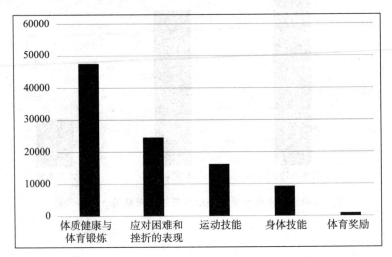

图 2-183　身心健康模块下学生自主填报数较多的维度

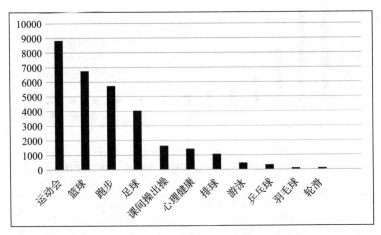

图 2-184　2017—2019 学年身心健康模块热词统计

大型体育竞赛的开展,激励了学生不断提升自身运动技巧、培养了学生奋勇争先的精神。学生自主填报记录中的热词不仅体现出超高的集体荣誉感,还展现出面对名次和奖项胜不骄、败不馁的良好心态,这正是学校开展情感教育的良好时机。

从上图中热词记录来看,爱好和兴趣是促使学生进行体育锻炼的主导因素。在疫情期间,大规模的聚集性运动大幅度减少;在国家大力倡导"体育固本"的环境下,学校也在尽可能地调动学生的运动兴趣,根据学校的硬件基础、所在地区的特色,以及疫情防控的要求,尽可能地为学生提供设施、场地、器材,满足学生多样化的运动需求,提升学生的运动激情。通过体育锻炼帮助学生从教室内、手机前解放出来,使体育运动不仅成为学校教育教学的常态,更成为学生生活的常态。

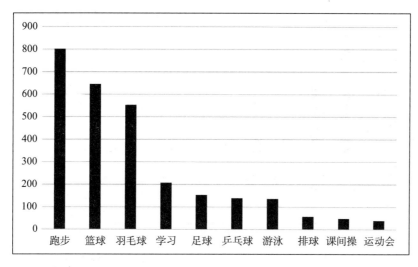

图 2-185　2020—2021 学年身心健康模块热词统计

⑤ 社会实践。《国务院办公厅关于新时代推进普通高中育人方式改革的指导意见》指出,要因地制宜打造学生社会实践大课堂,建设一批稳定的学生社会实践基地。

G 省中学生社会实践活动丰富多彩,不仅有参观学习、研学,还开展了各类社团活动、生产劳动,主要集中在博物馆、展览馆、革命老区、美术馆等。在充分利用本地资源的同时,也使自身的文化修养同步得到提高(详见图 2-186 和图 2-187)。

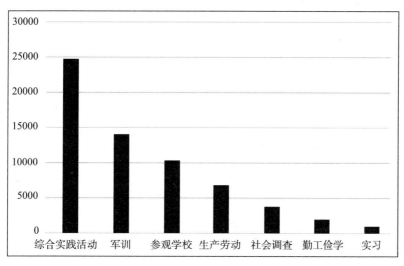

图 2-186　社会实践模块下学生自主填报数较多的维度

⑥ 劳动教育。习近平总书记在 2013 年提出了爱学习、爱劳动、爱祖国的"三爱"教育理念,《国务院办公厅关于新时代推进普通高中育人方式改革的指导意见》明确指出要重视劳动教育,使学生养成劳动习惯、掌握劳动本领、树立热爱劳动的品质。2020 年 10 月,中共中央、国务院印发《深化新时代教育评价改革总体方案》明确提出:加强过程性评价,将参与劳动教育课程学习和实践情况纳入学生综合素质档案。

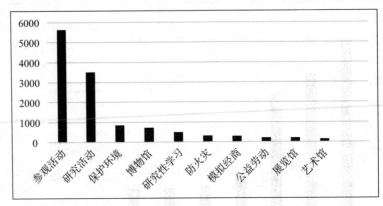

图 2-187　社会实践模块中学生添加较多的热词

劳动教育不仅仅是田间山野的劳作，它还具有丰富的内涵和外延。劳动教育的目标具有多维性，包括劳动观念、劳动态度、劳动习惯、劳动情感、劳动知识、劳动技能和劳动思维等。按照教育部《关于加强中小学劳动教育的意见》的要求，劳动教育不仅落实在家政、烹饪、手工、园艺、非物质文化遗产等相关课程里，还在各个学科里有所体现。

G 省各个学校充分利用本地资源优势，积极开展各种关于劳动教育的实践活动，使得中学生关于劳动活动的综合素质评价记录十分丰富，尤其体现在蜡染、刺绣等非物质文化遗产的手工技艺方面，展现了学生浓厚的兴趣，这说明 G 省高中的劳动教育课程活动得到了充分的落实（图 2-188 和图 2-189）。

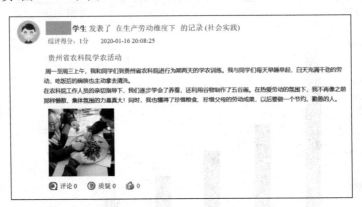

图 2-188　学生参与学工学农的记录

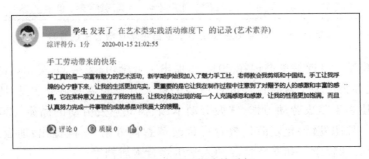

图 2-189　手工劳动的乐趣

(3) 综合素质评价系统试点学校应用效果

G省高中试点学校开展了形式多样、富有特色的主题教育活动,十分重视学生思想品质、身心、艺术和劳动实践等方面的培养,这与国家现在倡导的德智体美劳"五育并举"极为贴合。综合素质评价平台设置的模块维度将各级各类特色活动全部纳入,不仅仅记录了学生的课余生活,展示了学生的全面发展,还体现了学校综合素质评价工作与学校课程体系建设、各类教育教学活动开展的程度。学生如实提交综合素质评价记录,有利于促进校园诚信文化的形成,促进社会上诚信风气的发展,对于构建和谐社会也有积极深远的意义。

① 记录特色文化活动,落实学校素质教育。"G省青少年教育活动杯"(简称"G青杯")至今已举办了十三届。"G青杯"系列活动开展了征文、书法、绘画、舞蹈、歌唱、机器人竞赛、3D打印创新大赛等交流展演活动,伴随着G省广大中学生健康快乐成长。在"G青杯"的引导下,各试点学校也广泛开展了形式多样的艺术活动,促使高中德育、美育工作得到进一步落实。学生会在课程和活动开展后及时将其记录到综合素质评价平台中,帮助学生认清自我,树立信心,全面记录了学生的成长历程(图2-190)。

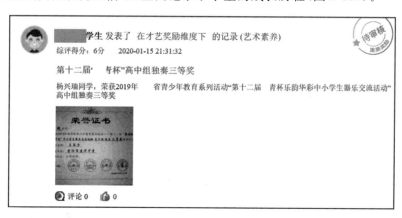

图2-190 "G青杯"相关记录

"青年大学习"活动由共青团中央发起,广大青年通过学习来提升自身理论水平、思维层次。通过组织线上"青年大学习",G省部分学校学生可获取更多的团学知识,了解党的知识、党的建立历程,从而能更好地培育当代青年的爱国意识,从而更好地为祖国做贡献。

学生参加学校组织的"青年大学习"活动,并及时记录到综合素质评价平台中,借此可以分析学生全面发展的状况,发现和培育学生的个性特长,促进学生综合素质的全面发展,进而成长为合格的社会主义事业的建设者和接班人(图2-191和图2-192)。

通过大量学生过程性数据的统计和分析,能够反映出学校关于特色文化活动方面开展的工作,促进学校积极落实素质教育、并为学生发展提供良好的平台,提升教师课堂教学效果,助力学校高效管理,助力教育教学模式的调整和完善;各级教育主管部门借助综合素质评价系统挖掘相关大数据,便捷快速地掌握区域学情,在此基础上制定出更科学合理的区域教育发展政策,指导学校和学生向更高层次发展;系统的纪实性学生成长轨迹记录,服务高等学校招生工作,为其提供可靠、翔实的学生整体发展的过程性参考。

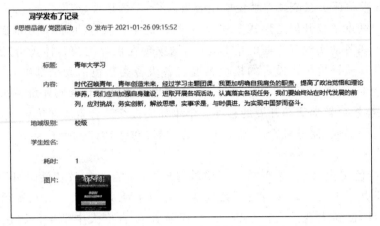

图 2-191 "青年大学习"相关记录(1)

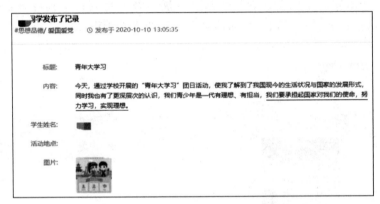

图 2-192 "青年大学习"相关记录(2)

② 记录特色体育活动,推动传统体育教学。G 省教育厅重视校园足球活动,在近年来的年度工作要点中,多次提到要扎实推进校园足球"八大体系"建设,组织开展校园足球系列竞赛活动。2018 年 5 月 11 日,GSH 区国家级青少年校园足球特色学校授牌暨试点县(区)校足办成立揭牌仪式举行。这也是 G 省第一个全国青少年校园足球试点区。近年来,G 省校园足球快速发展,取得了长足进步。Y 市第三中学作为挂牌学校之一,其学生在综合素质评价系统上对日常的足球训练、各级足球联赛都有着丰富、生动的记录。学生通过记录去体验学习、感悟成长,在成长中进行自我教育和自我反思(图 2-193~图 2-195)。

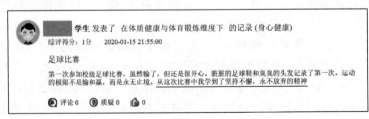

图 2-193 学生的自我反思

图 2-194　学生参加足球比赛的感悟(1)

图 2-195　学生参加足球比赛的感悟(2)

拥有良好的身体素质是社会对每一个学生的要求,中共中央办公厅 国务院办公厅印发的《关于全面加强和改进新时代学校体育工作的意见》指出:健全体育锻炼制度,广泛开展普及性体育运动,定期举办学生运动会或体育节,组建体育兴趣小组、社团和俱乐部,推动学生积极参与常规课余训练和体育竞赛。通过综合素质评价的长期记录,学校建立起日常参与、体质监测和专项运动技能测试相结合的考查机制,引导学生养成良好锻炼习惯和健康的生活方式;推动传统体育教学,强化和改进体育评价,坚持科学合理的教育评价导向。

③ 记录特色研学活动,把握学生成长规律。G 省高中学生为做到读万卷书、行万里路,参加了大量意义深远的参观研学活动。学校充分利用本地资源,开展了参观天眼基地、各类红色教育基地等活动,为学生提供了丰富多彩的教育内容、平台和机会(图 2-196 和图 2-197)。

通过学生在综合素质评价平台中记录各种研学活动,做到对学生全面发展状况的观察、记录、分析,能够发现和培育学生良好个性,是落实推进素质教育的一项重要体制改革。有利于促进学生认识自我、规划人生,积极主动地发展自我;有利于促进学校把握学生成长规律,切实改善人才培养模式;有利于促进教育评价方式改革,扭转以考试成绩为唯一标准评价学生的做法,同时为高校招生录取提供重要参考。

图 2-196　学生参观天眼基地研学的感悟

图 2-197　学生参观猴场会议会址感悟

3. S 省初高中综合素质评价系统的使用

2019 年 S 省完成了全省中学生综合素质评价系统（以下简称综合素质评价系统）的省级部署工作，9 月正式启动了综合素质评价系统的试点工作，选取了 B 市、Y 市、H 市全部初中学校和 X 市、L 市、K 市 22 所普通高中作为综合素质评价系统试点应用学校。

（1）综合素质评价系统整体使用情况

① 初中综合素质评价系统整体使用情况。初中综合素质评价系统自试点应用 2 年多以来，B 市、H 市、Y 市共计 530 所初中学校接入系统，试用学生总数为 280154 人，教师总数为 11967 人，师生添加的记录数量超过 2787.8 万条，其中学生自主填写 127.53 万条，教师填写 2660.27 万条。其中 H 市整体填写情况较好，学生教师填写记录总量及生均、师均填写记录数量在三个初中综合素质评价试点市总最高；Y 市学生自主填写数量最

多,见图 2-198 和图 2-199。

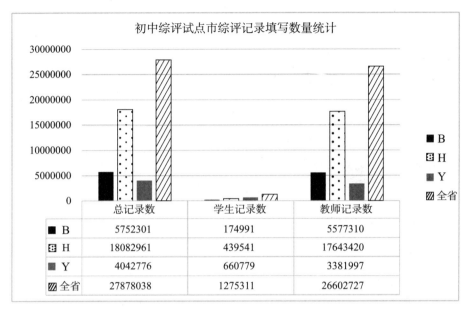

图 2-198　初中综合素质评价试点市综合素质评价记录填写数量统计

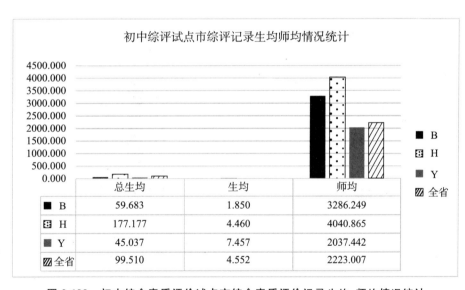

图 2-199　初中综合素质评价试点市综合素质评价记录生均、师均情况统计

② 高中综合素质评价系统整体使用情况。高中综合素质评价系统自试点应用 2 年多以来,X 市、K 市、Y 市共计 22 所高中学校接入系统,试用学生人数 31682 人,教师人数 3065 人,师生添加的记录数量超过 104 万条,其中学生自主填写 12.23 万条,教师填写 92.08 万条,依据填写数据统计分析,Y 市综合素质评价记录填写数量较多,师均填写记录较高,而 K 市学生自主填写记录较高,见图 2-200 和图 2-201。

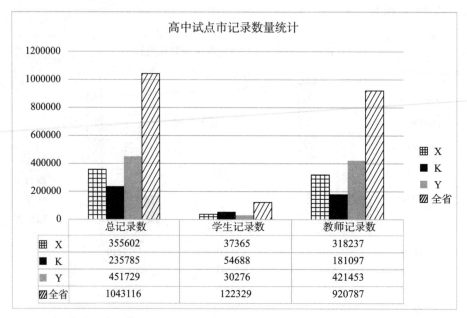

图 2-200　高中综合素质评价试点市综合素质评价记录填写数量统计

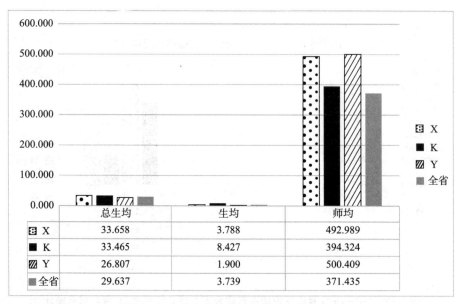

图 2-201　高中综合素质评价试点市综合素质评价记录生均、师均情况统计

(2) 综合素质评价系统具体使用情况

为进一步了解全省初高中综合素质评价具体使用情况,我们对全省初、高中综合素质评价试点市及学校的具体填写情况进行了进一步统计,具体情况如下。

① 初中试点学校具体使用情况。S省初中综合素质评价试点校具体情况见表 2-16 和图 2-202。

表 2-16　全省试点初中综合素质评价模块填写分布

模　　块	思想品德	学业成就	身心健康	艺术素养	社会实践
数量	8114545	16504780	3399707	69397	397188
全省初中试点综合素质评价模块填写分布	28.49%	57.94%	11.93%	0.24%	1.39%

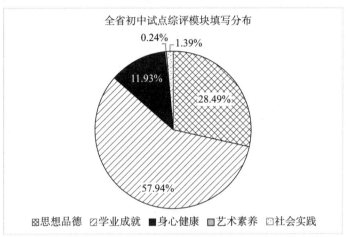

图 2-202　全省试点初中综合素质评价模块填写分布图

② 高中试点学校具体使用情况。S 省高中综合素质评价试点校具体情况见表 2-17 和图 2-203。

表 2-17　全省试点高中综合素质评价模块填写分布

模　　块	思想品德	学业成就	身心健康	艺术素养	社会实践
数量	288222	593848	138837	10845	32425
全省高中试点校模块填写数量分布	27.08%	55.80%	13.05%	1.02%	3.05%

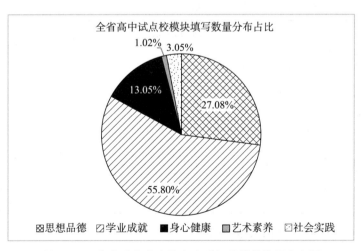

图 2-203　全省试点高中综合素质评价模块填写分布图

(3) 综合素质评价系统热门维度统计

根据 S 省中学生综合素质评价平台的学生填写情况,对五大模块下所有维度进行排名。

① 初中综合素质评价热门维度统计如表 2-18 所示。

表 2-18 初中学生各模块热门维度填写情况

模块	序号	维度名称	总记录数/条
思想品德模块	1	课程班值日	4213697
	2	班级值日	705029
	3	行为规范与文明礼仪	580322
	4	守规守纪	446371
	5	团结协作	438804
	6	诚实守信	428002
	7	保护环境	400708
学业成就模块	1	课堂考勤	5719602
	2	课堂表现	4696389
	3	作业表现	4014666
	4	学业成绩 100 分制	844579
	5	学业成绩 120 分制	495132
	6	读书分享与人文思索	213498
身心健康模块	1	体育类实践活动	2181251
	2	意志坚强	315729
	3	情绪管理	294269
	4	体育活动	292426
	5	运动技能	196177
社会实践模块	1	班集体奖励	289121
	2	参观学习	25522
	3	生产劳动	20033
	4	班内任职	11577
艺术素养模块	1	艺术素养及专长培养	17135
	2	才艺奖励	13678
	3	艺术类实践活动	13270
	4	艺术成果展示	12938

② 高中综合素质评价热门维度统计如表 2-19 所示。

表 2-19　高中学生各模块热门维度填写情况

模　　块	序号	维度名称	总记录数/条
思想品德模块	1	课程班值日	2418834
	2	班级值日	610060
	3	行为规范与文明礼仪	595144
	4	团结协作	533566
	5	诚实守信	490974
	6	守规守纪	484418
	7	保护环境	450186
学业成就模块	1	学业成绩100分制	2895376
	2	课堂考勤	2752288
	3	课堂表现	2513566
	4	作业表现	2259928
	5	学业成绩150分制	1511180
身心健康模块	1	抗挫折能力	1417614
	2	国家学生体质健康标准	307692
	3	体育活动	306790
	4	情绪管理	284900
	5	意志坚强	284504
	6	体育类实践活动	205964
	7	体质健康与体育锻炼	158972
社会实践模块	1	班集体奖励	345444
	2	参观学习	110198
	3	游学经历	67188
	4	班内任职	66572
	5	生产劳动	51348
艺术素养模块	1	艺术类实践活动	71170
	2	艺术素养及专长培养	70488
	3	艺术成果展示	56100
	4	才艺奖励	25080

(4) 综合素质评价系统热词统计

经过大数据分析,综合素质评价团队在后台抓取了全省中学生综合素质评价记录的热词,以此分析学生在各模块下综合素质发展的方向与情况,反映学生学习生活焦点和关注点。在每个模块中选取出现次数最多的热词进行统计排序,详情如下。

① 思想品德模块。依据统计数据,思想品德模块下热词频度排序依次为:革命、疫情、安全、法治、爱国、延安、升旗、青年大学习、烈士、抗日、改革开放、100周年、脱贫、一带一路、十九届六中全会、袁隆平、学党史、开学第一课等,见图2-204。

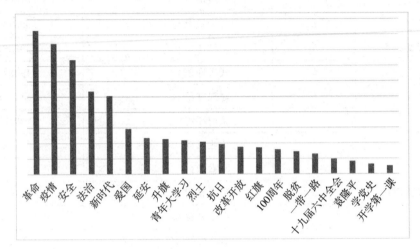

图 2-204　思想品德模块热词统计

② 学业成就模块。依据统计数据,学业成就模块下热词频度排序依次为:作业、高考、中考、学习、读书、比赛、阅读、总结、实验、反思、写作、复习、演讲、背诵、预习、大数据、双减等,见图2-205。

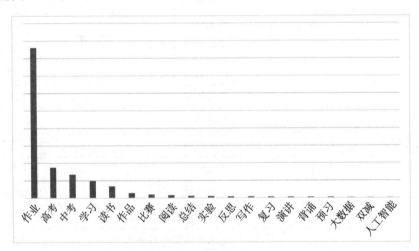

图 2-205　学业成就模块热词统计

③ 身心健康模块。依据统计数据,身心健康模块下热词频度排序依次为:疫情、锻炼、奥运会、足球、篮球、跑步、游泳、羽毛球、冬奥会、排球、跳绳等,见图2-206。

④ 艺术素养模块。依据统计数据,艺术素养模块下热词频度排序依次为:画、琴、舞、鼓、比赛、唱、主持、书法、摄影、戏剧、剪纸、编织等,见图2-207。

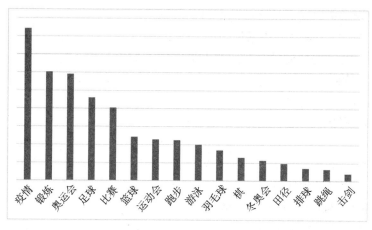

图 2-206　身心健康模块热词统计

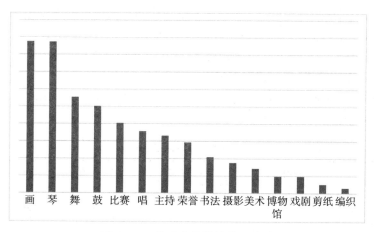

图 2-207　艺术素养模块热词统计

⑤ 社会实践模块。依据统计数据,学业成就模块下热词频度排序依次为:环境、体验、打扫、参观、种植、家务、环保、志愿服务等,见图 2-208。

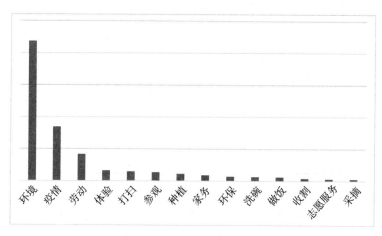

图 2-208　社会实践模块热词统计

4. X盟初中综合素质评价系统的使用

X盟初中学生综合素质评价系统于2019—2020学年秋季学期开始使用，2019年9月1日到2022年3月28日，使用平台的初中学校共计66所、2019级、2020级、2021级初中学生42145人、教师5170人；平台收集2019级、2020级、2021级三个年级学生、教师记录共计19867000条。

(1) 综合素质评价系统整体填写情况统计

从综合素质评价系统2022年3月28日的后台统计数据看，2019级、2020级、2020级初中学生较去年同期统计的综合素质评价记录填写数量有大幅上升，其中S教育局学生及教师发表的生均记录数量最高。

(2) 综合素质评价系统模块填写数量统计

从综合素质评价系统收集的2019—2022年的数据分析中可知，全盟各旗县生均记录数量较高的模块为学业成就及思想品德模块，艺术素养模块生均记录数量相对较少，与2021年1月统计数据基本相似。Z旗学生各模块生均记录数量整体较少，艺术素养、社会实践、身心健康模块的生均记录数量也较低；S市直属三所学校学生各个模块生均填写情况均较好，Z旗相较2021年1月统计数据，各模块生均记录数量明显降低。

(3) 综合素质评价系统热门维度统计

按照X盟各个维度的总生均对模块下各个维度进行排名（未排除"其他"维度），取前4~6名为热门维度，详情见表2-20。

表2-20 热门维度统计

模　　块	维度名称	生均/条	维度名称	生均/条
思想品德模块	课程班值日	45.09	班级值日	17.29
	其他	31.41	文明礼仪	12.61
	党团活动	26.43	感动感悟与交流沟通	10.58
学业成就模块	作业表现	79.9	其他	12.64
	课堂表现	71.19	读书分享与人文思索	11.65
	课堂考勤	65.61	阅读	3.56
身心健康模块	生产劳动	3.18	社团活动	1.04
	班集体奖励	2.77	参观学习	0.8
社会实践模块	其他	7.15	班集体奖励	2.77
	生产劳动	3.18	社团活动	1.04
艺术素养模块	艺术成果展示	1.39	艺术类实践活动	0.6
	艺术素养及专长培养	0.65	才艺奖励	0.48

(4) 综合素质评价系统特色维度统计

目前综合素质评价系统内共有12所学校添加了85个特色维度，共添加了685649条记录，涉及25398名学生，较2021年1月统计数据均有大幅增加（2021年1月统计数据分别为 8 所,40 个特色维度,1448 名学生,303763 条记录),详情见表 2-21。

表 2-21 学校添加的特色维度列表

旗 县	学校名称	序号	特色维度名称	记录数/条	相关学生数/人
W 市教育局	W 第五中学	1	书香家庭	7207	1465
		2	一件小家务	18082	1869
		3	温馨家庭	21081	1891
		4	运动与健康自我评价	2034	810
	W 第七中学	5	亲子读书	11688	377
	W 第八中学	6	优秀家教家庭	9537	824
	W 卫东中学	7	文明标兵	21	15
		8	求知标兵	49	28
		9	纪律标兵	12	9
		10	卫生标兵	32	16
		11	服务标兵	13	13
		12	助人标兵	17	10
		13	健身标兵	24	13
		14	创造标兵	12	8
		15	审美标兵	22	9
		16	心理调适标兵	16	12
Q 旗教育局	Q 俄体中学	17	思想品德,学业成就	5554	103
		18	班主任学期综合素质评价	146	27
	Q 满族屯学校	19	先进班集体流动红旗	6	3
		20	文明宿舍流动红旗	3	3
		21	好人好事	1778	97
		22	期末考试	18	12
		23	期中考试	6	1
		24	书法比赛	74	24
		25	朗诵比赛活动	59	23
	Q 旗前三中	26	个人感悟	6810	1044
		27	纪律	71987	2455
		28	小考	371401	2454
		29	运动会	858	341

续表

旗 县	学校名称	序号	特色维度名称	记录数/条	相关学生数/人
Q旗教育局	Q旗前三中	30	艺术节	909	333
		31	仪表	38196	2271
		32	好人好事	17115	1564
		33	蒲公英志愿者	72	23
		34	运动会风采	623	344
		35	艺术节剪影	338	191
		36	违纪	32	16
Z旗教育局	Z旗巴彦呼舒第五中学	37	宿舍卫生	974	205
		38	宿舍纪律	17	13
		39	楼内纪律	47	46
		40	仪容仪表	28	28
		41	80分制	23	10
X盟教育局	W朝鲜族学校	42	知识产权	74	22
		43	青少年志愿者服务	7	5
		44	体质健康	2884	268
		45	民族礼仪课程	644	191
		46	心理健康课程	217	30
		47	艺术技能	0	0
		48	月测试	3723	390
		49	周测试	8042	345
		50	作业成绩	20800	416
		51	体育技能	2	2
		52	两操	31068	409
		53	拓展训练	239	132
		54	思想汇报	2917	335
		55	家校共建	476	154
		56	团队日活动	1175	346
		57	社团活动考勤	945	99
		58	社团活动表现	1338	161
		59	词语积累	160	120
		60	三语词语积累	519	258

续表

旗　县	学校名称	序号	特色维度名称	记录数/条	相关学生数/人
X盟教育局	W朝鲜族学校	61	德育课程表现（音乐、美术、书法）	2844	208
		62	德育课程表现（思政、朝鲜语文、语文、历史、数学、英语、科学、生物、地理、物理、化学、信息）	25	24
		63	德育课程表现（心理健康、体育、健康教育）	147	114
		64	健康教育	247	236
		65	社团任职（围棋、舞蹈、声乐、绘画、书法、乐队、伽倻琴）	14	13
		66	社团任职（排球、篮球、跆拳道、足球、跳绳）	11	11
		67	社团任职（手工艺、烘焙、视频剪辑、手工、播音主持、3D打印）	22	20
		68	社团集体奖励（围棋、舞蹈、声乐、绘画、书法、乐队、伽倻琴）	17	15
		69	社团集体奖励（排球、篮球、跆拳道、足球、跳绳）	0	0
		70	社团集体奖励（手工艺、烘焙、视频剪辑、手工、播音主持、3D打印）	14	13
		71	社团考勤（围棋、舞蹈、声乐、绘画、书法、乐队、伽倻琴）	580	116
		72	社团考勤（排球、篮球、跆拳道、足球、跳绳）	271	59
		73	社团考勤（手工艺、烘焙、视频剪辑、手工、播音主持、3D打印）	54	20
		74	社团活动（围棋、舞蹈、声乐、绘画、书法、乐队、伽倻琴）	106	16
		75	社团活动（排球、篮球、跆拳道、足球、跳绳）	66	9
		76	社团活动（手工艺、烘焙、视频剪辑、手工、播音主持、3D打印）	66	12
		77	社团活动表现（围棋、舞蹈、声乐、绘画、书法、乐队、伽倻琴）	457	77
		78	社团活动表现（排球、篮球、跆拳道、足球、跳绳）	214	58

续表

旗　县	学校名称	序号	特色维度名称	记录数/条	相关学生数/人
X盟教育局	W朝鲜族学校	79	社团活动表现（手工艺、烘焙、视频剪辑、手工、播音主持、3D打印）	30	20
		80	德育课程表现（思政、朝鲜语文、语文、历史、数学、英语、科学、生物、地理、物理、化学、信息）	7484	249
	W蒙古族初级中学	81	思想品德赋分	5664	678
Z旗教育局	Z旗音德尔第一中学	82	拓展课总结	2594	170
		83	拓展课奖励或荣誉	166	91
	Z旗音德尔第三中学	84	学业成绩130分制	14	13
		85	诚信之星	2391	473
	合　　计			685649	25398

5. Q省初中综合素质评价系统的使用

Q省初中学生综合素质评价系统自2019年5月应用2年多以来，共有192所学校接入系统，使用学生总数为364736人，教师总数为36115人，师生添加的记录数量超过7183万条，学生综合素质评价工作初显成效。

(1) 综合素质评价系统整体使用情况

综合素质评价系统应用2年多以来，共计192所初中学校接入系统，试用学生总数为364736人，教师总数为36115人，师生添加的记录数量超过7183.9万条，其中学生自主填写277.29万条，教师填写6906.68万条。其中海南藏族自治州整体填写情况较好，学生教师填写记录总量及生均、师均填写记录数量在八个市州中最高；海东市学生自主填写数量最多。各市州及学校的具体填写情况见图2-209。

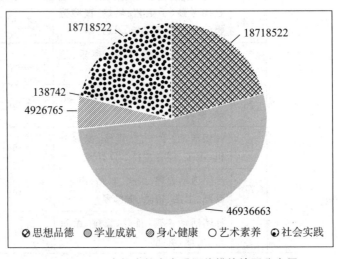

图2-209　Q省初中综合素质评价模块填写分布图

(2) 综合素质评价系统热门维度统计

根据 Q 省学生综合素质评价平台的学生填写情况,对 5 大模块下所有维度进行排名,各模块排名靠前的热门维度情况见表 2-22。

表 2-22 学生各模块热门维度填写情况

模　　块	序号	维度名称	总记录数/条
思想品德模块	1	课程班值日	10988940
	2	班级值日	2914533
	3	文明礼仪	2516772
	4	集会表现	1256402
	5	其他	731371
	6	感动感悟与交流沟通	457119
	7	诚信道德奖励	128672
学业成就模块	1	课堂考勤	16990304
	2	课堂表现	12953753
	3	作业表现	11330016
	4	学业成绩 100 分制	3048498
	5	学业成绩 120 分制	1905379
	6	读书分享与人文思索	445194
	7	学业成绩 五级制	437050
身心健康模块	1	抗挫折能力	2880298
	2	国家学生体质健康标准	1928472
	3	其他	75520
	4	体质健康与体育锻炼	47231
	5	体育类实践活动	42341
社会实践模块	1	班集体奖励	778656
	2	生产劳动	63248
	3	其他	56109
	4	社团集体奖励	52572
艺术素养模块	1	艺术成果展示	24421
	2	艺术类实践活动	23865
	3	才艺奖励	18354
	4	艺术素养及专长培养	3626

（3）综合素质评价系统热词统计

经过大数据分析，综合素质评价团队在后台抓取了全省中学生综合素质评价记录的热词，以此分析学生在各模块下综合素质发展的方向与情况，反映学生学习生活的焦点和关注点。在每个模块中选取出现次数最多的热词进行统计排序，详情如下。

① 思想品德模块。依据统计数据，思想品德模块下热词频度排序依次为：法治、活动、升旗、卫生、班会、感悟、安全、阅读、升国旗、疫情、革命、爱国等，见图2-210。

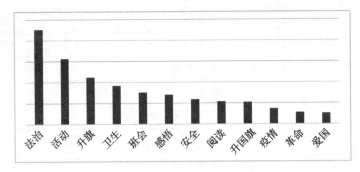

图 2-210　思想品德模块热词统计

② 学业成就模块。依据统计数据，学业成就模块下热词频度排序依次为：作业、中考、奖、学习、读书、比赛、阅读、背诵、写作、反思、复习、总结等，见图2-211。

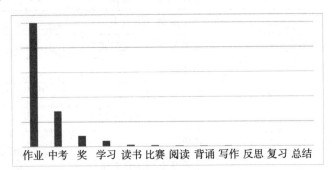

图 2-211　学业成就模块热词统计

③ 身心健康模块。依据统计数据，身心健康模块下热词频度排序依次为：球、锻炼、比赛、篮球、足球、跑步、疫情、跳绳、心理健康、运动会、棋、游泳等，见图2-212。

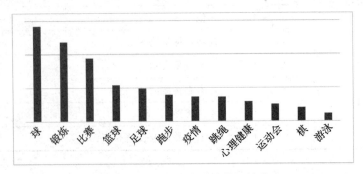

图 2-212　身心健康模块热词统计

④ 艺术素养模块。依据统计数据,艺术素养模块下热词频度排序依次为:奖、琴、美术、比赛、画、舞、唱、鼓、元旦、荣誉、朗诵、书法、舞蹈、笛、歌咏等,见图 2-213。

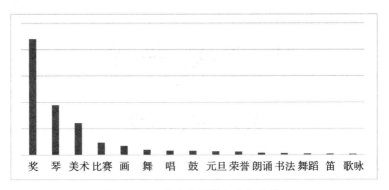

图 2-213　艺术素养模块热词统计

⑤ 社会实践模块。依据统计数据,社会实践模块下热词频度排序依次为:活动、打扫、劳动、妈妈、环境、家务、疫情、收获、课后服务、安全教育、母亲、做饭、参观、茶等,见图 2-214。

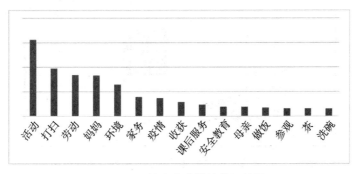

图 2-214　社会实践模块热词统计

3 系统平台

3.1 迭代过程

3.1.1 学生综合素质评价系统实验版 1

清华附中在 2013 年将校内外开发的第一版学生综合素质评价实验平台系统作为整个系统的雏形,但在评价指标和过程性评价方面有许多需要完善的地方(图 3-1~图 3-3)。

图 3-1 第一版学生综合素质评价实验平台系统截图 1

图 3-2 第一版学生综合素质评价实验平台系统截图 2

图 3-3　第一版学生综合素质评价实验平台系统截图 3

3.1.2　学生综合素质评价系统实验版 2

2014 年起开始第二版学生综合素质评价实验平台系统的方案研究及平台研发,平台完全采用用户自行注册方式,系统本身还需要进一步更新换代,在评价系统设计上也需要进一步完善。

方案设计如图 3-4 所示。

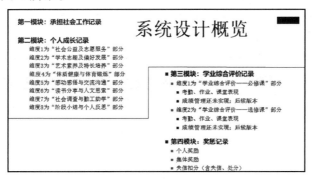

图 3-4　方案设计

权限管理如图 3-5 所示。

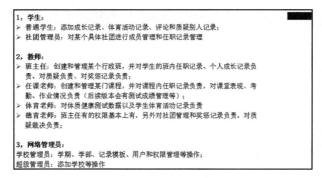

图 3-5　权限管理

平台界面如图 3-6 所示。

图 3-6 平台界面

权限操作流程如图 3-7 所示。

图 3-7 权限操作流程

3.1.3 学生综合素质评价系统正式版

1. 学生综合素质评价系统方案

综合素质评价是全面观察、记录、分析学生发展状况,发现和培育学生良好个性,促进学生健康成长的重要手段。教育部基础教育二司[2014]11号文件指出:全面实施综合素质评价,有利于促进学生认识自我、规划人生,积极主动地发展;有利于促进学校把握学生成长规律,切实转变人才培养模式;有利于促进评价方式的改革,转变以考试成绩为唯一标准评价学生的做法,为高校录取提供重要参考。

清华附中结合近年来综合素质评价的实践,在建立学生综合素质发展记录的基础上,修订了原综合素质评价系统,设计出了一套"按大类、模块、维度形成记录,在记录的基础上,根据事先制定的量化赋分原则,按照维度、模块、大类生成分布式积分"的学生综合素质发展积分系统。

(1) 系统设计的理念与特色

① 本系统具有动态量化性。评价过程的多元选择主要体现在中学可以选择评价内容和动态选择赋分原则。

评价结果的多元展示主要是指在生成评价报告时,高校可以选择评价内容、可以统一调整赋分原则。这样可以很好地满足不同高校对于人才评价和选拔的个性化的需求。

评价结果的多元展示还体现在高校可以对综合素质评价的学段进行选择(学段动态)。高校可能关注学生在不同学段的综合素质排名情况,因此高校可以自由选择学段,形成该学段的积分排名,以利于高校更加准确地了解学生的发展、学习过程。

② 本系统要求建立诚信保障机制。该系统强调多元评价主体,实行全方位监督,建立切实有效的诚信机制。

中学应成立申诉与复议机构。

教育行政部门应成立综合评价专门委员会,对学校的综合素质评价工作进行监督和抽查。

③ 本系统不会增加学生和教师负担。学生自行实时记录,要求学生对自己的行为负责并培养学生诚信意识。将工作量分散在平常的每一天。

网上即时公示,及时申诉复议。

数据导入便利。

④ 本系统指导学生发展和学校工作

发挥对学生综合素质发展的引导作用。

发挥对学校素质教育的指导作用。

发挥对学校素质教育工作的监督作用。

(2) 系统内容与使用方法

① 系统结构与内容如下。

a. 承担社会工作记录。本模块内容是学生承担社会工作基本信息(含班内任职、团委学生会任职、参与社团等情况)的记录,系统根据预先设定的赋分原则进行积分累计。

b. 个人成长记录。本模块内容共计 8 个维度,学生本人不定期填写,系统自动根据预先设定的赋分原则进行评分并累计。

维度 1 为"社会公益及志愿服务"。

维度 2 为"学术志趣及偏好发展"。

维度 3 为"艺术素养及特长培养"。

维度 4 为"体质健康与体育锻炼"。

维度 5 为"感动感悟与交流沟通"。

维度 6 为"读书分享与人文思索"。

维度 7 为"社会调查与勤工助学"。

维度 8 为"阶段小结与个人反思"。

c. 学业综合评价记录。维度 1 为"学业综合评价——必修课";维度 2 为"学业综合评价——选修课"。

d. 奖励记录模块。维度 1 为集体奖励记录;维度 2 为个人奖励记录。

e. 失信记录。本模块内容由德育处、班主任、任课教师填写并认定。此界面仅对个人开放,对学生诚信情况进行登记,累计扣分。对于在校期间犯下严重错误并被处以各级处分的同学,按照处分级别扣除相应分数。

② 系统使用方法。以上内容每学期末结算一次总分,新学期重新计分。

该系统具有随时生成总分报告的功能,头像(学生自行上传)旁边为个人积分及排名百分比,点击"积分"可弹出各维度积分及排名百分比,不同排名百分比会有不同模式的对学生的鼓励,点击各维度可弹出学生填写具体内容,包括扣分情况。参见图 3-8。

总分报告单类别可选,分为"综合统计报告单"和"合成总分报告单"两种。

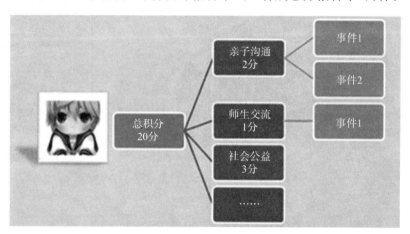

图 3-8 综合素质评价方案设计积分示意图

(3) 角色权限

角色权限如图 3-9 所示。

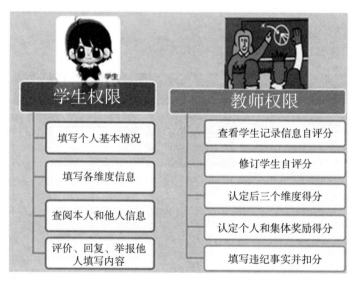

图 3-9 综合素质评价方案设计权限示意图

2. 学生综合素质评价系统 1.0 版本

(1) 系统简介

系统为清华附中具有完全自主知识产权的学生综合素质评价正式平台 1.0 版本。

① 系统登录步骤如下。

a. 登录界面,如图 3-10 所示。输入用户名、密码,点击"登录"按钮即可进入系统。

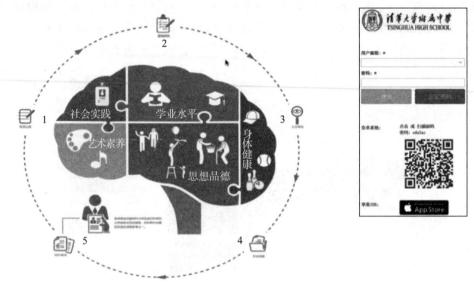

图 3-10　综合素质评价系统登录界面

b. 联系管理员。登录系统内部的页面中有管理员的联系方式,若在系统操作过程中遇到任何问题,可随时联系。

c. 首页功能概述。系统包括同学圈、数据统计、个人中心、工具箱、用户设置等功能。

② 关于质疑的流程如下。

a. 制定质疑仲裁成员(学校管理员),如图 3-11 所示。

图 3-11　质疑仲裁小组管理

b. 发表质疑(学生),如图 3-12 所示。
c. 质疑仲裁(仲裁),如图 3-13 所示。

图 3-12 学生发表质疑

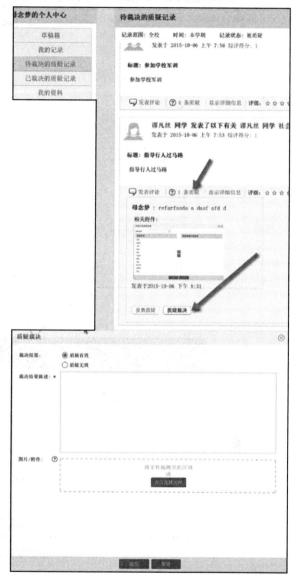

图 3-13 质疑仲裁流程

③ 社团管理。社团老师负责管理社团成员以及记录社团集体奖励信息。在工具箱里添加社团成员,如图 3-14 所示。

④ 超级管理员。超级管理员负责创建学校,定制综合评估模板。

a. 创建学校,如图 3-15 所示。

b. 综合素质评价维度模板定制,可设置记录维度、用户角色、隐私、分数等级等项目。

⑤ 学校管理员的主要职责如下。

a. 学校管理员主要功能,如图 3-16 所示。

图 3-14 社团管理

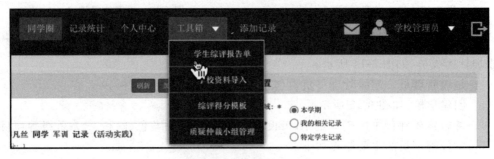

图 3-15 创建学校操作页面

图 3-16 管理员主要功能

b. 导入学校数据资料,如图 3-17 所示。

图 3-17 学校资料导入

c. 管理综合素质评价打分模板,如图 3-18 所示。

素质模块	记录维度	基本分数	等级分数	地域等级分数	教师评级分数	
诚信道德	诚信道德奖励	1	A等: 4 B等: 3 C等: 2 D等: 1	年级: 1 校级: 1.2 地市级: 1.5 省/自治区级及以…		
诚信道德	失信扣分	1	记录造假: -5 无效质疑: -5			
诚信道德	处分	1	警告: -1 严重警告: -2 记过: -3 留校查看: -4 勒令退学: -5 开除学籍: -6			
诚信道德	违法犯罪	-100				
诚信道德	社会公益及志愿服务	1		1: 1.1 2: 1.2 3: 1.3 4: 1.4 5: 1.5		
诚信道德	班级值日	1	优: 2 中: 1 差: -2			
诚信道德	课程班值日	1	优: 2 中: 1 差: -1			
诚信道德	文明礼仪	1	优: 2 中: 1 差: -1			
诚信道德	集会表现	1	优: 2 中: 1 差: -1			
学业水平	学业成绩 百分制	2	90-100: 4 80-89: 3			

图 3-18 管理学校打分模板

(2) 反馈

针对学生综合素质评价系统 1.0 版本,收集使用师生的反馈,结合日常测试工作进行整理。

① 具体功能如下。

a. 滑动页面时偶尔页面变空白,无法删除记录。

b. 值日选相关班级卡顿,文明礼仪选相关班级卡顿。

c. 进入机会表现卡顿,选相关班级卡顿。

d. 点存档显示当前记录已保存到草稿箱,但发布后,草稿箱自动清空。

e. 进入学业成绩卡顿,进入作业表现卡顿,相关课程卡顿。

f. 进入课堂考勤卡顿,相关课程卡顿。

g. 进入社团集体奖励,相关社团没有选项,书写不上,地域范围卡顿。

② 学生反馈如下。

a. 诚信道德奖励无法填写相关社团。

b. 社会公益及志愿服务无法填写相关社团。

c. 学业奖励、创新成果必须添加图片/附件。

d. 体育奖励无法填写相关社团,必须添加图片/附件。

e. 才艺奖励无法填写相关社团,必须添加图片/附件。

f. 艺术成果展示无法填写相关社团。

g. 活动实践奖励必须添加图片/附件。

h. 社团活动无法填写相关社团,且无选项(必填项)。

i. 学术志趣及偏好发展无法填写相关社团。

j. 艺术素养及特长培养无法填写相关社团。

k. 学生无法查询学生(修改设置—特定学生记录查找不到)。

l. 诚信道德奖励中学生如何确定 ABC 等级。

m. 提交附件要等到上传完毕才能提交,否则会提示没有附件。

n. 体育奖励的种类是否齐全,学校老师能否添加。

o. 身体机能等指标表述不清晰,需要对学生和教师培训总评的内容。

③ 教师反馈如下。

a. 填写失信记录时,学生姓名需要排序,否则不好找学生,有些教师甚至教了一个年级的学生,若敲字时后面会出现相关名字就好了,但是要提醒老师有这个功能。

b. 在填写值日、集会表现时,相关班级只出现他的行政班级,有时课程班级里也会有学生值日,另外填写值日表现时不见得会一次把所有人的值日记录都填写完,可以选填一些学生的表现,另外点击值日链接时跳转得比较慢,相关班级出现得也比较慢,导致页面死机。

c. 老师处分同学时可以选择年级或全校处分,他是否有这个权限直接作出该处分,还是需要学生发展中心的老师来作出校级或年级级别的处分。

d. 校本课程成绩只能录入分数,不能录入等级,有些科目是要等级的。

e. 成绩既不能复制粘贴,也不能导入和导出,只能一个一个录入。

④ 优点反馈。学生反馈主要有以下几点。评价系统操作简单,容易上手;学生可以查看班主任、任课教师、班级同学及自己的评价信息;特别是增加好友对自己的评价;上传照片更加方便,增强说服力;评价的维度更多,分类更细致。

教师反馈主要有以下几点。更有效促进学生综合素质全面而有个性发展,促进师生教育在信息时代的观念转变;班主任、任课教师可以查看更多学生之间的评价信息;分类细致,减少总体评价,增加个性信息,从多角度出发,使评价更具客观性。

⑤ 技术性问题及问题回复。迫切问题主要有以下方面。

a. 进行评价时,默认状态为"中",如果将学生评级为"中"(无论是不点选或者点选其他后重新点选),得到"中"的学生都不能获得任何成绩评价。隐形使得只有"好"和"差"有显示。

反馈:需要校主管领导讨论确定,课堂表现评价维度表现为"差"或"优"时可以被作为评价记录,如果评价为"中"则不能作为有效记录被提交,即便你可能在后面备注中描述了有关于"中"的表现。

b. 不能针对个人进行评价。例如,某日某生表现突出时,如果想进行记录,那么不能在相应板块中搜索并选评个人,只会出现全班名字,导致要突出个性必须全班陪跑。添加记录时,能否增加自主默认配置,比如自主设置"好",仅修改小部分学生表现,减少教师重复操作次数,以便增加评论次数。

反馈:我们现在的评价流程是先找模块和维度,再找到学生进行评价;

如果在某些情况下可以先找人,再找到相应的模块和维度进行评价,那么会便捷很多。这算是个新的功能,领导可以考虑增加。虽然现有流程仍然可以评价想评价的学生,但是可能会稍微麻烦一点。

c. 服务器不稳定,登录比较慢或者无法显示。综合素质评价系统长时间无法访问,网页不稳定,之前填写的信息再登录时都没有了,导致家长、学生很沮丧。学生信息提交后有丢失现象,请在调整时注意保存信息。

反馈:系统登录有些慢,但在可以接受的范围内,我们可以向开发方反馈再优化一下系统。

提交材料时不应该在网页表单上完成所有内容的编辑,应该在记事本或 word 中完成文字材料的编辑,这是因为提交内容的网页长时间不上系统会基于安全的原因断掉连接,一般了解邮件发送的人会明白这一点。

学生提交的材料丢失是因为 10 月 1 日开发方发现了一个严重的故障,如果不修改,可能会导致后面提交的材料随时丢失,经和我联系后,确认只有几个同学的记录出现了这种情况。所以开发方重新初始化了数据库,并向学生做出说明,保证以后不会再出现这个问题。

d. 老师登录后无法迅速找到自己要评价的学生,只能全班所有学生都查找一遍,比较浪费时间。

反馈：这个问题老师说得不是特别清楚，可以和技术老师直接取得联系。

e. 能否一键导出整个班级所有学生的记录统计。

反馈：这个功能目前还没有，将来可以考虑增加，便于班主任督促与检查。

f. 增加一个新的功能：管理员或相应人员可以查看某个部门一段时间内的记录提交数量的功能，提交给学部主任后，由学部主任检查和督促教师进行记录添加。

g. 手机客户端的使用每次都要重新登录；添加记录只能添加诚信道德模块中的记录；课堂表现，考勤，值日等记录也需要添加。

一般问题主要有以下方面。

a. 记录统计中显示的是全年级所有学生，这不利于班主任或教师仅查看某一班级学生名单。统计对象中，增加特定班级的学生记录或者增加我的学生记录。

反馈：通过同学圈的配置可以解决这个问题。

b. 浏览器的问题比较多，不同的计算机出现的问题还不一样，有的浏览器在一些计算机上能用，在别的计算机上又不能用，或者偶尔会出现白屏页，这可能跟计算机的操作系统有关，或者跟浏览器的版本有关。

反馈：系统需要电脑安装比较新的浏览器版本，目前很多教师的浏览器版本比较低，我们可以给教师反馈或培训。

c. 整个系统没有退出按钮，登录后无法安全退出。

反馈：登录后的页面位置和大小是限定好的，如果教师浏览器的网页文字字号过大，会看不到退出按钮，需要调回正常字体。

d. 教师不能看全学生的内容，只能看5~15位学生的信息（加载更多后）。

反馈：通过测试可以多次点击"加载更多"来显示记录，重要的是通过同学圈和"加载更多"的配合来查找相关记录。

e. 同学圈与配置页面比例（现有比例约1∶1）相对固定，应突出同学圈。同学圈中图片显示过大，不利于查看更多信息。减少同学圈配置所占页面比例，如设计成置顶两行，或者给定默认配置直接放到工具箱里，首页不再显示。

反馈：确实存在这个问题，有效窗口有点小，需要和开发方协调沟通。

f. 能否参照微信朋友圈模式，仅显示预览小图片，但是可以点击查看原图，以免图片刷屏。学生上传的图片能否显示成缩略图，点击后再放大显示。

反馈：可以和开发方协调沟通。

g. 学生提交内容外部呈现可以做成一个类似微博的学生展示平台，同学之间可以关注、评论及转发，目的是促进学生的应用，增加活力，具体还要参考同学们使用一段时间后的反馈。

⑥ 非技术性问题。学校的学生综合素质评价系统应该于10月初被重置过，所以，部分比较早修改过密码的家长，在重新登录时都遇到了密码问题，有的可以用初始密码成功登录，有的只能重置密码。

反馈：原因上面已经说明；除了可以通过邮箱或者教师发的密码条来找回密码，还可以找网络中心。

3. 学生综合素质评价系统 1.5 版本

（1）系统介绍

学生综合素质评价正式平台系统 1.5 版本针对 2015—2016 年度发布的学生综合素质评价正式平台系统 1.0 版本进行了改进升级，进一步优化了系统功能，修复了系统漏洞，完善了平台系统的各个功能模块。

本次升级主要分为五大方面，分别为"意义""原则""程序""内容""组织管理"方向。

① 意义。能够观察、记录、分析学生全面发展状况；可以作为发现和培育学生良好个性的重要手段；深入推进素质教育的一项重要制度；改变以考试成绩为唯一评价标准的局面，为选拔学生提供重要参考。

② 原则。具体内容如下。

坚持方向性：引导学生践行社会主义核心价值观；

坚持指导性：注重学生成长过程，激发学生潜能优势，鼓励学生不断进步；

坚持客观性：如实记录学生突出表现，以事实为依据进行评价；

坚持公正性：规范程序，有效监督，评价过程公开透明。

③ 程序。具体内容如下。

a. 写实记录：学生客观记录、收集相关事实材料、及时填写活动记录单；

b. 整理遴选：教师指导学生遴选与升学有关的资料；

c. 公示审核：活动记录和事实材料必须公示、教师对材料进行审核并签字；

d. 形成档案：学校要为每位学生建立综合素质档案；

e. 材料使用：引导学生发展、高校依据材料做出的客观评价作为招生参考。

④ 内容。具体如下。

a. 思想品德：爱党爱国、理想信念、诚实守信、仁爱友善、责任义务、遵纪守法等方面；

b. 学业水平：学业水平考试成绩、选修课程内容和学习成绩、研究性学习与创新成果等；

c. 身心健康；

d. 艺术素养；

e. 社会实践。

⑤ 组织管理。具体要求如下。

a. 加强组织领导；

b. 坚持常态化实施：综合素质评价由学校组织实施，要注重在日常教育教学活动中，指导学生及时收集整理有关材料，避免集中突击；

c. 建立健全监督制度：建立公示制度，建立检查制度，建立申诉与复议制度，建立诚信责任追究制度。

（2）功能体系

① 体系模块。根据使用者权限等级不同，分为"学生""教师""学校""上级机构"四大模块，为方便统计反馈各高校情况，另设"高校"模块。如图 3-19 所示平台管理模块图。

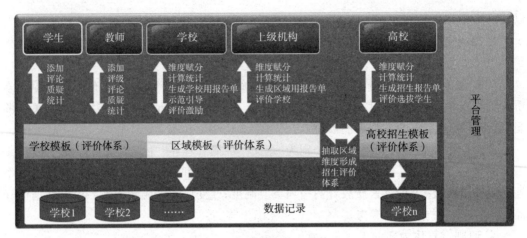

图 3-19　平台管理体系模块图

② 功能模块。根据使用角色身份不同、权限不同,需要开通不同功能权限。以使用者为单位对功能模块进行划分,具体划分如图 3-20 所示。

角色	模块	角色	模块
学生	同学圈	复议仲裁教师	工具箱—学生综评报告单
	记录统计		工具箱—学业成绩录入
	个人中心		工具箱—社团成员管理
	工具箱—学生综评报告单		添加记录
	添加记录	校级领导	同学圈
教师	同学圈		记录统计
	记录统计		个人中心
	个人中心		教师评价统计
	工具箱—学生综评报告单		工具箱—学生综评报告单
	工具箱—学业成绩录入		添加记录
	工具箱—社团成员管理	年级领导	同学圈
	添加记录		记录统计
奖励等级评定教师	同学圈		个人中心
	记录统计		教师评价统计
	个人中心		工具箱—学生综评报告单
	工具箱—学生综评报告单		添加记录
	工具箱—学业成绩录入		同学圈
	工具箱—社团成员管理		记录统计
	添加记录		个人中心
质疑仲裁教师	同学圈	管理员	工具箱—学生综评报告单
	记录统计		工具箱—会考成绩录入
	个人中心		工具箱—学校资料导入
	工具箱—学生综评报告单		工具箱—评分教师管理
	工具箱—学业成绩录入		工具箱—综评得分模板
	工具箱—社团成员管理		工具箱—质疑仲裁小组管理
	添加记录		工具箱—复议小组管理
复议仲裁教师	同学圈		添加记录
	记录统计	超级管理员	学校资料
	个人中心		记录模板

图 3-20　功能模块图

③ 未来构想规划模块。在现有模块基础上,平台系统还将持续发展,今后将针对以下功能模块进行开发,如图3-21所示。

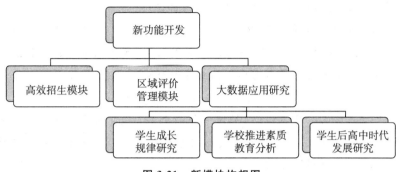

图3-21　新模块构想图

自学生综合素质评价正式平台系统1.0版本发布并使用以来,我们不仅进一步优化了系统,修复了系统漏洞,完善了平台系统的各个功能模块,生成了学生综合素质评价正式平台系统1.5版本,同时还针对模块设置,推出了学生/教师模块填写指导说明,让师生明确填写维度。

(3) 学生模块填写指导说明

在刚开始使用的过程中,很多学生反映,不知道应将自己做的事情填写在哪个维度中,我们再次进行了持续性的整理,形成了《学生模块填写指导说明》,并配有相关示例供大家参考。

① 思想品德。包括以下内容。

a. 社会公益及志愿服务。指学生参与社会公益活动及志愿服务活动的记录。

示例:参加社区清理整治活动和国家图书馆的志愿者活动

在社区组织的国庆清理整治活动中,我跟随妈妈参加了所住小区楼道的清理,分别对水碓东路1号楼、团结湖南三条1号楼的8个楼道进行清扫,给居民一个整洁的居住环境,今后我会继续参与志愿活动,践行社区环境人人维护,社区清洁人人参与。

听说国家图书馆有义工这个项目,我便很快地去报名了,因为我总去国家图书馆自习学习,也算是对那个地方有感情。两天的义工售货还真挺充实的,思想上的收获比较多,一想到以后能在国家图书馆做兼职,沉浸在书里,我的心里面就很满足。

b. 党团活动。指学生积极参与中国共产党、共青团组织的相关教育教学活动记录。学校社团相关活动不在此处填写。

示例:参加学校第十一届团员学生代表大会

今年四月,我作为高中的团员代表参加了我校第十一届团员学生代表大会。在4月28日,孙老师组织了团员大会,主要的内容就是聆听同学们的演讲,为后续竞选年级学生会干部做准备。各位同学都介绍了自己各方面的特长与兴趣爱好,以及想竞争的职位和原因。听到他们精彩的演讲,也能感受到他们都为此付出了很多努力,我也会在之后的投票中认真做出我的选择。在正式的选举大会上,我认真听取了选举的办法和各项注意事项,根据前面各位同学在演讲中介绍的情况,我投下了神圣的一票。最后学生会主席和各部部长都顺利选出,我相信他们一定会尽自己最大的努力干好各自岗位的工作。

学习李克强总理在国庆69周年招待会上的讲话

10月1日,在中华人民共和国成立六十九周年之际,李克强总理在国庆招待会上发表了重要讲话。首先李总理代表党和国家向全国人民、港澳同胞、台湾同胞、海外侨胞致以亲切问候,向国际友人表示衷心感谢。然后李总理就改革开放40年来的发展做了深刻地分析,指出改革开放是中国迈向现代化的必然选择,并且进一步明确了今后的工作方针:坚定不移走和平发展道路,坚决维护国家核心利益,愿与国际社会协商完善全球治理体系,扩大与各国的利益交汇点,推动构建人类命运共同体。李克强总理的讲话总结了历史,为我国今后的发展指明了道路。

c. 感动感悟与交流沟通。指学生在生活与学习的过程中,遇见的令人感动的人物或事迹;与他人交流沟通中产生的感悟,内容可为微写作形式。与一十百千工程相关的内容不在此处填写。

示例:在运动会上的感动

在这次运动会上,我担任志愿者一职。在服务的过程中,我被一个素不相识的高一女生感动了。跑完800米后,我站在终点,等待着运动员们的归来,然后去收他们别在身上的号码簿。看着他们一个个累倒在地的样子,我回想起了自己跑完长跑后的感觉,便没有去催促他们交号码簿,而是等着他们缓过劲,喘口气。等歇得差不多了,我才开始收号码簿。我先收了那个最先站起来的女生的号码簿,收完后,我向后走去。这时,她站在我身边,冲着其他同学说:"学姐要收号码簿了,大家稍微配合一下!"她边说边帮我收拾和整理,还细心地帮我把上面的曲别针拆下来,并提醒我小心。此时我的内心中感到十分温暖,不由得想感谢这位女生。

d. 其他。指学生在思想品德方面,上述维度不包含的其他活动。

示例:思想境界提升

暑假的若干项实践活动不仅锻炼了我的动手能力和意志力,更让我的思想道德境界有了一个明显的提升。比如,原来我只有在听到别人喊我做时才会被动地捡拾垃圾,而现在我看到地上的垃圾会主动捡起来。这让我感到无比自豪,同时也很有成就感。

共享单车

我每天放学都骑小黄车回家,有时会抽出时间把门口几辆车摆好,虽然小区其他人无法做到,但是我自己要做到。

经过上次行为,共享单车乱停放现象好了很多,但无法维持。小区的其他人解决乱停放的共享单车的方式就是把它们集中扔在一个地方,越堆越高,然后等待工人们把车搬走,时间长了就不让共享单车进入小区……最后得到了这样一个治标不治本的解决措施,其实只要每个人管好自己,不乱放共享单车就可以解决这个问题……

② 学业成就。包括以下内容。

a. 创新成果。指学生在科技、人文等方面做出的有成品的具有创新水平的成果。不具有成品与创新属性的,可填写在活动记录中。

示例:科技节计算机海报设计、计算机艺术设计

科技节期间,我积极踊跃地报名了计算机艺术设计、计算机海报设计两大设计项目。尽管我的计算机操作并不熟练,Photoshop的使用方法几乎也忘得一干二净,但我重头学起,希望自己能为班级做一份贡献。计算机艺术设计:我设计了班徽,其中火箭象征着我们钱学森航天实验班,飘带象征着光彩和荣耀,飞鸟代表腾飞,同时飞鸟的形状被我设计成了"1",象征着一班,手代表着团结一心,背景的广袤蓝天代表着我们远大的目标。海报设计:海报的主题为"科技改变生活",我将C919大客机、复兴号等我国现代科技元素符号组合在一起,凸显了我国科技力量雄厚,同时,有了大客机、高铁,我们的旅途便不再漫长,生活也变得更加便捷。

创造大赛的二三事

我曾经被同班同学拉进了社团,在那里我只是一个小透明,经过半年的学习,我逐渐地找到了自我。7月23—25日,为期三天的创造大赛便是检验的时候。初赛,我们小组四人经常为了把自己的项目做到极致而挑灯夜战,为了得到更完美的成果而一遍又一遍地优化,经过不懈的努力终于完成了两个优秀的创新项目,一个是防伤人冰刀鞋,一个是在雪地里可以运送游客的电梯"雪地魔毯"。凭借着完美的技术与做工,我们的项目在初赛中脱颖而出,挺进决赛。决赛的比赛地点在北京最富有创造性学术气息的地方——中国科技大学(国科大)。与我们的班型同名,这让我对这次比赛更添敬畏之感。作为队伍里唯一一名女生,我在现场压力极大的条件下自主完成了一整个创造性的项目。项目的设计、程序的编写、硬件的装配、成果的调试全部由我一人完成(以至于解决掉所有问题之后我兴奋地跳了起来并流下了感动的鼻血),看着导师们对我的项目的高度赞扬,我真的感觉到十分的自豪。虽然一开始,队伍中的一些小朋友看我是个女生就一直不听我的话,但当他们看到我为这个队伍的付出后,便立刻对我刮目相看,这些变化不管是我自身的,还是我影响到的周围的人的,都让我觉得我在这个比赛中收获了远比比赛本身更为珍贵的东西。愿我在科学技术这条路上能够一直坚定地走下去!

b. 学术志趣及偏好发展。指学生在学术上的喜好与发展方向总结分析,内容可为微写作形式。

c. 研究性学习。指学生与"研究性学习"相关的活动过程记录与成果展示。

示例:高科技圆规

在研究性学习课程上,我们小组总结了身边的同学在使用圆规的过程中遇到的一些麻烦:尖端容易扎手,容易固定不住。因此我们对圆规进行了改装,在圆规上安装吸盘、齿轮,使圆规在使用上实现自动化。这次学习让我体会到了创新精神的重要性,我也要加强培养创新的能力,以后为社会做贡献。

d. 阶段小结与个人反思。指学生一个阶段内的小结与个人反思,通常以一个学期为一个阶段,内容可为微写作形式。

e. 自我陈述报告。指学生在学年或学期结束后对自我的总结与反思形成的自我陈

述报告。

　　示例：高一总结

　　高一的学习,让我感受到了新的学习氛围,也得到了新的感悟和发展。学习上,要学习的知识越来越丰富也越来越难。刚开始的无所谓造成了后来赶不上学习进度的后悔,因为高中有许多需要理解的知识,并不能像初中一样,只要考试之前来个临时抱佛脚,便可压线通过。每天的课程,都必须牢牢巩固且温故而知新。"每节课,都要投入百分之百的认真,老师说的知识重点都要记住,因为老师的某句话可能会成为考试的重点。别人没有记住而你认真记住了,你就可能成为赢家。"这句话是我的一个成绩十分优异的朋友告诉我的,他告诉我学习最重要的就是课堂效应。除了课堂,课外也有大量作业和习题。只有通过不断的训练和应用,才能把知识点消化并应用自如。生活上,我学会了许许多多人际交往的方法。许多事情,都是初中的我不曾遇到过的,棘手得不知道如何处理。但是经历过各种问题之后,我慢慢也学会以双赢的方式妥善处理了。这在未来踏入社会时,也是必不可少的一个环节。

　　f. 其他。指学生在学业成就方面,上述维度不包含的其他活动。

　　③ 身心健康。包括以下内容。

　　a. 身体机能。指学生关于身体机能的相关记录,如:身高、体重、肺活量、长跑与短跑时间等数据。

　　示例：体能测试

　　2018年10月2日上午,在中央民大附中进行800米跑步体能测试,成绩为03:51分。

　　b. 运动技能。指学生掌握了一定水平的运动技能的相关记录或学生具备了相关运动技能资格证书,如:掌握篮球、羽毛球技能等;国家长跑二级运动员等。

　　c. 体质健康与体育锻炼。指学生提升体质健康与体育锻炼的过程性展示记录,如:每周或每天坚持跑步等,重在过程性的记录。

　　d. 应对困难与挫折表现。指学生自我调控能力、面对困难与挫折的表现等心理健康情况。

　　示例：从哪里跌倒就从哪里站起来

　　我参加了运动会中的跳高项目,但是由于我之前骨折过所以对此感到很紧张,但我最终突破了自己完成了一次跳跃,虽然没有取得名次,但我相信自己下次一定可以。在跳绳比赛中我的头发散开了,但我依然坚持了下来,并且得了金牌。

　　e. 体育类实践活动。指学生参与体育类实践活动的记录,如:运动会、长跑活动、爬山活动。

　　f. 其他。指学生在身心健康方面,上述维度不包含的其他活动。

　　④ 艺术素养。包括以下内容。

　　a. 艺术成果展示。指学生在艺术方面的成果展示,如:声乐、舞蹈、乐器、摄影的作品。

　　b. 艺术素养及专长培养。指学生在艺术方面的素养以及特长过程性展示,内容可为微写作形式。

c. 艺术类实践活动。指学生参与艺术类实践活动的记录,如:舞蹈表演、歌手大赛等。

d. 其他。指学生在艺术素养方面,上述维度不包含的其他活动。

⑤ 社会实践。包括以下内容。

a. 社团活动。指学生参与校内组织的科技、人文等社团活动的记录。

示例: 社团活动

我参加了选修社团茶艺课,学习了我国的茶文化,以及泡茶的步骤和杯的拿法。这让我对中国的茶文化产生了浓厚兴趣。

b. 生产劳动。指学生参与生产劳动的活动记录。

示例: 打扫庭院

2018年10月1日,我们一家四口一起回到汉川老家看望爷爷奶奶。10月2日上午,爷爷在菜园里摘了很多新鲜的蔬菜,然后将其拿到我们家大门口清理整理,整理完毕后,前院留下了一些剩菜叶等垃圾,我高兴地帮爷爷打扫,不到一个小时就弄干净了。老家不但空气好,菜也新鲜。

c. 勤工俭学。指学生参与勤工俭学的记录。

示例: 体验勤工俭学摘核桃

十一期间,我到核桃园帮助工作人员采摘、检拾、分类及销售核桃,获得了100元薪酬金。

d. 军训。指学生参与军训活动的记录。

e. 参观学习。指学生除一十百千工程外,参与的其他参观学习的活动记录。

f. 社会调查。指学生参与社会调查活动的记录。

示例: 养老问题社会调查报告

这个假期,我来到××市××区敬老院,看望了那里的老人,给他们送去了新春祝福,还送上了营养品,并与他们亲切交谈。通过与他们的谈话,我了解了老人们过去的生活和工作状况,也了解了他们此刻的养老状况。

住在这所敬老院里的老人们大多在70岁以上,他们由于各种各样的原因被送到敬老院来(这与我以前在其他敬老院了解的情况是一致的),如子女不在身边,无人照顾;身边亲人大多已过世,孤身一人;一个人待在家里太孤单,想有人陪伴。从她们的口中,我大致了解到过去老人们的生活状况。建国初期,绝大多数年轻人都没有文化,迫于生计,只能外出干些体力活或技术含量不高的工作,如在织布厂工作,生产烟草等。由于当时人们生活条件十分艰苦,即使是在城市,生活物资供给一样严重不足,大部分人最大的期望便是能吃饱穿暖。因为条件有限,许多人不能去上学,只能利用空闲时间去夜校读书识字。生活在乡下的人,为了能去校园读书,冬天里也穿着草鞋踩着冰雪去几公里甚至十几公里外的地方求学。路上饿了就吃从家里带的生红薯或其他干粮充饥,要是遇上荒年,就吃路边生长的野菜,生存条件极为艰苦。

此刻这些老人们的孩子都长大了，都成家立业了，他们被子女送到敬老院来更多的也是迫于生计的无奈。在我所了解的老人中间，绝大多数人的子女都只在缴纳生活费时才来看望一下老人，顺便购买一些物品，见面交谈的时间也不会太长，真正关心老人生活起居细节的更是少之又少。子女们普遍对父母们的生活状况关注较少，以为把老人送到敬老院就万事大吉了。更有甚者，互相推卸养老职责，只顾自己享乐。这种状况着实令人心痛。

在与老人们的交谈过程中，我发现很多老人都会说只要自己的子女过得好，自己怎样都无所谓，只要儿女们心中有自己的父母就行了。他们来到敬老院生活至少还有人能够一起生活、说说话，陪伴他们度过晚年，这比一人待在家里好得多。我注意到，每当老人们说起自己的家、自己的儿女时，他们的脸上、眼神中总会流露出温馨、留恋、幸福，甚至泪眼婆娑。由此可见，老人们的内心深处是十分渴望回归家庭、渴望亲情的！

的确，老一辈人为我们新中国建设做出了不可磨灭的贡献。他们在过去所经历的苦日子值得我们年轻一代人永久铭记，我们要感谢那些为我们创造此刻完美生活的前辈们，并以他们为榜样，发扬艰苦奋斗精神，树立回报社会的意识，努力学习，争取成长为祖国的栋梁之材，不辜负老前辈们的期望。

然而，伴随着时间的流逝，老一辈已相继老去，庞大养老群体的出现成了一个十分现实的社会问题。即使我国正加大养老保障制度的完善，但这不能解决根本问题，因为老人们缺乏的是家庭式的关心和温暖。当孩子们事业有成之时，都想着如何对自己的父母好点，让他们过上安享晚年的生活。可是，又有多少人能够真正在父母的有生之年好好地服侍他们一回？又有多少子女明白老人们心中的渴求？

我认为，传统"养儿防老"模式虽然受到现实的挑战，但是，"养儿防老"的传统并没有过时。解决养老的问题，除了政府要加大养老资金的投入以外，还要解决一个"良知"的问题。孝敬老人自古以来就是中华民族的优良传统，父母辛苦地养育子女，当父母老了需要子女们照顾的时候，子女们就应尽最大努力承担起照顾父母的职责，而那些推卸养老职责的子女就应遭到良知的谴责。倘若子女养老养成了一种社会风气，每个人都真心实意地为老人着想，那么，国家的养老制度也就显得不那么重要了。反之，最好的养老制度也温暖不了老人的心。所以，我呼吁全社会的人都来关心养老问题。如果每个人都有一颗孝敬老人的心，那么解决养老的问题就是水到渠成的事情了。只有人人都唤起自己的良知，才能让老人们真正实现老有所依老有所养，从而促进整个社会和谐、稳定、发展。

g. 实习经历。指学生参与实习的活动记录。

h. 游学经历。指学生游学或外出实践课程等活动记录。

i. 班内任职。填写每学期在班级中的任职情况（每学期只填一次，或当职务变动时填写）。

j. 校团委学生会任职。填写每学期在校团委学生会的任职情况（每学期只填一次，或当职务变动时填写）。

k. 学校社团任职。填写每学期在学校社团的任职情况（每学期只填一次，或当职务变动时填写）。

l. 社会工作。指学生担任校外的具有长期性且相对稳定的社会工作情况,不同于短期实习、游学及其他类社会实践等,如担任北京市模联主席等。

m. 其他。指学生在社会实践方面,上述维度不包含的其他活动。

(4) 反馈

针对学生综合素质评价系统 1.5 版本,收集使用师生的反馈,结合日常测试工作并进行整理。

① 建议开发手机客户端方便迅捷。建议开发与网页版相一致的,可同步更新的安卓版及苹果版 App。很多住宿的同学上综合素质评价系统的机会很少,即使周末到家也很难想起登录系统更新信息。高中课业压力大,如果不能把系统做成用手机就能很方便操作的软件的话,学生会把综合素质评价系统当成新的课业负担。如果能开发得像微信朋友圈一样,他们自然会做到我们最初设想的:让学生主动地更新相关信息。

② 网站登录还是存在困难。部分老师遇到登录不上去的情况,即便试用了三个浏览器,打开后也一片空白。

③ 建议可以增加的板块,具体如下。

a. 建议增加评分标准模块。在主页上能否添加一个评分标准模块,让学生和老师都清楚什么样的评价对学生是有影响的,从而引起学生的高度重视。

b. 建议增加考勤的空间。系统中有任课教师负责记录该科上课迟到的同学的功能,但目前我没有发现记录早读迟到的地方。班主任负责的每天早读考勤是否应该也添加到情况系统中呢?添加记录里面能否加上学生晚自习纪律表现情况,这样或许可以避免有些学生需要一直由老师监督才能好好学习的现象。

c. 增加学生各项完成情况统计表。班主任和任课老师能否增加一个学生各项完成情况统计表,这样比较一目了然。

d. 增加搜索功能。同学圈能否加上搜索同学的功能。这样方便同学快速查看其他同学的记录。

e. 增加头像。在个人资料中是否能增加一个照片栏?很多副科老师教的班级特别多,名字和脸对应起来比较困难,加上照片会很方便。

f. 照片设置放大功能。查看上传的照片能否设置放大功能,就像有的网站那样,鼠标一点就变大,目前想要查看总是要下载。

④ 建议以下方面可以进一步改进。

a. 班干部任免的权限。班委会各个委员的任免权限以及工作能力评价权限均应仅开放给班主任。个人认为这一项和其他信息记录有所不同,其他信息可以是同学自主记录。试想班级换届选举,新任班委当然会高高兴兴地在系统中主动进行记录,难道我们还期待落选的老班委自行上网撤销自己的职务不成?同样,各科课代表的任免和工作能力评价权限也应只开放给相应科目任课教师。

b. 筛选过滤同学圈。同学圈公告栏的信息显示能否将老师发布的信息与学生发布的信息进行区分,或可以进行筛选过滤,否则将来学生大量使用时容易忽略老师发布的一些重要信息。

c. 增加相对应的分值。新的综合素质评价系统中各项内容只有等级的评价,我觉得还是应该有相对应的分值,确保在一学期结束时可以有数据可循,可作为评优评干的参考标准,一定程度上调动学生的积极性。

d. 关于学生课堂表现模块。对于学生的课堂表现,只是用"好、中、差"来评价是否过于简单,既然是综合素质评价体系,课堂表现的评价标准选项是否应该设置得更加多元一些。比如发言积极、思考认真、笔记认真或者不带课本、上课说话、上课睡觉等等选项。

e. 关于作业表现一栏。建议增加不交作业选项、连续几次不交作业选项,以便老师和家长监督。可以和以前的评价系统结合一下,取两者的优点,上面各位老师提到的部分建议在原来的系统上就有相应的设置,至于作业表现和课堂表现,因为不同学科可能标准不同,能否变成由老师来设置默认情况,这样比较灵活。

f. 关于字体和颜色。字体是否可以稍作调整,目前阅览时觉得字体小且密,不便操作。对不同的记录可否采用不同的颜色加以区分,这样更直观。

4. 学生综合素质评价系统 2.0 版本

(1) 主要升级功能

综合素质评价 V2.0 新的重要功能如下。

① 提交者可删除记录:提交记录后,提交者可在系统计算分数前通过点击"删除"按钮自行删除,分数显示后,不能删除。分数显示后,本学期记录提交申请可由管理员删除。

② 发表质疑操作过程:点击质疑→发表质疑→选择质疑原因→填写概述→点击提交。学生发表质疑对学生权限匿名,教师/管理员权限等不匿名。

③ 明确质疑分类:发表质疑增加下拉质疑原因(重复提交、抄袭他人记录、记录不真实、其他)。

④ 附件:添加记录中可提交的附件类型为 5M 以下的 PDF、JPG、GIF、PNG 格式的文件,在同学圈中显示的图片为缩略图,点击图片,在另一个页面中显示完整的图片。

⑤ 记录提交频度时间轴:学生发展报告单可显示每月提交记录的次数。

⑥ 查看添加记录详细说明:在每条记录提交时可点击右上角详细阅读相关说明。

⑦ 在添加记录中可看到本周剩余提交记录次数:每次提交时显示本周剩余提交记录次数,当剩余次数为 0 时,本周不能提交记录,请下周再添加记录。

⑧ 年级领导可以查看班级排名范围扩大至 60 名。

⑨ 学校领导可以查看班级排名范围扩大至 60 名。

⑩ 德育老师可添加学生处分记录:在教师界面添加记录-处分记录中添加。

⑪ 查看评价相关统计:在个人中心—任课教师评价汇总表/班主任评价汇总表中查看评价汇总信息,查看评价概况,提醒帮助老师。

⑫ 任课教师提交相关成绩记录维度(学业成绩百分制、学业成绩五级制、学业成绩二级制)的汇总:在个人中心—任课教师成绩汇总表中查看评价汇总信息。

⑬ 班主任查看本班报告单:可在个人中心—我的学生中查看本班学生当前学期/学

年的综合素质评价得分并点击直接链接至其报告单。

⑭ 任课教师可批量录入学生成绩。

⑮ 使用 IE 浏览器添加记录时可以右键直接粘贴 Excel 中的成绩数据。

⑯ 奖励记录等级审核教师在审核界面可查看学生原记录的图片及附件，可对重要奖励记录增加标签。

⑰ 学生社团管理：社长可增加、删除社团成员。

⑱ 年级领导可添加全年级学生的班级值日、文明礼仪、集会表现记录。

⑲ 校级管理员可自定义学校记录维度：不能添加、删除原有的素质模块，不能删除原有的记录维度。可在原有的素质模块下添加自定义记录维度。

⑳ 校级管理员可批量录入会考成绩。

㉑ 教师、学生一段时间没有提交评价数据会有短信提醒。

㉒ 导入资料及记录统计内增加校内学号字段，保护学生隐私。

㉓ 超级管理员可查看区域内各学校的用户登录量与用户同时在线量。

㉔ 界面优化：登录界面增加验证码、同学圈可自动加载更多记录。

（2）系统 2.0 版本功能介绍与功能模块

系统 2.0 版本功能介绍如表 3-1 所示。

表 3-1　系统 2.0 版本功能介绍

功　能	权　限	功 能 描 述
同学圈	全部角色功能	① 实时查看全校记录：除隐私记录（学业成绩、违法犯罪、处分）外所有记录全校公开，以及每条记录在学校内的综合素质评价积分
		② 对记录发表评论
		③ 显示记录详细信息
		④ 对记录发表质疑或复议（学生发表质疑对学生权限匿名，教师/管理员权限等不匿名）
		⑤ 查看记录附件
		⑥ 删除自己发布的记录（24 小时内可自行删除，一个月之内提交申请由管理员删除）
		⑦ 刷新最新记录
		⑧ 加载更多记录
		⑨ 配置：记录时间区域（本学期）、记录范围（我的相关记录、特定学生记录、年级记录、行政班级记录、课程班级记录、全校记录）记录状态（无质疑、被质疑、质疑无效、质疑有效）、素质模块和维度（全部维度、选择特定模块、选择特定维度）进行筛选相关记录
	任课教师	对学生记录进行评星级（一星到五星）
	质疑/复议仲裁组教师	对质疑/复议进行仲裁/复议

续表

功　能	权　限	功　能　描　述
记录统计	全部角色功能	① 查看全校学生素质模块分布图：统计对象（我的相关记录、特定学生记录、特定班级记录、特定年级记录）、统计时间（本学期、本学年、选择特定学年、选择特定学期）、图表类型（饼图、条形图、蛛网图、表格）
		② 查看全校学生学年走势图：统计对象（我的相关记录、特定学生记录、特定班级记录、特定年级记录）、素质模块（全部模块、选择对应模块）、图表类型（条形图、表格）
		③ 查看全校学生综合素质评价排名图：素质模块（全部模块、选择对应模块）、统计时间（本学期、本学年、选择特定学年、选择特定学期）、排名范围（班级范围排名、年级范围排名）、排名人数（1～30 名）、图表类型（条形图、表格）
	学校/年级领导	学校/年级教师评价统计
		① 查看全校/年级教师评价走势图：统计对象（特定教师记录、课程班级记录、特定年级记录）、统计时间（本学期）、图表类型（条形图、表格）
		② 查看全校/年级教师评价排名图：统计时间（本学期）、统计范围（班级范围排名、年级范围排名）、排名人数（1～30 名）、图表类型（条形图、表格）
个人中心	全部角色功能	① 存档的记录信息
		② 发布的记录信息
		③ 参与的行政班级、课程班级和社团明细
	任课教师/班主任	① 查看本课程班内学生评价统计表
		② 查看本学期已提交的学生成绩
	奖励等级评定教师	① 对学生发表的奖励记录审核及完善相关信息
		② 对重要奖励记录添加标签
	质疑/复议仲裁组教师	① 可查看待裁决/复议的质疑记录
		② 可查看已裁决/复议的质疑记录
	校级管理员	查看我的学校信息
		① 增删校级管理员
		② 查看学部、年级、学科、课程、班级、社团的信息
学生综合素质评价报告单	全部角色功能	查看全校范围内某学生在某学年某学期的综合素质评价报告单
		① 学生基本信息
		② 各素质模块与记录维度得分，可链接至原始记录与附件
		③ 查看学期提交记录时间轴、学生素质模块分布图与学年走势图

续表

功 能	权 限	功 能 描 述
学业成绩录入	任课教师	① 选择相关记录维度和相关课程,进行模板导出
		② 在导出模板中完善相关成绩等信息,进行导入
		③ 录入成功后,录入信息显示成功
社团成员管理	社团管理学生/教师	对社团下的成员进行增删操作
会考成绩录入	校级管理员	① 选择相关记录维度和相关课程,进行数据导出
		② 在导出文件中完善相关成绩等信息,进行导入
		③ 录入成功后,录入信息显示成功
学校资料导入	校级管理员	① 选择学年和学期
		② 导入行政班级:导入、添加、删除、查看行政班级下学生信息
		③ 导入课程班级:导入、添加、删除、查看课程班级下学生信息
学校资料导入	校级管理员	④ 导入学生资料:导入、添加、删除、查看学生报名的行政班级/课程班级/社团信息
		⑤ 导入教师资料:导入、添加、删除、查看教师管理的行政班级/课程班级/社团信息
		⑥ 导入社团资料:导入、添加、删除、查看社团下学生信息
		⑦ 导入及基础资料完整性总揽
奖励记录等级审核教师管理	校级管理员	增删奖励记录等级审核教师
学校/年级领导管理	校级管理员	增删学校/年级领导
综合素质评价得分模板	校级管理员	动态修改综合素质评价得分模板。在使用过程中可动态修改得分模板,当前学校的记录会全部重新算分
质疑/复议仲裁小组管理	校级管理员	增删质疑/复议仲裁教师
添加记录	全部角色功能	① 对于区域设定模板中各自权限下的素质模块与记录维度进行记录的添加,获取综合素质评价得分
		② 记录附件可添加(图片、Word、PPT、Excel、TXT、PDF)文件
		③ 每个素质模块与记录维度有单独的填写提示说明
		④ 每周设置学生提交记录上限,提示学生本周已提交记录数量、可提交记录数量
学校资料	超级管理员	① 添加区域内的学校,设置对应学校校级管理员账号与信息
		② 查看区域内各学校的学部、年级、学科、课程、班级、社团的信息

续表

功　能	权　限	功　能　描　述
记录模板	超级管理员	对区域素质模块与记录维度模板进行删减,设置本区域统一素质模块与记录维度模板:初次建立评价模板时可直接添加素质模块,素质模块中各记录维度可根据需要选择用户角色、批量添加、隐私设置、日期、内容、相关科目/班级/社团、地域等级、分数等级、附件等相关内容与对应等级划分。在使用过程中可动态修改当前素质模块与记录维度中的相关信息。
登录界面	全部角色功能	① 填写登录邮箱与密码进行登录 ② 忘记密码可通过手机短信/邮箱方式自行找回
其他功能	全部角色功能	① 修改个人资料 ② 修改个人密码 ③ 联系管理员 ④ 退出登录操作 ⑤ 短信提示功能:教师一周没有评价发短信提示、学生一周没有登录发短信提示

3.1.4　北京市普通高中综合素质评价电子平台

1. 市区版

市区版平台功能介绍如表 3-2 所示。

表 3-2　市区版平台功能介绍

功　能	权　限	功　能　描　述
资料设置	省级管理员	1. 定义区域基础信息 (1) 定义省编码 (2) 定义市编码 (3) 定义区、县编码 (4) 定义学校编码 (5) 设置市、区县校四级管理员、督导组、研究组、工作组、技术组等信息(邮箱、账号、基本信息) (6) 上述功能可统一通过导入方式进行 2. 动态设定设计模板与赋分分值 (1) 可根据区域特点设置本区域统一素质模块与记录维度模板:初次建立评价模板时可直接添加素质模块,素质模块中各记录维度可根据需要选择用户角色、批量添加、隐私设置、日期、内容、相关科目/班级/社团、地域等级、分数等级、附件等相关内容与对应等级划分,在使用过程中可动态修改当前素质模块与记录维度中的相关信息如:处分记录建立时为非处分记录,在使用过程中更改为隐私记录

续表

功　能	权　限	功　能　描　述
资料设置	省级管理员	(2) 可根据设置的区域模板对各记录维度中各相关等级赋分作为区域默认赋分模板,各学校可根据学校特点与管理模式对区域默认赋分模板自行修改形成各学校特色赋分体系。在使用过程中,省级管理员与各学校管理员可动态修改赋分,当前区域或学校的记录会全部重新算分
	市/区级管理员	可查看修改、新增区域内编码/管理员、督导组、研究组、工作组、技术组等信息
统计分析	全部角色功能	1. 配置筛选功能 按区域、学校类别、素质模块、时间进行筛选查看 2. 查看区域内学生综合素质评价概况 学生平均积分分布、学生平均记录数量分布 3. 查看区域内特定学校综合素质评价概况 特定学校平均积分与区域对比情况、特定学校记录条数与区域对比情况、特定学校学生平均积分分布、特定学校学生记录数量分布 4. 查看区域内学校类别综合素质评价概况 特定学校类别平均积分与区域对比情况、特定学校类别记录条数与区域对比情况、特定学校类别学生平均积分分布、特定学校类别学生记录数量分布 5. 查看特定区域综合素质评价概况 特定区域平均积分与全省对比情况、特定区域记录条数与全程对比情况、特定区域学生平均积分分布、特定区域学生记录数量分布、选定区域素质模块分布情况、选定区域走势分布情况
高级统计	全部角色功能	1. 思想品德 区域内思想品德方面活动平均时间与次数分布(公益劳动和志愿服务、党团活动、社团活动、其他活动)、本地区获得先进个人称号的分类统计 2. 学业水平 区域内学科分类统计(学业水平成绩最大值、最小值、平均及分布情况、特定学科成绩人数分布)、学科等级统计(学业水平成绩等级最大等级、最小等级、平均等级及分布情况、特定学科成绩等级人数分布)、研究性学习(研究性学习成果数量、获奖、学习时间、学分分类统计)、选修课(区域内选修课程的数量、获奖的分类统计、学分统计) 3. 体质健康 区域内国家体质健康测试(成绩得分段统计、特定区域/学校平均成绩对比)、体育获奖(体育获奖各类别各级别统计、特定体育项目分类统计)、运动特长(运动特长各类别各级别统计、特定运动分类统计) 4. 艺术素养 区域内艺术获奖(艺术获奖各类别各级别统计、特定艺术体育项目分类统计)、艺术特长(艺术特长各类别各级别统计、特定艺术分类统计)、艺术团体(艺术团体分布数量、获奖分布) 5. 活动实践 区域内各学校活动平均时间与次数分布、各学校活动获奖分布统计

续表

功能	权限	功能描述
其他功能	全部角色功能	1. 使用账号、密码登录 2. 修改区域管理员资料 3. 修改区域管理员密码 4. 退出登录操作

2. 校级版

（1）定制功能

北京市普通高中综合素质评价电子平台校级层面在清华附中原系统的基础上进行了功能定制：公示期、教师上传奖励记录、数据对接等，如表3-3所示。

表3-3　校级版平台定制功能介绍

序号	定制功能	功能描述
1	公示期	系统增加"公示期"这一功能模块； 公示期间学生有权限在同学圈查看全校师生记录并进行质疑，非公示期间只能看到自己提交的记录； 教师权限、管理员权限、除同学圈外的其他功能不受公示期限制； 市级管理员可统一设置全市公示时间与公示内容时间段； 设置后，在公示期间，学生可看到公示期时间与公示内容时间段并查看全校同学的记录；非公示期间只能看到自己的记录
2	教师上传奖励记录	学校管理员可设置上传奖励记录老师权限，拥有此权限教师可以上传学生的奖励记录
3	数据对接	全市学校、教师、学生基础信息：账号、密码等统一对接北京市CMIS库，实现自动对接学校、师生数据、班主任数据

（2）定制模块

定制模块如一十百千工程、研究性学习、游学经历、实习经历、艺术类实践活动、体育类实践活动等，参见表3-4。

表3-4　北京市市级评价内容模块和维度

思想品德	学业成就	身心健康	艺术素养	社会实践
诚信道德奖励（教师）	学业成绩 百分制（教师）	身体机能（学生）	才艺奖励（教师）	活动实践奖励（教师）
失信扣分（默认）	学业成绩 五级制（教师）	运动技能（学生）	艺术成果展示（学生）	社团活动（学生）
处分（教师）	学业成绩 二级制（教师）	体育奖励（教师）	艺术素养及特长培养（学生）	生产劳动（学生）
社会公益及志愿服务（学生）	作业表现（教师）	体质健康与体育锻炼（学生）	艺术类实践活动（学生）	勤工俭学（学生）

续表

思想品德	学业成就	身心健康	艺术素养	社会实践
班级值日(教师)	课堂表现(教师)	《国家学生体质健康标准》(教师)	其他(学生)	军训(学生)
课程班值日(教师)	课堂考勤(教师)	应对困难与挫折表现(学生)		参观学习(学生)
文明礼仪(教师)	学业奖励(教师)	体育类实践活动(学生)		社会调查(学生)
集会表现(教师)	会考成绩(管理员)	其他(学生)		实践与实习(学生)
一十百千工程(学生)	创新成果(学生)			游学(学生)
党团活动(学生)	学术志趣及偏好发展(学生)			班内任职(学生)
其他(学生)	研究性学习(学生)			校团委学生会任职(学生)
感动感悟与交流沟通(学生)	阶段小结与个人反思(学生)			学校社团任职(学生)
	自我陈述报告(学生)			社会工作(学生)
	学生毕业评价(教师)			班集体奖励(教师)
				社团集体奖励(教师)
				其他(学生)

附相关说明:
(学生)代表学生填写;(教师)代表教师填写
诚信道德奖励:指学生获得思想品德方面的奖励和荣誉称号,分市区等级别,也可设定市区一二三等级别。
一十百千工程(学生):指参加天安门广场升旗仪式,走进国家博物馆、首都博物馆、抗战纪念馆;参加社会公益活动;观看优秀影视作品,阅读优秀图书,学习了解中外英雄人物、先进人物事迹。
应对困难与挫折表现(学生):指学生自我调控能力、面对困难与挫折的表现等心理健康情况。
实习(学生)、游学(学生):指学生参加技术课程实习与游学活动。

3.1.5 学生综合素质评价系统新系统

1. 系统总体架构

系统的总体框架建设基本遵循了国家相关法律法规的要求,总体框架的构成包括:服务与应用系统、信息资源、基础设施、法律法规与标准化体系、管理体制。服务是宗旨,应用是关键,信息资源共享利用是主线,基础设施是支撑,法律法规、标准化体系、管理体制是保障。

以北京市为例，学生综合素质评价系统统一建设在北京市政务云上，总体架构见图 3-22。

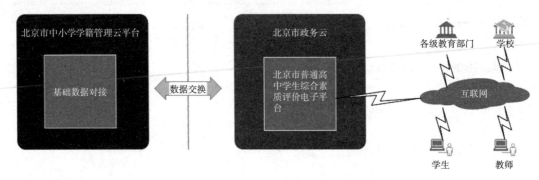

图 3-22　总体架构图

（1）系统逻辑架构

系统逻辑架构包括基础设施层、数据资源层、支撑层、应用层和访问层，如图 3-23 所示。

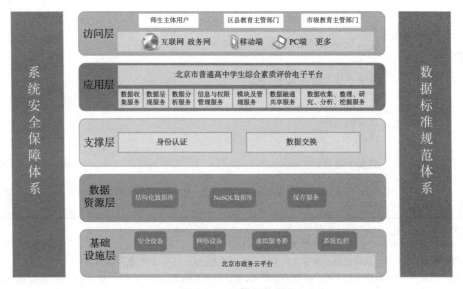

图 3-23　逻辑架构图

基础设施层：基础设施包括政务云、电子政务网、安全设备、大数据存储计算等基础设施，平台依托政务云平台进行集约化部署建设。

数据资源层：数据资源层包括各系统前置库缓服务。

支撑层：应用支撑层包括通用统一用户管理、学生记录数据公示、智能统计分析、数据对接等模块。

应用层：业务应用包括数据收集，数据呈现，数据分析，信息与权限管理，模块及管理，数据融通共享，数据收集、整理、研究、分析挖掘。

访问层：访问层主要是各级教育部门，学校，学生和老师通过浏览器、移动客户端等工具,经过互联网来访问平台。

(2) 系统网络架构

网络结构具体说明如图 3-24 所示。

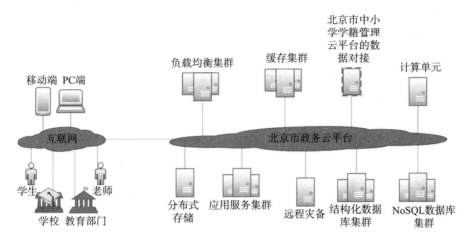

图 3-24 网络结构

① 网络分级。为了保证系统的安全,北京市学生综合素质评价平台的网络分为三个区域。按安全等级分为互联网、接入区和核心区三个层级(其中接入区和核心区位于北京市服务云平台),安全等级逐层增加。

② 互联网。互联网是所有用户所在区域,访问终端一般为手机或者 PC 机,这些设备通过各种运营商提供的网络接入互联网,然后访问相应的域名(系统将提供 1 个市级域名),学生、教师、学校、教育部门等不同类型用户通过手机 App 和 Web 浏览器获得服务。

③ 接入区。接入区位于政务公有云,通过安全隔离设备与互联网连接,用户通过 App 和 Web 浏览器发出的请求,在此区域负责接入。具体设备和服务如下。

负载均衡集群:负载均衡集群主要是用于接收用户的请求并根据负载情况将其分配到具体服务器上。

应用服务集群:应用服务集群主要是响应由静态网页或者 App 发送过来的异步请求,并完成业务逻辑的计算,最终返回计算结果(或者查询结果)。

缓存集群:考虑到本次项目的使用群体是二十万的用户,为减少高峰期对数据库的压力,通过缓存集群对关键数据进行缓存,以提高响应速度,避免系统严重迟滞或者数据库死锁。

分布式存储:分布式存储采用北京市政务云平台已有的分布式存储系统,用于保存所有静态文件。

④ 核心区。核心区位于服务公有云,主要做数据的保存、备份和交换及核心的计算和任务服务。同时为接入层的应用服务器提供数据服务(保存,查询)。具体设备如下。

结构化数据集群:用于业务数据的持久化,根据系统设计,数据库推荐使用 MySQL。

NoSQL 数据库:NoSQL 数据库采用 MongoDB。

第三方对接数据库:第三方系统对接数据库是北京市其他系统平台与学生综合素质

评价电子平台的交互数据,主要是北京市中小学学籍管理云平台的数据对接工作,采用 MongoDB 数据库为中间库。

计算单元:计算单元主要部署大数据量的计算服务,例如数据统计和数据分析等。

第三方系统平台接入:在核心区为第三方系统平台的接入提供网络通道。

远程灾备:在核心区为远程灾备提供网络通道。

(3) 系统部署架构图

在北京市政务云平台,使用专门的云服务器以集群的方式安装应用服务器和 MongoDB 数据库集群,应用服务器主要进行综合素质评价的业务处理服务,MongoDB 集群主要提供数据服务,如图 3-25 所示。

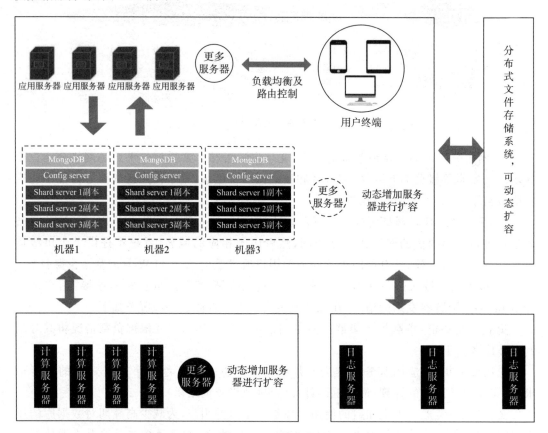

图 3-25　系统部署图

分布式文件存储系统单独提供文件存储服务,不占用系统资源和网络资源,能够显著提高学生综合素质评价电子平台的运行速度和使用效率;同时,可以依据使用需求,动态扩展存储容量,提高使用效率和经济效益。

计算服务器作为后台任务处理服务器,主要提供大数据计算服务,计算结果写入 MongoDB 数据库,不影响应用服务的进程。

日志服务器能够记录系统级的操作,进行定时备份,用于系统的优化和故障分析。

2. 系统的技术方案

(1) 系统架构设计

① 系统相关业务信息的处理、转换、传送、存储和呈现充分考虑过程安全可控,授权清晰明确。

② 系统架构提供模块化、可配置、可扩展、低耦合的面向服务(SOA)的系统应用架构,提供一定的灵活性、敏捷性和可扩展性,满足业务在一定范围内发展变化的要求。

③ 系统满足相关业务高可用性、性能、容量和可维护性的需求,并提供良好的应用体验和过程。

④ 系统基于国家和地方法律法规和信息化标准和规范,在规划、设计、开发和实施过程中,符合国家信息技术标准,信息指标体系符合国标或教育部部标(教育部教育管理信息标准)。

⑤ 系统支持 Linux 操作系统、支持 Nginx、支持负载均衡、支持分布式文件系统。

⑥ 系统使用 NoSQL+关系型数据库作缓存。

⑦ 系统遵循"动静分离"的设计模式,将 Web 静态内容交给专用的静态内容服务器来提供 Web 服务,以提供更好的性能。

⑧ 系统使用基于 MVC 模型来开发和实现。

(2) 系统数据容量与性能设计

平台主要用户为北京市普通高中学校教师、学生、各级教育行政部门。软件平台支持北京市所有用户,7×24 小时连续不间断稳定工作,页面响应时间不超过 3s,业务明细查询时间不超过 3s,统计汇总查询不超过 10s。根据现有应用规模、需求和开展状况,建成后的北京市学生综合素质评价电子平台的性能达到表 3-5 中指标。

表 3-5　北京市学生综合素质评价电子平台的性能指标

项　　目	容量/性能	说　　明
用户登录验证	<100ms	
典型班级业务页面加载	<500ms	
综合素质档案查询页面	<1s,单个学生	
综合素质评价总表生成	<2s,每学生	
综合素质评价系统服务能力	>200TPS	

(3) 系统安全设计

按照国家信息系统等级保护定级指南的各种要素,在开发层面满足如下的应用安全集成。

① 系统等保建设。系统平台按照等保三级来建设,系统规划、建设及运维服务严格按照等保三级进行;项目建成后,我公司按照等保三级要求对系统进行安全测评,并出具有资质的安全报告。

我公司提供的系统完全满足等保三级的建设要求,并且已经完成信息系统安全等级保护的备案工作,备案的等级为第三级,备案公安机关为北京市公安局海淀分局。备案证明见图 3-26。

图 3-26 备案证明

② 用户安全。在用户安全设计方面,考虑账户、认证、授权和审计(4A)等多个方面的问题。系统达到基于角色和实体,对业务操作进行授权的安全模型,认证和授权分离,系统识别其登录后所赋予的角色,结合检查当前任务和当前实体,决定用户是否对于该任务和实体具备操作权限,并对操作过程进行记录以备审计(表 3-6)。

表 3-6 用户安全设计

用 户	需要实现功能	包 含 内 容		
用户及权限管理	用户信息设置	用户管理	添加删除用户	用户安全设定
	权限信息设置	管理员权限表	教师分类(班主任、任课教师等)权限	学生权限管理
	用户所属设置	行政班级信息	教学班级信息	社团信息
	管理员分级管理	学校管理	学区管理	厅局、学校管理
	学生异动管理	学生转学处理	退学处理	升学处理
学校基本信息管理	学校基本信息设置	添加学校	学校管理员设定	学部设定
	学期学年信息设置	学年学期导入模块	学年学期管理模块	升级模块
	年级信息设置	年级导入模块		年级管理模块
	班级信息设置	班级信息导入模块		班级管理模块
	课程信息设置	学科与课程导入模块	学科、课程信息管理模块	成绩管理模块
	社团信息设置	社团管理模块		
	学生信息设置	个人信息模块		学生社交资料管理

③ 账户安全。在业务层面,本系统的用户分为市级管理员、区级管理员、校级管理员、教师和学生等几类,系统根据这些分类,预置相应的用户角色。

系统预制的角色有：学生、教师和管理员，其中管理员包括校级管理员和区域管理员，不同角色具备各自对应的预制功能和操作。

其中学生和教师的角色和对应的功能操作见图 3-27。

角色	模块	功能模块
学生 教师	同学圈	公示窗口公示、质疑、复议落实到过程中
	记录统计	动态直观生成图表，学生成长直观清晰（素质模块分布图、学年走势图与综合素质评价排名图）
	个人中心	重要奖励记录等级审核
	工具箱—学生综合素质评价报告单	学年发展积分分布清晰
	添加记录	学生：8个素质模块的30种维度记录的添加 教师：5个素质模块的16种维度记录的添加

图 3-27　学生和教师的角色和对应的功能操作

管理员用户的角色和对应的功能操作如图 3-28 所示。

角色	模块	功能模块
校级管理员	工具箱-学校资料导入	导入学生、教师信息
	工具箱-评分教师管理	增删评分教师
	工具箱-综合素质评价得分模板	对学校内部的综合素质评价得分模板动态修改
	工具箱-质疑仲裁小组管理	增删质疑仲裁教师
	工具箱-复议小组管理	增删复议教师
区域管理员	学校资料	新增学校与对应学校管理员
	记录模板	对区域综合素质评价模板进行动态添加

图 3-28　管理员用户的角色和对应的功能操作

每个需要直接在本系统上进行相关业务操作的人员，在系统中都有对应的用户账户。用户账户记录用户登录名称、加密后的密码、随机码、可用状态等关键信息和其他辅助信息。

用户在每次登录系统的时候，都需要输入匹配的账号、密码和当前显示的随机验证码，如图 3-29 所示。

④ 认证和授权安全。认证主要指如用户登录操作等的用户身份验证、确认和应用会话建立过程。

图 3-29　用户登录页面

系统的登录和验证实现流程包括会话检查、登录页面、登录验证、会话建立及验证结果处理等流程。

a. 用户使用浏览器访问系统，系统首先对其进行会话检查，确定用户的登录状态。

b. 如果发现用户没有登录或会话过期，则引导用户重新定向到登录页面，同时准备相应的登录初始化参数（如临时密钥等），否则返回登录错误状态和错误信息。

c. 系统具备验证码功能,提高系统安全性。
　　⑤ 运维安全。系统上线和上线后的应用过程中,满足对安全进行持续不断的关注和改进,满足运行分析、数据备份、安全检测、安全更新、系统监控、日志服务、IP限制等功能。
　　建立规范的备份机制,保证各种备份信息的保密性、完整性和可用性。制定网络安全事件总体应急预案,最大限度地降低因信息系统突发事件或意外灾害对系统的影响。提供完善的日志服务,日志相关信息只有业务操作事件本身的相关信息和处理结果,统一建立日志服务,收集所有相关子系统和模块的日志信息。
　　(4) 数据及应用系统安全
　　系统的数据安全设计包括数据的存储安全、传输安全和安全审计等,为此,系统在数据和应用安全设计时,具备以下功能。
　　① 公网接口功能专用。除需要暴露于公网,为外部客户端提供服务,或者需要和外部系统集成,或者需要进行远程管理外,其他的系统都不会直接暴露在公网上,系统内部的各组件使用内网连接。
　　② 配置信息加密。系统的配置信息加密存储,使用时再进行解密操作。如连接数据库时,所使用的配置信息是加密的,而非直接写在配置信息文件中,以防止黑客侵入系统后,直接查看如数据库账户等敏感信息。
　　③ 敏感数据存储。系统使用加密方式存储敏感和需要保密的信息。对于无须还原的数据,系统使用无法还原的加密方式,如用户密码。对于需要还原的持续性信息,系统使用标准和安全的加密和解密。
　　④ 数据接口审计。对于所有信息传输行为,系统将记录在接口日志中,包括各种接口认证、密钥交换、数据接口调用、消息发送和接收等。

3.1.6　学生综合素质评价系统新系统高招模块设计

　　2016年12月7日下午,由清华大学附属中学自主研发的中学生综合素质评价研讨会在清华附中培训楼一层会议室举行,来自清华大学、中国人民大学等20所北京自主招生高校的代表齐聚清华附中。清华附中校长王殿军、副校长杜毓贞等出席会议。清华附中大学先修办公室主任侯进科主持会议。
　　王殿军校长从自身招生、办学的经验出发,生动讲述了目前在中学生综合素质评价方面存在的难点与重点。他提到,正是为了解决好这些问题,清华附中在充分调研国内教育现状与国际优秀经验的基础上,建设了一个基于客观事实、分级分类、动态写实的中学生综合素质评价系统。王殿军希望,这一系统能够为未来基础教育阶段的学生培养工作和高校招生工作等提供翔实可信的参考依据。
　　杜毓贞副校长随后发言,进一步介绍了清华附中中学生综合素质评价系统的相关特点。该系统分为9个模块46个维度,能够全面、客观地记录学生发展过程与水平,以实时公示与严谨的申诉、复议和仲裁机制维护记录的诚信可靠。综合素质评价系统具有动态量化功能,可以同时发挥指导发展和评价选拔的作用。在近两年的使用中,综合素质评价系统在促进课堂教学效果、提高教学管理、引导示范、激励促进、学校德育管理、家校实时全方位沟通等方面发挥了突出作用。

清华附中网络中心孙书明主任与李天爽老师则重点对系统进行了技术应用方面的介绍。孙书明以实际案例为基础,展示了系统友好的界面与人性化的设计,保证了信息上传与处理的及时性和便利性,最大限度地减轻学生和教师的工作量。客观、丰富的结果呈现,能够有效地指导学校工作,促进人才的培养、选拔和发展。李天爽则从高校自主招生录取的角度出发,介绍了高校如何结合自身的招生目标,在短时间内生成符合自身需求的学生综合素质报告,找到符合本校"特质"的学生。

最后,与会嘉宾就综合素质评价系统的应用和发展进行了热烈的讨论。大家对清华附中学生综合素质评价系统给予了高度评价,尤其是为自主招生工作中可能存在的失信、材料堆砌等问题提供了高效的解决方案。与此同时,老师们也提出了诸多中肯的意见建议,为综合素质评价系统未来的调整改善指明了方向。嘉宾们纷纷表示,期待对系统的进一步推广与良好的发展。

来自清华大学等20所高校代表以及清华附中大学先修办公室、网络中心教师共计近30人参加本次会议。

此次研讨会,根据各高校提出的意见和建议,其中职业规划和具体评价方式两方面更受高校关注。意见如下。

(1) 个人环境与所获资源。
(2) 高校共用通用评分模板。
(3) 评价方式(加客观评价或加评语)。
(4) 同分排序问题。
(5) 职业发展。
(6) 不作价值判断,仅记录。
(7) 系统设计思路的理论支撑。
(8) 赋分同时显示以往打分记录。
(9) 加入学生所在中学的描述。
(10) 各模块评价权重。
(11) 生成科学报告。
(12) 学信网端口。

各校代表发言,问题或建议要点分列如下。

【高校1】

建议1:系统中能否考虑增加学生所在环境与所获资源这方面的材料?比如说学生所在地区的经济社会发展水平,教育水平,还有家庭环境,父母的受教育程度及成长的过程中获取的资源等,通过对比,更能看出个人潜质。

建议2:可参考美国的做法,制作各高校共同需要的common files,在此基础上,各高校自主挑选增删。

疑惑1:定制和分值是否能保证公平?其可操作性仍需讨论。

问题1:46个指标之间应该有一个数据模型,这个模型是不是对各个指标之间有一个权重的预设,或者叫初始设定的一个比例范围?

问题2：学生能否看到高校重新赋值标准之后的新分数？或者由此倒推出这个学校的各项指标,高校所赋予的权重？

疑惑2：实力强的中学,水平没有问题,但若推广至一些地方中学,恐怕会有困难。

建议1：在一些不太好考量的一些环节中,评价能否发挥民主,比如说增加网络互评或集体投票等相对客观一点的方式,以增加客观评价？

建议2：同分的考生,不应该按照演示的那样排序。同分是同样分值,应该同一个排位。建议设计系统的时候,考虑到这个细节。

【高校2】

建议1：加入与学生未来职业发展规划相关的设置,以发现真正适合学生的专业。

建议2：平台不作价值性判断,仅作记录,以避免质疑。

【高校3】

问题1：不同高校在赋分过程中,标准不一致,使用过程中是否能做好评分标准的制定？

问题2：各校赋分,大学之间的差异性能否解释清楚？如同分如何排序？质疑如何解决？

【高校4】

问题：9个模块,46个指标,高校功能的设计思路,评价学生的维度是基于什么？是基于什么评价？设计思路的支撑是什么？

【高校5】

建议：建议设置一个在赋分过程中能同时显示以往赋分情况记录的界面,可避免打分不一致的情况。

【高校6】

问题：各个模块的评分占比情况是怎样的？

建议1：也许高校更看重的是系统能将事实反映出来,而不是评分。其实每个学校都会从自己的角度根据他的事实再给他评分。

建议2：如果全国推广这个系统的话,建议在系统中增加对学生所在中学的升学、师资等方面的信息描述,以便高校了解。

忧虑：信息的填写,会给家长带来焦虑。家长会有意识地去制造得分项目,这就脱离了孩子本身的实际成长情况。

【高校7】

问题1：画作上传,是否系统自动评分？

问题2：系统自动评分,真实性是否可靠？

建议：因学业水平相对客观,在高校自招过程中参考意义较大,建议加大其分值比重。至于其他人为因素较多的如艺术素养或社会实践等方面,其评分权重则需再讨论。

【高校8】

问题：存在竞争关系的学生,彼此之间的质疑如何妥善解决？

【高校9】

问题1：评价学生时,除了赋值分数是一方面,能不能还有别的方面？比如说客观的评语。

问题2：系统能否根据维度的分数生成一份科学的评价报告？

问题3:能否在学信网直接设立链接口,通过学信网便能看到学生的综合素质评价报告?

【高校10】

建议1:能否增加设置,让学生在参加活动后,逐步意识到个人为对未来所学专业的认可,即设置让学生专业的潜质能够延展出来?

建议2:数据准入需要有把关的标准。我们希望看到学生全过程的动态发展,但如果加入太多琐碎细节,最后变成了一个流水账,可能里面就会有很多无效的数据,这在育人方面,不一定是好事。

【高校11】

建议:量化,很难做好。越精准量化,越容易引起考生之间的各种不平的现象。反倒是写实性材料更有帮助。

针对综合素质评价系统自身特点及会议需求分析,形成了综合素质评价系统高校招生平台需求,如表3-7所示。

表3-7 综合素质评价系统高校招生平台(简称平台)需求

功能名称	子功能	具体功能简述	解决办法
平台登录界面		根据账号、密码登录	
生成报告单	选择年份省份	① 创建年份与类目(如:2017年自主招生) 刷新、新增、删除功能	
		② 选择相应省份 刷新、添加、删除功能	
		③ 下一步按钮	
	导入/设定目标学生	① 导入Excel文件(准考证号、考生号、身份证号、学校、姓名、性别) 选择文件,开始导入功能	
		② 导入后显示在已导入的学生名单(准考证号、考生号、身份证号、学校、姓名、性别) 刷新、新增、删除功能	高中学生导入字段准考证号、考生号、身份证号
		③ 可设定学生名单(准考证号、考生号、身份证号、学校、姓名、性别) 与学信网自主招生平台对接后,可自动显示当年报考学生信息 刷新、新增、删除功能	两种模式: ① 学信网中调综合素质评价 ② 综合素质评价平台调学信网信息(在导入报考清华大学学生名单位置处,可添加自动从学信网对接按钮)
		④ 上一步、下一步按钮	

续表

功能名称	子功能	具体功能简述	解决办法
生成报告单	设定模板	① 已设定的评分模板中查看已设定的评分模板（维度、模块） 刷新　删除功能	
		② 可设定的评分模板中显示系统先用9个维度46个模块待选 刷新、增加功能	
		③ 每个维度（诚信道德、学业水平、身心健康、艺术素养、组织协调能力、活动实践、个人成长、集体奖励、其他）下设定高招/自主招生模块，学生可添加最有含金量的 n 条记录	工具箱—添加自主招生模块最有价值记录的功能。学生可以从以往记录中抽取（不能修改）或新增自己需要的记录作为最有含金量的记录，查看报告单时，这些记录置顶。总模块下提供 $n(20)$ 条记录添加，不分类别，由学生自己决定。后台其实就是给该记录打标签
		④ 勾选：是否只搜索存在相关标签的记录	奖励审核定等级同时重要奖励加标签，对老师进行培训，规范填写，五大奖励记录细化
		⑤ 上一步、下一步按钮	
	设定分值	① 显示上一步中已设定的模板（维度、模块） 刷新、删除功能	
		② 设定对应模块分数（根据给模块的等级设定 基本分数等级加权分、地域加权分数） 刷新、提交、取消功能	
		高校需求：赋分模板可设分值为空	次数与分数的分别，不赋分的显示次数（10T）
		③ 上一步、完成按钮	
	生成报告单	① 显示导入/设定所有学生资料可选择隐藏字段	
		② 综合素质评价总分数与排名	
		③ 设定模板与分数的报告单与对应项目链接原始材料	
		④ 报告单配置—各模块、维度分数排名统计与链接原始材料	

续表

功能名称	子功能	具体功能简述	解决办法
生成报告单	生成报告单	⑤"标签":重要奖励记录增加获奖标签(如学业奖励:全国物理奥赛一等奖、丘成桐数学一等奖、全国高中数学联赛二等奖、科技创新竞赛、数学建模、大学选修课成绩、翱翔计划、发明专利、学术论文等)艺术奖励、体育奖励、活动实践奖励、诚信道德奖励,可按标签进行统一筛选/检索五大奖励记录标签细化	可按标签筛选查看
		高校需求:同分情况排名相同	
报告单导出		① 全部报告单导出	
		② 选择模块维度排名导出/按标签检索导出	
		③ 导出格式 Excel、PDF 等其他格式	
高校设置	高校资料	填写高校的基本资料	高校基本资料与学信网一致
	默认模板	高校需求:各高校统一默认模板与赋分标准,再进行相应的个性化调整	高校确定学生名单及其综合素质评价积分后,点击保存按钮,每次生成信息都保留,可统一按年度查看
		① 后台默认定义各高校使用的统一模板与分值,各高校可调整。步骤同上生成报告单中的默认模板与分值	
		高校需求:赋分同时显示往届报考本高校的学生名单及其打分记录	
		② 每年的赋分模板与学生打分报告单保留,可查询	
高校名称	修改密码	修改高校登录密码	
新增	1	高校需求:增加个人环境、所在中学的基本信息	
		① 区域管理员新增学校代码,增加中学基本信息 所在地区(省 市 区 县)城乡类型(城市、乡村) 办学类型(十二年一贯、九年一贯、完全中学) 学校类别(公办、私立) ② 个人中心-我的资料,填写个人基本信息	与学信网信息一致
	2	高校需求:对接学信网端口	

3.1.7 学生综合素质评价系统 3.0 版、4.0 版功能优化与升级

1. 学生综合素质评价系统 3.0 版本功能升级

(1) 整体优化

2019 年 4 月份,系统完成新版本重大升级,升级内容如下。

① 浏览器兼容。增加 360、搜狗等常用浏览器的支持。

② 记录分值实时计算。新版本优化了分值计算算法,提升了效率,每一条记录在发布时自动完成分值计算,确保学生记录与得分的同步。

③ 页面交互。整体页面色调从黄色转成蓝色,公告固定在页面的左侧,减少了首页的空白区域,内容更加突出。

④ 系统通知。系统增加了登录页系统通知功能,可以让用户在登录系统的第一时间掌握系统的重要信息,如升级或者维护等。

(2) 功能升级优化

① 统计分析,包括以下两点。

a. 教师评价统计,增加教师评价的评价排名图以及评价走势图,便于学校监督教师的综合素质评价使用情况。

b. 学生记录后台统计与教师记录后台统计优化,便于学校查看本校教师和学生在综合素质评价的详细使用情况。

② 发布记录,包括以下两点。

a. 学生添加记录:学生发布记录时,需要教师审核后,才能发布成功。

b. 教师添加记录:教师发布批量维度记录时,全选好、中、差等其他分数等级,减轻教师工作量。

③ App 包括以下两个方面。

a. 学生端 App 上线:学生在手机上可以进行添加记录、查看综合素质评价填报情况等操作。

b. 教师端 App 上线:教师在手机上可以进行添加记录、查看学生的综合素质评价填报情况等操作。

此外,Web 端和移动端可以同时在线,提高用户使用体验。

④ 帮助中心。管理端、教师端、学生端新增帮助中心—常见问题功能,方便用户随时查看使用系统过程中遇到的常见问题与解决办法。

⑤ 登录。登录时增加记住账号功能,新增忘记密码功能,提升用户体验。

⑥ 学校资料导入,包括以下几点。

a. 新增外聘老师迁移功能(由上学期迁移至本学期)。

b. 新增本学期及上学期全部资料导出功能。

c. 资料导入时,规范年级名称,不能随便上传。

d. 数据迁移,跨学年迁移及跨学期迁移,教师资料、外聘教师资料、行政班级(学生可

随班迁移)迁移。

　　e. 新增上个学期资料导出,以及本学期资料导出功能。

　　⑦ 阶段提醒。阶段提醒预警,分级预警机制,逐级提醒督促;起到保证所有学生、学校都能进入综合素质评价系统并积极使用。

　　⑧ 同学圈。学生端同学圈优化:同学关系仅展示相关关系记录,例如同一个社团的学生,可以看到对方有关社团信息的记录内容。

　　⑨ 社团管理。社团管理交互优化,且社团老师可以添加多位,上限5人。

　　⑩ 权限组管理。融合教师与管理员身份,避免一人多号。校级管理员在权限组的成员管理功能中,可以将教师添加为管理员。

　　⑪ 导入模块。对于需要学校大批量导入及导出的数据,如学生基本信息、考试成绩等,目前的导入、导出步骤略显烦琐,在系统内增加导入、导出模板,方便教师下载,进一步简化导入及导出程序。具体包括:

a. 把导入的操作改为步骤式的;

b. 直接提供学生模板,教师只需填写成绩;

c. 导出前先由用户做筛选条件然后进行导出。

　　⑫ 公告管理。增加了管理员可选择公告接收者的权限,比如可单独选择教师、学生或某个年级为公告接收者;增加了接收公告者登录综合素质评价后,公告会弹窗提示的功能。

　　⑬ 处分。新增处分可以由学生提出撤销申请,教师审核完成撤销功能;处分记录可以跨学期撤销。

　　⑭ 参数设置。增加内容字数的最少值设置。

　　⑮ 添加记录。制定综合素质评价填报示范,在网页上提醒学生如何填写记录。

　　⑯ 考试成绩管理。模块整体优化,包含创建考试、成绩录入;增加补考功能;本学期可以录入、导入上一个学期的补考成绩。

　　⑰ 数据驾驶舱。增加数据看板功能,最高级管理员可以查看本地综合素质评价使用情况。

　　⑱ 文件查询。新增文件查询功能,客服上传操作手册、操作视频供学习管理员下载使用。

　　(3) 个性内容

　　① CMIS 数据对接。系统与 CMIS 平台间数据由原来的手动对接优化为自动化对接,减轻了教师资料导入的工作量,并且使数据更准确。

　　② 报告册。按照 B 市教育委员会的需求,新增报告册功能,包括:完善信息、整理遴选、学业成绩完善、报告册公示、报告册打印(批量打印)、下载强基计划学生名单等一系列相关功能。

　　③ 考试成绩对接。增加综合素质评价招考与成绩模块:包括招考信息校核、实验操作考试成绩录入、学生综合素质评价结果填报等功能。

　　④ 教师资料对接。增加教师资料添加、导入、数据对比整理功能。

2. 学生综合素质评价系统 4.0 版本功能升级

整体改版优化包括管理端、教师端、学生端的整体架构优化、交互优化，UI 重新设计，菜单结构优化，使系统使用路径更清晰、方便，主要内容如下。

① 工作台。增加工作快捷入口，增加待处理事务入口，学年学期展示，学校名称展示。

② 转学管理。优化转学流程，由接收学生的学校发起转学申请，转出学校同意后完成转出。

③ 批量重置密码。新增批量重置学生密码功能，管理员端可以批量重置本校、年级、班级学生密码，教师可以批量重置班级学生密码，管理员批量重置教师密码功能。

④ 权限组管理。权限组设置权限优化，增加超级管理员权限组；增加特色维度教师小组设置，用于给非班主任、任课教师配置可以发布记录权限；教师小组优化，增加提醒功能。

⑤ 审核管理。增加学生姓名、账号等筛选条件。

⑥ 记录管理。新增批量撤回功能；记录列表可以更便捷地查看详情（提升用户体验，使交互更改更便捷）；增加按发布时间区间检索记录的条件；记录信息中增加显示学生所属行政班级、班主任等内容；新增加撤回记录查询功能。

⑦ 记录模板管理。模块添加权限仅保留最高级，其他级别不能创建；区分标准维度、特色维度、系统内置维度，增加记录维度的启用/禁用功能。

⑧ 重要奖励审核。优化批量审核不通过功能，增加重要奖励审核批量不通过功能；优化教师发布的重要奖励。

⑨ 数据权限。新增数据权限，管理员可以设置审核全校、年级、班级等的待审数据。

⑩ 记录查询优化。增加发布类型、学生、教师、发布时间等记录筛选条件。

⑪ 学生状态。增加学生在读、不在学、休学、转出等状态。

⑫ 学生个人主页。学生个人主页中增加展示内容，包括记录信息、考试成绩信息、奖项或荣誉、处分信息、诚信情况、完善记录、报告册等。

⑬ 重要奖励记录计分。重要奖励类记录发布后，在未审核的情况下，不增加记录分数，审核通过后，再计算记录分数。

⑭ 学期评价。增加班主任学期评语、任课教师学期评语、学生自我陈述等内容。

⑮ 权限组管理。特定维度教师小组优化，包括：

a. 增加"仅小组内教师发布特定维度记录"的复选框，允许小组内教师和具有维度权限的教师都能使用小组内的维度发布记录；

b. 权限设置页面中，增加批量维度，即批量维度也可以添加到特定维度小组中。

⑯ 添加记录，具体包括：

a. 批量记录中，学生列表固定高度，超过高度显示上下滚动条。评语输入框有最小宽度，设置登录账号或校内学号显示后，评语输入框宽度不变，页面中显示内容超过宽度，显示左右滚动条。

b. 批量记录中，增加按照学生姓名查找学生的条件。

c. 批量记录中,可以下载并使用模板文件批量导入记录的分数等级、评语内容。

3. 服务新中高考改革工作的功能设计

(1) B市高中报告册生成功能优化

① 完善信息,具体包括:

a. 在完善信息页面增加筛选条件,按照学生班级和姓名进行检索和排序检索,方便班主任进行审核;

b. 增加教师完善信息情况,学生可以查看班主任帮自己完善的奖励记录信息;

c. 增加学生完善信息情况,用于查看学生自己完善的记录信息;

d. 新增全校待审数据、所带班级待审数据设置,管理员可以根据数据权限配置审核教师。

② 遴选情况汇总,具体包括:

a. 教师端增加学生遴选情况汇总功能,可以查看并导出学生遴选进度以及未遴选学生列表;

b. 管理端可以查看、导出本校各班学生已遴选数据统计,市区级管理员可以查看、导出所管理学校总体情况及各班学生情况。

③ 查看报告册。教师及管理员可以查看报告册内学生遴选记录的原记录详情。

④ 报告册内容。对报告册内容、条数、说明进行相应的调整;增加班主任可使用 excel 批量上传功能;增加毕业评语完善情况的查看功能。

(2) Z市初中报告册功能优化

① 整体调整。增加综合素质评价等级,得分算法等。

② 考试成绩管理。遴选开始后,毕业班学生不能再录入考试成绩。

③ 添加记录。遴选开始后,毕业班学生不能再发布新记录。

④ 学生状态。增加往届生、返乡应届生、休学复学等学生状态。

⑤ 学生添加记录条数限制调整。调整"诚信道德奖励""学业奖励""体育奖励""才艺奖励"4个维度记录每学期的条数上限为 5 条,其他各维度为 10 条。

⑥ 学生删除记录调整。记录都可以删除,无须申请删除。

⑦ 遴选。历年已经生成过报告册的往届生、休复学学生不能参与遴选。

3.1.8 统一平台设计

统一平台包括统一认证平台和数据中台两个部分,是一套以教育评价为核心,贯通小、初、高各学段的学生综合素质评价及教师专业发展与评价的应用平台。如图 3-30 所示。

统一平台功能如下。

(1) 多个系统(如小学生综合素质评价系统、初中生综合素质评价系统、高中生综合素质评价系统、教师专业发展记录与评价平台等)统一账号登录,统一用户管理。

(2) 多个系统之间的数据融合贯通,跨系统数据分析。

(3) 具有灵活扩展性,可以集成和包容新系统。

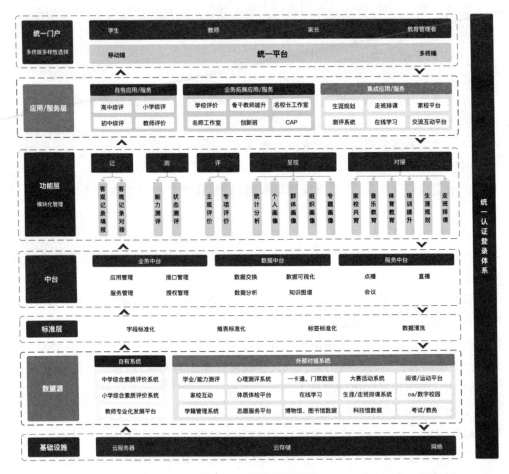

图 3-30 系统架构设计

3.2 系统平台介绍

3.2.1 中学校级平台架构

校级平台功能清单如表 3-8 所示。

表 3-8 校级平台功能清单

端	功能模块	描　　述
校级管理端	工作台	可查看学校基本情况、待处理事务、工作快捷入口、公告中心快捷入口
	校基本信息管理	信息概览;行政班级管理;课程班级管理;教师管理;学生管理;社团管理等
	记录管理	全部记录查询与审核管理

续表

端	功能模块	描　　述
校级管理端	考试管理	创建考试,成绩管理等
	阶段提醒与预警	阶段提醒汇总;阶段提醒设置
	公告中心	发布、查看公告
	统计与分析	师生记录统计与分析
	系统管理	用户管理;权限组管理;操作日志;记录模板、得分模板管理
	报告册管理	查看遴选时间,设置审核教师,查看遴选情况汇总,查看公示时间及学生报告册等
教师端	首页	查看全校学生同学圈,发布学生评价记录,查看待办事项
	统计	查看素质模块分布图、月度走势图等
	审核管理	质疑记录审核、复议记录审核、重要奖项记录审核、处分撤销记录审核,完善信息申请审核,信息确认
	报告册	完善学生信息,添加学生毕业评语,学生成绩完善,查看学生完善信息情况,查看学生遴选情况汇总,查看报告册
	消息提醒	查看系统消息及公告
学生端	首页	查看全校学生同学圈,添加记录
	统计	查看本人的素质模块分布图、月度走势图、综合素质评价排名图
	个人中心	个人资料,我的记录,草稿箱,我的成绩,综合素质评价报告单,诚信情况,我的处分,已删除记录
	报告册	添加完善信息审查,添加完善信息,查看教师完善信息情况,整理遴选,查看报告册
	消息提醒	查看系统消息,查看上级单位发布的公告
教师移动端(iOS、Android)	综合素质评价记录	查看本校所有学生的记录
	工作台	含质疑仲裁、复议仲裁,奖励审核,社团管理,为学生添加记录
	添加记录	为学生添加记录,可以批量添加
	数据分析	查看所有学生、班级的记录分析
	我的	含个人资料,公告中心,我的记录,草稿箱,我的学生,成绩记录,质疑仲裁,复议仲裁,奖励审核
学生移动端(iOS、Android)	同学圈	查看本校所有学生的记录
	添加记录	添加本人的活动记录
	数据分析	查看本人的记录数据分析结果
	我的	含公告中心,我的资料,草稿箱,已发布记录,诚信记录,综合素质评价报告单

1. 校级管理员端主要功能介绍

（1）工作台

工作台（图3-31）主要用于校级管理员查看本校基本情况、查阅待处理事项、了解公告信息及通过快捷入口快速跳转至所需页面等。例如，在工作台界面直接查看当日学生添加记录、教师添加记录及近7日师生添加的记录等情况；通过"公告中心"查看最新发布公告列表及公告详情；通过待办处理事务直接处理审核和申请等；通过快捷入口直接跳转至"师生管理""班级管理""社团管理""考试管理"等页面。

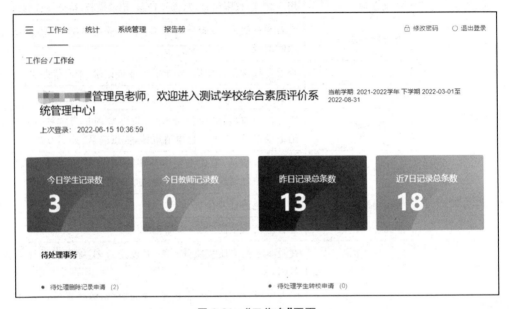

图3-31 "工作台"页面

（2）校基本信息管理

校基本信息管理包括"信息概览""班级管理""教师管理""学生管理""社团管理"等栏目。管理员可批量或单独添加教师信息，可对系统内的教师进行班级管理、重要奖励审核、处分撤销、质疑复议等权限设置；可以通过学年、学期、教师身份和关键词筛选查看教师信息。管理员可批量或单独导入学生资料；可编辑学生的行政班级、课程班级、状态等信息；进行密码重置等设置；还可以通过学年学期、年级、班级、班级情况、关键字筛选查看学生信息。

（3）考试管理

考试管理的流程：创建考试—编辑考试—成绩管理。

① 创建考试。管理员创建考试时须填写基础信息，包括选择学年学期、选择考试类型、填写考试名称，可按照学科或年级进行创建。如图3-32所示。

② 编辑考试。管理员对已创建的考试进行编辑，编辑包括考试名称、考试科目、考试分制。系统支持100分制、120分制、150分制、五级制、二级制等多种方式设置。

③ 成绩管理。管理员在考试结束后，按模板规则批量导入考试成绩，汇总信息等。

图 3-32 "创建考试"页面

(4) 阶段提醒与预警

管理员汇总包括起止时间、学年学期、师生填报数量等信息后,根据具体情况进行阶段提醒设置,对需要预警的情况进行提醒。阶段提醒以星期为单位,每星期一生成上一周阶段预警提醒信息。管理员可设置单个学生预警条数、单个班主任教师预警条数、单个任课教师预警条数。

(5) 统计与分析

学生记录统计展示学生基本信息、教师添加记录总条数、学生本人添加记录总条数和记录总分数;教师记录统计展示教师基本信息、行政班/课程班级信息、所带学生总人数、添加记录的总条数、学生平均添加记录的条数等。

教师评价统计包括教师月度评价走势统计、评价排名统计、评价走势、评价比率等数据。教师评价统计记录了教师的工作量,可为绩效考核及学校管理提供参考依据。

素质模块分布分模块展示学生综合素质发展的记录添加情况,可查看特定学生、特定班级、特定年级在某一学年或学期的记录在各个模块的分布情况,统计结果支持扇形图、柱状图、蛛网图等形式展示。月度走势分析能够反映特定学生/教师、特定班级、特定年级在整个学年内每月的记录条数和分数的统计情况。通过月度走势图可以看出学生和教师对综合素质评价系统的使用程度,如果出现激增、急跌、同比差距大等情况,管理员要特别关注,及时了解情况以方便为系统管理和服务提供决策参考。所有统计与分析的数据均可导出。

(6) 系统管理

系统管理主要包括用户管理、权限组管理、模块维度和得分模板管理等。管理员可以对校内用户进行添加、删除、编辑信息、重置密码等操作;通过对权限组的权限设置赋予权限组成员相应的管理权限,如图 3-33 所示。校级管理员可以查看区域级管理员添加的模块信息,并可在此模块下添加本校的特色维度,特色维度只可在本校内使用。得分模板是对记录进行个性化赋分的标准,系统支持学校制定和使用个性化的得分模板,因此校级管理员可对此进行编辑和管理。

图 3-33 "设置管理数据权限"页面

(7) 报告册管理

报告册管理包括设置完善信息和遴选的时间、公示的时间、设置管理数据权限、查看完善信息学生名单、查看完善记录情况、查看遴选情况汇总、查看报告册公示时间、查看和打印学生报告册等(图 3-34)。

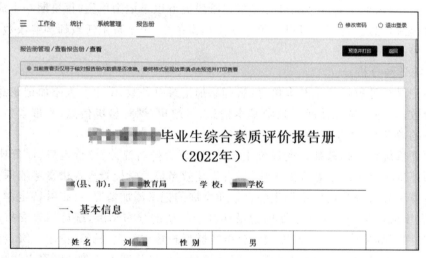

图 3-34 "查看和打印报告册"页面

2. 教师端主要功能介绍

教师端功能主要包括给学生添加记录、查看/审核记录、质疑复议管理、报告册管理等。学生、教师发布的记录均展示在同学圈,教师可进行点赞或评论。

① 添加记录。添加记录页面如图 3-35 所示。

② 查看/审核记录。查看/审核记录主要包括对重要奖项、质疑、复议记录的审核等。如图 3-36~图 3-38 所示。

图 3-35 "思想品德"模块添加记录页面

图 3-36 重要奖项记录审核

图 3-37 质疑记录审核

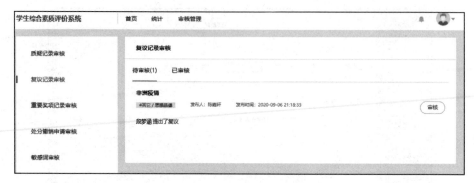

图 3-38 复议记录审核

③ 报告册管理。报告册管理主要包括完善信息记录（图 3-39）、学生毕业评语、学生完善信息情况、遴选情况汇总等。

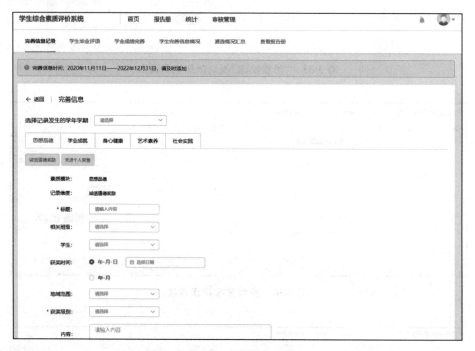

图 3-39 完善信息记录

3. 学生端主要功能介绍

① 同学圈。学生、教师发布的记录都展示在同学圈中，学生可以对自己或他人的记录进行评论、点赞。如其他同学的记录存在重复提交、抄袭等情况，学生可质疑，系统则提示相关教师进行审核。如图 3-40 所示。

② 添加记录。学生添加综合素质评价记录时，首先选择模块，点击"开始添加"，再在该模块下选择相应维度进行填写。发布记录前，系统会提示诚信承诺，承诺所发布的记录均为客观、真实、准确的。如图 3-41 所示。

图 3-40 "同学圈"页面

图 3-41 "添加记录"页面

③ 统计。学生综合素质评价系统可以收集学生关于自身发展的信息数据,在此基础之上进行数据的分析工作。如图 3-42～图 3-44 所示。

④ 报告册。报告册页面包括"申请完善信息""完善信息(图 3-45)""教师完善信息情况""整理遴选"及学生综合素质评价系统报告册(图 3-46)等页面。

图 3-42　素质模块分布图

图 3-43　月度走势图

姓名	学号	分数
任彤	xnzxs008	9.5
张甄婷	xnzxs002	2
彭梓宣	xnzxs004	2
侯瑞莹	xnzxs006	2
管宇涵	xnzxs005	2
唐佳艺	xnzxs007	2
段梦涵	xnzxs001	1
陈嘉轩	xnzxs003	0

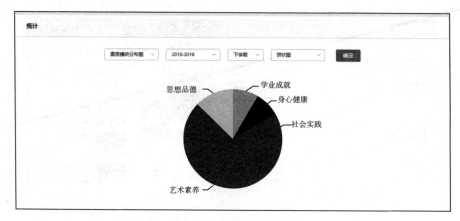

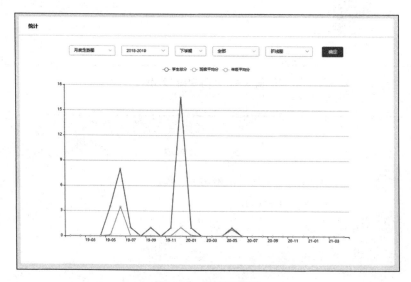

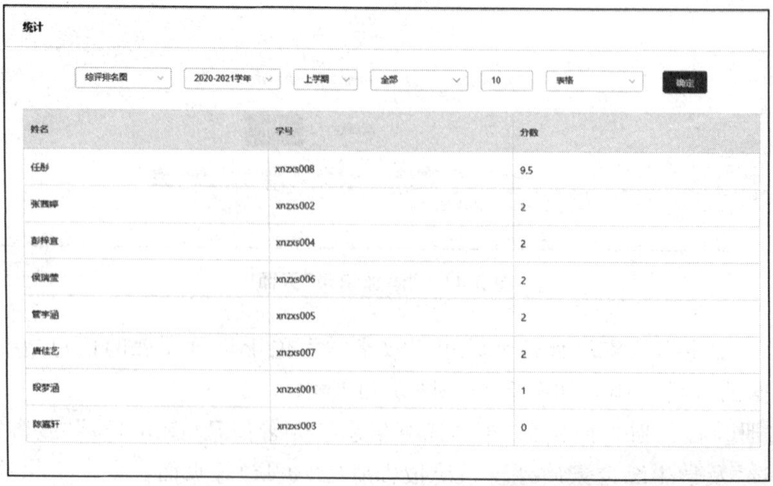

图 3-44　综合素质评价排名图

图 3-45 "完善信息"页面

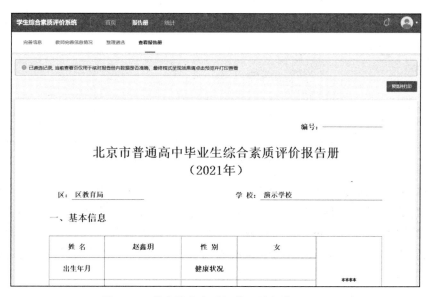

图 3-46 学生综合素质评价系统报告册页面

3.2.2 中学区域级平台架构

中学区域级平台功能清单如表 3-9 所示。

表 3-9　区域级平台功能清单

端	功能模块	描　　述
区域管理端	工作台	包含工作快捷入口、公告中心快捷入口等
	系统管理	包括用户管理；权限组管理；记录模板管理；得分模板管理等
	阶段提醒统计	查看区域内各机构的阶段提醒情况
	查看记录	全部记录查询，查看区域内的记录情况等
	统计分析	查看素质模块分布分析、月度走势分析、综合素质评价排名分析、学校信息统计、数据看板等
	操作日志	查看本级单位所有操作记录
	系统参数	查看最高级管理员设置的全局参数
	报告册	查看遴选时间，完善信息统计，遴选情况汇总，公示时间，查看、打印校级机构学生报告册等

1. 工作台

工作台页面如图 3-47 所示。

图 3-47　"工作台"页面

区域管理员可通过快捷入口快速进入记录查询、阶段提醒管理页面，查看区域内所有机构的记录数据和阶段提醒数据、最新发布公告列表及公告详情。管理员还可以通过"发布公告"或"查看更多"快捷入口进入消息管理—公告中心进行发布公告、查看更多等操作。

区域管理员可查看区域内所有学校的教师和学生发布的记录及详情，可按照"今日""近七日""今日以前"分别查看各机构发布的记录。

2. 评价指标管理

评价指标管理包括模块管理、维度管理、得分模板管理等。

3. 统计分析

数据分析的主要功能是将学生的记录进行汇总、分析，对具体的人或人群进行统计。通过各种维度的组合，可以看出学生的整体情况，为教育局以后工作的开展提供依据。教育主管部门可以查看不同时间下的各个学校、年级和学生的数据信息，并以饼状图、柱状图、蛛网图、表格等图表显示。如图 3-48～图 3-51 所示。

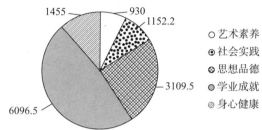

模块名称	高一年级总分
艺术素养	930
社会实践	1152.2
思想品德	3109.5
学业成就	6096.5
身心健康	1455

图 3-48　素质模块分布分析

时间	九年级年级总分
2019-02	0
2019-03	0
2019-04	0
2019-05	7.5
2019-06	181

图 3-49　月度走势分析

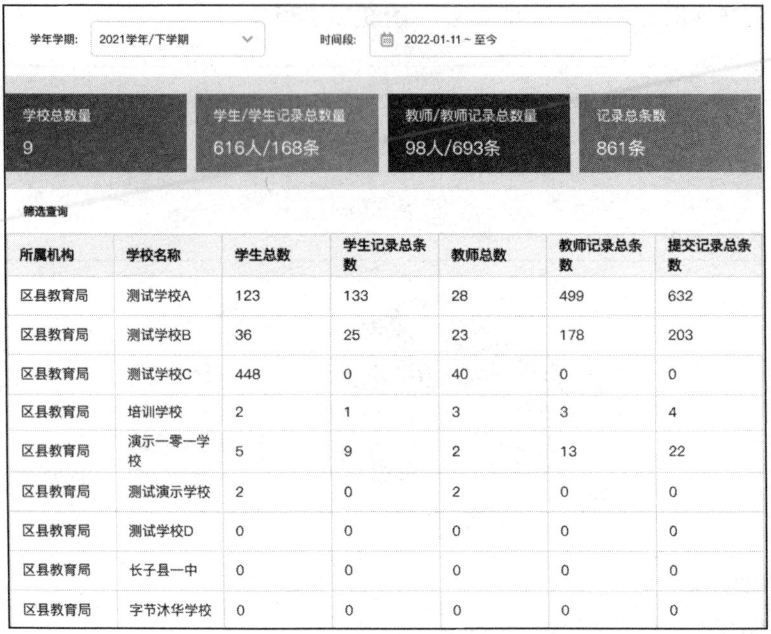

图 3-50 学校信息统计

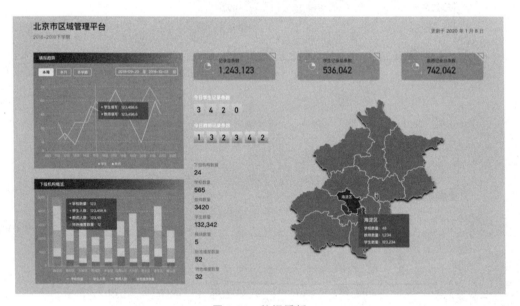

图 3-51 数据看板

报告册管理包括完善信息遴选时间、完善信息统计、遴选情况汇总、报告册公示时间、查看报告册等。

3.2.3 高校招生平台架构

高校招生平台功能介绍如表 3-10 所示。相关页面如图 3-52～图 3-69 所示。

表 3-10 高校招生平台功能介绍

功 能	权 限	功 能 描 述
登录界面		根据账号、密码登录
生成报告单	选择年份、省份	① 创建年份与类目:刷新、新增、删除功能
		② 选择相应省份:刷新、添加、删除功能
	导入/设定目标学生	① 导入 Excel 文件(准考证号、考生号、身份证号、学校、姓名、性别):选择文件、开始导入功能
		② 导入后显示在已导入的学生名单(准考证号、考生号、身份证号、学校、姓名、性别):刷新、新增、删除功能
	导入/设定目标学生	③ 可设定学生名单(准考证号、考生号、身份证号、学校、姓名、性别)与相关招生平台对接后,可自动显示当年报考学生信息:刷新、新增、删除功能
	设定模板	① 已设定的评分模板中查看已设定的评分模板(维度、模块):刷新、删除功能
		② 可设定的评分模板中显示系统当前区域所有模块待选:刷新、增加功能
		③ 每个维度下设定高招/自主招生模块,学生可添加最有含金量的 n 条记录
		④ 可勾选:是否只搜索存在相关标签的记录
生成报告单	设定分值	① 显示上一步中已设定的模板(维度、模块):刷新、删除功能
		② 设定对应模块分数(根据给模块的等级设定基本分数等级加权分、地域加权分数):刷新、提交、取消功能
		③ 可不进行只记录次数功能
	生成报告单	① 显示导入/设定所有学生资料,可选择隐藏字段
		② 综合素质评价总分数与排名
		③ 设定模板与分数的报告单与对应项目链接原始材料
		④ 报告单配置-各模块、维度分数排名统计与链接原始材料
		⑤ 可按标签进行统一筛选/检索:"标签"重要奖励记录增加获奖标签(如:学业奖励:全国物理奥赛一等奖、丘成桐数学一等奖、全国高中数学联赛二等奖、科技创新竞赛、数学建模、大学选修课成绩、翱翔计划、发明专利、学术论文等)
报告单导出		① 全部报告单导出
		② 选择模块维度排名导出/按标签检索导出
		③ 导出 Excel、PDF、其他格式

续表

功　能	权　限	功 能 描 述
高校设置	高校资料	填写高校的基本资料
	默认模板	① 默认定义各高校使用的统一模板与分值,各高校可自行调整
		② 确定学生名单及其综合素质评价积分后,点击"保存"按钮,每次生成信息都保留,可统一按年度查看
	修改密码	修改高校登录密码

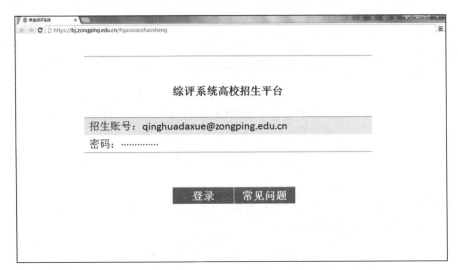

图 3-52　综合素质评价系统高校招生平台页面(1)

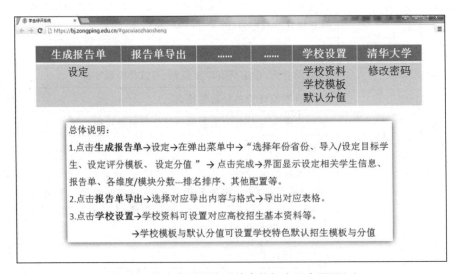

图 3-53　综合素质评价系统高校招生平台页面(2)

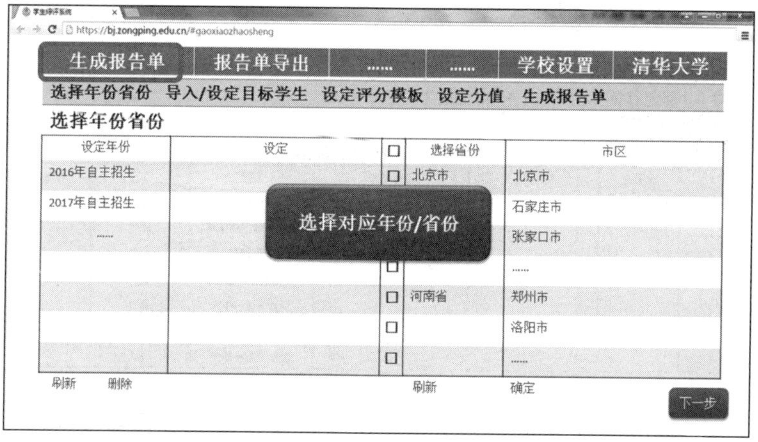

图 3-54　综合素质评价系统高校招生平台页面(3)

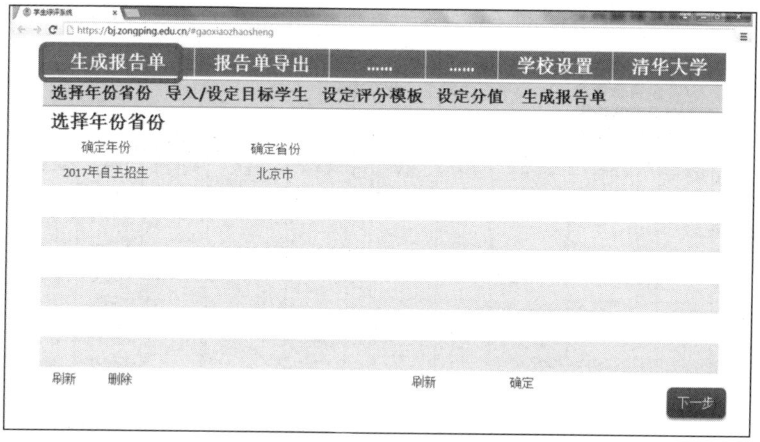

图 3-55　综合素质评价系统高校招生平台页面(4)

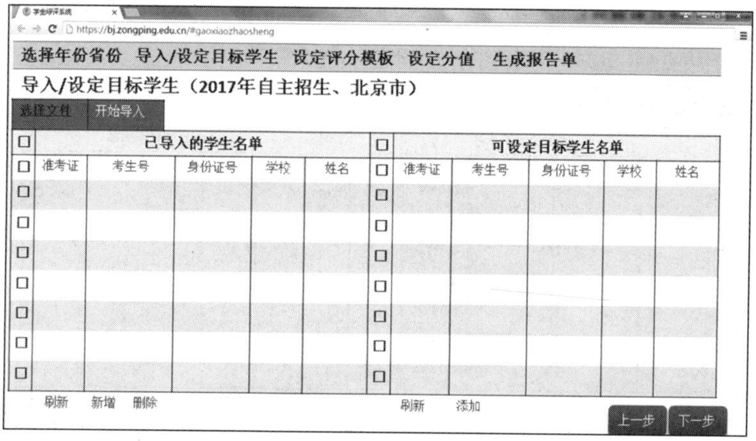

图 3-56　综合素质评价系统高校招生平台页面(5)

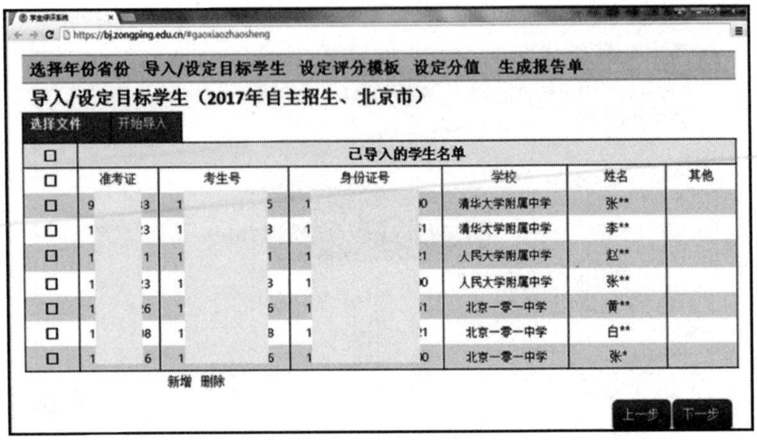

图 3-57　综合素质评价系统高校招生平台页面(6)

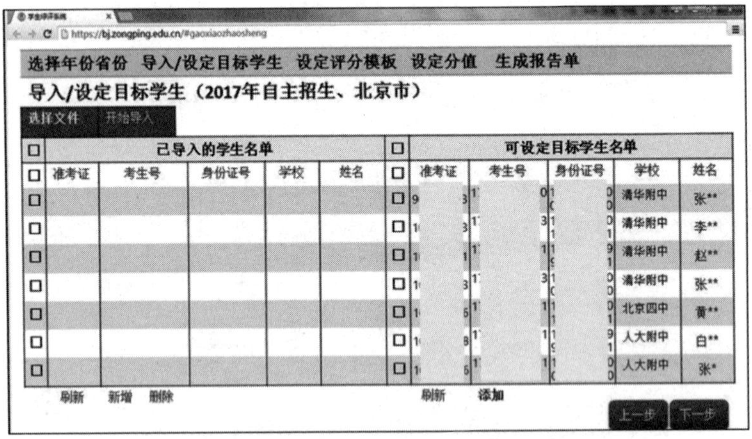

图 3-58　综合素质评价系统高校招生平台页面(7)

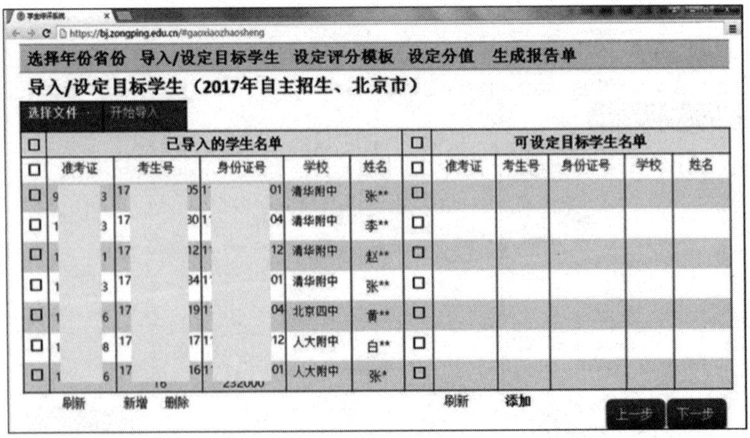

图 3-59　综合素质评价系统高校招生平台页面(8)

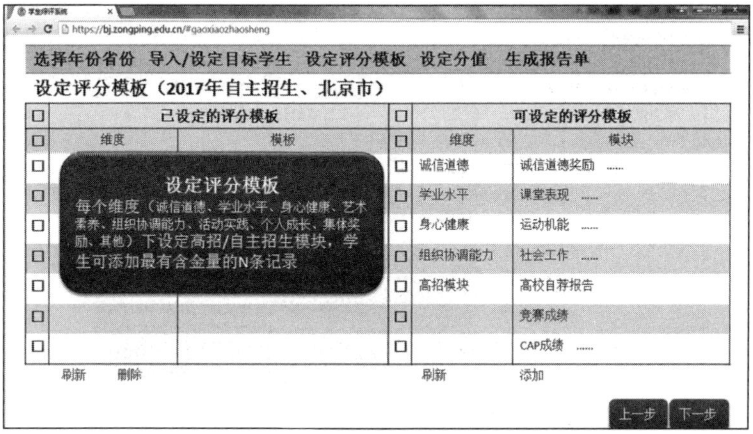

图 3-60　综合素质评价系统高校招生平台页面(9)

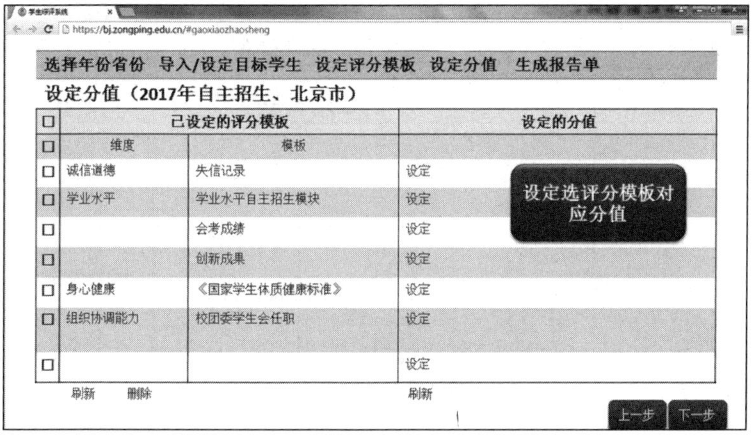

图 3-61　综合素质评价系统高校招生平台页面(10)

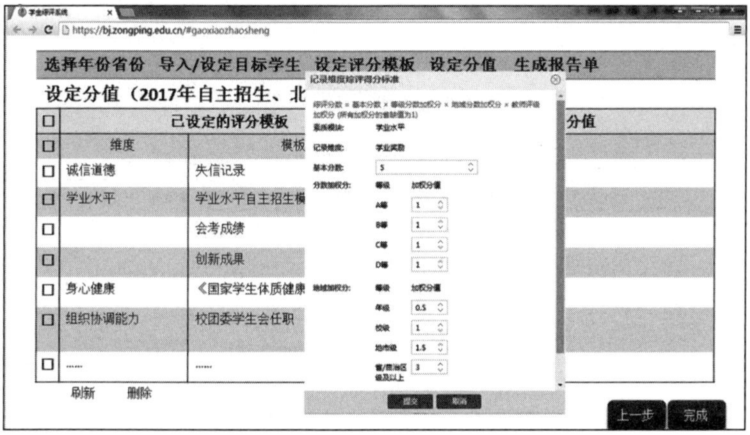

图 3-62　综合素质评价系统高校招生平台页面(11)

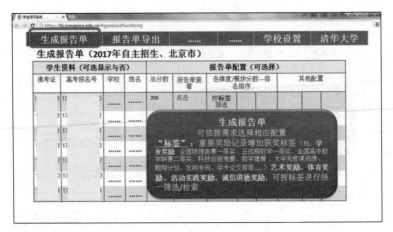

图 3-63　综合素质评价系统高校招生平台页面(12)

图 3-64　综合素质评价系统高校招生平台页面(13)

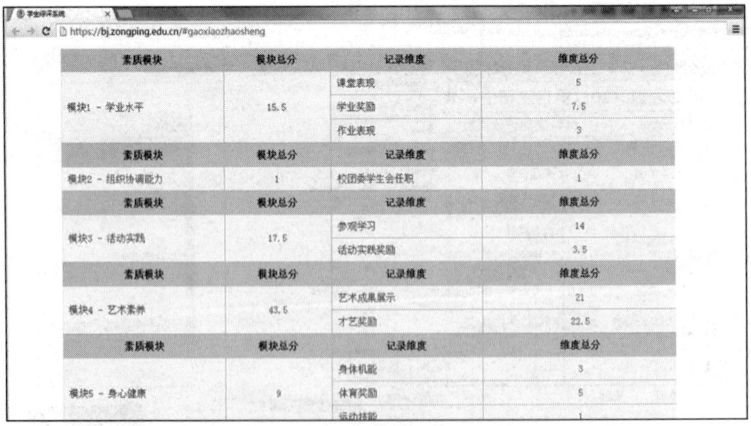

图 3-65　综合素质评价系统高校招生平台页面(14)

https://bj.zongping.edu.cn/#gaoxiaozhaosheng

序号	标题	内容	时间	附件
1	航模制作	在学校“走进实验室”综合实践课程中，参加了“航模制作”课程，亲自动手制作了我国从前苏联引进的一款多用途重型歼击战斗机“苏30”模型。	2016-11-19 20:27:55	o_1b1rjkflmlnskel3lpmklj8elekk54.jpg o_1b1rjkbkf193ulqiulb7ibmdle4p.jpg
2	自制航模	在星期五的“走进实验室”综合课程的“航空模型课程”中，自己动手制作各种航空模型，并由老师带领，在学校操场上成功试飞。	2016-11-18 19:12:17	o_1b1rflvasboflio46i419189ci.jpg

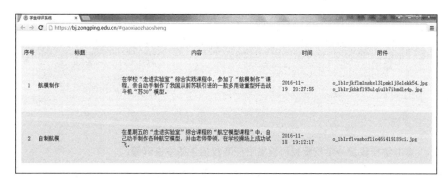

图 3-66　综合素质评价系统高校招生平台页面(15)

https://bj.zongping.edu.cn/#gaoxiaozhaosheng

生成报告单 | 报告单导出 | …… | …… | 学校设置 | 清华大学

生成报告单（2017年自主招生、北京市）

学生资料		报告单配置（可选择）							
学校	姓名	总分数	报告单查看	创新成果-排名	……	……	按标签筛选		
清华附中	张**	200	点击	100			学业奖励	……	……
清华附中	李*	190	点击	90			全国物理奥赛一等奖以上		
清华附中	赵**	190	点击	90					
清华附中	张*	190	点击	80					
北京四中	黄**	180	点击	80					
人大附中	白**	180	点击	80					
人大附中	张**	150	点击	70					

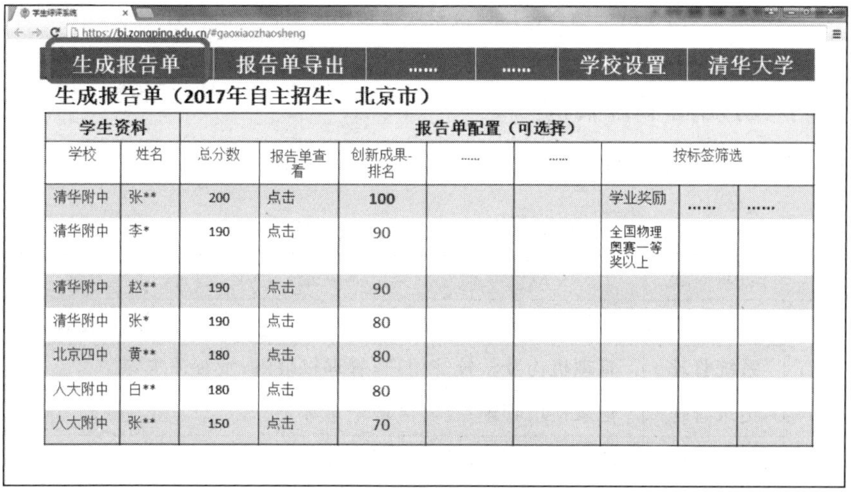

图 3-67　综合素质评价系统高校招生平台页面(16)

https://bj.zongping.edu.cn/#gaoxiaozhaosheng

生成报告单 | 报告单导出 | …… | …… | 学校设置 | 清华大学

报告单导出（2017年自主招生、北京市）

□	选择导出类型		导出格式		
□	全部导出		pdf	excel	其他格式
□	模块排名导出				
□	学业水平	学业水平自主招生模块	pdf	excel	其他格式
□		会考成绩	pdf	excel	其他格式
□		创新成果	pdf	excel	其他格式
□	身心健康	《国家学生体质健康标准》	pdf	excel	其他格式
□	其他配置导出				
□			pdf	excel	其他格式

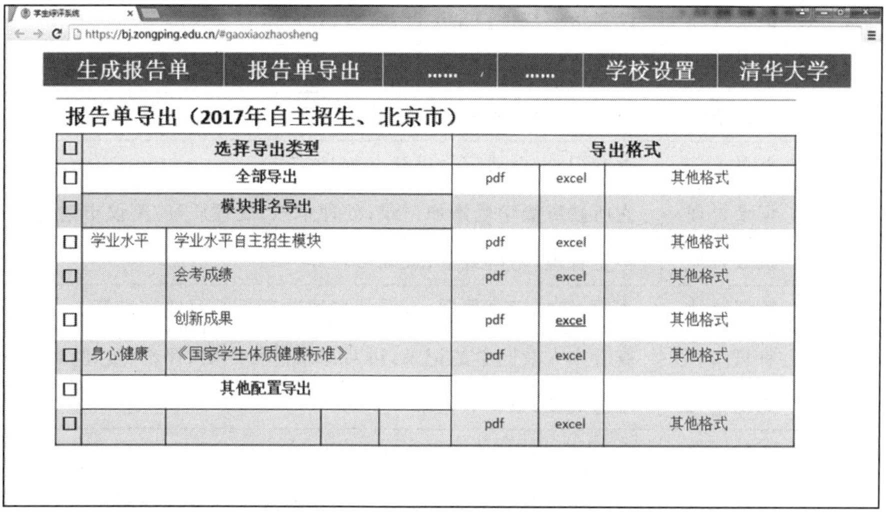

图 3-68　综合素质评价系统高校招生平台页面(17)

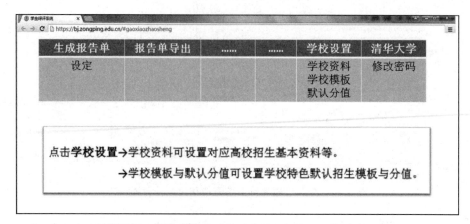

图 3-69　综合素质评价系统高校招生平台页面(18)

3.2.4　小学、幼儿园平台架构

小学、幼儿园平台功能清单如表 3-11 所示。

表 3-11　小学、幼儿园平台功能清单

系　　统	功能模块	描　　述
区域管理端	工作台	工作快捷入口、信息概览等
	系统管理	管理机构及学校等用户；管理权限组；发布公告等
	记录管理	记录模块管理；查看区域记录等
	数据统计	统计、查看所有记录数据明细
校级管理端	工作台	工作快捷入口、信息概览等
	系统管理	管理校内所有年级和班级用户；管理权限组；接收和发布公告等
	记录管理	设置学校特色记录维度；查看、管理所有记录等
	成绩管理	创建考试；成绩管理等
	数据统计	统计、查看本校所有记录数据明细
教师端	首页	查看记录，可对记录进行点赞、评论等
	记录管理	为所教班级学生添加记录；处理审核；处理质疑/复议申请等
	班级管理	学生管理；密码重置；成绩管理等
	数据统计	查看、统计记录数据；查看学校评选项目及评选结果等
学生/家长端	首页	查看本人及同学的记录，可对记录进行点赞、评论、质疑；查看公告等
	添加记录	添加成长、荣誉等记录
	我的评语	查看教师对我的评语
	质疑记录	查看质疑我和我质疑的记录及对质疑记录提出复议
	数据统计	查看本人各模块记录统计等

续表

系　　统	功能模块	描　　述
教师端 App	首页	查看师生记录,可对记录进行点赞、评论;查看公告等
	添加记录	为所教班级学生添加成长记录、获奖记录等
	数据统计	查看学生的记录统计明细等
学生/家长端 App	首页	查看本人和同学发布的记录,可点赞、评论、质疑;查看公告等
	添加记录	添加成长、荣誉等记录
	我的评语	查看教师对我的评语
	质疑记录	查看质疑我和我质疑的记录及对质疑记录提出复议等
	数据统计	查看本人各模块记录统计等

1. 区域级管理端主要功能介绍

（1）工作台

区域管理员可通过工作台的快捷入口快速进入记录管理、发公告、记录统计、记录设置、用户管理等页面,查看区域内系统使用的情况。

（2）系统管理

区域管理员可查看区域内所有学校的教师和学生发布的记录及详情,可以查看和发布的公告。在机构树中选择相应机构,可以添加、编辑、删除该机构对应的用户,通过权限组的权限设置赋予权限组成员相应的权限等。如图 3-70 所示。

图 3-70 "系统管理"界面

（3）记录管理

区域管理员可以设置记录模块和记录维度,可设置记录维度的填写字段及分数,可设置班主任、任课教师、学生分别有哪些维度,记录是否需要审核、发布后是公开显示还是仅自己和管理员可见等。区域管理员还可进行记录条数设置,限制教师或学生每周发布的记录数量。系统默认为教师或学生每周发布数量不限。如图 3-71 所示。

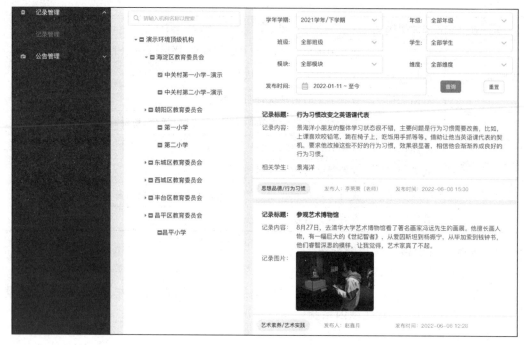

图 3-71 "记录管理"界面

(4) 统计分析

数据分析的主要功能是将学生的记录进行汇总、分析,通过各种维度的组合,可以看出系统应用的整体情况,为教育局以后工作的开展提供依据。教育主管部门可以查看不同时间下各个学校、年级和学生的数据信息,并以饼状图、柱状图、蛛网图、表格等图表显示。统计方式分为按条数统计和按分数统计两种,使用系统之前可选择使用哪种统计方式。如图 3-72 所示。

图 3-72 "统计分析"界面

2. 校级管理端主要功能介绍

（1）工作台

工作台用于校级管理员查看本校基本情况、常用工作快捷入口和公告中心。管理员可通过工作快捷入口快速跳转至记录管理、发公告、学生管理、教师管理、班级管理、选修课管理、成绩管理、记录统计、评选管理等页面，可以查看最新发布的公告列表以及公告详情，还可以通过"更多"按钮进入公告页查看更多公告。如图 3-73 所示。

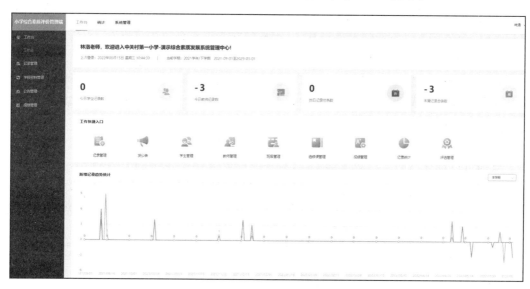

图 3-73 "工作台"界面

（2）系统管理

在系统管理中心，校级管理员可查看学校资料概览及详情，包括年级、班级、教师、班主任、学生、选修课、未参加选修课的学生等。校级管理员可以添加、编辑、删除本校的管理用户，也可以为管理用户重置密码；可以添加本校的权限组，通过权限组的权限设置赋予权限组成员相应的权限。新添加的权限组，校级管理员还可以进行编辑、权限设置、成员管理、禁用、启用和删除操作。可添加、批量导入、编辑、删除、批量删除班级，可对班级中的学生进行管理，可添加学科和任课教师；可添加、批量导入选修课，可编辑、删除选修课，可对选修课学生进行管理；可以添加、查看、编辑、删除评选项目，可以查看评选结果；可以查看上级机构设置的记录模块和记录维度，可以禁用、启用维度，可以根据学校特色添加学校的特色维度等。

（3）记录管理

校级管理员可查看全校教师和学生发布的记录及详情；可在已删除记录中查看删除的记录及删除原因。

（4）数据统计

管理员可以按年级/班级/学生/模块维度/条数查看学生记录和教师记录；可以查看各个模块的记录分数/条数及各模块的占比情况；可统计日、周、月学生记录和教师记录情况；还可统计新增记录趋势、各年级人均记录条数等。

3. 教师端主要功能介绍

(1) 首页

教师可以对展示在首页中的记录进行点赞、评论；可以通过选择年级、选择班级、选择学生、选择模块、选择维度筛选查看等。

(2) 记录管理

教师负责给所带班级的学生添加记录。学生把获得的各种奖励、荣誉上传到系统后由教师负责审核，确保荣誉的真实性，审核通过后记录会在首页进行展示。当出现质疑复议记录时，教师需要对质疑情况进行核实，审核后在已审核列表中可查看。

(3) 班级管理

教师可以对所教班级的学生进行成绩录入或批量导入，可以查看学生成绩，可查询历史学期考试及学生成绩。教师在学生的个人主页中能看到学生的个人资料、成长记录、质疑记录、考试成绩、荣誉、评语等。

(4) 数据统计

教师可以选择不同的班级或学生，查看各模块记录分数/条数统计及占比。可以查看不同学期的记录统计数据。在记录统计明细中能看到所教班级学生的记录统计情况，包括总记录条数/总记录分数、学生发布条数/学生发布分数、班主任发布条数/班主任发布分数、任课教师发布条数/任课教师发布分数等。如图3-74所示。

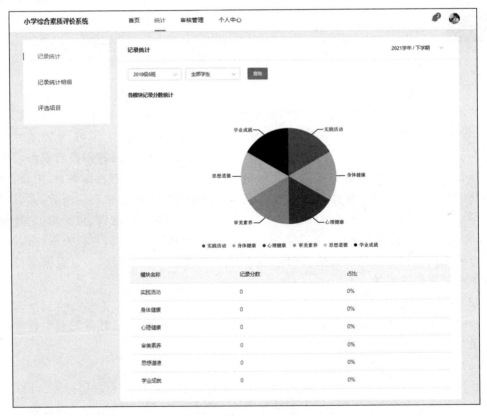

图3-74 "数据统计"界面

4. 学生端主要功能介绍

（1）首页

学生、老师发布的记录展示在首页中，学生可以进行点赞、评论。对于其他学生的记录有疑义的话可以提出质问。

（2）添加记录

学生选择不同的维度，填写相关字段，点击发布按钮即可发布记录。发布记录前，会提示诚信承诺，承诺所发布的记录均为客观、真实、准确的。

（3）我的评语

每学期学生都能看到班主任和学科教师对自己的点评，学生可根据老师的点评改进提高自己，以更好地成长。

（4）质疑记录

质疑记录分为质疑我的和我质疑的，点击记录可查看质疑详情。记录列表上会显示审核状态，对审核有疑义可提出复议。

（5）数据统计

学生在记录统计中，可查看学生本人各个模块发布的记录数量及占比。

3.3 运维实施

3.3.1 实施办法

1. 培训

（1）教师培训

在综合素质评价系统使用初期，首先要引起全校所有领导和教师的重视。组建由学校领导、管理员教师、教务教师、德育教师等人员组成的综合素质评价工作小组，开始使用时先对使用年级的所有一线教师进行培训。我们会进行上机的培训，把教师们都请到机房，给教师们下发账号及学生测试账号。校领导进行认识、理念讲解；德育教师进行德育方面的事项讲解；技术教师进行具体操作的讲解，让教师从认识到操作上完整地了解综合素质评价系统，并且熟悉教师权限的同时，也要熟悉学生权限以便指导学生使用。因综合素质评价系统设计思路很好，所以操作起来特别简单方便，培训之后教师们简单地上手操作就可以完全了解教师、学生的操作流程。在系统使用一段时间后，我们也会定期进行教师们的使用回访，收集教师们的建议和意见。特别是，系统后台可以统计教师评价的情况，在使用初期，对于积极使用的教师，我们会给其一些小奖品，也是鼓励教师们继续使用。

（2）学生/家长培训

在教师培训后，我们会召开使用年级的学生综合素质评价培训会议。校领导进行认识、理念讲解；德育老师进行德育方面的事项讲解；技术老师进行具体操作的讲解。因为学生数量多，无法大规模进行统一上机培训，所以培训时会给每位学生下发相关的照片资料,如:综合素质评价使用手册、模块指导说明、平台常见问题指南、平台操作流程等。统一培训后,学生自行登录平台进行使用,在平台使用过程中,无论遇到什么的问题,均可向班主任老师等询问,并配有公众号答疑,让学生在遇到问题可以及时解决。同时,也有一个良好的沟通渠道收集系统升级建议等。

在进行全体学生培训的同时也开展关于综合素质评价系统的家长培训,让家长们了解学生日常使用的系统并且重视起来,特别是一些年级较低、年纪较小的学生可能需要家长辅助进行综合素质评价记录的填写,所以家长对系统的了解也是很重要的。我们会在统一的家长大会上抽出时间对家长进行综合素质评价培训,同时家长也会关注微信公众号进行及时的沟通和建议意见的发布。

2. 反馈机制

(1) 建立微信公众号

在综合素质评价系统使用初期,师生刚开始上手全新的系统,难免对系统不熟悉,会遇到很多的操作问题,加上系统初期功能并不完善,师生也会对系统提出很多的建议和意见。如果按传统的方式——学生反馈给班主任,班主任再反馈给综合素质评价教师,可能会有问题理解上的偏差、不能及时解决、不能一对一沟通这样的问题。所以,可以建立微信公众号,让教师、学生、家长都直接用微信关注,如果使用中出现了问题,就可以直接通过微信公众号进行询问,综合素质评价教师在后台可以随时收到问题,随时解决,并且可以跟教师、学生、家长直接一对一地解决问题。微信公众号中还能回复图片、视频、语音等不同形式的消息,大大提高交流的时效性,并且还可以推送各种形式的信息,我们就会把师生常见问题、模块填写指导说明等统一推送给教师、学生和家长。如图3-75所示。与此同时,综合素质评价系统如果遇到版本升级、机房维护等短时间内不能访问的情况时,可统一通过综合素质评价系统发布通知,也可统一通过公众号发布通知。

图3-75 微信公众号推送信息

(2) 日常反馈机制

从综合素质评价系统使用初期延续至今,课题组一直在跟踪进行校内的日常反馈。大致上也是从教师、学生、家长方面着手。首先是教师,一线教师要使用综合素质评价系统,解决日常学生的问题,所以算得上是接触系统最多的人群。在微信公众号和校内报修群中日常会有教师提问,意见和建议都会记录下来,也会查看教师评价统计中使用积极的教师和不经常使用的教师,并通过电话、面谈等方式了解这些教师在使用过程中遇到的问题和建议。同时,定期召开校级综合素质评价交流会议,请校领导、各使用年级组长、部分教师交流对系统的建议。其次,对于学生,因为学生数量较多,举行类似的访谈会议是不允许的,我们可以会通过纸质的调查问卷、问卷星等形式对学生进行综合素质评价系统调查,争取让每位学生都写出自己使用过程中的感受、问题、建议。对收集上来的问卷进行分类汇总,对系统的优点进一步优化,快速修复问题,制订升级计划。

3. 交流机制

当教师、学生的培训及反馈机制建立后,可以在系统运行一定时间后,比如:综合素质评价系统正式使用一个月、一个学期、一个学年等,进行定期的会议交流,针对问题进行整体反馈。综合素质评价系统正式使用一个月时,我们会举行班级班主任会议,了解现在班级学生的使用情况以及师生在初期使用中的一些问题。综合素质评价系统使用一个学期时,可以举行年级组长、任课教师等会议,整理交流本学期对系统的整体认识以及存在的问题,并讨论后续功能如何升级优化。在综合素质评价系统的使用过程中,不仅可以实时收集师生反馈,还可以跟进师生对系统优化升级方案的建议。

3.3.2 校级层面实施

1. 培训

校级层面实施的培训是本部初中、本部高中、一体化学校整体培训,培训内容如下。清华附中自主研发综合素质评价系统的设计理念、创新特色、优势特点,并着重强调了该系统对学生素质全面发展的重要作用与意义,系统整体的评价结构和模块内容细致讲解,综合素质评价系统在接下来工作中的应用;系统功能现场演示;教务信息说明指导。

培训包括三部分:学生专题培训、学生现场培训答疑和教师上机培训。

(1) 学生专题培训

在正式开始学生培训前,首先组织了班主任的统一备课培训,为接下来学生学习如何操作运用系统提供保障。在学生专题培训会中,各班班主任首先从建设学生综合素质评价系统的作用与意义出发,强调了使用综合素质评价系统在学生自身素质提升过程中的重要性,接下来则详细阐述了学校自主研发综合素质评价系统的设计理念、创新特色、优势特点,最后就系统整体的评价结构和模块内容进行细致讲解并做现场实践操作示范。

(2) 学生现场培训答疑

在学生使用一段时间后,在录课教室举办了学生综合素质评价系统培训答疑交流会。每班选派出2个代表去现场参与录制,其余学生在教室观看现场直播。综合素质评价系统答疑老师在录制现场为大家详细讲解了学生综合素质评价系统使用方法、操作流程、针对学生遇到的问题进行统一回答。

(3) 教师上机培训

在教师使用一段时间后,组织教师在计算机房进行综合素质评价系统培训。网络中心老师就综合素质评价系统的登录及密码、模块及维度等内容向在座老师进行细致的讲解,并分别登录教师账号与学生账号进行操作演示,以直观展示不同账号需要填写的内容及填写注意事项。如图3-76所示。

图 3-76　教师在计算机房进行综合素质评价系统培训会

依据B市教委关于综合素质评价的统一规定,提出具体工作要求,并对系统在试用期出现的填写问题做了详尽的解答。

校领导从学生综合素质评价系统的意义出发,强调了综合素质评价系统对促进学生全面发展的重要性。通过本次培训,希望教师能与学生共同参与系统填写,以评价促发展,引导学生关注自身发展,发掘自身潜能与特长,不断进行自我提升。同时,在教育改革的大趋势下,综合素质评价系统对学生的过程性记录,更能为学生未来的生涯发展奠定坚实的基础。

2. 反馈机制

表3-12为在日常反馈中,整理收集的师生建议。

表 3-12　师生建议列表

序号	反馈内容	反馈人	日期
1	评价汇总表	周建军	20161129
2	年级教师统计排名,提醒没有评价的教师	周建军	20161129
3	评星级→点赞,所有教师、学生都可以点赞,每满10个赞乘一个小系数	车晓佳	20161202
4	奖励记录详细信息,分数D等,有歧义	车晓佳	20161202
5	所有记录详细信息,评级-1,有歧义	车晓佳	20161202
6	评价汇总表,同1	王　鹏　邢艳茹　刘　庆	20161221
7	诚信道德——处分,不是所有教师都有记录权限和添加权限	白校长	20161222
8	社团管理员(学生)增加社团管理添加删除成员权限(现在社团老师权限)	李天爽	20161223

续表

序号	反馈内容	反馈人	日期
9	系统内清华附中Logo更新	李天爽	20161226
10	录入成绩查询以往成绩不方便	周建军	20170119
11	添加记录——学业成绩每个人成绩的滚动条去掉	周建军	20170119
12	可直接粘贴成绩	周建军	20170119
13	课堂表现中等记录——不计分数	周建军	20170119
14	报告单里可统计本学期课堂表现等记录好、中、差次数	周建军	20170119

将师生建议整理形成技术解决方案,如表3-13所示。

表3-13 技术解决方案

项目	序号	反馈意见	解决办法	备注	排期
界面	1	HTML5	先开发只添加记录功能,其他功能后期开发		4
界面	2	界面小			1
界面	3	同学圈—记录—详细信息歧义 奖励记录详细信息,分数D等,有歧义 所有记录详细信息,评级-1,有歧义			
界面	4	找回密码字段明确			
界面	5	界面清华附中Logo更新			
总体	1	学生/教师记录可撤销	① 短时间撤回功能:在一个小时内可自行撤销记录 ② 一(三)个月之内的记录可提交纸质申请教师签字由校级管理员撤销该条记录	汇报	4
总体	2	处分记录隐私	仅自己可见(同学业成绩违法犯罪)超级管理员设置模板中修改59上测试不成功	汇报	4
总体	3	诚信道德——处分,不是所有教师都有记录权限和添加权限	超级管理员——只管理员添加		
总体	4	发表质疑人对学生不公开	发表质疑人仅对教师管理员公开,学生不公开,匿名质疑	汇报	3

续表

项目	序号	反馈意见	解决办法	备注	排期
总体	5	添加记录与添加质疑说明	① 添加记录每个维度记录添加红色字体的说明文字，重点是奖励记录，奖励记录提交时弹出的诚信说明框中也强调奖励记录的区别 ② 发表质疑界面添加红色字体质疑说明文字		3
	6	没有使用系统的教师学生短信提醒	强制填写手机号码 ① 教师一周没有评价发短信提示 ② 学生一个月没有登录发短信提示		2
	7	明确质疑分类	发表质疑增加下拉质疑原因（重复提交、抄袭他人记录、记录不真实、其他）		2
	8	学校提交处分记录，增加学生提交撤销申请记录→学校提交撤销处分记录	增加撤销申请记录　撤销处分记录	汇报	2
	9	评价指标有的活动没有项目	增加其他指标		1
	10	课堂表现等记录记录次数　不计分数			
	11	报告单里可统计本学期课堂表现等记录好中差次数			
学生	1	避免期末刷分，设置每天/每周提交记录上限	① 设置每天/每周提交记录上限 ② 报告单内显示学期提交记录时间轴		4
	2	社团管理员（学生）增加社团管理添加删除成员权限（现在社团老师权限）	社长自行管理社团		
教师	1	评价汇总表	任课教师可查看课程表现作业表现等全班学生本学期的评价汇总		4
	2	课堂表现作业表现等增加多档位评价与课堂内容作业内容	① 课堂表现、作业表现可统一增加课堂内容、作业内容 ② 档位由好中差调整为（非常好、很好、正常、待改进、表现差）（ABCDE）默认为正常	汇报	3
	3	成绩 Excel 导入	功能已有隐藏批量导入		3
	4	教师点击学生头像可直接查看报告单，可查看本班学生的所有信息	① 所有教师点击学生头像可直接查看报告单，不用在同学圈或报告单中选择 ② 班主任教师可以查看本班学生的所有信息		3

续表

项目	序号	反馈意见	解决办法	备注	排期
教师	5	奖励审核	奖励审核增加提交时的照片重要奖励记录增加标签，初中高中分开		2
	6	年级组长权限仅是任课教师权限	年级组长可添加全年级的班级值日、集会表现、文明礼仪（与班主任权限相似）		1
	7	必修实践课程，年级组长添加，设置时限	学生在对应记录中添加，过期没有添加记录的扣分		1
	8	一体化学校内教师可查看所有一体化学校学生，对学生进行评价，对应评价显示在对应学校的同学圈内。学生只可查看自己学校的信息	解决附中、实验学校与一体化学校的教师重复登录问题。		
	9	年级教师统计排名，提醒没有评价的老师	调整可查看的排名人数		
	10	评价汇总表内增加期中期末学业成绩统计	录入成绩查询以往成绩不方便		
	11	添加记录——学业成绩每个人成绩的滚动条去掉	操作很不方便		
	12	可直接粘贴成绩	选中 Excel 中的 40 列成绩，直接粘贴只添加记录——学业百分制中		
管理员	1	导入资料——设置学期——修改学年信息	上学期到 19 日 16:00 寒假 20 日 16:00 开始问题		

最终形成需求进行开发升级，如表 3-14 所示。

表 3-14 针对需求进行的开发升级列表

项目	序号	反馈意见	解决办法	备注
界面	1	HTML5	先开发只添加记录功能，其他功能后期开发	
	2	界面小	现在一页只显示 5 条记录。改成微博/数字校园、同学圈无边界的，在下拉中更新记录 主页加公众号二维码	
	3	同学圈—记录—详细信息歧义 奖励记录详细信息，分数 D 等，有歧义 所有记录详细信息，评级-1，有歧义	分数 D等 地域范围 地市级 地点 清华附中 时间 2017-02-20 上午 12:00 状态 无质疑 评级 -1 分数：奖励记录等级审核的等级，改为奖励等级； 评级：评星级，没有人评级为-1，改为星级，-1 改为未评级。	

续表

项目	序号	反馈意见	解决办法	备注
界面		找回密码字段明确	不明确:学号改成学生学籍号/工号改成教师工号 用户名删除 在×前加？按钮 帮助功能	
	4	界面清华附中Logo更新		
总体	1	学生教师记录可撤销	① 短时间撤回功能:在系统跑批算分之前(24小时)之内可作者自行删除记录,分数＝0可删除自己的记录 在同学圈中增加删除按钮 在个人中心-我的记录中增加删除按钮(学生功能) ② 一(三)个月之内的记录可提交纸质申请教师签字由校级管理员撤销该条记录 校级管理员权限无论分数＝几都可以删除记录 时间判定(三个月之内的记录) 删除功能测试跑批 跑批——只针对改过某分值或某标准,哪个学校改分了,此学校全部重新跑批;其他不跑批(毕业年级需不需要跑批) 每学期每次跑批只跑批当前学期和当前学年的记录	汇报
	2	处分记录隐私	仅自己可见(同学业成绩违法犯罪)超级管理员设置模板中修改 超级管理员修改当前使用模板问题 (班、年级、学校公开权限设置)	汇报
	3	诚信道德——处分,不是所有老师都有记录权限和添加权限	超级管理员——只管理员添加,同上 (德育处教师使用管理员账号添加或仅校级管理员添加)	
	4	发表质疑人对学生不公开	发表质疑人仅对教师管理员公开,学生不公开,匿名质疑质疑记录质疑人如果是除自己的学生权限不公开。其他权限(教师、管理员等)公开	汇报

续表

项目	序号	反馈意见	解决办法	备注
总体	5	添加记录与添加质疑说明	① 添加记录每个维度记录添加红色字体的说明文字,重点是奖励记录,奖励记录提交时弹出的诚信说明框中也强调奖励记录的区别 右上角添加?按钮,写清本维度的说明。校级管理员可在修改分数模板中修改,在各维度增加【说明】字段。并说明字段同其他赋分模板,有默认的说明,可修改个性化说明。 ② 每个模块增加说明文字 ③ 发表质疑界面 添加字体质疑说明文字 增加发表质疑的说明文字	
	6	没有使用系统的教师学生短信提醒	第一次登录不强制填写手机号码 第一次登录不强制修改密码处,必须填写手机号。(方便密码找回) ① 教师一周没有评价发短信提示 ② 学生一周没有登录发短信提示	
	7	明确质疑分类	发表质疑增加下拉质疑原因(重复提交、抄袭他人记录、记录不真实、其他) 增加下拉菜单(重复提交、抄袭他人记录、记录不真实、其他)	

续表

项目	序号	反馈意见	解决办法	备注
总体	8	学校提交处分记录,学校提交撤销处分记录	增加撤销申请记录 撤销处分记录 处分记录变为0分 不加分(A-5 B0档)记录模块诚信道德下 增加(撤销处分记录)维度处分时间、处分类别、相关学生、撤销处分时间、标题、内容、附件撤销处分后,德育处教师提交学生撤销处分的内容等	汇报
学生	1	避免期末刷分,设置每天/每周提交记录上限	① 设置每人/每周提交记录上限 10次 自然周 添加记录中提示这周还能几次 发布加1次 撤销记录-1次 ② 报告单内显示学期提交记录时间轴 学生报告单下面增加图表(本学期提交记录时间轴、素质模块分布图、学年走势图)	
	2	社团	社团管理员(学生)增加社团管理添加删除成员权限(现在社团老师权限) 导入数据时增加社团介绍字段、主办参与机构	
	3	添加记录附件	附件可添加(Word、PPT、Excel、TXT、PDF)文件	
	4	获奖记录	增加字段 主办机构与介绍	
教师	1	评价汇总表	任课教师可查看课程表现作业表现等全班学生本学期的评价汇总 个人中心任课老师可查看本班学生(课堂表现、作业表现、课堂考勤、课程班值日汇总表) 班主任老师可查看本班学生(集会表现、班级值日、文明礼仪)	
	2	课堂表现作业表现等增加多档位评价与课堂内容作业内容	课堂表现、作业表现可统一增加课堂内容、作业内容,增加文本框字段	汇报
	3	成绩 Excel 导入	功能已有隐藏、批量导入	
	4	教师点击学生头像可直接查看报告单,可查看本班学生的所有信息	① 所有教师点击学生头像可直接查看报告单,不用在同学圈或报告单中选择 ② 班主任教师可以查看本班学生的所有信息 班主任在个人中心中增加查看本班所有学生信息	
	5	奖励审核	奖励审核增加提交时的照片 重要奖励记录增加标签,初中高中分开 编辑记录 素质模块:学业水平 记录维度:学业奖励 地域范围:省/自治区级及以上 获奖级别:* 请选择获奖级别 获奖时间:16年12月25日 相关学生:王进一 标题:获东润丘成桐科学奖(数学)优胜奖 内容:我从初一以来研究并写作的论文《欧拉公式的推广与证明》(英文名 The Extension of Euler's Formula and Its Applications)入选北方赛区决赛,经过答辩,又入选全球总决赛,并在总决赛中获优超奖 附件: 标签:* 请选择年份 ∨ 请选择地域 ∨ 请选择学科 ∨ 请选择奖项 ∨ 请选择等级 ∨ 五大奖励记录奖项细化	

续表

项目	序号	反馈意见	解 决 办 法	备注
教师	6	年级组长权限仅是任课教师权限	年级组长可添加全年级的班级值日、集会表现、文明礼仪（与班主任权限相似）	
教师	7	必修实践课程，学校添加，设置时限	学生在对应记录中添加，过期没有添加记录的扣分	
教师	8	附中和实验学校教师可查看所有两所学校学生，对学生进行评价，对应评价显示在对应学校的同学圈内。学生只可查看自己学校的信息	附中、实验教师　附中学生　实验学校学生 教师可查看两个学校内的学生信息，并在一起添加记录，添加哪个学校的记录，哪个学校的学生可以看到 学生只能看到本学校的信息	
教师	9	年级教师统计排名人数60人 提醒没有评价的老师	调整可查看的排名人数	
教师	10	评价汇总表内增加期中期末学业成绩统计	录入成绩查询以往成绩不方便 个人中心——查看本班级学生本学期已添加成绩	
教师	11	添加记录——学业成绩每个人成绩的滚动条去掉	操作很不方便	
教师	12	可直接粘贴成绩	选中Excel中的40列成绩，直接粘贴只添加记录—学业百分制中	
管理员	1	导入资料—设置学期—修改学年信息	导入资料中修改学年信息按钮不能点开	
管理员	2	导入资料增加校内学号	与姓名类似 不唯一 综评排名图显示校内学号 学生姓名　学号　综评得分 李思慧　0108406011801156　314.50 李雅轩　0108406011805363　234.55 袁一参　0108406011801279　227.50 刘硕　0108406011801336　224.00 张书凡　0108406011805228　196.50 郑家怡　0108406011805251　191.50 姜雅楠　0108406011805093　190.00 万宇泽　0108406011805183　188.50 苏溪畅　　186.00	
管理员	3		增加日志、登录频度与同时在线最大量	
管理员	4	学校资料导入	导入速度慢	
管理员	5	超级管理员	修改正在使用中的模板功能打开	
管理员	6	原图与缩略图分开储存		
管理员		质疑复议	质疑有效 复议无效 不加分 质疑有效改为0分 AB档	

问题整理列表如表 3-15 所示。

表 3-15 问题整理列表

序号	问题描述	问题分类
1	学生综合素质评价发展报告单中,家长只能查看各维度的分数,无法得知维度内的具体内容	技术功能改进
2	学生参加的有些活动内容匹配不到系统现有的相关模块和维度里去	技术功能改进
3	上传附件时,无提示"确定是否上传"的功能	技术功能改进
4	录入信息后无法删除,家长误操作后无法处理,造成一个记录多次输入后被系统多次计分,建议在计分之前,增设删除信息功能	技术功能改进
5	班级值日记录,当老师误扣分时,分数无法更改	技术功能改进
6	计分标准需调整,各项评价指标中每 1 分的含金量不同,综合素质评价系统需体现出来。比如组织协调能力给分很少	管理设置改进
7	学业水平模块分数受评价教师个人行为影响较多,教师是否使用系统进行评分会影响学生的最后成绩	管理设置改进
8	个别学生会把全部奖项包括小学奖项都输入,会导致分数很高,需规范上传内容。另外有的学生随便去锻炼个身体,也会上传得分,应对提交内容进行质量把关	管理设置改进
9	班级值日记录放在诚信道德模块,比重有点高	管理设置改进
10	建议把优秀学生做得好的实践活动置顶,方便大家学习	管理设置改进
11	学生长期坚持做的实践活动等,应当在评价系统中有所体现	管理设置改进
12	学生综合素质评价报告单能否有个简单的对学生的总结性话语,而不仅仅是唯分是论	管理设置改进
13	创新班授课内容难,但针对高考有关的基础内容反而讲得少,这会影响学生高考成绩	管理设置改进

3. 会议

会议包括年级组长、教师、学生代表会议,如表 3-16 所示。

表 3-16 年级组长、教师、学生代表会议意见收集列表

序号	意见	提出人	时间地点
1	综合素质评价系统不需要课程表,需要的是选修课成绩单(虽针对浪潮系统,但也可参考)	D 淄博教育局负责人	0504 J
2	建议"会考成绩"名称改为"学考成绩",且为等级制,以符合各地的习惯	西安交通大学附属中学刘副校长	0505 B
3	身心健康模块下的"身体机能"和"运动技能",以及个人成长模块下的"体质健康与体育锻炼",此三者的区分不清楚,所填内容需再明确		
4	建议增加查看学生在校期间所修所有课程总表的功能		
5	目前成绩单只能逐年汇总,建议增加三年大汇总的功能		

续表

序号	意见	提出人	时间地点
6	建议添加"住宿表现"和"安全意识"维度	西安交通大学附属中学刘副校长	0505 B
7	建议在学业水平模块添加"选修课"部分（也可叫校本课程或校本选修），含课程名称及课堂表现等内容，以便于日后高校的人才选拔。如可设置为大学选修课、竞赛荣誉课和其他课等不同级别		
8	个人报告中的附件都能下载，那么如何防止盗图？如何保护个人隐私	H省教育厅负责人	0508 B
9	建议"违法犯罪"改为"违法违纪"，因为中学生一般都不到18周岁，用"犯罪"一词不合适		
10	增加"安全教育或安全意识"维度很有必要		
11	建议在学业水平模块中，加入所有课程的表现，而且应该全方面地展示学生的学习过程。如必修＋选修＋先修，三种类型，全面覆盖		
17	评价汇总表	101中学培训	0522 B
18	即便学生对教师评价不认同，也无法质疑		
19	教师给学生评价"差"的威慑力太高，如果不能删除该评价可能会对师生关系造成困扰，如果先评价"差"后删除又失去了威信力		
20	进入系统后左上角能显示各不同学校的不同Logo		

3.3.3 区域级层面实施

1. 省—市—区/县—校四级运营管理机制

系统平台提供省—市—县—校四级协同的工作机制，能够建立各部门、各管理层级间清晰的权责利分配体系，能够明确各级工作的时间节点。如图3-77～图3-79所示。

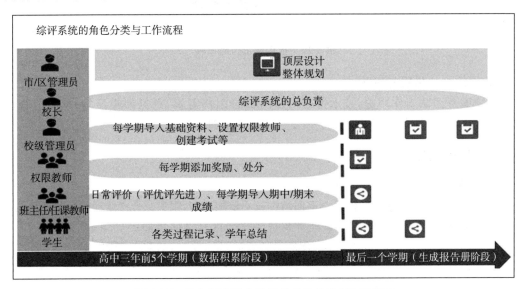

图3-77 综合素质评价系统的角色分类与工作流程

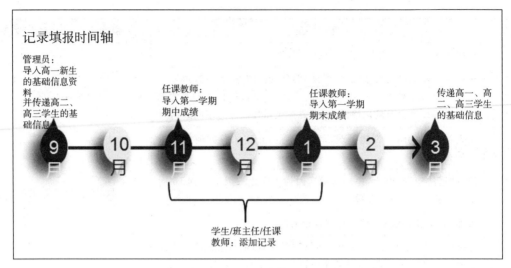

图 3-78　记录填报时间轴

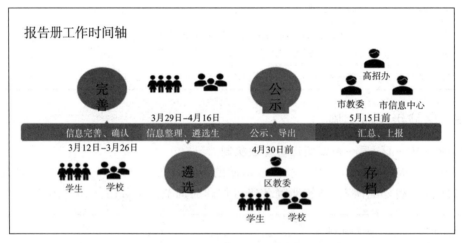

图 3-79　报告册工作时间轴

2. 建设本地化服务团队

本地服务团队工作职责：技术指导；入校培训；用户需求、意见搜集反馈；B运营管理中心职责：负责本地服务团队日常工作支持及组织管理。

3.3.4　B市实施

1. 培训

有计划地开展综合素质评价区县巡回培训及不定期培训，服务综合素质评价政策的落实；

开展B市普通高中学生综合素质评价电子平台区县巡回培训；

在B市教育委员会的指导下，结合各区教委的具体安排，清华大学附属中学组织多位综合素质评价工作经验丰富的教师，成立综合素质评价平台培训小组，对B市各区域及各学校开展区县巡回培训，培训安排如表3-17所示。

表 3-17　B 市普通高中学生综合素质评价电子平台区县巡回培训表

序号	区域	培 训 地 点
1	H	清华附中机房
2	D	中学小剧场
3	S	区教育分院西楼六层会议室
4	B	Y 中学
5	Y	第一中学报告厅
6	C	进修学校报告厅
7	X	教师进修学校六层大会议室
8	R	二中报告厅
9	F	教师进修学校
10	Y	教委平房会议室
11	F	区教委三层报告厅及信息中心 217、218 机房
12	Q	三中阶梯教室
13	T	教师研修中心 C51
14	P	五中初中部体育馆
15	W	教育研修学院礼堂
16	S	附中阶梯教室、电子阅览室
17	C	教研中心

平台平稳运行,收集大量师生数据,使用过程中不断完善升级,服务基础教育发展。

新综合素质评价特点是强调客观记录、体现开放选择、注重指标量化。每位学生综合素质评价信息主要由学生自主填写和教师填写两部分组成;另外从其他系统批量导入的学业水平考试成绩和体质健康监测成绩等,这些信息均不需手工填写。

据统计,B 市新综合素质评价系统总体填报数量和质量均有所提升。从 2017 年 9 月入学的高一学生开始使用新综合素质评价,新旧综合素质评价并行至 2019 年 7 月(2016 级学生毕业)旧机制停止。截至 2022 年共有近 300 所高中学校(新综合素质评价平台与学籍系统对接,学籍系统中我市有在学籍学生的普通高中共有 265 所)15.4 万学生进入新综合素质评价平台填报活动信息,教师、学生共填写了约 4760 万条综合素质评价信息记录。

2020 年 7 月,B 市高三学生参加改革后的首届新高考,新综合素质评价系统共生成毕业班学生报告册 49371 人份;并为"强基计划"提供新综合素质评价报告册 8000 余人份。

综合素质评价平台不断完善更新,切实解决了教育过程中的实际问题。在电子平台正式运行一年有余的时间里,收到了大量来自区县教委、学校领导、师生、家长等各方使用者的问题,如对于集团校、联合办学来说,师生流动常导致基础信息对接不善;升学过程中平台记录成绩方式变化;跨省学生如何补录综合素质评价数据等。针对使用过程中的问题,清华附中不断完善、升级系统,力求保证信息系统妥善对接,完整有效地记录学生发展的情况。

简化记录流程,丰富模块内容,促进平台的完善升级。为进一步满足大家的使用需求,电子平台会持续完善和升级。面对新高考改革和综合素质评价具体推进计划,电子平台会不断完善原有功能,增加新的功能,以期望更好地服务师生、家长。

为进一步减轻师生负担,更多业务层面数据进一步打通和共享;完善综合素质评价报告册模块,新增批量打印功能,为学生提供证明材料;完善成绩管理模块,方便学校统一管理及成绩查询修改;升级后台统计功能,方便市区教委管理区县、学校。

2. 反馈机制

(1) 反馈收集

为了保障各区县、学校与综合素质评价平台的及时联系、问题及时反馈,建立了微信公众号与"B高中综合素质评价答疑群"QQ 群及时解答大家问题并进行资料共享。

① 建立各校管理员 QQ 群及时反馈问题。"B高中综合素质评价答疑群"QQ 群截至目前已添加 461 位老师,日均回答教师问题 150 条左右。QQ 群收到问题与回复问题的汇总记录表格节选如图 3-80 所示。

问题类型	问题	回答	重复次数	问题类型	问题	回答
数据导入	对接老师资料从哪里对接,谢谢	工具箱——学校资料导入		数据导入	那每次导入新的学生资料的时间点如何确定	每学期开始之前
登陆问题	付老师,登录系统欠狐浏览器可以吗,我的为什么进不去呢	火狐输入网址后,选择例外,添加例外,然后确定允许访问就可以了		数据同步	CMIS 里的教师信息和教师系统平台同步吗	是
数据导入	如果云平台里没有相关的教师内容就导入不进来呢	导入的老师数据都是 cmis 数据库内的老师数据		数据导入	根据公告上说的没有高一年级的导入方法提示的错误信息 怎么处理呢	
数据导入	丰台区北大附中实验学校:我们学校的学生数据是不是还没有弄进去呢	应该都有一些数据的,您看看真是一个没有的话给我说下		登陆问题	用班主任用户总登录不上(用户名:教育ID),怎么回事?总是所未注册用户,能登录 CMIS 可是不能登录学生综评系统	
数据导入	现在 cmis 数据库的老师数据如何导入呢,谢谢	这个要跟您学校负责 cmis 是老师联系		数据导入	校内学号是必须填吗	可以选填,填的时候一定要没有重复就行
数据导入	现在老师和学生的数据都弄不进来了			成绩录入	付老师,我分学段导入成功,老师们在填期中期末成绩时是自动对应学段吗	每一个学段都有考试的话就可以了,您可以让老师在学业水平里的成绩维度试一下,看着能不能选择这个学科
数据导入	我校一部分学生不是本校学籍,这部分学生还需要填写吗		3	数据导入	付老师您好!我们学校有社团课程时 出现如下图所示问题,请解答一下,谢谢	错误提示是这几个学生没有在学生资料里
登陆问题	[密云区]新农村中学:我单位的管理账号进不去,怎么办			数据导入	请问我用一个社团测试导入好几遍都不成功,并先后出现两个不同的提示,但社团老师的教育 id 是正确的,如何处理呢	
	行政班是我自己添加吗	不是,是对接的				
课程问题	每学年第一学期的必须要有个上是吗,第二学期的自己有个下是吗。按原先的模块里设可以吗	是的,这样做一个区分				
数据导入	是不是每学年都需要导入 4 次资料吗	是的				

图 3-80 QQ 群收到问题与回复问题的汇总记录表格节选

② 文件共享。在群文件中有综合素质评价平台所有资料的电子印刷版本,各区县各学校的老师可自行下载打印。

③ 微信公众号。"B高中综合素质评价电子平台"微信公众号,截至目前已有 4380 名用户关注,日均回答教师问题 10 条左右。并且通过群消息给学生和老师用户提供一些说明和临时通知,帮助用户使用综合素质评价电子平台。如表 3-18 所示。

(2) 平台优化升级计划

为进一步满足大家的使用需求,电子平台持续完善和升级。主要内容如下。

① 数据共享,为师生减负。为进一步减轻师生负担,更多业务层面数据进一步打通和共享,如高中综合素质评价电子平台对接其他教委系统的有关数据,如体卫艺处的奖励数据、国家体制健康测试等数据。

表 3-18 综合素质评价电子平台功能说明

成绩上传(成绩模块本周上线)	批量删除
	以年级为单位上传
	成绩上传类型(期中、期末、其他)
	B市成绩学分管理平台上线时间
	统一可打印的成绩单(出国)
	《体质健康》数据对接及上传
教师统计功能	现在只有教师评价数量,没有详细的统计功能,建议增加"教师记录后台统计",与学生记录后台统计类似
课程导入优化	必修课已经可以通过界面点击设置,走班制课程优化也设计完成
教师/学生添加记录统计查询	同学圈增加特定教师添加记录 记录统计中增加学生添加与教师添加的记录统计 学生记录后台统计增加区别学生添加与教师添加的记录数量与得分
学生发展报告单补充	增加成绩单、评价汇总、学生素质模块分布图及学年走势图以及一键打印功能
奖励记录批量导入	奖励记录(三好学生、优秀干部等)的批量导入
处分记录	撤销处分功能
研究性学习细化	研究性学习一般持续五六个月,有过程记录和最终报告
补录	补录记录功能
课堂考勤添加选项 对接功能	现有:出勤、迟到、早退、旷课、对接
每学期班主任评语	是否需要每学期填写评语 如果需要那么便新增学生学期评价维度 高一上学期评语怎么补填及教师填写评语进度的统计功能
家长账号及家长知情确认方式	建立家长账号并统计家长登录情况,或将每学期纸质报告单包括成绩、教师评价、学生过程性记录拿给家长签字

② 完善报告册模块,新增批量打印。完善综合素质评价报告册模块,新增学生综合素质评价毕业报告册、学年成绩单及批量打印功能,为学生转学、出国深造、毕业等情况提供充足的证明材料。

③ 完善成绩管理模块。现电子平台成绩录入功能可以录入成绩,但不便于学校统一管理及成绩查询修改。新增全新成绩管理模块,增加统一管理、学分管理、进度查询、成绩修改包含合格性考试等一系列配套成绩管理模块。

④ 升级统计功能。为了便于学校管理者更好地管理学校综合素质评价工作,市区教委更方便管理区县、学校,综合素质评价平台后台统计功能进行了升级。

综合素质评价使用者提交记录阶段性变化见表 3-19。

表 3-19 综合素质评价记录总数变化表

时 间	总的提交记录数	时 间	总的提交记录数
2017/12/31	100 万	2018/7/14	700 万
2018/1/26	300 万	2018/11/1	806 万
2018/6/4	500 万		

⑤ 课程班级导入数据的优化。目前学校的课程班级类型有行政班级的必修课、选修课和必修课的 6 选 3 课程，为了便于学校管理员更快捷地导入课程班级，系统优化了课程班级的导入模板。如图 3-81 所示。

图 3-81 旧版课程班级导入模板

之前的课程班级导入模板，管理员要填写学生的课程班级，因为走班制同学是不按照行政班级上课的，所以管理员在填写学生课程班级的时候，要进行整理数据，不便于操作。

针对这个现象，技术人员把课程班级的导入模板进行了优化升级，管理员只需要把教务处给的模板复制到优化升级后的模板中就可以，只需要注意一点，就是重名的学生要备注一下教育 ID。如图 3-82 所示。

图 3-82 升级后的课程班级导入模板

(3) B 市系统常见问题的汇总

① 同学圈，包括以下问题。

a. 学生账号登入系统发现同学圈显示空白，是什么原因造成的？

账号登入系统后，进入同学圈界面，点击右边同学圈配置选项，选择我的相关记录可以查看自己添加的所有记录，选择全校记录可以查看全校的记录，可以自行选择范围进行查看。

b. 老师账号想在同学圈查看不同维度的记录，怎样操作？

账号登入系统后,进入同学圈界面,点击右边同学圈配置选项,选择素质模块和维度下的特定维度进行查看,例如,班主任如果想要查看本班同学填写的感动感悟与交流沟通维度,那么将记录范围选择为本班的行政班级,素质模块和维度选择感动感悟与交流沟通,点击确定后就相关信息会在同学圈显示了。

c. 同学圈记录删除的问题。

在同学圈展示的记录,无论是学生账号还是老师账号,都只能删除 24 小时之内本账号添加的记录,而管理员账号可以删除本学期所有添加的记录。

② 记录统计。

a. 可以在记录统计模块查看哪些数据呢?

选择记录统计右侧的配置,选择素质模块分布图,选择表格类型,可以查看学生的综合素质评价得分与班级和年级数据对比。

b. 记录统计中的记录总数是学生自己添加的吗?

记录统计中的记录条数是由统计的老师给学生添加的记录和同学自己添加的记录相加得到的。

③ 校级教师评价统计。

a. 校级教师评价统计为什么显示错误?

因为校级教师评价统计是统计全校的老师,如果有一个老师的数据有错误,就会造成整个页面显示不出来,原因是这学期添加的外聘老师和上学期添加的外聘老师的邮箱一样,解决方式是联系客服,交由系统后台进行处理。

b. 校级教师评价统计中的个人评价数量和个人评价比率是怎样计算的?

个人评价数量是老师添加的记录条数,老师在同学圈给同学评论是不计算在内的。

个人评价比率是老师添加的记录总条数除以所教课程班级总学生数。

④ 个人中心。

a. 学生添加记录成功之后,怎样在个人中心进行查看和更改?

登录学生账号,点击个人中心,点击我的记录,可以查看自己添加的记录和老师给自己添加的记录。

b. 老师给同学添加记录成功之后,怎样进行查看和更改?

登录教师账号,点击个人中心,我的记录,点击不同菜单可查看和更改相应的记录。另外还有记录排序功能,点击菜单选择箭头标识下拉框进行顺序选择,选好排序之后,可以按照学生姓名进行检查,然后进行删除等操作。

c. 管理员怎样查看各学科老师有没有给同学添加成绩记录?

登录管理员账号,点击个人中心,选择全校成绩汇总,找到这个课程班级,查看百分比,老师录入成绩的时候,选择的考试种类不同,统计汇总的时候会在不同的考试名称下显示百分比。

⑤ 工具箱。

a. 学校资料完成之后若想更改怎么办?

在综合素质评价系统中,学生、老师及行政班级的数据都是通过系统对接得到的,如果这三个资料要进行更改的话,要先在 CMIS 里进行更改,更改完之后过 24 小时,在综合素质评价系统里检查更新,然后重新进行对接。特别提醒,一定不要删除行政班级。

若课程班级有改变,则直接在系统里进行操作。如:若想给同学退选课程班级,则选择对接学生资料,下载对接学生数据,把错误的课程班级退选掉之后,再重新给这个同学选择正确的课程班级进行导入。若想给课程班级更改新的任课老师,则选择对接老师资料,先把之前的任课老师给退选,然后在新的任课老师那添加上这个课程班级的名称。

b. 学生办理休学和转学应该怎样在系统进行操作?

如果是从学期中间办理的休学和转学,那么在 CMIS 里操作之后,过 24 小时,在综合素质评价系统里这个同学还是存在的,因为这学期他添加过记录,等更换新学期重新对接的时候,转走的同学就不会存在了。管理员点击学生对接资料,找到这个同学,点击转学,确定转学后,这个同学就不会在系统显示了。

c. 研究性学习、社区服务、社会实践这些课程必须录入系统吗?怎么录入?

这个不是必需的,如果学校想要做"活动课程化"可以把相关的活动实践、研学等按实际情况设为课程班级,设置方法按必修课设置,学科写"活动实践""研学"等。

在学生添加记录时,会有相关课程字段,如果添加了对应课程,学生在添加与此类活动相关的不同维度时,勾选此课程,此课程负责教师即可在填写成绩处查看学生关于此活动的所有相关记录,同时老师也可以对参加此活动的学生进行过程性评价。

d. 若课堂表现和作业表现等维度里默认为"中"选项,则系统无法发布记录吗?

课堂表现和作业表现在系统中是默认"中"评的,系统默认的"中"评是发布不了记录的。因为产品设置的时候,认为课堂表现和作业表现是老师给同学填写最多次数的记录,为了防止刷屏且多做一些个性化的记录,系统设置成了只有表现"差"和"好"的同学才会有记录发布。

3. 会议情况

B 市普通高中学生综合素质评价工作推进会暨综合素质评价平台不定期专题培训。

针对各学校、各类平台使用者在综合素质评价平台使用过程中存在的问题,清华附中综合素质评价平台培训小组开展了不定期培训,分享了学校应用场景、常见问题、学校建立综合素质评价工作组等平台使用经验,对平台进行了系统展示,对平台使用过程中常见问题进行了培训解答,不仅解决了一线使用人员的疑问,也对后期综合素质评价系统的升级改造等有了新的思考。

(1) 管理员导入数据专题培训答疑会

清华附中本部 B104 机房组织已经参与过区县的管理员综合素质评价平台培训。特别是管理员数据导入部分的常见问题统一培训解答与单独问题答疑活动,全市 40 所中学的老师都踊跃报名,并在会议中得到了很多问题的解答。会后,整理并发布了常见问题解答。

(2) ××附中专题展示交流会

××附中校长一行来到清华附中 B102 会议室,专门对综合素质评价系统进行了更深刻的交流学习与问题互动。清华附中副校长白雪峰、清华附中资源保障中心副主任孙书明、清华附中学生发展中心王田、清华附中李天爽、聂文婷老师出席会议。

(3) B 市普通高中综合素质评价座谈会

B 市普通高中综合素质评价座谈会在 B 市第二中学分校召开,B 市教委周航副主任、

B市教委张延书、北航赵教授、评价中心赵雪琴主任、清华附中孙书明主任、B市各区县中教科科长、B市各区县学校校长等出席会议。会议总结了B市普通高中综合素质评价电子平台推进一个月以来，高一新生的进展情况，各区县与学校分别作出汇报。如图3-83所示。

图3-83　B市普通高中综合素质评价座谈会现场

（4）M区交流会

清华附中综合素质评价平台培训小组赴某区参加综合素质评价交流培训工作。区中教科科长、4所普通高中校主管校长、主任、管理员等参加本次会议。会上，针对管理员平台的统计功能、教师平台的填写功能、综合素质评价小组建立及学生使用过程中存在的误区等进行了讨论交流。

（5）F区交流会

由F区教委基教二科组织，丰台区各普通高中校主管校长及学校管理员一行来到清华附中B104机房，专门对综合素质评价系统进行了更深刻的交流学习与问题互动。清华附中李天爽、付俊嘉老师出席会议。如图3-84所示。

图3-84　F区交流会现场

(6) B市普通高中学生综合素质评价工作推进现场会

B市普通高中学生综合素质评价工作推进现场会在清华附中B102召开。B市教委信息中心周航，B市教委张延书，北航博士赵婷婷，评价中心杜主任，清华附中王殿军校长、白雪峰副校长、孙书明主任、王田主任，各区县领导及多个学校领导出席本次会议，共同为综合素质评价平台的完善升级及综合素质评价工作的使用推广出谋献策。

(7) S区交流会议纪要

由S区教委基教二科组织，S区各普通高中校主管校长及学校管理员一行来到清华附中B104机房，专门对综合素质评价系统进行了更深刻的交流学习与问题互动。清华附中资源保障中心副主任孙书明、清华附中教师李天爽出席会议。如图3-85所示。

图3-85　S区交流会现场

(8) T区交流会议纪要

清华附中综合素质评价平台培训小组参加T区综合素质评价工作交流会。中教科主管何伟，通州区8所普通高中教师（除四中、八中）及潞河国际的业务、平台两位老师共同出席本次会议。

(9) HR中综合素质评价培训讲座

为了更好地了解和使用综合素质评价系统，我校特邀请了清华附中信息中心主任孙书明做了题为"非宁静无以致远——扎实推进学生综合素质评价，使之成为撬动基础教育改革的真正支点"的培训讲座。参加会议的人员有我校高一、高二任课教师及二中、红中的任课教师，会议由教务处主任李艳茹主持。

孙主任依次从综合素质评价政策、综合素质评价思考、综合素质评价原则、综合素质评价作用、清华附中经验及综合素质评价未来思考六个方面进行了汇报，使我们认识到综合素质评价工作对学生发展的意义，帮助我校一线教师找准了填写方向。

(10) 开展走区扫校工作

B市普通高中学生综合素质评价平台已使用一学年的时间了，为继续顺利推进B市普通高中学生综合素质评价平台的使用工作,在 B 市教育委员会的指导下,B 市教育委员会将联合清华大学附属中学综合素质评价团队进行综合素质评价走区扫校工作。

① 工作主题。B 市教育委员会联合清华大学附属中学综合素质评价团队对各区县及学校的高中综合素质评价区/校级管理工作方案与具体平台使用的各方面情况进行了有效指导与沟通交流。具体调研主题如下。

a. 调研 B 市各区县、学校、师生与家长对于 B 市普通高中学生综合素质评价电子平台的理念认识、具体操作、反馈意见与建议等情况。

b. 继续完善 B 市普通高中学生综合素质评价设计方案、平台功能。

c. 调研 B 市普通高中学生综合素质评价数据对于区域教育管理推进、学生全面发展培养及学校管理等方面的效果及进一步应用方案。

d. 进一步与不同类型的高校开展研讨交流,介绍 B 市普通高中学生综合素质评价方案与电子平台,调研高校对于 B 市普通高中学生综合素质评价数据的应用方案和建议。

② 工作形式。B 市教育委员会联合清华大学附属中学综合素质评价团队以教师/学生座谈等形式与各区县学校的领导、老师与学生面对面、零距离地交流,帮助各区县与学校完善高中综合素质评价区/校级管理工作方案并及时反馈使用问题。具体形式如下。

a. 区级座谈。各区县教委组织本区内现阶段使用 B 市普通高中综合素质评价电子平台不同层次的学校进行座谈,各校交流校级管理、实施进度、遇到的问题与解决方法及建议意义等。

b. 调查问卷。B 市教育委员会联合清华大学附属中学综合素质评价团队下发用户使用与反馈线上调查问卷,针对 B 市普通高中综合素质评价各级管理部门、学校管理情况、实施进度与使用反馈建议等进行用户反馈收集。

c. 师生访谈。B 市教育委员会联合清华大学附属中学综合素质评价团队根据电子平台中的典型数据特点选取使用教师和学生,各校配合组织此类教师、学生代表进行座谈,交流电子平台使用经验、遇到的问题与解决方法及建议意义等。

d. 学校座谈。B 市教育委员会联合清华大学附属中学综合素质评价团队至各调研校,各调研校组织本校高一年级教师、学生代表等进行座谈,交流校级管理、实施进度、师生遇到的问题与解决方法及建议意义等。

e. 专家研讨。B 市教育委员会联合清华大学附属中学综合素质评价团队聘请专家团队对 B 市普通高中综合素质评价电子平台所收集的教师/学生真实数据进行深层次分析、挖掘与研讨,真正达到以评价促发展。

3.4 应用成果

1. 学校

实验学校学生 1500 余人,共计收集数据 230000 余条。

学生喜欢的棋牌类游戏,其中提交记录共计 1000 余条,如图 3-86 所示。

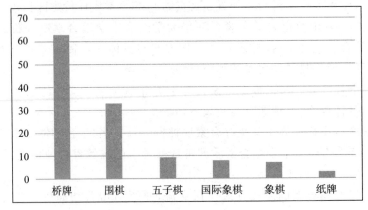

图 3-86　学生喜欢的棋牌类游戏排名

学生喜欢的球类运动排名,共提交有关记录 7000 余条,如图 3-87 所示。

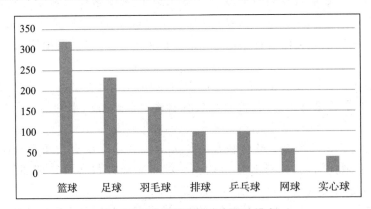

图 3-87　学生喜欢的球类运动排名

学生喜欢阅读的作品统计数据,如图 3-88 所示。

Word	Weight	Frequency
骆驼祥子	13.82	145
英语朗读能力	32.36	55
文化苦旅	14.17	42
数学解题能力	16.13	34
解忧杂货店	8.57	34
数学解题能力展示读者评选活动	5.88	29
俗世奇人	15.35	26
北京市初中学生英语朗读能力	4.65	24
历险记	17.56	22
城南旧事	18.53	21
化身博士	10.78	20

图 3-88　学生喜欢阅读的作品统计数据

学生喜欢阅读的作品排名,共计阅读各类书籍文章4000余篇次,如图3-89所示。

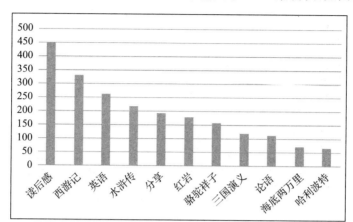

图3-89 学生喜欢阅读的作品排名

学生参与各类比赛获奖等级分布,共计2000余次,如图3-90所示。

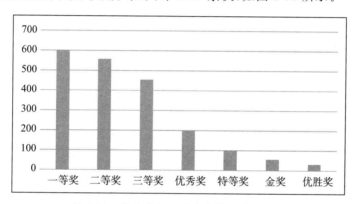

图3-90 学生参与各类比赛获奖等级分布

学生参与学科比赛的分布排序,共计2000余条,如图3-91所示。

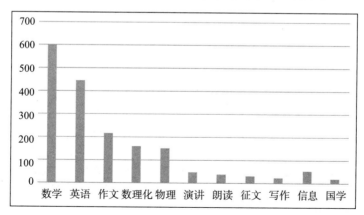

图3-91 学生参与学科比赛的分布排序

学生提交记录有关学科的排名，共计 20000 余条，如图 3-92 所示。

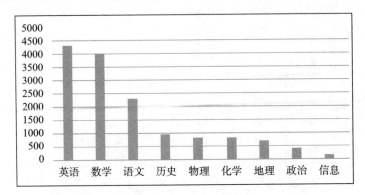

图 3-92　学生提交记录有关学科的排名

学生公益志愿热度分布，总结 330 余条，如图 3-93 所示。

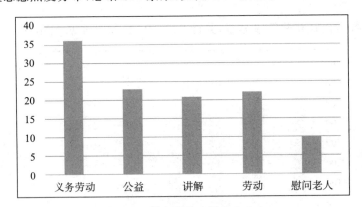

图 3-93　学生公益志愿热度分布

学生提交的总结热度排名，共计 1200 余条，如图 3-94 所示。

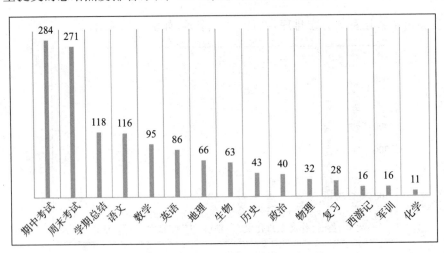

图 3-94　学生提交的总结热度排名

学生参加的各类艺术节活动排名,共计 300 余条,如图 3-95 所示。

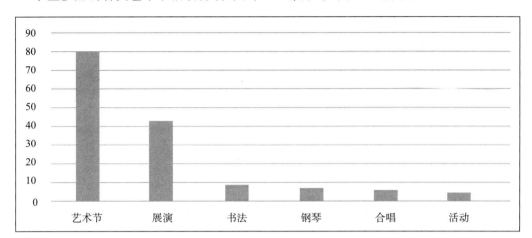

图 3-95　学生参加的各类艺术节活动排名

2. B 市

"B 市普通高中学生综合素质评价电子平台"自 2017 年 9 月使用至今共有学校用户近 300 所,其中学生用户超过 27 万,教师约 10 万,平台共收集记录信息 8500 多万条,运转情况良好。2020 年 7 月为参加 B 市首届新高考的高三毕业生生成综合素质评价报告册 5 万份、"强基计划"报告册 8000 多份,有效为新高考改革在 B 市的平稳落地保驾护航。截至目前,平台累计生成毕业生综合素质评价报告册近 15 万份,"强基计划"报告册约 2 万份。

2017—2018 年度下学期生均每月提交记录数量由上学习期的 11.4 条/月上升至 12.2 条/月,全市 287 所学校中未使用综合素质评价系统的学校数量由上学期的 41 所下降至 39 所,其中部分为国际学校及职业学校。现将综合素质评价系统统计出的相关数据汇报如下。

(1) 综合素质评价系统的学生及教师用户数量统计

学籍系统与综合素质评价系统接入学校数量为 287 所,通过学籍系统对接入综合素质评价系统的师生数量进行统计,如表 3-20 所示。

表 3-20　通过学籍系统对接入综合素质评价系统的师生数量统计表

学期	学生/人	教师/人	小计/人	统计时间
上学期	52823	62882	115705	2018/2/23
下学期	53471	60995	114466	2018/7/23

(2) 平台使用情况统计

未使用平台的学校数量减少,如图 3-96 所示。

(3) 学生添加记录情况统计

学生添加记录情况统计,如图 3-97 所示。

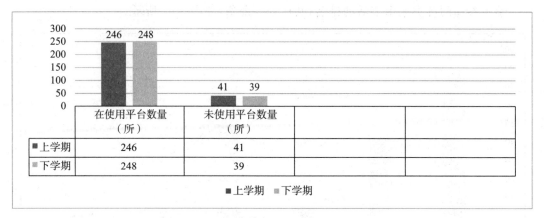

图 3-96 学校平台使用情况统计柱状图

注:未使用平台的学校中部分为国际学校及职校。

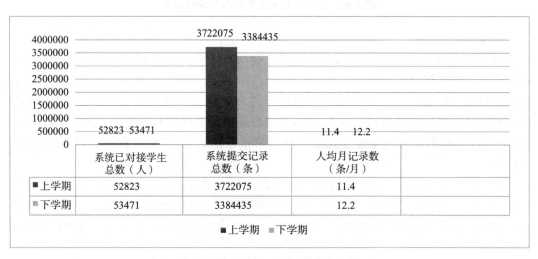

图 3-97 学生添加记录数据统计柱状图

注:上学期提交记录统计数据包含寒假期间学生、教师提交记录数据,为 6 个月统计数据;下学期数据统计时间截止到 2018/7/23,未统计暑假数据,为 5 个月数据,故下学期提交记录总数略低于上学期。

数据分析:下学期学生对接人数增加,系统提交总记录数因统计时间较短而减少,但人均记录条数由上半学期的 11.4 条/月增加至下学期的 12.2 条/月,由此说明下学期教师提交记录数明显多于上学期,说明教师在下学期对系统的使用频度增加。

(4) 添加维度排名统计

① 2017—2018 年度教师添加维度数据排名前 10,如图 3-98 所示。

数据分析:除学业成绩外,教师下学期在综合素质评价系统上其余维度提交的记录条数明显高于上学期,而学业成绩提交条数低于上学期的原因是由于本次统计数据截止日期为 7 月 23 日,尚未上传学业成绩。从总体情况来看,教师在下学期使用综合素质评价系统的频率明显上升,日常使用综合素质评价平台的依赖性也有所上升。

② 2017—2018 年度学生添加维度数据排名前 10(如图 3-99 所示)。

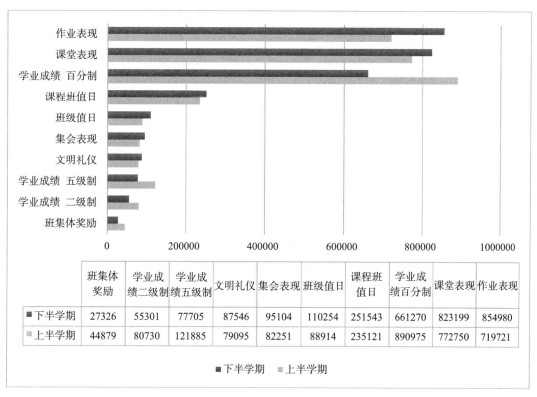

图 3-98　教师添加维度数据排名前 10

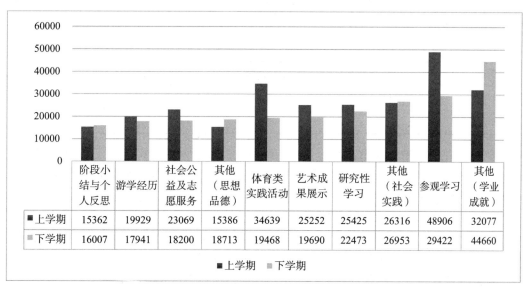

图 3-99　学生添加维度数据排名前 10

数据分析：学生提交的记录统计方面，提交记录全年排名靠前的分别是参观学习、社会实践活动、研究性学习及艺术成果展示，同时社会实践、思想品德等方面下学期提交的记录条数明显高于上学期,这表明下学期学生在这几方面的活跃度加强。

③ 下学期学校自己添加维度记录排名前5(如图3-100所示)。

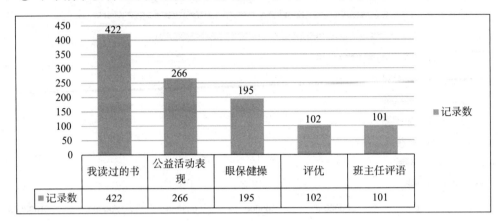

图 3-100　学校自己添加维度记录排名前5

数据分析:"我读过的书"在学校自己添加的维度中排名第一,且明显高于其他维度,这说明在课外活动中,读书活动是学生重要的爱好和兴趣。

(5) 公示情况

① 公示方式。我市高中学生综合素质评价电子平台使用平台本身的记录查看功能进行数据公示,进入公示期以后,学生权限登录平台,可以在"同学圈"选项里查看本校其他同学在公示时间范围内的非隐私记录。如果发现不真实记录,可以提出"质疑",并请求进行仲裁。对仲裁结果存在疑问的,可以提出"复议"。

② 公示时间。公示时间如表3-21所示。

表 3-21　公示时间表

学期	公示日期	公示天数	公示记录时间	备注
上半学期	2018/03/19—2018/03/25	7	2017/09/01—2018/02/25	
下半学期	—	—	—	未开始

③ 公示结果。数据显示,2017—2018学年上学期的所有记录中,全市学生被质疑的记录一共有5条,其中2条为真实质疑,其余3条为误操作造成,目前暂未进行裁决处理。质疑情况详细统计请见附件。

(6) 提交记录较活跃的维度数据统计分析

① 艺术类实践活动维度数据分析。"艺术素养"模块下,"艺术类实践活动"维度累计学生记录约4万余条。对此维度进行有关大数据的分析,如图3-101所示。

在艺术素养及专长培养方面,音乐、绘画这两方面提交的记录条数明显高于其他维度提交记录条数。这反映出音乐、绘画方面的艺术培养是目前学生参与度较高的特长培养活动,同时也是学生较为喜欢参与的艺术活动。

通过对音乐类特长培养的进一步探究,不受时间、地点、道具等因素制约的声乐是最受学生们欢迎的音乐类型,而各类乐器演奏(钢琴、吉他、管笛、古筝、提琴及其他琴类等)

呈现百花齐放的全面发展态势,其中钢琴、吉他是学生较多学习的器乐。而对于集体参与的乐团项目,则相对参与度少一些。如图 3-102 所示。

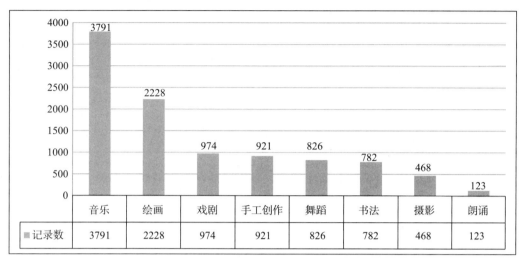

图 3-101　艺术素养及专长培养方面"艺术类实践活动"排名

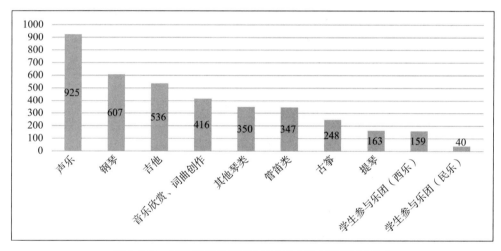

图 3-102　音乐类特长培养方面"艺术类实践活动"排名

在学生参与的艺术节活动中,合唱比赛的受欢迎程度明显高于其他活动。这与音乐艺术特长培养中,声乐方面培养排名靠前相符,且在热门活动前十名中,有六项都与音乐相关。如图 3-103 所示。

② 课堂表现。课堂表现方面,上下学期记录数基本持平,而成绩为"差"的记录数不足万分之一,由此可见学生课堂学习态度认真、课堂秩序良好。如图 3-104 所示。

作业表现方面,通过学期对比,记录数同比上升了近 15%,这说明学生对待作业的积极性有了显著提升。而成绩为"差"的记录数占幅有所上升,这说明同学们作业完成质量有所下降。如图 3-105 所示。

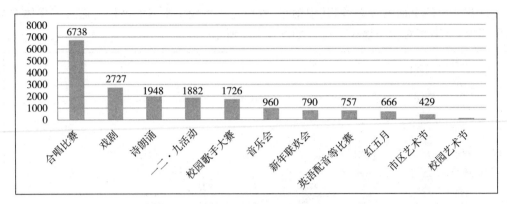

图 3-103 学生参加各类艺术节活动排名

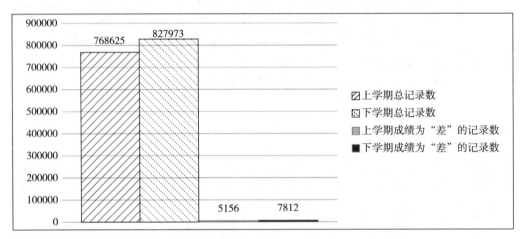

图 3-104 学生课堂表现数据统计

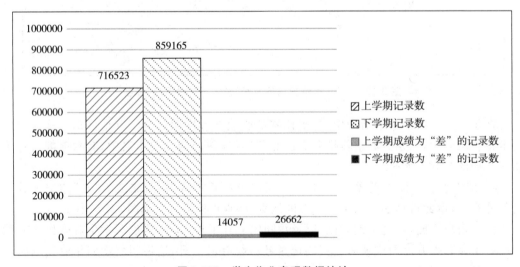

图 3-105 学生作业表现数据统计

③ 一十百千工程。B市高中培育和践行社会主义核心价值观自实施以来，一十百千工程（如图3-106所示）开展情况良好，学生们积极参加国家博物馆、首都博物馆、抗日战争纪念馆、天安门升旗、优秀图书阅读等活动。

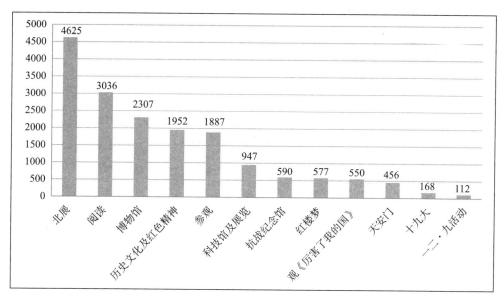

图3-106　B市"十一百千工程"数据统计

学生参加的一十百千具体活动中，参观活动排名（如图3-107所示）靠前的分别是北展、国家博物馆和首都博物馆。在学生阅读的百本优秀书籍中，《红楼梦》排在首位，而在百部优秀影视作品中，《厉害了我的国》排在首位。

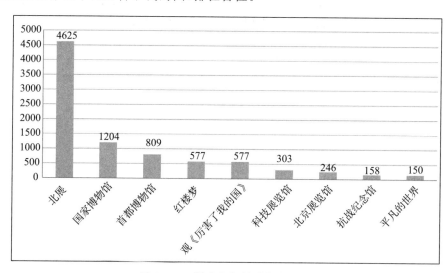

图3-107　学生参加活动数据排名

④ 体育锻炼运动。在学生参与的体育锻炼运动排名中，跑步及球类运动的受欢迎程度明显高于其他体育锻炼运动。如图3-108所示。

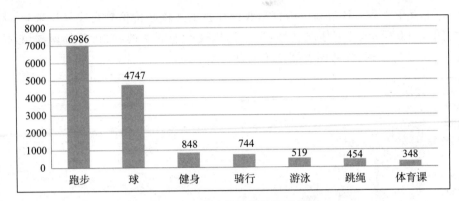

图 3-108　学生体育锻炼运动排名

在球类运动中篮球、足球、羽毛球排名靠前,且明显高于其他球类运动。橄榄球运动则排在了第八位。如图 3-109 所示。

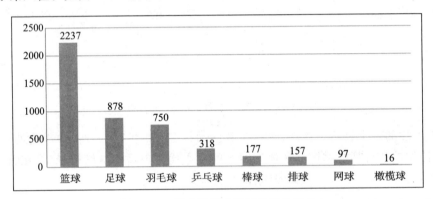

图 3-109　学生最喜欢的球类运动排名

4 研究成果与影响力传播

4.1 研究成果

1. CSSCI

(1)《学生综合素质评价系统的设计与开发》(《现代教育技术》);

(2)《综合素质评价指标完善的实证研究——基于文化资本与综合素质评价指标相关性分析》(《现代教育技术》);

(3)《基于大数据的学生综合素质评价系统的开发与应用——清华大学附属中学的创新实践》(《中国考试》)。

2. 其他成果

(1)《高中生生涯规划与指导》(开明出版社);

(2)《基于大数据的学生综合素质评价研究》(《B 教育(普教)》);

(3)《让"综合素质评价"成为撬动基础教育改革的真正支点》(《B 教育(普教)》);

(4)《创建多元化教育教学方式 实现高中育人模式根本转型》(《中小学信息技术教育》);

(5)《深化基础教育教学改革的九大行动》(《人民教育》);

(6)《综合素质评价的探索与实践——以清华大学附属中学学生综合素质评价系统的建设为例》(《基础教育课程》);

(7)《善用乡土资源上好"大思政课"》(《中学政治教学参考》);

(8)《经典文献阅读在思想政治课中的运用》(《中学政治教学参考》)。

3. 获奖情况

(1) 2018 年基础教育国家级教学成果奖二等奖;

(2) 2017 年 B 市基础教育国家级教学成果奖特等奖。

4. 待发表论文

(1)《学生综合素质评价研究综述》;

(2)《综合素质评价的"上云"与"落地"》;

(3)《以学生综合素质评价为引领探索落实基础教育阶段落实"立德树人"任务》。

4.2 组织教育评价高峰论坛会议

4.2.1 2018 综合素质评价解决方案高峰论坛邀请函

2018 综合素质评价解决方案高峰论坛会议邀请函内容如下。

2018综合素质评价解决方案高峰论坛
邀请函

尊敬的＿＿＿＿＿＿＿＿＿＿：

  2018综合素质评价解决方案高峰论坛定于2018年12月9日9:00—12:00在清华大学附属中学B106会议室召开，诚挚邀请贵单位参会。

  本次高峰论坛是在清华大学基础教育研究所的指导下，由清华大学附属中学主办的高端论坛。本论坛为极具权威性与引领性的教育论坛，邀请包括教育主管部门领导、教育专家学者、名校校长、特级教师在内的优秀教育工作者，就学生综合素质评价工作的理论要求、实施要点、平台建设及发展趋势等内容进行探讨，为我国新中国高考改革背景下的学生综合素质评价工作提供解决方案，共同探索我国学生综合素质评价工作、教师专业化发展与评价工作的发展方向。

  诚挚地邀请您（贵单位）莅临指导，共襄盛会！

清华大学附属中学

2018年11月

联系人：梁老师 刘老师

邮箱：fuzh@mail.tsinghua.edu.cn   邮编：100084

电话：010-62784695   传真：010-62784695

网址：www.ahfz.edu.cn

4.2.2　2018综合素质评价解决方案高峰论坛通知

  清华大学附属中学联合北京教育学会高中教育研究分会共同发布了"关于举办'2018综合素质评价解决方案高峰论坛'的通知"，通知如图4-1所示。

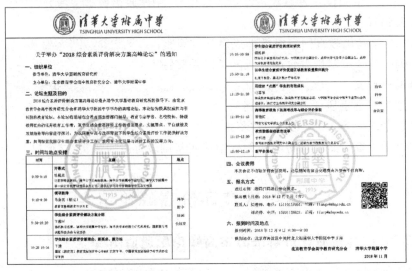

图4-1　综合素质评价解决方案高峰论坛通知

4.2.3 2018综合素质评价解决方案高峰论坛流程

2018综合素质评价解决方案高峰论坛流程如图4-2所示。

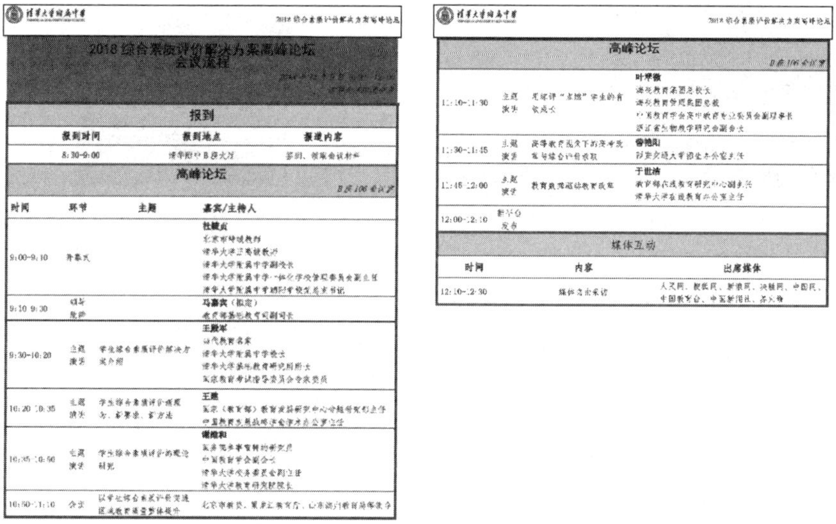

图4-2 综合素质评价解决方案高峰论坛会议流程

4.2.4 2018综合素质评价解决方案高峰论坛现场

2018综合素质评价解决方案高峰论坛现场照片如图4-3～图4-10所示。

图4-3 清华附中杜毓贞副校长主持会议

图4-4 清华附中王殿军校长发言

图4-5 国家(教育部)教育发展研究中心专题研究部主任、中国教育发展战略学会学术办公室主任王建发言

图4-6 国务院参事室特约研究员、中国教育学会副会长、清华大学校务委员会副主任、清华大学教育研究院院长谢维和发言

图 4-7　西安交通大学招生办公室
主任訾艳阳发言

图 4-8　黑龙江省教育厅基教二处
副处长刘德宏发言

图 4-9　教育部在线教育研究中心副主任、清华
大学在线教育办公室主任于世洁发言

图 4-10　清华附中信息中心孙书明发言

4.2.5　2018综合素质评价解决方案高峰论坛新闻报道

2018综合素质评价解决方案高峰论坛相关新闻报道如下，
人民网：http://edu.people.com.cn/n1/2018/1211/c367001-30459586.html
搜狐网：https://www.sohu.com/a/280760603_105067
中国教育报：http://www.jyb.cn/rmtzgjyb/201812/t20181226_126973.html
清华附中校园公众号：https://mp.weixin.qq.com/s/L8P9ei34VvNxedYWHeBMwg

4.3　建设教育评价专业委员会

4.3.1　举办"教育高质量发展与教育评价改革"论坛

2021年11月28日，"教育高质量发展与教育评价改革"论坛作为"中国教育发展战略学会2021年学术年会"的分论坛成功举办。本次论坛由中国教育发展战略学会主办，中国教育发展战略学会教育评价专业委员会、清华大学附属中学承办，中国教育发展战略学会思想道德建设专业委员会及教育考试专业委员会共同协办。论坛采取线上为主的活动方式开展，共有高等教育、职业教育、基础教育、学前教育、科研院所及教育行政等相关

代表700余人参与了本次论坛。

本次论坛的主持人由创新人才教育研究会常务理事、原《21世纪校长》杂志总编辑刘扬云担任。

刘扬云在主持环节介绍道，为了深入贯彻习近平总书记关于教育的重要论述精神，全面落实立德树人的根本任务，精准把握教育面临的新形势、新任务，科学研判教育改革发展面临的新问题、新矛盾，积极探索教育高质量发展的新举措、新路径，中国教育发展战略学会、泰州市姜堰区人民政府联合组织召开"首届基础教育高质量发展溱湖峰会暨中国教育发展战略学会2021年学术年会"。多位国内著名专家参会和发表演讲，同时对基础教育改革经验进行深入交流，并召开了以"贯彻新发展理念，推动高质量发展"为主题的主论坛及六个平行分论坛。"教育高质量发展与教育评价改革"论坛正是其中的第五个分论坛。

中国教育发展战略学会学术委员会常务副主任委员、研究员周满生先生出席了本次论坛，并代表中国教育发展战略学会致辞。在会上，他对一年来学会积极贯彻落实中共中央、国务院专门印发的《深化新时代教育评价改革总体方案》的形势进行了回顾，强调在当前要下大力开展教育评价改革研究，多出成果，快出成果。对于尽快完善立德树人体制机制，对于引导全党全社会树立科学的教育发展观、人才成长观、选人用人观，对于积极推进教育现代化，具有重大而深远的现实意义。他指出：开展教育评价研究，一定要抓住立德树人的核心，树立德智体美劳全面发展的育人观；一定要围绕重点目标，将"破五唯"作为教育评价改革的关键任务和重中之重；一定要注重科学的方式方法，以问题为研究导向，不搞形式主义；一定要具有国际大视野和大局眼光，伴随时代大潮一起脉动；一定要立足自己的领域，从党中央关心、群众关切、社会关注的问题入手，破立并举，以实际行动推进教育评价关键领域改革取得实质性突破。

教育部教育教学质量评价指导专委会副主任委员、清华大学数学系教授、清华大学附属中学校长、清华大学教育研究院基础教育研究所所长王殿军先生，以《基础教育评价体系构建的思考与探索》为主题发表了精彩演讲。他认为，中国基础教育当今最为重要的课题之一就是教育评价，而且这个评价具有紧迫性、复杂性、实践性和引领性等特点。快速推进基础教育评价改革，急需构建具有中国特色的基础教育评价体系。同时，他在演讲中从顶层设计的角度出发，既对基础教育评价体系构建进行了理性思考，又从多年探索实践的角度，对已初步完成并初见成效的"清华附中学生综合素质评价系统"和"教师专业发展综合评价系统"进了深度解析，对正在着手开展的"学校评价系统"和"区域教育质量评价系统"进行了瞻望。

王殿军校长呼吁：作为驱动教育高质量发展的核心动力，评价的价值将日益彰显。面对这一重要而关键的问题，我们不能坐等，而应行动。做好教育评价，未来大有可为。

湖南师范大学测评研究中心主任杨志明教授，以《基础教育中如何实现增值评价》为主题发表了演讲。在演讲中，他对基础教育领域增值评价的现状及面临的困惑进行了分析，同时提出了增值评价改进方法的相关思路。杨志明教授以"如何利用高考成绩开展增值评价"为例，向大家展示了如何通过各省市每年公布的"一分一段分数表"来实现高考分数的跨年度等值，进而展示了对4所高中实施增值评价的具体方法和效果，为大家提供了有益的借鉴。

温州市实验中学教育集团书记、校长黄慧,以《温州市实验中学学生发展评价的探索与实践》为主题发表了演讲。多年来,为真正体现"生本"理念,尊重差异,适性发展,温州市实验中学教育集团不断行思与完善,建构了"自主生长"的学生发展评价体系。黄慧校长表示,尊重每个学生的成长意愿,必须允许其自我发现;必须根据学生意愿,帮助其自主设定成长路径;必须在完成评价的同时复盘成功体验,并尽可能地加以迁移完善;必须以多维度的评价标准,让每一个学生都能"被看见""被肯定"。在这样的评价体系中,评价即学习,学生更能够实现自我发现、自由选择和自主生长。

中国教育发展战略学会教育考试专委会学术委员会副主任、学术带头人,教育部考试命题专指委委员宋宝和,以《减与增:教育高质量发展的必然逻辑》为主题发表演讲。在演讲中,他立足哲学层面,对"减与增"进行了科学深入的分析。他认为,有减就有增,关键是要搞清楚"'双减'之后增什么?为什么增?怎么增?"他表示,"双图片减"是为了更好地落实立德树人的根本任务。因此,"双减"之后的考试评价就应该是提质增效,突出育人导向,着重核心素养考查,增强评价目标的多样性、评价内容的时代性、评价技术的科学性。

青岛理工大学校长、中国教育发展战略学会思想道德建设专业委员会副理事长、中国高等教育学会质量评估分会副理事长谭秀森教授,发表了《关于高等教育内涵式高质量发展的几点思考》的主题演讲。他从高校应牢固确立立德树人根本任务、建设高水平人才培养体系、健全中国特色的现代大学制度、构建科学高效的内部治理体系等入手,探讨了如何健全完善教育教学评价、学术评价、人才队伍评价、目标管理及绩效评价等内容的内部评价机制。他认为,必须以科学的教育评价"指挥棒"来牵引,才能牵住保障和支撑高校实现高质量发展的牛鼻子,才能更好更快向世界一流大学迈进。

同济大学教育评估研究中心主任樊秀娣,以《破"旧"立"新":中国教育科研"本真评价"探索》为主题发表了演讲。她认为,破"五唯",本质上就是要破除教育科研评价与管理中的表面化和形式化问题。扭转不科学的评价导向,必须以成果论英雄,不拘一格降人才;必须对科研成果实施"本真评价",不唯成果"主人"的年龄、性别、职务职称、学历资历、"帽子"和"门派"等因素影响,唯成果内容本身。他表示,当下国内学界亟须加强学术共同体建设,重视教育科研成果"本真评价",还要广泛采用同行评议,同行评议制度的精髓是让"学术权力"在教育科研评价中得到充分尊重和切实行使。樊秀娣主任提出,要做到这些,必须建立具有平等、民主两大基本特征的良好学术共同体。

4.3.2 教育评价专家委员会第一次全国会员代表大会、第一届理事会成立大会

2021年12月19日,由中国教育发展战略学会主办,清华大学、北京大学、国家教育行政学院、北京师范大学、中国教育科学研究院支持,清华大学附属中学承办的,中国教育发展战略学会教育评价专业委员会第一次全国会员代表大会、第一届理事会成立大会成功举办。大会采取线上为主的方式进行,参加的人员有中国教育发展战略学会教育评价专业委员会会员,高等院校专家学者、中小学教师、教育科研机构研究人员和教育行政管理人员等相关代表415人。

中国教育发展战略学会执行会长孙霄兵、中国教育发展战略学会常务副会长兼秘书

长韩民、中国教育发展战略学会常务副会长张双鼓、清华大学附属中学校长王殿军教授、中国人民大学教育评价研究中心主任周光礼教授、国家教育行政学院原副院长李五一教授、中国科学院自然科学史研究所研究员、科技与社会研究中心主任刘益东、北京师范大学中国教育创新研究院院长刘坚教授、清华大学教育研究院副院长张羽教授、同济大学教育评估研究中心主任樊秀娣研究员、湖南师范大学测评研究中心主任杨志明教授、西安交通大学附属中学校长訾艳阳教授、清华大学附属小学校长窦桂梅教授、北京第二实验小学校长芦咏莉教授、原《21世纪校长》杂志总编辑刘扬云等嘉宾参加。

大会由中国教育发展战略学会常务副会长张双鼓主持。

首先召开的是中国教育发展战略学会教育评价专业委员会第一次全国会员代表大会。受教育评价专业委员会筹备组发起人清华大学附属中学校长王殿军的委托，原《21世纪校长》杂志总编辑刘扬云作了筹备工作报告。

刘扬云表示，筹备工作的发起，最初是由教育部教育教学质量评价指导专委会副主任、清华大学附属中学校长王殿军提出来的。早在2009年，他就立足清华大学附属中学进行了大胆的创新实践。截至2019年，他带领团队自主研发的学生综合素质评价系统，已在北京、陕西等十多个省份推广使用，覆盖了数百万学生。2017年以来，该系统荣获许多奖项，如中国教育创新成果SERVE奖、基础教育国家级教学成果奖二等奖等。同时，他还探索了教师专业化发展培养与评价模式，也取得了良好的实践效果。在上述努力探索的基础上，王殿军以发起人的身份，于2019年12月20日正式向中国教育发展战略学会提出了《关于成立中国教育发展战略学会教育评价专业委员会的论证报告》。2020年4月24日论证报告得到正式批复后，王殿军立刻成立了筹备组，邀请了一大批国内知名的专家学者，联络了国家教育行政学院、清华大学、北京大学等16家发起单位，开始了积极的筹备工作。至目前，已发展单位会员125家，个人会员450人。

中国教育发展战略学会常务副会长兼秘书长韩民宣读了学会批文，同意设立中国教育发展战略学会教育评价专业委员会。

根据中国教育发展战略学会章程和分支机构管理办法，大会通过线上线下无记名投票方式进行了教育评价专业委员会理事会成员选举，共有118名理事当选。

之后召开了中国教育发展战略学会教育评价专业委员会第一届理事会第一次会议。通过无记名投票方式，先后选举了常务理事、秘书长、副理事长、理事长。王殿军教授当选为教育评价专业委员会理事长，原《21世纪校长》杂志总编辑刘扬云当选为秘书长；接下来，由新任理事长王殿军提名，大会表决通过了学术委员会主任委员和副主任委员、委员人选；由新任秘书长刘扬云提名，大会表决通过了副秘书长人选。

接着召开了第一届理事会成立大会。会上，由中国教育发展战略学会韩民常务副会长兼秘书长宣布教育评价委员会第一届理事会选举结果。

中国教育发展战略学会执行会长孙霄兵授牌并讲话。他指出，教育评价不仅是关乎教育改革发展方向的重大课题，更是当今人民群众最关注的热点话题。对此，以习近平同志为核心的党中央也十分重视，近年来相继出台了许多相关文件。因此，成立教育评价专业委员会，十分必要，十分及时。孙会长希望，新成立的教育评价专业委员会，要进一步认清教育评价改革在整个教育改革中的地位，增强荣誉感和使命感；要明确自身定位，做好战略研究,提供好决策咨询服务。充分发挥自身跨领域、跨学科、跨部门的优势,致力于教育评价战略研究及成果的推广应用,助推国家教育评价改革的深化与实施;要抓好自身建设,切实搞好学术研究。通过智库建设,提升自己的软实力,多出成果快出成果;要面向未来,积极适应教育结构体系的变革。要看到,信息技术的变革正在导致社会结构的变革,社会结构的变革又导致着教育结构、教育形态的变革,教育评价研究必须前瞻性地适应这种教育结构体系的变革,充分利用人工智能、5G、大数据、互联网、物联网、区块链等前沿技术,去构建科学高效的评价制度。

清华大学党委常委、副校长杨斌教授代表清华大学发表了热情洋溢的祝词。他说,教育评价专业委员会的成立,是落实党的教育方针的有力举措,是贯彻习近平关于教育重要论述在重要阵地建设上的重要进展,清华大学今后将会予以大力支持。推进教育评价改革,是教育领域涉入深水区打响攻坚战的重要标志。他认为,现在正式建立一整套新的科学的教育评价体系,有了一个难得的战略机遇期。首先,是因为确立了党对教育事业的全面领导,这是办好中国特色世界水平的现代教育的根本政治保证;其次,我们的教育正在走向以质量创新为核心的育人模式。中国的高等教育正从大众化阶段进入普及化阶段,这不仅是一个量的增长,更代表着质的变化,这对教育评价提出了与此前大不相同的综合要求;第三,世界百年未有之大变局,中美各方面的竞争加剧,对中国自给自足地培养高层次人才产出原创性科研的要求更加急迫。教育评价更需要走出自己的路;第四,经过力度极大并且持续施压的从严治党治吏,党风政风、社会风气与之前相比明显改善,人们对于法律制度的尊崇精神明显改观,教育环境随之更加优化;第五,大数据、区块链、模式识别等新技术,为过程数据采集、行为数据保真,提供了更大可能,对人的行为实际的多维度长周期评价更为易行可靠。最后,党中央对发挥制度优势、加快制度机制建设提出了明确要求。作为教育制度的一项基本组成,教育评价体系的建设应重点突破并带动全局,这符合党的要求和社会期待。

最后,由理事长王殿军作了《关于中国教育发展战略学会教育评价专业委员会2022—2026五年发展规划的报告》。他首先指出,教育评价确实是一个无形的指挥棒,关乎教育发展的方向,关乎千千万万学子的命运,备受全国上下关注。在这样的背景下,成立教育评价专业委员会意义十分重大,所肩负的使命非常光荣,任务也极其繁重。教育评价专业委员会将以习近平新时代中国特色社会主义思想为指导,致力于教育评价战略研究及成果的推广应用。决心在五年内,在学生综合素质评价、教师专业发展评价、区域整体教育质量监测评价等方面,总结归纳出一套较为成熟的符合新时代发展要求的教育评价理论、方法、技术和标准;建立一支强大的智库团队,完成一批重大的课题,积极为党和政府、教育主管部门建言献策;扶持培养一批不同类型不同地区高水平、可推广的示范区域和学校;初步建立起教育评价专业课程培养体系,普及教育评价专业知识,培训教育评价专业人才;出版一批有价值、可应用、能纾困的教育评价研究成果,为促进教育评价事业可持续、专业化、高水平发展提供理论支撑和技术保障;推动国际合作,认真借鉴国外在教育评价方面的先进经验,结合国情省情校情,为我所用;充分发挥自身跨领域、跨学科、跨部门的优势,面向全国各级各类高等教育、科研院所、职业教育、基础教育、教育行政部门和社会用人单位,组织学术研究活动,提供政策咨询服务,搭建互动分享平台,开展示范区校建设，实施相关业务培训，宣传推广改革成果，推动国际交流合作，助推国家教育评价改革的深化与实施，成为各级党委和政府的好助手、好帮手。

4.3.3 教育评价专业委员会成员名单

教育评价专业委员会理事、常务理事、秘书长、副理事长、理事长；表决通过了学术委员会主任委员、副主任委员、委员、副秘书长人选如图 4-11 和图 4-12 所示。

图 4-11 教育评价专业委员会成员名单 1

图 4-12 教育评价专业委员会成员名单 2

4.3.4　教育评价专业委员会五年发展规划(2022—2026年)

为深入贯彻落实中共中央、国务院《深化新时代教育评价改革总体方案》文件精神,加快完善立德树人体制机制,彻底扭转不科学的教育评价导向,助推国家教育评价改革的深化与实施,尤其是在探索大中小幼教育评价问题和区域教育质量监测问题中,做到科学有效地改进结果评价,强化过程评价,探索增值评价,健全综合评价,充分利用现代信息技术,提高教育评价的科学性、专业性、客观性,坚决克服唯分数、唯升学、唯文凭、唯论文、唯帽子的顽瘴痼疾,为落实党的教育方针,为我国教育评价工作的改革与创新提供战略牵引和智库服务,中国教育发展战略学会教育评价专业委员会特制定2022—2026五年发展规划。

1. 指导思想

以习近平新时代中国特色社会主义思想为指导,以党中央、国务院近年来关于教育评价一系列改革精神为根本遵循,以《深化新时代教育评价改革总体方案》为行动纲领,以积极引领和推动教育现代化为使命,以落实立德树人为根本目标,坚持中国特色社会主义教育发展道路与党的教育方针,致力于教育评价战略研究及成果的推广应用,积极搭建各种交流平台,打造最强的教育评价智库,整合和发挥专业智库的效能,努力为各级党委和政府、教育主管部门及各级各类学校等提供有效的支持与服务,为推进素质教育、建设教育强国、办好人民满意的教育、促进人的全面发展、多出人才快出人才做出积极的贡献。

2. 目标和任务

决心在未来五年内,争取在学生综合素质评价、教师专业发展评价、区域整体教育质量监测评价等方面,总结归纳出一套较为成熟的符合新时代发展要求的教育评价理论、方法、技术和标准,并将研究成果应用在各种教育实践中,促进新时代中国教育评价体系的形成与发展;建立一支强大的智库团队,完成一批重大的课题,积极为党和政府、教育主管部门建言献策;创新教育评价学术交流与合作模式及机制,扶持培养一批不同类型不同地区高水平、可推广的示范区域和学校;初步建立起教育评价专业课程培养体系,普及教育评价专业知识,培训教育评价专业人才,以帮助各级各类学校立德树人落实机制更加完善,教师潜心育人的评价制度更加健全,学生全面发展的评价办法更加多元;出版一批有价值、可应用、能纾困的教育评价研究成果,为促进教育评价事业可持续、专业化、高水平发展提供理论支撑和技术保障;推动国际合作,与相关国际学术组织建立长期稳定的合作关系,共同推进教育评价改革发展;助力国家人才强国战略的实施,推动人口红利向人才红利的转变。

3. 行动计划

教育评价专业委员会本着从国家、地方的教育实际和需求出发,坚持政府主导、多方参与、注重实效、理论研究与实践探索并重的原则,攻坚克难,创造性地开展各项工作。

(1) 组织学术研究活动

组织开展学术研究是教育评价专业委员会的中心工作之一。我们将重点围绕《深化新时代教育评价改革总体方案》提出的"改进结果评价,强化过程评价,探索增值评价,健全综合评价"等展开研究。尤其是对"过程评价"和"增值评价"将投入更多的精力;将根据党和政府部门委托,积极承担相关教育评价重大课题研究;将认真做好筹划、征集、申报及撰写本专业委员会的十四五课题工作;将根据党和政府的总体要求及人民群众最关心的热点问题,确定年度学术研究的课题;将组织专门的研究团队,实施课题攻关。

(2) 提供政策咨询服务

这是教育评价专业委员会职能的一个重要体现。我们将依托教育评价专业委员会理事会和学术委员会,建立教育评价专家智库,争取在5年内吸收200名以上国内教育评价领域知名的学者和校长加盟;每年通过梳理总结,将教育评价领域重大战略和国家相关政策方面的研究成果,及时报送学会,为国家和地方政府、行业制定教育发展战略、教育评价体系建设、教育规划和政策提供咨询参考;将通过借鉴、总结、开发等方式,构建包括学生综合素质、教师专业发展、区域整体教育质量监测等一系列教育评价体系,为教育改革中的人才培养、选拔、考核和教育主管部门的决策等提供依据和参考。

(3) 搭建互动分享平台

学术交流和经验互动分享,是推进教育评价理论升华和实践应用的重要途径。我们将按照学会的相关规定,每年举办下列活动:召开一次中国教育评价学术年会和发展论坛,开展全国性的学术交流和经验分享活动,邀请政府机关、高校、研究机构的领导、专家学者及从事一线教育实践的名校长等,通过线上线下的方式,进行探讨交流;将组织一次区域性的学术交流和经验分享活动,以加强地区间教育评价领域的互动及成果推广;将围绕学术专题研究,组织1至2批专家学者深入到基层一线进行调研,总结、梳理和反思相关经验及教训;将组织1至2批会员代表到一些先进的教育评价改革试验区、示范基地和示范学校观摩学习,取长补短。

(4) 开展示范区校建设

建立科学的教育评价体系是一项极其复杂的工作,其理论、模式、内容等都要通过大量而反复的实践验证。为此,教育评价专业委员会将通过自己的会员单位进行改革实验。通过以点带面、分层分类的方式,每年选择一些区域作为教育评价改革示范区,遴选一些具有示范效应的各级各类学校作为示范校;5年内争取在全国不同类型的地区和学校中,选择5个示范区、30所示范校,开展以教育评价为主要内容的"先行先试";通过示范区校的建设,逐步形成可复制、可推广的经验;为做好这一工作,教育评价专业委员会还将重视会员单位及会员个人的发展、培养,让他们真正成为教育评价的信息源头、学术研究的探索先锋、总结经验的一线阵地。

(5) 实施相关业务培训

科学的教育评价是一项政策性、专业性很强的工作,内容丰富、形式多样、门类众多,对组织、实施、管理等要求高、难度大。为此,教育评价专业委员会将吸收专业化的人才,根据不同的需求,组建自己的培训团队,编写相关的培训教材;将在教育评价的相关政策、创新理念、理论知识、实施标准和方法技能等方面,形成一套比较完善的培训课程。尤其是针对区域教育行政部门相关管理人员、校长、园长、教师等不同群体,编写不同的培训手册;将组织和承担国家、地方政府、行业组织及教育机构委托的培训任务,制定与之相适应的委托培训方案;将因人而异采取不同的培训方式,针对不同的群体和要求,采取线上线下多种方式。线上培训通过投放图片、资料、视频、直播、专人答疑等方式,线下培训通过集中办班、现场讲解、参观示范、典型引导、座谈讨论等方式,每年可开展有针对性的线下培训,在功能上与线上培训进行优势互补。

(6) 宣传推广改革成果

教育评价研究成果的宣传推广,是推动教育评价应用最终落地的重要一环。教育评价专业委员会将通过各种途径收集、梳理、总结相关教育评价的科研成果、经验做法,使之具有可阅读性、可操作性和权威性;将打造一系列宣传推广的平台,建立教育评价专业委员会网站、编发教育评价简报、创办相关刊物、设立微信公众号、创建自媒体等;将通过出版社、电子读物等方式出版发行中国教育评价改革系列丛书;将通过官方各种媒体、互联网、专题报道、直播、宣传片等手段,大力宣传推广教育评价研究成果。

(7) 推动国际交流合作

国外在教育评价方面的优长及经验教训,是我们建立科学教育评价体系的一个重要参照。我们将与相关国际学术组织及教育系统进行交流合作,认真研究和学习借鉴国外特别是经济较发达的国家在教育评价方面的经验教训,尤其关注同属于东亚文化圈的日本、韩国、新加坡等国的教育评价实践;通过走出去学习参观、请进来传授经验、举办国际教育评价论坛等方法,推动开展国际学术研究、资讯分享及经验交流;组织翻译出版若干国外在教育评价方面比较成功的学术成果专著;努力把握国际教育前沿动态和趋势,及时结合国情为我所用。

4. 基本要求与保障措施

在五年发展规划的组织实施中,教育评价专业委员会将依据规划目标,采取切实有效的措施,以效果为检验标准,不尚空谈,扎扎实实抓好落实。

(1) 把握正确的政治方向

教育评价专业委员会将以立德树人为主线,着眼于全面贯彻党的教育方针,牢记为党育人、为国育才使命,确保教育评价的方向正确;以问题为导向,树立科学的态度,针对长期以来形成的"五唯"问题,立足国情省情校情等,实事求是,积极稳慎,认真攻关、破解;以党委和政府、学校、教师、学生、社会等五类主体为基本抓手,坚持整体谋划,充分考虑高等教育、职业教育、基础教育等不同教育领域和不同学段的特点,探索研究教育评价的具体路径,增强改革的前瞻性、系统性、战略性和协同性。

(2) 明确自身的基本定位

作为分支机构,教育评价专业委员在中国教育发展战略学会指导下开展工作,其工作性质具有鲜明的全局性、前瞻性、战略性特征。基于此,教育评价专业委员会要以积极引领和推动教育现代化为使命,面向各级各类高等教育、科研院所、职业教育、基础教育、教育行政部门和社会用人单位等,致力于教育评价战略研究及成果的推广应用,努力成为各级党委和政府的好助手、好帮手。

(3) 重视团队的专业建设

构建科学的教育评价体系,需要科学的专业团队。教育评价专业委员会将十分重视自身建设,从发现人才、甄选人才、培养人才到使用人才各个阶段,都将严格标准和程序。

做到:懂政策,熟知党和政府的各项要求;有担当,具有强烈的使命感;爱教育,具有较……专业能力;会管理,有很好的组织、协调和沟通能力;肯钻研,有一定的研究和创新能……此外,还将特别关注专家智库建设,充分借助外脑,以学术委员会的组织形式,吸收一批国内外在教育评价方面有影响有成就的专家学者,充分发挥他们的攻坚作用、指导作用和领航作用。

(4) 抓好重点的工作落实

教育评价涉及面十分广泛,专业领域也很多,教育评价专业委员会将突出重点,根据党和国家的相关要求,紧紧围绕社会最为关注的热点难点问题,来确定教育评价专业委员会的工作方向;将在如何"改进结果评价、强化过程评价、探索增值评价、健全综合评价"等来确定自己的工作重点;将认真统筹规划,分清主次缓急,细化具体任务,明确人员分工,做到职责清晰;将对确定的议题,组织力量攻关,做好各种保障,确保高质量、高水平,既有理论性,也有创新性,更有可操作性、可检验性。

4.3.5 教育评价专业委员会2022年度工作要点

根据教育部及中国教育发展战略学会的总体要求,2022年教育评价专业委员会将以习近平新时代中国特色社会主义思想为指导,深入学习贯彻党的十九大和十九届历次全会精神,以实际行动推进新时代教育评价改革,努力在"破五唯"上有所作为,助推国家教育评价改革的深化与实施,具体落实教育评价专业委员会五年(2022—2026)规划,以实际行动迎接党的二十大胜利召开。

1. 积极组织科研课题研究

(1) 做好"十四五"课题组织工作,包括起草2022年度指南、管理办法及申请文本等。

(2) 做好"十四五"课题2022年度课题组织工作,包括发布指南、组织申报、评审、课题立项、发布以及开展工作。

(3) 完成教育部综合改革司委托的专项课题研究项目:《德智体美劳教育过程性评价框架研究》。

(4) 完成教育部综合改革司委托的专项课题研究项目:《部分发达国家高校教师评价典型做法及对我国的启示》。

(5) 做好国家自然基金委员会项目申请工作。

2. 努力开展学术交流活动

(1) 在珠海举办"教育评价改革论坛"(作为北师大主办的第六届中国教博会平行主题论坛),具体内容如下。

① 教育部委托课题中期经验交流。

② 学生综合素质评价。

(2) 举办"职业教育评价与发展论坛"。

(3) 举办学术年会暨第二届"中国教育评价改革与发展论坛",发布教育评价论文、案例征集。

(4) 联络有关高校,联合举办下列系列活动。

① 举办以"学术带头人与一流学科建设"为主题的论坛或研讨会。

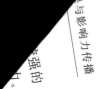

……业""一流课程"建设为专题的研讨会。

……核心素养的交互测评"专题研讨会。

……运营及成果推广

……评价相关主题的专刊、期刊或图书。

……价公众号"等发布教育评价系列优秀文章及案例,内容由课题组、

……一所高校。

4. 开展调研、经验总结与成果推广

在教育部确定的各试点省份、高校及基础教育改革实验区,开展调研、经验总结与成果推广。

5. 以多种形式开展相关培训

(1) 根据《总体方案》"五个改革"和"四个评价"总要求,组织力量进行相关培训课程的编写、开发。

(2) 开展专题培训。

6. 完善并抓好相关制度建设

完善相关制度,如《会员管理办法》《课题管理办法》《秘书处工作管理制度》《微信公众号运营管理机制》《理事长办公会制度》《学术委员会工作机制》等。

7. 实施"中国教育评价未来学者"专项培养计划

制定"'中国教育评价未来学者'培养计划",以吸引众多硕士、博士、博士后、青年教师及科研工作者等参与教育评价专业委员会的相关工作。如做科研助理、见习编辑等岗位具体工作。

8. 努力为会员提供高质量的服务

(1) 做好会员发展与各项具体业务工作,充分保障会员的权益。

(2) 积极开展会员系列服务活动:如现场会、讲座、观摩、研讨、学术沙龙等。

9. 大力做好智库建设与咨询服务

(1) 接受教育部、学会、各级党委和政府、有关单位、各类学校等委托,提供专题研究、培训及咨询服务。

(2) 总结梳理相关学术研究成果及经验,及时报送教育部、学会等,积极为上级部门建言献策。

4.3.6 举办"2022年'未来教育与学习科学'系列学术讲座"

为助推国家教育评价改革的深化与实施,开阔广大学员学术视野,交流最新研究成果,中国教育发展战略学会教育评价专业委员会和清华大学教育研究院共同发起并举办"2022年'未来教育与学习科学'系列学术讲座",首场报告定于5月12日以线上直播的方式召开。

讲座题目:过程评价的思路与针对性

讲座嘉宾:谢维和教授

嘉宾简介:清华大学文科资深教授、博士生导师,著名教育社会学家。现任清华大学校务委员会副主任,中国教育发展战略学会教育评价专委会学术委员会主任,清华大学未

来教育与评价研究院学术委员会主任。曾任清华大学副校长、校党委常委、教育研究院院长。主要研究领域为教育学原理、教育社会学、高等教育和青少年研究等。

报告内容:阐释过程评价的基本含义、主要构成因素、功能、研究思路以及过程评价的目标针对性。

讲座时间:2022年5月12日(周四)下午2:00—4:30

观看方式:学堂在线直播+腾讯会议直播。